PLANEJAMENTO DE ESPAÇOS INTERNOS

SOBRE O AUTOR

MARK KARLEN, Doutor, membro do Instituto de Arquitetos dos Estados Unidos (AIA) e membro da Sociedade de Arquitetos de Interior dos Estados Unidos (ASID), é Diretor do Programa de Mestrado em Belas Artes – Arquitetura de Interiores do Moore College of Art & Design, Filadélfia, Pensilvânia. É Líder de Oficinas do Exame do Conselho Nacional de Qualificação em Arquitetura de Interiores (NCIDQ) da ASID. Tem ampla experiência profissional como arquiteto e arquiteto de interiores. Sua experiência acadêmica inclui o título de Chefe do Departamento de Projeto da University of Cincinnati, Catedrático do Departamento de Arquitetura de Interiores do Pratt Institute e Decano da Divisão de Arte e Projeto do Fashion Institute of Technology, de Nova York.

K18p Karlen, Mark.

Planejamento de espaços internos : com exercícios / Mark Karlen ; tradução técnica: Alexandre Salvaterra ; ilustrações do planejamento dos espaços internos: Kate Ruggeri e Mark Karlen ; ilustrações dos espaços de intervenção geradas em CAD: Peter Hahn ; ilustrações do suplemento para o projeto de escadas: Kathryn Hunchar e Mia Kang. – 3.ed. – Porto Alegre : Bookman, 2010.

240 p. ; il. 28 x 21 cm.

ISBN 978-85-7780-701-7

Contém suplemento online sobre projeto de escadas disponível em www.bookman.com.br

1. Arquitetura – Interiores. I. Ruggeri, Kate. II. Hahn, Peter. III. Hunchar, Kathryn. IV. Kang, Mia. V. Título.

CDU 72.012.8

Catalogação na publicação: Renata de Souza Borges CRB-10/1922

MARK KARLEN

Ilustrações do Planejamento de Espaços Internos: **Kate Ruggeri** e **Mark Karlen**
Ilustrações dos Espaços de Intervenção geradas em CAD: **Peter Hahn**
Ilustrações do Suplemento para o Projeto de Escadas: **Kathryn Hunchar** e **Mia Kang**

TERCEIRA EDIÇÃO

PLANEJAMENTO DE ESPAÇOS INTERNOS

COM EXERCÍCIOS

Tradução técnica
Alexandre Salvaterra
Arquiteto e Urbanista pela Universidade Federal do Rio Grande do Sul
CREA nº 97.874

bookman®

2010

Obra originalmente publicada sob o título *Space Planning Basics, 3rd. Edition*
ISBN 9780470231784

Capa: *Rogério Grilho (arte sobre capa original)*

Leitura final: *Mônica Stefani*

Editora Sênior: *Denise Weber Nowaczyk*

Projeto e editoração: *Techbooks*

ARTMED® EDITORA S.A.
Av. Jerônimo de Ornelas, 670 – Santana
90040-340 – Porto Alegre – RS
Fone: (51) 3027-7000 Fax: (51) 3027-7070

Unidade São Paulo
Av. Embaixador Macedo Soares, 10.735 – Pavilhão 5 – Cond. Espace Center
Vila Anastácio – 05095-035 – São Paulo – SP
Fone: (11) 3665-1100 Fax: (11) 3667-1333

SAC 0800 703-3444

IMPRESSO NO BRASIL
PRINTED IN BRAZIL

PREFÁCIO

Fico extremamente satisfeito ao saber que o livro *Planejamento de espaços internos* ainda é usado por alunos e professores em muitas faculdades e universidades dos Estados Unidos. A edição anterior estava focada no impacto cada vez maior da tecnologia digital sobre os procedimentos de projeto, desde pesquisas na Internet e processos de projeto até a importação de elementos de projeto padronizados e técnicas de apresentação. Nos cinco anos que se passaram desde aquela publicação, esses métodos relativamente novos se consolidaram como prática padrão. Esta Terceira Edição apresenta "Exercícios para Desenvolver as Habilidades" revisados e ampliados, além de ilustrações mais claras e informações atualizadas sobre códigos de edificações.

Esta edição se deve, principalmente, ao acréscimo de uma seção sobre projeto de escadas. No decorrer de muitos anos como professor e crítico de projeto de arquitetura, lembro-me das dificuldades enfrentadas por muitos alunos ao aprender a projetar e desenhar escadas de maneira correta. Em termos de projeto, as escadas estão entre os elementos mais complexos das edificações, principalmente quando é preciso acomodar níveis múltiplos e/ou considerar configurações muito complexas. Há poucos recursos aos quais recorrer: as publicações com padrões gráficos oferecem um número muito reduzido de páginas, e nada mais. Como ocorre com o planejamento espacial, a maioria dos projetistas aprende a projetar escadas sob a supervisão direta de um professor em sala de aula ou de um profissional experiente em um escritório. É meu desejo que o Suplemento para o *Projeto de Escadas* (disponível online no site www.bookman.com.br) sirva como uma fonte de consulta prática.

A ideia de um recurso didático para o projeto de escadas surgiu de críticas aos trabalhos de alunos de projeto de arquitetura do segundo ano. Stefan Klein (um dos professores mais talentosos que já conheci) fazia repetidos comentários críticos sobre as escadas projetadas por seus alunos, o elemento central do projeto sendo avaliado. A cada projeto, Stefan era obrigado a criticar o projeto da escada e as convenções de desenho utilizadas. Enquanto o escutava, ouvi a mim mesmo fazendo as mesmas críticas para inúmeros alunos no passado. Ouvir Stefan naquele dia foi o que me levou a escrever o capítulo sobre o projeto de escadas.

Além de sentir-me grato a Stefan Klein por ter me dado um motivo para escrever, gostaria de agradecer a várias pessoas que possibilitaram esta Terceira Edição. A editora John Wiley & Sons forneceu-me críticas anônimas à Segunda Edição, feitas por vários professores que a usaram em sala de aula; graças a isso, foram feitas várias revisões a fim de aperfeiçoar e tornar o material mais claro. Agradeço a vocês, embora não saiba quem são. Agradeço ao jovem arquiteto Liyan Wan, que colaborou incansavelmente com revisões e sugestões de revisão dos "Exercícios para Desenvolver as Habilidades" de projeto de espaços internos. Por mais de um ano, trabalhei lado a lado com Kathryn Hunchar, uma jovem profissional da Filadélfia, com quem elaborei as ilustrações de projeto de escadas. Na finalização e preparação dessas ilustrações para a publicação, contei com a ajuda de Mia Kang, uma arquiteta de Nova York (e antiga aluna minha). Por fim, agradeço a Paul Drougas, meu editor na John Wiley & Sons, que me apoiou ininterruptamente durante todo o processo.

Mais uma vez, espero que o resultado seja de grande ajuda para os alunos que precisam dominar as habilidades de projeto de interiores e de escadas.

SUMÁRIO

Introdução: Como Ler e Usar Este Livro

Esta obra é uma ferramenta de ensino criada a fim de desenvolver as habilidades de planejamento de interiores para usos convencionais em espaços de até 400 m^2. Ainda que possa ser usado para o autoestudo, este livro foi concebido para ser utilizado em ateliês universitários de projeto de arquitetura. Seu conteúdo é dividido em três categorias:

1. Textos explanatórios
2. Exemplos gráficos descritivos
3. Exercícios práticos recomendados

O projeto de interiores é um processo complexo por natureza. Por essa razão, uma série de exercícios de projeto, partindo de espaços e edificações muito pequenos e chegando a espaços maiores com programas de necessidades mais complexos, é fornecida como técnica principal para o desenvolvimento das habilidades de planejamento espacial. Além disso, foram incluídas informações básicas sobre o projeto de interiores e o uso de regras práticas de planejamento, diretrizes para técnicas de desenho adequadas e fontes para leitura e consulta.

Por se tratar de uma introdução ao planejamento de espaços internos, este livro está voltado principalmente a alunos de arquitetura de interiores de nível intermediário (no primeiro ou segundo ano de programas de bacharelado ou graduação). Em especial, pressupõe-se que seus usuários tenham conhecimentos adequados de desenho técnico (ou seja, uma experiência básica com ferramentas de desenho técnico e escalas usadas na arquitetura) e uma facilidade para compreender e preparar projeções ortográficas (plantas baixas e elevações). Além disso, espera-se que os usuários saibam planejar leiautes de mobiliário convencionais no interior de compartimentos – com exceção da distribuição de mobiliário de escritório em larga escala, uma vez que esse é um processo de projeto básico por si só. O ideal é que já tenha alguma experiência no desenvolvimento de programas de necessidades, embora isso não seja fundamental para o sucesso do aprendizado. Não é necessário ter experiência no planejamento de espaços não divididos ou "plantas livres".

O planejamento de espaços internos não é um processo simples que envolve uma única categoria de informações; pelo contrário, trata-se de um encaixe minucioso e complexo de vários processos que envolvem muitas categorias informativas associadas à organização e à construção de edificações. Esses processos variam de análise de programas e princípios de códigos de edificações a técnicas de controle ambiental e desenvolvimento das qualidades espaciais desejadas. Mesmo quando os problemas de projeto de interiores são relativamente pequenos (poucas centenas de metros quadrados) e os programas de necessidades são relativamente simples, é impossível evitar essas complexidades de processos e informações. Por essa razão, tais questões serão tratadas de forma a fornecer um contexto realista para os problemas de projeto, mantendo ainda o foco nos aspectos centrais do projeto. Com o decorrer do tempo, o projetista se tornará experiente e irá adquirir um conhecimento mais aprofundado de todas essas complexidades, mas não seria produtivo tentar lidar com elas aqui.

A maioria dos trabalhos na área do projeto de interiores envolve edificações preexistentes, e não o planejamento interior de edificações novas ainda na prancheta. Por essa razão, este livro enfatiza os espaços de edificações preexistentes. O planejamento de espaços internos para edificações ainda na prancheta é uma tarefa que demanda experiência no projeto de estruturas e sistemas de vedação externa, exigindo, portanto, conhecimentos e habilidades adicionais por parte dos projetistas. Essas áreas adicionais da vida profissional ultrapassam o escopo desta obra e serão discutidas de maneira superficial no Capítulo 8.

Finalmente, este livro-texto não foi escrito somente para ser lido, mas também para ser usado como um guia prático ao desenvolvimento da criatividade. As habilidades de projeto de interiores resultam da repetição consistente da prática e da experiência; consequentemente, os estudantes são incentivados a dedicar muitas horas à prancheta de desenho, a fim de desenvolver técnicas de qualidade profissional. É difícil avaliar a qualidade das soluções de planejamento de espaços internos, principalmente no caso de iniciantes. Ao contrário do que ocorre em outras áreas, os problemas de projeto costumam apresentar várias respostas "corretas". Raramente há respostas "perfeitas". As soluções de projeto de interiores devem atender às exigências do programa de necessidades com base na prioridade, solucionando primeiramente as questões que estão no topo da lista, enquanto as questões menos urgentes são solucionadas, quando muito, somente de maneira parcial. Para simplificar, o planejamento de espaços internos quase sempre exige que cheguemos a meios-termos, passando a buscar soluções boas e viáveis em vez de uma solução "correta" ou "perfeita". Identificar e satisfazer aos critérios de planejamento prioritários ou principais fazem parte da experiência de aprendizado ensinada aqui, embora a melhor ferramenta para se avaliar a qualidade das soluções em projeto de interiores esteja na troca de informações e críticas com terceiros. As discussões em sala de aula, sejam elas formais ou informais, são de grande valor. Buscar a opinião de colegas ajuda enormemente a desenvolver habilidades críticas, além de apresentar uma visão crítica do trabalho de outros. Tirar o máximo de proveito dos painéis de apresentação periódicos e críticas correspondentes, principalmente com a opinião gabaritada do professor presente (e, se possível, um crítico convidado) é essencial para este processo de crescimento. Com o tempo, à medida que a avaliação consistente do próprio trabalho e do trabalho de outros continua, a capacidade de fazer críticas é aperfeiçoada e nos tornamos melhores juízes do nosso próprio trabalho. Apesar disso e independentemente do nível de desenvolvimento profissional, é essencial contemplar outras abordagens e escutar críticas objetivas.

O processo de planejamento de espaços descrito passo a passo neste texto foi concebido deliberadamente para o desenvolvimento de uma habilidade complexa. É preciso observar que muitos processos de planejamento válidos e produtivos são usados por profissionais da área, e que nenhum processo é superior a outro. Isso se deve à criatividade inerente ao projeto de interiores. Na medida em que a habilidade ultrapassa o nível do aprendizado, pressupõe-se que cada projetista desenvolverá variações voltadas aos seus padrões individuais durante o processo projetual, criando, enfim, uma metodologia de projeto completa e personalizada.

Também é preciso observar a questão da terminologia. Este texto contém muitas palavras e frases que devem ser vistas como jargão profissional, e elas são inevitáveis. Apesar disso, seu uso não é universal. Palavras e frases como "matriz de critérios", "esboço de planta baixa", "diagrama de relações", "organograma", "planta baixa esquemática", "acessibilidade universal", "suíte", "planta baixa preliminar" e "edifício de escritórios com várias economias", entre outras, são usadas por alguns profissionais, mas não por outros. O uso da mesma palavra ou expressão por diferentes indivíduos pode ter conotações distintas. Não permita que essa falta de universalidade na terminologia se torne um entrave no processo de aprendizado apresentado.

À medida que sua capacidade como arquiteto de interiores se desenvolve e atinge um nível profissional, você provavelmente descobrirá que os novos elementos incorporados em seu repertório destacam e aperfeiçoam habilidades de projeto relacionadas, aproximando-o cada vez mais da meta de se tornar um profissional "completo".

Leituras Recomendadas

A bibliografia disponível no final do livro foi abreviada. Vale a pena dedicar alguns minutos à leitura dos parágrafos que introduzem a listagem de obras. As leituras recomendadas associadas a esta introdução foram selecionadas por serem valiosas como introduções. Os números a seguir se referem aos livros listados na bibliografia.

6*, 8*, 12*, 27*, 30

Os livros seguidos de asteriscos também foram incluídos nas leituras recomendadas de outros capítulos.

Capítulo 1 A METODOLOGIA DE PLANEJAMENTO

O processo de planejamento espacial de um interior tem início quando uma pessoa, ou um grupo de pessoas, decide sujeitar uma edificação, ou parte dela, a um uso novo, o que inclui desde espaços habitacionais ou profissionais pequenos até equipamentos profissionais ou institucionais enormes e complexos. Com exceção dos espaços mais simples, como apartamentos ou escritórios pequenos, utilizar um espaço de maneira eficiente e funcional é uma tarefa complexa que está muito além das capacidades da maioria de seus usuários. Nesse momento e por essa razão, o especialista em planejamento espacial, o arquiteto de interiores ou o arquiteto é chamado para resolver o problema.

Os arquitetos se deparam com situações distintas. A maioria dos usuários ou clientes não tem experiência em trabalhar com profissionais da área de planejamento e apresentam seus problemas dessa ordem sem dados preparados de maneira significativa. Não raro, um proprietário ou gerente de uma empresa procura um arquiteto de interiores e diz: "O número de funcionários aumentou em 60% nos últimos anos e ainda estamos crescendo rapidamente. Nosso espaço está extremamente apertado. O que podemos fazer?". Nesses casos, o projetista deve começar com as tarefas mais básicas, incluindo a representação gráfica da estrutura organizacional; a identificação dos funcionários, suas tarefas e os equipamentos necessários; a análise do processo operacional; e a obtenção de informações sobre as características humanas e culturais da organização. Na verdade, o arquiteto deve se responsabilizar por organizar, analisar e interpretar o problema em mãos.

Por outro lado, há clientes que possuem uma experiência considerável no planejamento de espaços e é possível que tenham um gerente de instalações ou departamento de recursos físicos no próprio prédio, fazendo com que o projetista ou arquiteto receba um grande volume de dados extensivos referentes ao número e aos tipos de funcionários (incluindo seus equipamentos e necessidades de área de piso), estudos de adjacência ou compatibilidade e as qualidades humanas e estéticas almejadas para todo o projeto – na verdade, um programa de planejamento espacial completo. Nesses casos, o arquiteto não precisa se responsabilizar pela coleta, organização e análise de dados. É evidente que o programa de necessidades apresentado precisa ser completamente absorvido e compreendido pelo projetista; além disso, talvez seja necessário desempenhar algumas tarefas de interpretação do programa. Essas questões serão discutidas posteriormente, ainda neste capítulo.

Há uma grande variedade de clientes, programas e situações entre os dois extremos apresentados anteriormente. A maioria dos clientes já refletiu bastante e analisou suas necessidades espaciais antes de contratar serviços profissionais, mas não possui especialistas entre seus funcionários para fazer uma análise completa do problema e apresentá-la em termos que resultarão facilmente em uma solução de planejamento. É com essa situação intermediária que grande parte dos profissionais se depara perante um problema em planejamento espacial.

Independentemente da experiência do cliente com arquitetos, as questões de sensibilidade do projeto desempenham um papel fundamental em todas as discussões. Alguns programas de planejamento espacial preparados por funcionários encarregados das instalações lidam somente com dados numéricos e não ajudam a compreender as sutilezas da dinâmica organizacional ou as exigências detalhadas em termos de iluminação ou acústica. Aquilo que, à primeira vista, parece ser um programa completo e organizado ainda pode exigir muita organização, análise e interpretação por parte do projetista. Por outro lado, alguns clientes sem experiência em questões de projetos de interiores trazem uma sensibilidade e *insights* sem par para o projeto, apesar da falta de organização dos dados.

É extremamente difícil simular situações com clientes ou programas reais em sala de aula. Em geral, os alunos recebem um programa de necessidades escrito que define todas as exigências de um projeto em detalhes, junto com as plantas baixas (e, talvez, desenhos adicionais) de um espaço real ou imaginado. Uma solução de planejamento espacial é elaborada a partir desses dados. Ainda que adequados e úteis para o processo de aprendizado do aluno, esses exercícios carecem da dinâmica de trocas pessoais com o cliente, e também ignoram problemas reais, como conflitos internos na organização do cliente, fusões e aquisições empresariais, mudanças na administração, limitações orçamentárias e tratativas com os funcionários de prefeituras encarregados da aprovação de projetos – fatores que existem na prática. Trazer clientes reais ou fictícios para as tarefas de sala de aula pode ser muito útil; da mesma forma, usar espaços reais que os alunos possam visitar e fazer levantamentos ajuda a tornar o problema de projeto de interiores algo mais concreto. Apesar dessas simulações, os alunos devem estar cientes de que lidar com uma grande variedade de personalidades, cronogramas incomuns (desde projetos com prazos de entrega muito exíguos até aqueles que se estendem por anos) e orçamentos apertados acrescenta elementos inesperados e desafiadores ao processo de planejamento espacial assim que eles saem da sala de aula e entram no meio profissional.

DEFINIÇÃO DE TERMOS E OBJETIVO DO CAPÍTULO

O título deste capítulo, "Metodologia de Planejamento", é uma expressão usada ao longo de todo este texto para descrever a etapa do processo de planejamento espacial que se inicia assim que os problemas de projeto são apresentados ao projetista (com ou sem um programa de necessidades) e que termina quando o planejamento físico começa – geralmente, com organogramas ou plantas baixas esquemáticas. Em alguns círculos profissionais, essa fase é chamada de estudos preliminares e se refere a todas as etapas necessárias de coleta de dados, pesquisa, análise e interpretação antes do planejamento propriamente dito. Muitos profissionais da área de projetos consideram a "metodologia de planejamento" e o "programa de necessidades" como sinônimos, mas alguns acreditam que a elaboração de tabelas e diagramas descrita aqui está fora dos limites do programa de necessidades e faria parte do processo projetual.

Muito já se escreveu sobre a área da metodologia de planejamento em geral. Estão disponíveis livros e artigos que tratam do processo de entrevista, questionários, técnicas de observação, geração de ideias, análise e teoria espacial, programas de necessidades, métodos de projeto, resolução de problemas e uso de gráficos para geração de ideias, entre outros. Conforme mencionado na Introdução, não há uma terminologia unificada utilizada ou aceita universalmente por profissionais da área. Apesar dessa carência, uma leitura mais ampla desses assuntos revelará conhecimentos que fornecem uma grande variedade de abordagens úteis para os estudos preliminares.

Há muito pouco escrito sobre as técnicas de planejamento espacial, principalmente a partir de um ponto de vista educativo. As habilidades de planejamento de espaços internos costumam ser desenvolvidas sob a supervisão direta de um profissional experiente, na prancheta de desenho ou no posto de trabalho, no ateliê de uma faculdade e/ou em um escritório de arquitetura. O principal objetivo deste livro é proporcionar um embasamento escrito para o processo de planejamento espacial ou projeto de interiores. Embora seja descrita e recomendada aqui, a metodologia de planejamento é tratada de maneira concisa para que possamos dedicar mais atenção às partes preliminares do processo, ou seja, àquelas associadas ao planejamento e ao projeto. Isso não deve ser visto como uma tentativa de minimizar a importância dos estudos preliminares; pelo contrário, um bom projeto não será obtido sem a análise preliminar completa e profissional descrita aqui em termos gerais. Um método simples e eficaz será apresentado de maneira sucinta para que possamos passar rapidamente ao planejamento físico. Os alunos são encorajados a ler a respeito e a desenvolver suas habilidades em diversas técnicas de projeto preliminar, tanto verbais como gráficas, de forma a dispor de muitas ferramentas analíticas para aplicar aos desafios que posteriormente enfrentarão como profissionais. As leituras recomendadas no final deste capítulo dão instruções para quem deseja expandir este conhecimento e estas habilidades.

Mais uma observação breve sobre a terminologia: vários passos do processo de planejamento espacial descritos e recomendados ao longo do texto são identificados por palavras ou frases que só serão encontradas aqui, como "matriz de critérios" e "diagrama de relações". Em cada caso, tais palavras ou frases serão definidas cuidadosamente; além disso, serão identificados os possíveis conflitos com outros termos comuns à área.

O PROCESSO DE SÍNTESE

Entre os profissionais que trabalham na área, há um processo ou sequência de tarefas geralmente aceito que tem início no momento em que o arquiteto começa a trabalhar no projeto e termina quando a análise do projeto é concluída e o processo de planejamento físico se inicia. Apesar das muitas variações em termos de técnica ou terminologia que cada arquiteto venha a aplicar, o processo básico de elaboração de um programa de necessidades para projeto é composto pelos seguintes passos, apresentados de maneira extremamente sucinta:

1. **Entreviste**
a. Nível executivo (ideia geral da organização)
b. Nível administrativo (funções dos departamentos)
c. Nível operacional (detalhes dos processos e equipamentos)

2. **Observe (equipamentos preexistentes ou semelhantes)**
a. Observação acompanhada
b. Observação não intrusiva
c. Inventário do mobiliário e equipamentos preexistentes (se eles forem reaproveitados)

3. **Estabeleça parâmetros de arquitetura**
a. Colete todos os dados preliminares para projeto (incluindo instalações hidrossanitárias e elétricas)
b. Colete dados contextuais (arquitetônicos, históricos, sociais)
c. Pesquise os condicionantes legais (plano diretor e/ou código de edificações)

4. **Organize os dados coletados (o programa preliminar)**
a. Organize os dados no formato sequencial mais adequado para o planejamento
b. Resuma os fatores quantitativos confirmados (área de piso, área interna e total, tamanhos dos equipamentos, etc.)
c. Registre as primeiras ideias sobre a abordagem conceitual de projeto

5. **Estude as incógnitas**
a. Reúna informações detalhadas sobre os processos e os equipamentos
b. Reúna informações de estudos de caso sobre equipamentos semelhantes
c. Integre os dados pesquisados ao programa preliminar

6. **Analise os dados**
a. Descubra as afinidades de planejamento (inter-relações profissionais, zoneamento público/privado, necessidades especiais de acústica, etc.)
b. Descubra as afinidades de horários (maximize o uso do espaço)
c. Identifique as relações de planejamento ou arquitetura (terreno, condições estruturais, hidrossanitárias e elétricas)

7. **Interprete e coloque os dados em um diagrama (o programa completo)**
a. Defina os problemas funcionais em termos de planejamento
b. Estabeleça uma abordagem conceitual básica (em termos de objetivos humanos/sociais e de imagem/estéticos)
c. Elabore diagramas de relações ou adjacências (para a visualização do cliente e do arquiteto)

8. **Sintetize os dados (o documento completo)**
a. Finalize os conceitos do projeto – DEFINA O PROBLEMA
b. Defina e registre parâmetros para as questões orçamentárias básicas
c. Prepare um pacote para ser aprovado pelo cliente e para ser usado como o manual de planejamento espacial do projetista

O processo analítico descrito jamais resultará em uma solução de projeto. Independentemente de quão completo o projeto venha a ser, a criação de uma solução física exige que o arquiteto abandone a análise e foque o processo de síntese. Esse processo requer a compreensão criativa de todos os elementos da análise, a fim de inserir os elementos programáticos em uma justaposição física que atenderá às necessidades do usuário. Nesse contexto, a palavra "criativo" deve ser entendida no sentido mais amplo possível, no qual questões funcionais, estéticas e técnicas precisam ser abordadas e resolvidas. A tarefa de resolução de problemas no planejamento espacial está centrada na transição da fase analítica inicial (os estudos preliminares) à fase de resolução criativa do projeto.

O processo de projeto como um todo é uma questão de síntese, na qual muitos fatores díspares são integrados em um todo útil; ainda assim, o salto mental ou criativo inicial desde a fase analítica até o registro ou desenho em papel da primeira solução física é o passo mais difícil de todo o processo. Quando os estudos preliminares são bastante minuciosos, é possível que o projetista esteja muito mais perto de uma solução física ou que o salto criativo seja mais breve e mais fácil. Para os fins deste texto, o período entre a conclusão do programa de necessidades e a solução de planejamento será chamado de "processo de síntese", e pode ser mais bem visualizado graficamente:

Quando os estudos preliminares forem superficiais ou inadequados, o "processo de síntese" será mais longo e mais difícil:

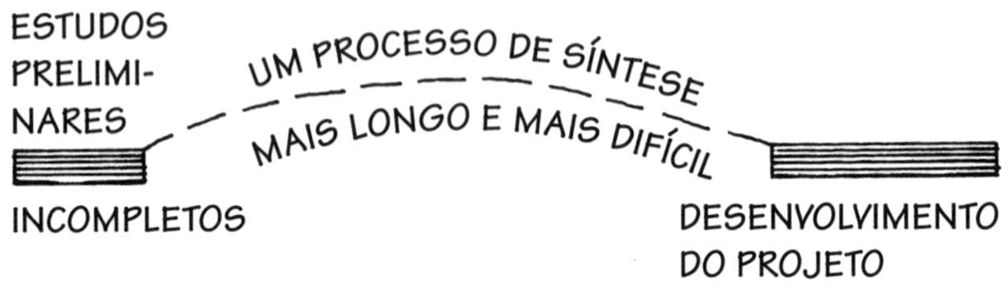

Quando os estudos preliminares forem criteriosos e bem pensados, o "processo de síntese" será mais curto e mais fácil:

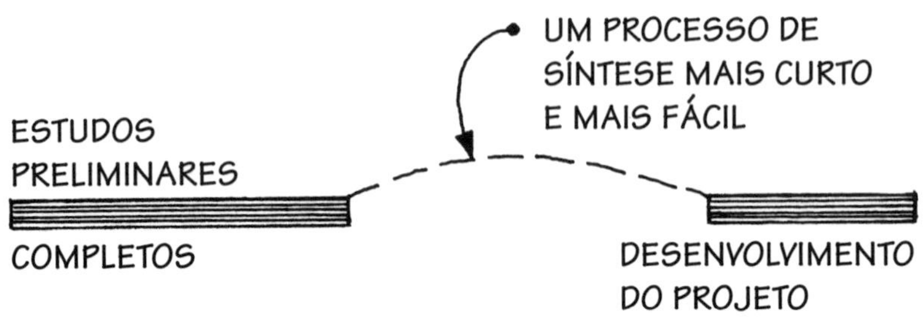

Do ponto de vista prático e profissional, o arquiteto precisa de um processo eficiente e confiável ao qual recorrer sempre que se deparar com um projeto de arquitetura de interiores. Reunir alguns fatos básicos e ficar olhando para uma planta baixa em branco até que a inspiração surja é uma abordagem totalmente inviável. É necessária uma metodologia de projeto bem definida para lidar com as pressões típicas da profissão e solucionar os problemas de planejamento espacial de maneira a satisfazer por completo as necessidades do cliente e do usuário.

Quando os problemas de planejamento espacial crescem em escala e ficam mais complexos em função, as soluções se tornam indefinidas ou menos óbvias e o processo de resolução de problemas se transforma em algo assustador. Sempre que os projetos parecerem demasiadamente grandes ou complicados, lembre-se de um princípio básico, fundamental para todas as metodologias de projeto: reduza os problemas aos elementos mínimos e mais fáceis de administrar. Em vez de enfrentar um labirinto de fatores complexos e, aparentemente, sem uma relação entre si, decomponha o problema e avalie-o outra vez. Visualize os elementos como componentes menores e fáceis de controlar e, a seguir, reorganize-os em uma sequência ou em grupos relacionados ao problema de arquitetura de interiores. Tudo isso ajuda a abreviar o processo de síntese.

O PROGRAMA DE NECESSIDADES

Em termos de planejamento espacial, os programas de necessidades são documentos escritos que qualificam e quantificam as necessidades do cliente ou dos usuários de determinado projeto. Além disso, a maioria dos programas vem acompanhada de diagramas de relações ou adjacências que costumam expressar as relações de planejamento físico com mais precisão do que as descrições verbais. Ainda que as habilidades básicas necessárias à preparação de um programa de necessidades não sejam incomuns ou complexas, não espere obter um programa com qualidade profissional logo nas primeiras tentativas. Após várias experiências, as habilidades necessárias para entrevistar, observar, pesquisar, analisar e documentar ficam afiadas, e o profissional está pronto para atingir o objetivo real da elaboração dos programas de necessidades – preparar o palco para os processos de planejamento e projeto.

Entrevistas

Quando os projetos de planejamento de espaço são pequenos e os grupos são bem geridos, talvez seja necessário entrevistar somente uma pessoa: o proprietário, o gerente ou o diretor. Quando os projetos aumentam em tamanho e/ou complexidade, o número de entrevistados cresce de maneira proporcional. O tamanho e a complexidade são questões muito distintas. Ainda que o projeto seja pequeno em tamanho, não é comum planejar a reforma de uma habitação típica sem entrevistar o marido e a esposa, ou ambos os sócios de uma pequena firma de advocacia para o planejamento de novas instalações. Se o tamanho ou a complexidade requerem que várias pessoas sejam entrevistadas, selecionar os indivíduos mais adequados para a entrevista já é uma habilidade específica. Tal seleção costuma ser determinada pelo cliente e não fica a cargo do projetista.

É essencial que o entrevistador conte com uma lista organizada e consistente de perguntas – deixar ao acaso realmente não funciona. Em geral, é interessante fornecer as perguntas aos entrevistados com antecedência a fim de que eles possam se preparar para respondê-las de maneira organizada; além disso, quando funcionários estão envolvidos, esse procedimento reduz a possibilidade de eles chegarem à entrevista sentindo-se apreensivos ou ansiosos. Em vez de utilizar um gravador, a maioria dos arquitetos experientes faz anotações, já que gravadores podem ser uma interferência intimidadora, atrapalhando a dinâmica entre o entrevistador e o entrevistado. Exceto para dimensionamentos e coleta de outros dados quantitativos, os questionários não são muito usados; trocas pessoais são necessárias para se ir além das questões superficiais e revelar as sutilezas das exigências do planejamento espacial de interiores. Há inúmeros livros que ensinam e ajudam no desenvolvimento das habilidades de entrevista tão importantes para essa tarefa, seja para questões técnicas ou não.

Observação em campo

Observar as instalações preexistentes para ver e compreender os processos operacionais e relacionados aos equipamentos geralmente faz parte do processo de entrevista. Em geral, um gerente, sócio-sênior ou chefe de departamento leva o entrevistador para conhecer toda a instalação ou a parte da instalação pela qual ele é responsável. Em muitos casos, tais visitas acompanhadas são muito úteis. Quando relações interpessoais complexas estão envolvidas, porém, o passeio talvez não seja suficiente. Sabe-se que as pessoas se comportam de maneira diferente quando sabem que estão sendo observadas. Algumas situações específicas permitem o uso da observação não intrusiva, na qual o observador não é visto ou sua presença não é percebida – a chamada "mosca na parede". Embora a bibliografia referente a essa técnica de observação seja limitada, ela é suficiente para instruir o estudante que precisa desenvolver as habilidades adequadas.

Não raro, nos deparamos com um projeto no qual o equipamento ou operação a ser observado não existe. Nesse caso, é interessante visitar e observar instalações com funções ou operações semelhantes. Mesmo quando o equipamento a ser planejado não inclui processos especiais, como é o caso de empresas ou escritórios de advocacia convencionais, a observação de equipamentos semelhantes é muito útil – a menos que o profissional esteja particularmente familiarizado com as funções cotidianas. Essa observação se encaixa na categoria de estudos de caso e será discutida em detalhes na seção "Estude as Incógnitas", ainda neste capítulo.

Muitos projetos de arquitetura de interiores exigem a reutilização completa ou parcial de mobiliário e equipamentos preexistentes. Inventariar e dimensionar grandes quantidades de mobiliário e equipamentos preexistentes costuma ser uma tarefa tediosa, mas necessária.

Estabeleça os parâmetros de arquitetura

O ideal é que os condicionantes e parâmetros de arquitetura básicos de determinado projeto sejam estabelecidos durante a fase de elaboração do programa de necessidades, para que as relações entre as necessidades do cliente e as qualidades do espaço físico possam ser consideradas desde o início. Informações extremamente detalhadas sobre o meio físico não são necessárias na fase inicial do projeto; neste momento, detalhes em demasia podem até atrapalhar. O fundamental é:

1. Uma planta baixa básica (ou plantas), em escala grande o bastante para ser útil, acompanhada por dados suficientes sobre as instalações mecânicas e elétricas para se estar ciente dos condicionantes dos sistemas hidrossanitários, dos sistemas de climatização e dos principais pontos de acesso elétrico.
2. Dados contextuais referentes aos fatores arquitetônicos, históricos e sociais básicos.
3. Exigências do plano diretor e do código de edificações suficientemente detalhadas para evitar violações das normas básicas de alocação dos espaços em geral.

Em sua maioria, os dados de arquitetura detalhados não são necessários até o início das fases de planejamento físico e projeto. Em alguns casos, os fatores contextuais – principalmente aqueles associados ao ambiente humano e social – desempenharão um importante papel para determinar a abordagem conceitual de um projeto. Nesses casos, a coleta de dados significativos e a pesquisa de fatores contextuais críticos devem fazer parte do processo de elaboração do programa de necessidades.

Organize os dados coletados (programa de necessidades preliminar)

Após concluir as tarefas de entrevista e observação e adquirir informações básicas sobre o meio físico, é hora de organizar os dados acumulados. Embora seja improvável que todas as informações necessárias para o projeto já sejam conhecidas neste ponto, é muito importante organizar um programa preliminar no qual todos os dados coletados (como a área de piso e as tabulações de mobiliário e acessórios) estejam dispostos em um formato sequencial útil, facilitando a visualização e a consulta. Esse processo requer uma análise básica da estrutura organizacional do cliente e das necessidades de planejamento do projeto. E, o que é mais importante, deve-se identificar o que está faltando. Quais informações críticas não foram obtidas no processo de entrevista e requerem entrevistas ou pesquisas adicionais? Quais conflitos presentes nos dados fornecidos precisam ser investigados? Quais sutilezas nas inter-relações foram percebidas, mas não definidas? Quais equipamentos e processos técnicos precisam ser pesquisados e compreendidos a fundo para possibilitar um planejamento inteligente? Essas e outras perguntas surgirão, exigindo investigações e pesquisas. As técnicas adequadas para organizar os dados coletados serão discutidas na seção "Analise os Dados", ainda neste capítulo.

Estude as incógnitas

Desde as nuances do planejamento até as informações sobre dimensões ou deficiências nos dados do programa de necessidades descritos anteriormente devem ser identificadas neste ponto do projeto. Conforme ocorre com os parâmetros de arquitetura, detalhes em demasia são desnecessários e podem se tornar um estorvo; o ideal é estudar grande parte dos dados dos processos e dimensões mais tarde, durante o processo de projeto. O projetista deve determinar o que é necessário para analisar o projeto e o que será necessário posteriormente, na hora de elaborá-lo. Pesquisas com estudos de caso costumam ser muito úteis neste estágio. Mais uma vez, dados completos sobre os estudos de caso são desnecessários, mas alguns fatores básicos sobre a organização espacial, os padrões espaciais corporativos ou institucionais, os percentuais de área de piso usados para circulação e a apreciação de equipamentos com tamanho e função semelhantes, viabilizam uma comparação realista e fornecem diretrizes para o projeto em questão. Há, por exemplo, um número suficiente de fatores comuns entre escritórios de advocacia, consultórios médicos e creches, o que faz com que essas informações sejam relevantes. Pesquisas adicionais em estudos de caso também são úteis durante as fases de planejamento e projeto, mas não se deve subestimar sua importância para os estudos preliminares.

Analise os dados

Com todos os materiais informativos à disposição, é preciso fazer uma análise abrangente dos fatores de planejamento do projeto. Quando o projeto é grande o bastante para permiti-lo, o processo de análise pode ter início com a elaboração ou o ajuste de tabelas organizacionais preexistentes, a identificação da hierarquia entre funcionários e o agrupamento de funções. Além dessa técnica tradicional, devem ser feitas muitas outras análises:

1. É preciso articular as adjacências espaciais.
2. As relações de trabalho, tanto entre departamentos como no interior deles, devem ser identificadas, incluindo as rotas de funcionários, visitantes e materiais.
3. Deve-se identificar as funções e zonas públicas e privadas.
4. É preciso definir as exigências acústicas específicas.
5. É necessário identificar a necessidade de iluminação, ar e vistas naturais (ou seja, janelas) para cada função e área.
6. Deve-se identificar os grupos de equipamentos que exigem conexões com as instalações hidrossanitárias.

Esses e outros fatores que virão a afetar o processo de planejamento espacial devem ser muito bem compreendidos; além disso, é preciso analisá-los em relação ao problema como um todo.

Há uma questão de planejamento que demanda uma análise separada, mas costuma ser negligenciada com muita frequência, uma vez que lida com o tempo, e não com o espaço. Trata-se de registrar o horário de uso dos equipamentos. A análise do horário de uso dos espaços, junto com o conhecimento das técnicas de construção dos sistemas de divisão interna (divisórias e portas de correr, de dobrar, sanfonadas, etc.) pode levar à utilização significativamente mais eficiente e econômica do espaço.

O formato usado para se organizar os dados varia enormemente. Além dos dados coletados, alguns profissionais optam por registrar as considerações e ideias referentes ao planejamento e ao projeto. Os dados e as ideias podem ser apresentados em parágrafos convencionais, no estilo narrativo, ou em frases soltas. É possível desenvolver e registrar categorias de dados e ideias em grupos relacionados. Também pode-se elaborar tabelas ou matrizes que ajudam a organizar os dados e as ideias. A questão do formato é discutida mais a fundo em outra seção deste capítulo, intitulada "Matriz de Critérios".

Interprete e coloque os dados em um diagrama (programa de necessidades completo)

Quando se trata do programa de necessidades, há uma tênue distinção entre a análise e a interpretação. Apesar dos significados semelhantes, sempre vale a pena estabelecer as diferenças entre os termos. Nesse caso, a "análise" se refere a adquirir uma compreensão do problema, sendo que essa resulta diretamente dos dados coletados; a "interpretação", por sua vez, está associada a *insights* sobre o problema, e esses advêm da perspectiva exclusiva de um projetista experiente. Com frequência, os projetistas vêm a conhecer as necessidades de seus clientes em detalhes e, subsequentemente, conseguem interpretar as informações do programa de maneira aprofundada e criativa. Essas interpretações costumam estar entre as contribuições mais criativas do projetista para o processo de resolução de problemas. A natureza dos *insights* adquiridos pode variar de um processo relativamente pequeno e interno até uma grande mudança na estrutura organizacional do cliente.

Embora seja impossível assegurar sua existência, perspectivas novas e significativas são comuns, uma vez que o projetista aborda o problema a partir de um ponto de vista externo, não limitado pelo histórico das circunstâncias do cliente, e é convidado a visualizar a organização como um todo. Devido a esse ponto de observação único, o projetista pode fazer avaliações e recomendações de valor imensurável, já que ninguém mais tem condições de ver o que ele vê.

Outra forma de interpretação que ocorre durante a elaboração do programa de necessidades é o registro de conteúdos programáticos verbais em diagramas. O uso da técnica de diagramação já foi consagrado e, atualmente, faz parte de muitos programas de projetos. Vários estilos gráficos são usados, além de inúmeros termos para identificá-los – desde "diagramas de adjacências" e "organogramas" até "estudos de adjacências espaciais" e "estudos de análises programáticas". Apesar de sua qualidade gráfica, esses diagramas ainda são claramente associados aos estudos preliminares, pois representam a abstração gráfica de um programa escrito e não tentam criar uma solução de projeto prática. Especialmente com projetos em larga escala, os diagramas costumam incluir toda a estrutura organizacional e os vários setores ou departamentos encontrados dentro da organização. Com frequência, uma série de diagramas acompanha o programa escrito para fornecer um registro gráfico abrangente do documento verbal. Como é sabido entre os projetistas, a visualização gráfica consegue dizer exatamente aquilo que as palavras são incapazes de transmitir. Posteriormente, ainda neste capítulo, descreveremos e recomendaremos uma técnica gráfica e um diagrama de relações como parte dos estudos preliminares.

Sintetize os dados (documento completo)

O programa de necessidades deve ser sintetizado e documentado antes de se passar para a fase de projeto propriamente dita. Em alguns casos, o material do programa é registrado de maneira informal e usado somente pelo projetista como uma ferramenta de projeto; ele não é visto nem utilizado por terceiros. Todavia, na maioria dos casos e, principalmente, em relações formais entre o projetista e o cliente, o programa de necessidades deve ser transformado em um documento impresso que precisa ser recebido e aprovado pelo cliente antes do início da fase de projeto. Seja qual for o formato e a relação entre o projetista e o cliente, é necessário concluir a elaboração do programa de maneira adequada.

Sempre que a elaboração do programa de necessidades é criteriosa, o projetista é totalmente absorvido ou envolvido pelo problema e tem condições de fazer a definição geral do problema como um todo. Não importa se chamamos o processo de "conceituação" ou "definição do problema"; sempre é importante que o projetista cristalize suas considerações em um resumo verbal abrangente do problema, que precederá os dados detalhados do programa. Tal definição deve lidar com a alma do problema, não com seus detalhes, e precisa representar os aspectos humanos, sociais, estéticos e filosóficos das ideias do projetista em relação ao projeto.

Quando pronto, o programa de necessidades deve ser um pacote bem integrado, que inclui:

1. A definição geral do problema
2. Um programa escrito bem detalhado e funcional que descreva todas as necessidades e preocupações do projeto
3. Diagramas que traduzam as relações de planejamento em termos visuais
4. Sínteses numéricas das necessidades espaciais, de mobiliário e equipamento como primeira ideia do orçamento do projeto

O término da elaboração do programa de necessidades indica um grande progresso. E, principalmente significa que o projetista já tem uma compreensão completa e documentada do problema. É preciso observar que, não raro, o redator do programa de necessidades e o projetista são pessoas diferentes; nesses casos, é particularmente importante que a linguagem do programa seja objetiva e não apresente palavras e expressões idiossincráticas. Este documento é a ferramenta ideal para comunicar tanto questões conceituais genéricas como as preocupações de planejamento detalhadas do projeto para o cliente. Em muitos casos, a resposta do cliente ao programa de necessidades pode exigir revisões antes do início da fase de projeto. Assim que o processo de projeto tem início, o programa de necessidades serve como guia principal para o planejamento espacial e as considerações de projeto. Apesar disso, o programa não deve ser seguido à risca; muitas ideias novas e de valor associadas ao planejamento e ao projeto provavelmente aparecerão durante o processo, e seria tolice ignorá-las somente porque elas não estão incluídas no programa de necessidades original. À medida que as decisões de planejamento e projeto assumem um formato definido, o programa de necessidades passa a ser usado pelo projetista como uma ferramenta de avaliação para determinar o sucesso das soluções. Em outras palavras, a solução de projeto é adequada às necessidades e exigências do programa?

A MATRIZ DE CRITÉRIOS

Não importa se o projetista compilou o programa de necessidades pessoalmente ou se o recebeu do cliente já completo – em geral, trata-se de um documento de várias páginas em um formato muito distante do ideal para fins de planejamento de espaços. Isso também costuma se aplicar em sala de aula, onde os alunos recebem uma longa descrição verbal de um exercício de projeto de interiores, cuja tradução imediata em termos de planejamento espacial é bastante complicada. O projetista precisa de um formato conciso e breve, no qual os elementos do programa estejam organizados em uma sequência prática, para que ele possa localizar as informações sem ter de folhear constantemente muitas páginas repletas de dados; além disso, é importante que os espaços, compartimentos ou funções estejam categorizados e agrupados em relação às exigências do projeto em termos de adjacência.

A matriz, também chamada de quadro ou tabela, é uma técnica frequentemente usada para organizar visualmente informações sobre uma variedade de fatores. A matriz de critérios, descrita nos parágrafos a seguir, é uma técnica útil para condensar e organizar um programa de necessidades escrito convencional. Ela se aplica a projetos grandes ou pequenos e pode ser adaptada de acordo com prazos ou cronogramas folgados ou apertados. Se o tempo permitir, a matriz pode incluir todos os critérios de projeto; se o tempo for reduzido, porém, é possível condensar seu formato para identificar somente as considerações de planejamento mais críticas.

MATRIZ DE CRITÉRIOS PARA: CENTRO UNIVERSITÁRIO DE ACONSELHAMENTO PROFISSIONAL	ÁREA NECESSÁRIA (M²)	COMPARTIMENTOS CONTÍGUOS	ACESSIBILIDADE PÚBLICA	LUZ NATURAL E/OU VISTAS	PRIVACIDADE	INSTALAÇÕES HIDROSSANITÁRIAS	EQUIPAMENTOS ESPECIAIS	CONSIDERAÇÕES ESPECIAIS
① RECEPÇÃO								
② SALA DE ENTREVISTAS (4)								
③ DIRETORIA								
④ FUNCIONÁRIOS								
⑤ SALA DE REUNIÃO								
⑥ TOALETES (2)								
⑦ ÁREA DE TRABALHO								
⑧ COPA/CAFÉ								
⑨ APARTAMENTO PARA VISITANTE								

FIGURA 1–1 MATRIZ DE CRITÉRIOS (MODELO).

Neste contexto, a palavra "critérios" se refere às exigências do programa, enquanto a palavra "matriz" pode ser definida como "a distribuição retangular de elementos em linhas e colunas" (*Webster's New Collegiate Dictionary*). A matriz de critérios tenta organizar as exigências do programa de necessidades de maneira verbal e visual e no formato mais conciso possível, fornecendo uma visão geral rápida do problema. Em sua forma mais básica, ela é uma grade retangular com espaços de notação que apresentam os nomes dos compartimentos ou espaços (ou funções) na coluna à esquerda, além da indicação verbal e/ou numérica das exigências do programa nas colunas sucessivas à direita. Um exemplo de matriz básica feita à mão e ainda em branco para o Programa de Necessidades 2S (vide Apêndice, página 191) é mostrada na Figura 1–1, incluindo colunas dedicadas aos fatores mais críticos do projeto de interiores: (1) área necessária em metros quadrados, (2) compartimentos contíguos, (3) acessibilidade pública, (4) luz natural e/ou vistas, (5) necessidades em termos de privacidade, (6) instalações hidrossanitárias, (7) equipamentos especiais e (8) considerações especiais. Vá até a página 191 e leia o Programa de Necessidades 2S ("S" de *sample*, amostra em inglês) para compreender a estrutura da matriz de critérios e as muitas referências ao Programa de Necessidades 2S que serão feitas a seguir. Este tipo de tabela sucinta é extremamente útil quando se deseja tornar o processo de planejamento mais eficiente e, ao mesmo tempo, evitar o risco de negligenciar fatores críticos.

Sempre que o tempo e os interesses do projetista o permitem, é possível ampliar a matriz de critérios para que ela passe a incluir uma maior variedade de fatores, incluindo acessórios, necessidade de climatização, projeto de iluminação, cores, materiais, acabamentos e futuras necessidades de planejamento. Se adequado, o fator privacidade pode ser dividido em duas colunas, uma para "privacidade visual" e outra para "privacidade acústica". É possível agrupar ou reunir os compartimentos ou espaços (ou funções) em departamentos ou divisões caso o tamanho do projeto o exija. Ainda neste capítulo, demonstraremos como usar a matriz de critérios para lidar com problemas de planejamento e projeto maiores e mais complexos.

O grau de complexidade ou abrangência da matriz de critérios pode ser ajustado para atender às necessidades de tamanho e escopo do projeto, bem como o tempo disponível. Mesmo quando os prazos são particularmente exíguos, é possível usar a matriz para organizar rapidamente os dados básicos de planejamento. Ela pode ser feita à mão ou em um computador por meio de um dos muitos *software* destinados à produção de tabelas; nesse caso, a disponibilidade de tempo e o tamanho e a complexidade dos problemas de projeto são fatores decisivos. Para ser mais específico, se o projetista toma decisões de maneira razoavelmente rápida, seria possível concluir uma matriz de critérios para o Programa de Necessidades 2S dentro de meia hora – principalmente se ele desenvolver uma legenda com letras e/ou símbolos, conforme mostrado na Figura 1–2. Observe que a coluna da área necessária foi deixada em branco.

MATRIZ DE CRITÉRIOS PARA: CENTRO UNIVERSITÁRIO DE ACONSELHAMENTO PROFISSIONAL	ÁREA NECESSÁRIA (M^2)	COMPARTIMENTOS CONTÍGUOS	ACESSIBILIDADE PÚBLICA	LUZ NATURAL E/OU VISTAS	PRIVACIDADE	INSTALAÇÕES HIDROSSANITÁRIAS	EQUIPAMENTOS ESPECIAIS	CONSIDERAÇÕES ESPECIAIS
① RECEPÇÃO		② ⑤	A	S	N	N	N	NÚCLEO DE CIRCULAÇÃO HORIZONTAL ADJACENTE À ENTRADA PRINCIPAL
② SALA DE ENTREVISTA(4)		① ④	M	I	B	N	N	SENTIR-SE COMO UMA EQUIPE DE QUATRO PESSOAS
③ DIRETORIA		④	M	S	A	N	N	ACESSO À PORTA DOS FUNDOS, PARA SAÍDA PRIVADA
④ FUNCIONÁRIOS		③	M	S	M	N	N	
⑤ SALA DE REUNIÃO		① ⑥ ⑦	A	I	A	N	S	IMPORTANTE ESTAR PERTO DA ENTRADA
⑥ TOALETES(2)		↑ CENTRAL ↓	M	N	A	S	N	
⑦ ÁREA DE TRABALHO		② ④ CENTRAL	B	N	M	S	S	
⑧ COPA/CAFÉ		CENTRAL	A	S	N	S	S	CONVENIENTE PARA TODOS
⑨ APARTAMENTO PARA VISITANTE		REMOTA	B	S	A	S	N	ASPECTO RESIDENCIAL

OBSERVAÇÃO: NA COLUNA "COMPARTIMENTOS CONTÍGUOS", (X) INDICA ADJACÊNCIA IMPORTANTE,
(X) [sublinhado] INDICA ADJACÊNCIA ESSENCIAL

LEGENDA

A = ALTA
M = MÉDIA
B = BAIXA
S = SIM
N = NÃO/NENHUM
I = IMPORTANTES, MAS NÃO OBRIGATÓRIAS

FIGURA 1–2 MATRIZ DE CRITÉRIOS: PROGRAMA DE NECESSIDADES 2S.

O cálculo das áreas de piso necessárias é um aspecto da matriz que envolve mais do que uma análise fundamentalmente intelectual. O processo de se atribuir valores àquela coluna é uma habilidade à parte. Antes de se dedicar aos exercícios sugeridos para a matriz de critérios, é necessário entender a importância das áreas de piso e como calculá-las rapidamente.

ESBOÇOS DE PLANTA BAIXA

À medida que o projetista se familiariza com o processo de planejamento espacial, se torna mais clara a importância de calcular as áreas de piso necessárias com razoável precisão antes do início do processo de planejamento físico. Sem entrar em detalhes, basta dizer que quase todos os projetos de arquitetura de interiores têm orçamentos bastante rígidos; consequentemente, as áreas de piso necessárias estão diretamente relacionadas aos custos da construção e dos acessórios. Por ora, é preciso observar que, quando a área de piso necessária é superior à área de piso contida na pele da edificação, os espaços não se adequarão dentro das paredes externas ou delimitadoras. Por outro lado, quando a área de piso resultante da soma das áreas dos compartimentos é significativamente inferior à área de piso contida na pele da edificação, o prédio será pouco aproveitado e provavelmente terá espaços de circulação incômodos e superdimensionados.

Para determinados tipos de espaço, a coluna dedicada às áreas de piso será preenchida de maneira relativamente rápida e fácil. Quando o projetista tem uma experiência considerável no projeto de escritórios, por exemplo, talvez seja possível sintetizar rapidamente o programa de necessidades de um escritório, sala de reunião ou pequeno auditório, estimando as áreas de piso necessárias. O mesmo se aplica a quase todos os tipos de espaços típicos, como recepções, cozinhas ou banheiros públicos. Em termos gerais, projetistas experientes conseguem estimar rapidamente as áreas de piso necessárias (sem usar croquis ou fazer cálculos), usando apenas suas experiências pessoais no projeto de uma grande variedade de compartimentos e funções. Contudo, espaços com exigências únicas requerem uma abordagem diferente, uma vez que a experiência não ajudará a fazer estimativas aproximadas. E, para projetistas menos experientes, especialmente estudantes, às vezes é muito difícil estimar as dimensões de compartimentos ou espaços típicos.

Quando a experiência não ajuda, o uso de esboços ou croquis de planta baixa geralmente fornece as informações necessárias. O termo "esboço" é sinônimo de "genérico" ou "abstrato", enquanto a palavra "croqui" é definida como um esboço feito rapidamente apenas para fins informativos. Um programa de necessidades, por exemplo, pode exigir uma sala do diretor com uma mesa de 90 x 180 cm, uma cadeira de escritório, duas cadeiras de aproximação para clientes, uma área com sofá para quatro pessoas e 10 metros de prateleiras para livros. A menos que a experiência profissional do projetista indique de maneira rápida e precisa a área de piso necessária para esse compartimento, o ideal é dedicar alguns minutos ao rápido esboço de uma ou mais plantas baixas para a sala em questão, a fim de definir as necessidades espaciais aproximadas, conforme mostrado no lado esquerdo da Figura 1–3. Não se esqueça de que tais croquis desenhados com rapidez não devem ser incorporados diretamente à planta baixa, mas servem principalmente para definir a área de piso necessária.

Quando o croqui é feito à mão livre, praticamente todos os papéis ou ferramentas de desenho são aceitos (mas, provavelmente, um rolo de papel manteiga para rascunho e um lápis com mina de dureza média são os mais indicados) e a qualidade do desenho não importa. Alguns projetistas afirmam que sobrepor papel manteiga sobre papel quadriculado (ou desenhar diretamente no papel quadriculado) ou mesmo usar uma quadrícula de células de um metro na escala de 1:50 ou 1:100 ajuda a fazer com que os croquis sejam rápidos e razoavelmente proporcionais. No entanto, não se dedique muito a esses croquis, já que seu uso é limitado; na verdade, nem é preciso usar uma escala específica, desde que se mantenha uma boa noção das dimensões. Quando o croqui é feito em computador, conforme mostrado no lado direito da Figura 1–3, os mesmos princípios referentes ao estilo, à qualidade e à precisão do desenho se aplicam. A precisão típica dos croquis feitos em computador costuma ser um fator negativo neste processo, gerando esboços com a aparência desnecessária (e enganadora) de que são desenhos definitivos.

Evidentemente, um conhecimento básico dos tamanhos de mobiliário típico, leiautes e relações dimensionais entre equipamentos específicos é essencial; do contrário, será impossível trabalhar com a rapidez necessária. Muitos arquitetos de interiores tendem a trabalhar em somente uma especialização profissional (habitação, hotelaria, escritório, centros de saúde, etc.) e, quando precisam trabalhar fora de sua área costumeira, talvez precisem se familiarizar com um novo conjunto de tamanhos de mobília. No caso de estudantes, cuja base de conhecimento é menos completa, a consulta periódica a fontes de referência e catálogos de móveis será fundamental. O Capítulo 6 oferece exercícios específicos para aperfeiçoar essas habilidades.

Para demonstrar o uso da técnica de esboços de planta baixa, as Figuras 1–4A e 1–4B, desenvolvidas por projetistas diferentes, fornecem vários exemplos. Os esboços em questão tratam de compartimentos e espaços descritos no Programa de Necessidades 2S e foram reduzidos de seu tamanho original para permitir a exibição de mais exemplos.

A produção de esboços de planta baixa durante a fase preliminar de um projeto oferece uma vantagem adicional, além da estimativa das áreas de piso necessárias. Trata-se do desenvolvimento de uma noção intuitiva das necessidades específicas de cada espaço, indicando as melhores proporções para um compartimento (um quadrado ou um retângulo longo e estreito), a disposição das janelas, as portas de acesso e as relações internas de móveis e equipamentos dentro de cada espaço.

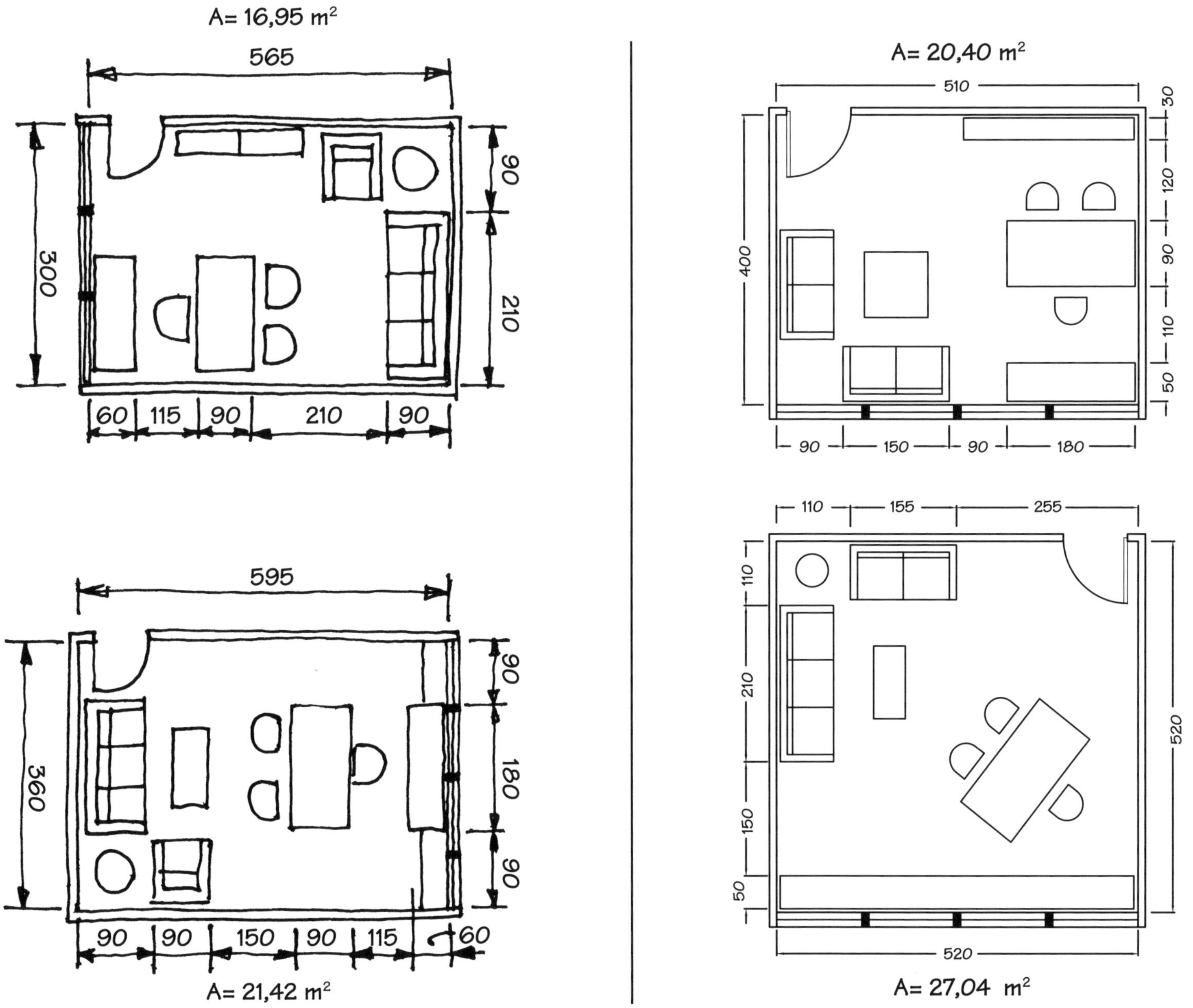

FIGURA 1-3 ESBOÇOS DE PLANTA BAIXA: SALA DO DIRETOR (cm).

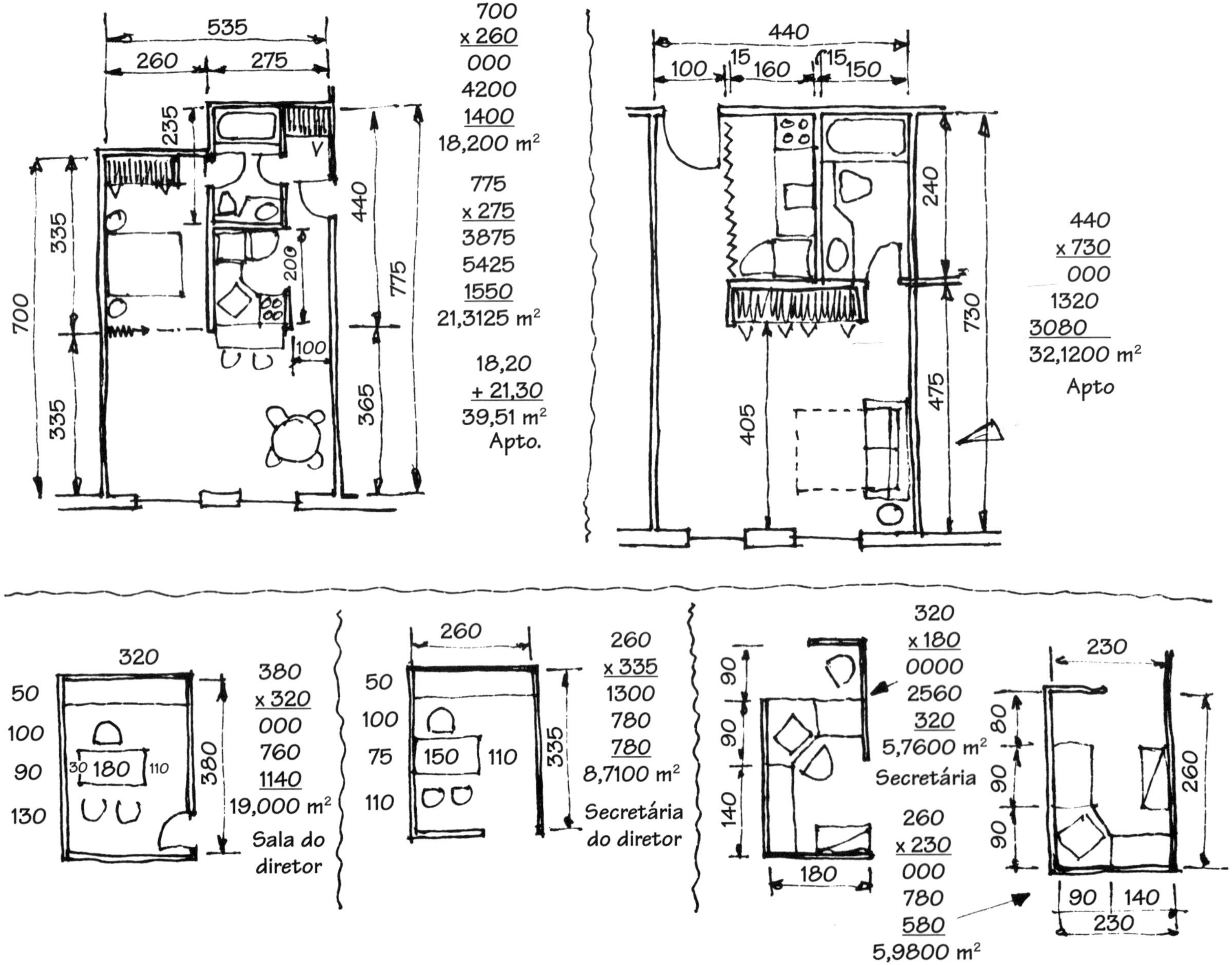

FIGURA 1-4A ESBOÇOS DE PLANTA BAIXA: PROGRAMA DE NECESSIDADES 2S (cm).

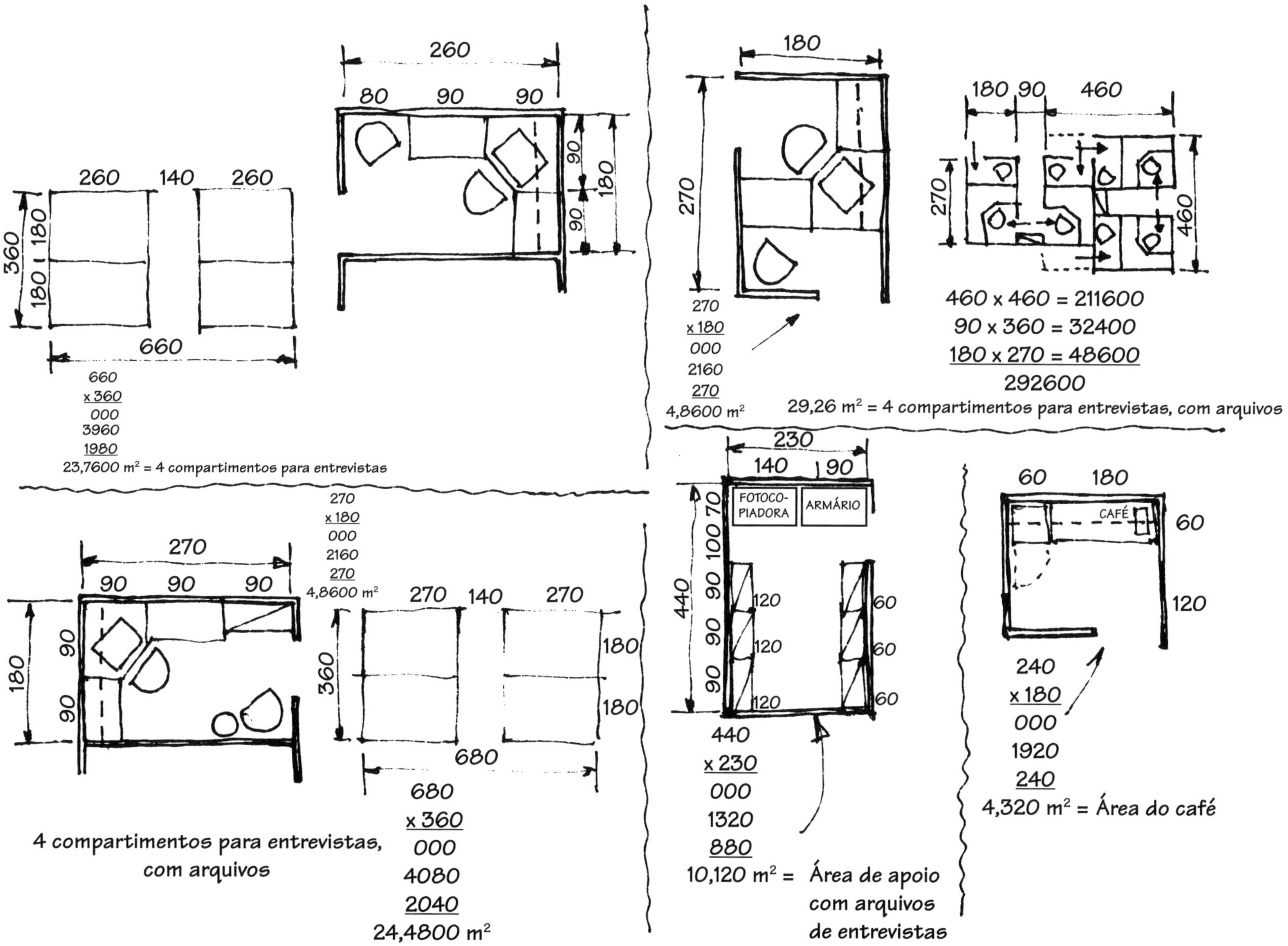

FIGURA 1-4A CONTINUAÇÃO.

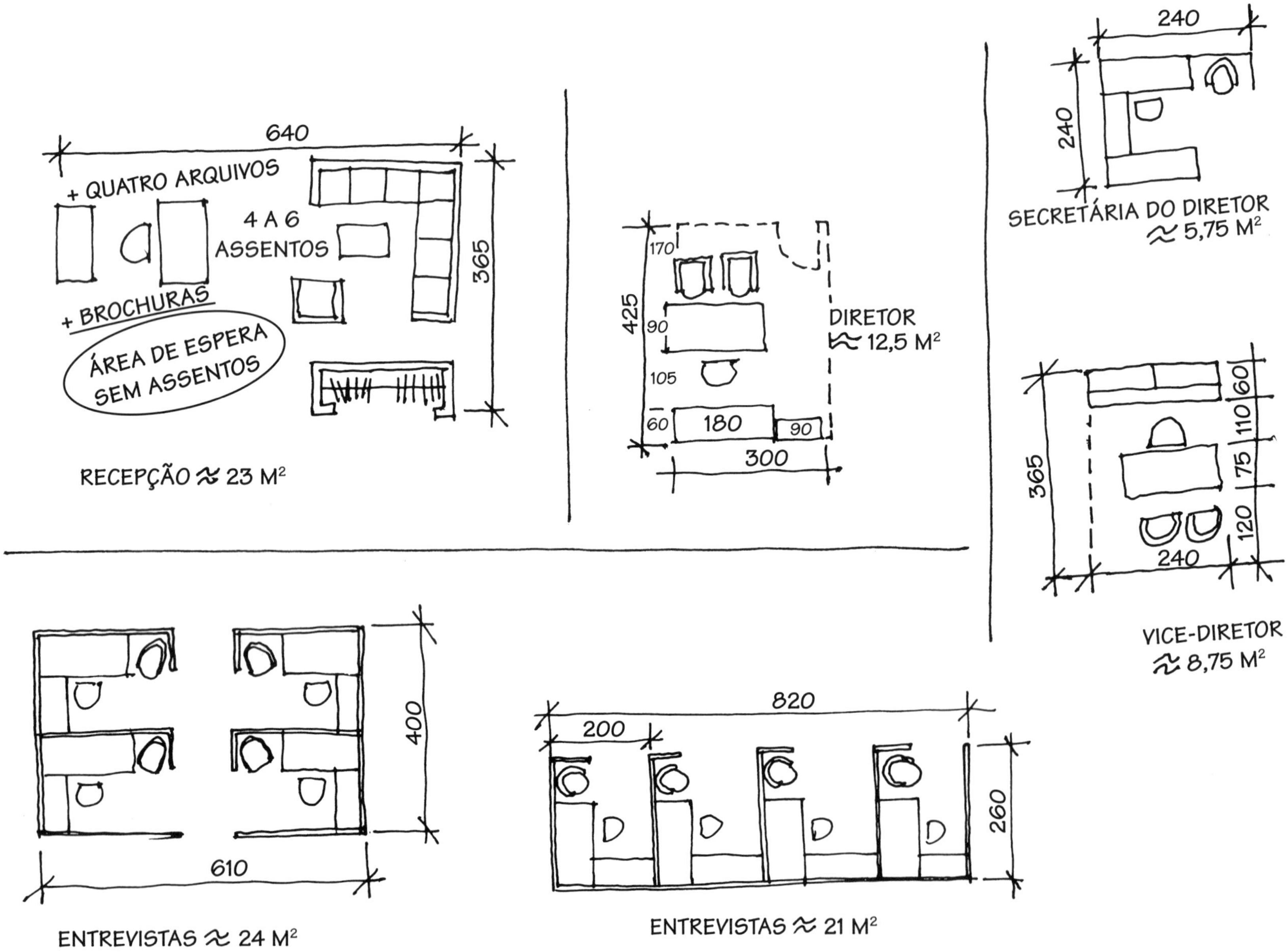

FIGURA 1-4B ESBOÇOS DE PLANTA BAIXA: PROGRAMA DE NECESSIDADES 2S (cm).

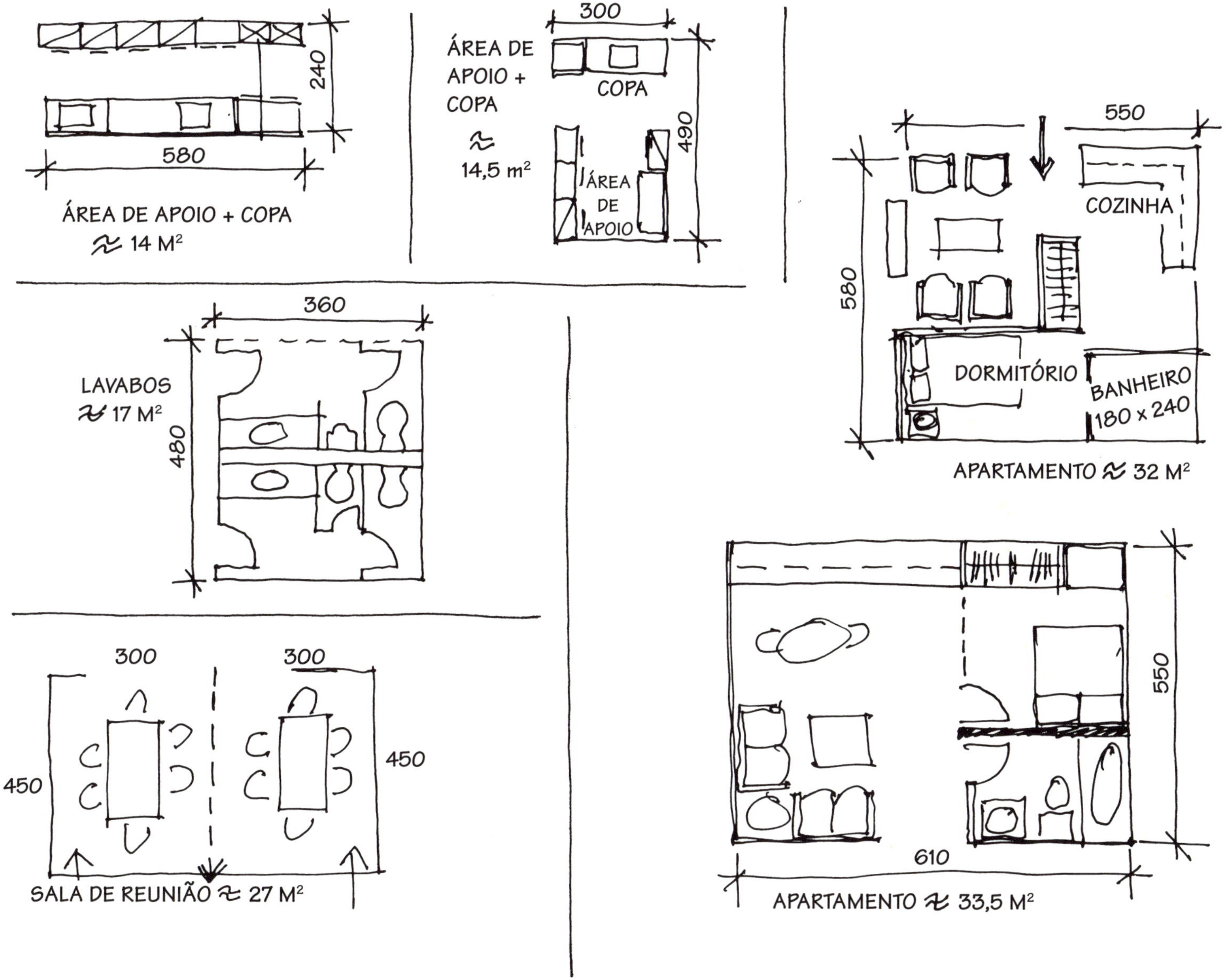

FIGURA 1-4B CONTINUAÇÃO.

Trabalhar de maneira rápida e eficiente com esta técnica de estudos preliminares requer muita prática. Em condições profissionais convencionais, os esboços de planta baixa são feitos com destreza, uma vez que costumam ser produtos inacabados desenvolvidos somente para fins informativos. Em determinadas ocasiões, é possível aperfeiçoar os esboços e usá-los como padrões corporativos ou institucionais para uma organização específica, embora estudos do gênero geralmente sejam projetos totalmente independentes.

EXERCÍCIO 1–1

Utilizando o Programa de Necessidades 2A (página 185), junto com um ou mais programas de necessidades disponíveis no Apêndice, elabore vários grupos de esboços de planta baixa para desenvolver suas habilidades e tornar o processo mais eficiente. Tente usar técnicas de desenho à mão livre e em computador. Guarde os resultados desses exercícios para usá-los em outros exercícios que serão apresentados e recomendados ainda neste capítulo, bem como nos Capítulos 2, 6 e 7.

O PREENCHIMENTO DA MATRIZ DE CRITÉRIOS

Concluídos os esboços de planta baixa, agora está na hora de voltar para a matriz de critérios e preencher a coluna dedicada às áreas de piso necessárias para os espaços cujo tamanho não pôde ser estimado a partir da tentativa de planejamento e projeto. Ainda assim, continuam faltando elementos para que possamos estimar as áreas de piso – o espaço necessário para a circulação (saguões, corredores, vestíbulos, etc.) e a espessura das paredes internas.

Na maioria dos espaços internos não habitacionais, é possível se estimar com razoável precisão que de 25 a 33% da área total de todos os espaços necessários será ocupada pelas rotas de circulação e paredes internas. Não existe um fator totalmente confiável para esses elementos, pois eles variam de acordo com o projeto e dependem da configuração e do sistema de vedação externa da edificação e da natureza das funções que serão desempenhadas no espaço. Em termos gerais, sempre que as configurações da edificação ou do espaço são complexas, os vãos estruturais são mínimos (e os interiores apresentam pilares ou paredes portantes próximos entre si); por outro lado, quando as exigências do planejamento funcional requerem muitos espaços separados (como escritórios, salas para exame médico ou postos de trabalho em laboratórios), a proporção de rotas de circulação ou paredes internas provavelmente será mais alta que o usual. Somente a vasta experiência em arquitetura de interiores autoriza o projetista a fazer uma estimativa precisa desta relação para um usuário ou situação específica. A definição de "espaço" varia bastante para fins de planejamento de interiores, especialmente no mercado imobiliário. Termos como "área bruta" e "área útil", entre muitos outros, devem ser definidos quando se trabalha em tais contextos. Para os fins deste livro, será usado um número de metros quadrados medido dentro das paredes externas ou que separam as unidades autônomas, e a área de circulação fará parte do total. Um valor de 25% para circulação e paredes internas é adequado para a maioria dos problemas de arquitetura de interiores, uma vez que permite ao projetista pecar por excesso; seu uso é recomendado junto com os exercícios de planejamento espacial que acompanham esta obra.

Até este ponto nos estudos preliminares, não foi necessário saber o tamanho do espaço disponível, mas, com a matriz de critérios concluída, chegou a hora de usar uma escala arquitetônica para medir e calcular a área interna útil disponível dentro da pele da edificação. Depois de determinar a área de piso disponível, calcule 75% de seu total; esse resultado deve ser aproximadamente equivalente à soma das áreas de piso útil de todos os espaços listados na matriz de critérios. Outra abordagem que trará o mesmo resultado consiste em dividir por três a área de piso total de todos os espaços listados na matriz de critérios, acrescentando o resultado à área de piso total (ou 1,33 x área de piso total). Esse resultado deve ser aproximadamente equivalente à área de piso útil disponível dentro da pele da edificação. Uma previsão ou tolerância de aproximadamente 5% sempre é útil, seja para mais ou para menos; no entanto, provavelmente será necessário ajustar os valores listados na coluna dedicada às áreas necessárias (para mais ou para menos) de forma a fazer com que o espaço necessário e o espaço disponível sejam razoavelmente compatíveis. Inicialmente, as tentativas de "equilibrar" as áreas de piso parecem complicadas e tediosas; conforme ocorre com os demais aspectos do processo de planejamento espacial, é a experiência que permitirá que essa nova etapa do jogo seja vencida de maneira rápida e fácil. Trata-se de uma parte essencial do processo, já que uma diferença significativa entre o espaço necessário estimado e o espaço disponível real pode complicar muito o planejamento físico. A matriz de critérios do Programa de Necessidades 2S foi concluída na Figura 1–5, com base nas áreas em metros quadrados estimados a partir dos esboços de planta baixa mostrados nas Figuras 1–4A e 1–4B. Com o acréscimo de um terço da área prevista para circulação, a área de piso total (240 m²) se aproxima favoravelmente da área de piso disponível no Espaço de Intervenção 2S (250 m²). O uso do Programa de Necessidades 2S combinado ao Espaço de Intervenção 2S para fins de demonstração continuará durante este texto.

Alguns projetistas optam por expandir a matriz de critérios sempre que possível. É provável que a matriz de adjacências seja a técnica de matriz mais usada pelos projetistas de espaços. Embora seu uso seja limitado para definir os aspectos de adjacência do programa de necessidades, suas qualidades gráficas costumam ser muito úteis. Mediante uma simples inserção à esquerda da matriz de critérios, essa abordagem gráfica à visualização dos fatores de adjacência do programa de necessidades pode contribuir muito para os demais fatores já atribuídos à matriz. A Figura 1–6 mostra como é fácil fazê-la, utilizando uma legenda simbólica básica para articular os níveis de importância relativos da adjacência.

MATRIZ DE CRITÉRIOS

PARA: CENTRO UNIVERSITÁRIO DE ACONSELHAMENTO PROFISSIONAL

	ÁREA NECESSÁRIA (M²)	COMPARTIMENTOS CONTÍGUOS	ACESSIBILIDADE PÚBLICA	LUZ NATURAL E/OU VISTAS	PRIVACIDADE	INSTALAÇÕES HIDROSSANITÁRIAS	EQUIPAMENTOS ESPECIAIS	CONSIDERAÇÕES ESPECIAIS
① RECEPÇÃO	25	② ⑤	A	S	N	N	N	NÚCLEO DE CIRCULAÇÃO HORIZONTAL ADJACENTE À ENTRADA PRINCIPAL
② SALA DE ENTREVISTA(4)	22	① ④	M	I	B	N	N	SENTIR-SE COMO UMA EQUIPE DE QUATRO PESSOAS
③ DIRETORIA	14	④	M	S	A	N	N	ACESSO À PORTA DOS FUNDOS, PARA SAÍDA PRIVADA
④ FUNCIONÁRIOS	18	③	M	S	M	N	N	
⑤ SALA DE REUNIÃO	30	① ⑥ ⑦	A	I	A	N	S	IMPORTANTE ESTAR PERTO DA ENTRADA
⑥ TOALETES(2)	20	↑ CENTRAL ↓	M	N	A	S	N	
⑦ ÁREA DE TRABALHO	12	② ④ CENTRAL	B	N	M	S	S	
⑧ COPA/CAFÉ	5	CENTRAL	A	S	N	S	S	CONVENIENTE PARA TODOS
⑨ APARTAMENTO PARA VISITANTE	35	REMOTA	B	S	A	S	N	ASPECTO RESIDENCIAL

LEGENDA
A = ALTA
M = MÉDIA
B = BAIXA
S = SIM
N = NÃO/NENHUM
I = IMPORTANTES, MAS NÃO OBRIGATÓRIAS

TOTAL NECESSÁRIO: 181 M²
250 M² - 62,5 M² = 187,5 M²

TOTAL DISPONÍVEL: 250 M²
MENOS 25% PARA CIRCULAÇÃO: 62,5 M²

OBSERVAÇÃO: NA COLUNA "COMPARTIMENTOS CONTÍGUOS", (X) INDICA ADJACÊNCIA IMPORTANTE, (X) sublinhado INDICA ADJACÊNCIA ESSENCIAL

FIGURA 1-5 MATRIZ DE CRITÉRIOS: PROGRAMA DE NECESSIDADES 25 (COM AS ÁREAS NECESSÁRIAS).

MATRIZ DE CRITÉRIOS PARA: CENTRO UNIVERSITÁRIO DE ACONSELHAMENTO PROFISSIONAL	ÁREA NECESSÁRIA (M^2)	COMPARTIMENTOS CONTÍGUOS	ACESSIBILIDADE PÚBLICA	LUZ NATURAL E/OU VISTAS	PRIVACIDADE	INSTALAÇÕES HIDROSSANITÁRIAS	EQUIPAMENTOS ESPECIAIS	CONSIDERAÇÕES ESPECIAIS
① RECEPÇÃO	25	②̲ ⑤̲	A	S	N	N	N	NÚCLEO DE CIRCULAÇÃO HORIZONTAL ADJACENTE À ENTRADA PRINCIPAL
② SALA DE ENTREVISTA[4]	22	①̲ ④	M	I	B	N	N	SENTIR-SE COMO UMA EQUIPE DE QUATRO PESSOAS
③ DIRETORIA	14	④̲	M	S	A	N	N	ACESSO À PORTA DOS FUNDOS, PARA SAÍDA PRIVADA
④ FUNCIONÁRIOS	18	③	M	S	M	N	N	
⑤ SALA DE REUNIÃO	30	①̲ ⑥ ⑦	A	I	A	N	S	IMPORTANTE ESTAR PERTO DA ENTRADA
⑥ TOALETES[2]	20	CENTRAL	M	N	A	S	N	
⑦ ÁREA DE TRABALHO	12	② ④̲ CENTRAL	B	N	M	S	S	
⑧ COPA/CAFÉ	5	CENTRAL	A	S	N	S	S	CONVENIENTE PARA TODOS
⑨ APARTAMENTO PARA VISITANTE	35	REMOTA	B	S	A	S	N	ASPECTO RESIDENCIAL

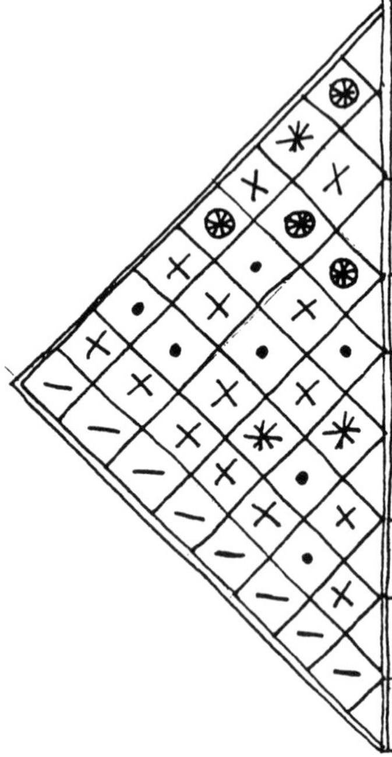

LEGENDA

A = ALTA
M = MÉDIA
B = BAIXA
S = SIM
N = NÃO/NENHUM
I = IMPORTANTES, MAS NÃO OBRIGATÓRIAS

⊛ - ADJACÊNCIA IMEDIATA
✱ - ADJACÊNCIA IMPORTANTE
✕ - RAZOAVELMENTE CONVENIENTE
• - DESNECESSÁRIA
— - REMOTA

TOTAL NECESSÁRIO: 181 M^2
250 M^2 - 62,5 M^2 = 187,5 M^2

TOTAL DISPONÍVEL: 250 M^2
MENOS 25% PARA CIRCULAÇÃO: 62,5 M^2

OBSERVAÇÃO: NA COLUNA "COMPARTIMENTOS CONTÍGUOS", (X) INDICA ADJACÊNCIA IMPORTANTE, (X)̲ INDICA ADJACÊNCIA ESSENCIAL

FIGURA 1–6 MATRIZ DE CRITÉRIOS CONCLUÍDA COM ACRÉSCIMO DE MATRIZ DE ADJACÊNCIAS.

Para resumir a importância da matriz de critérios como uma ferramenta de projeto de interiores, foram dados quatro passos essenciais no processo:

1. Os elementos básicos do programa de necessidades foram considerados, avaliados e organizados para fins de planejamento.
2. A análise foi colocada em formato propício para consulta rápida.
3. Se consultada regularmente durante o processo de planejamento, a matriz garante a atenção aos detalhes e faz com que nada seja esquecido.
4. A matriz se torna uma ótima ferramenta de avaliação quando do término do processo de planejamento espacial, garantindo que a solução final seja capaz de atender às exigências do programa de necessidades.

Para demonstrar a utilização eficaz da matriz de critérios como ferramenta de estudo preliminar para problemas de planejamento e projeto maiores e mais complexos, incluindo aqueles que exigem categorização em departamentos, apresentamos, nas Figuras 1–7A e 1–7B, as duas primeiras páginas (de um total de cinco) dedicadas a um edifício de escritórios (a ser construído) de um pavimento e com área total de 2 mil m², localizado no subúrbio. Observe os inúmeros fatores – como acústica, iluminação, cores e materiais – que podem ser considerados durante os estudos preliminares. Diferentemente da matriz com formato reduzido, a coluna dedicada ao "tamanho" geralmente indica uma faixa de valores variáveis em metros quadrados, e não um único número. Assim, é possível desenvolver valores "altos" e "baixos" para o projeto, incluindo valores "altos" e "baixos" correspondentes para a área de circulação. Embora torne o processo um pouco mais complexo, a abordagem de "valores altos e baixos" fornece uma ferramenta adicional para manipular e equilibrar as áreas de piso necessárias, especialmente quando a área de piso disponível parece insuficiente em termos da resolução ideal do exercício de projeto de interiores em questão. É preciso observar que a matriz completa com cinco páginas resulta de mais de 100 horas de trabalho, divididas ao longo de um período de várias semanas.

EXERCÍCIO 1-2

Utilizando os programas de necessidades fornecidos no Apêndice, desenvolva uma matriz de critérios para uma ou duas situações com 150 e 250 m², incluindo a coluna dedicada às áreas necessárias e os esboços de planta baixa. Faça as matrizes com calma, para que os exercícios representem uma experiência de aprendizado significativa. Guarde os resultados para usá-los em outros exercícios que serão apresentados e recomendados ainda neste capítulo, bem como nos Capítulos 2, 6 e 7.

OS DIAGRAMAS DE RELAÇÕES

O diagrama de relações funciona como uma excelente transição entre a análise essencialmente verbal do desenvolvimento do programa de necessidades e as técnicas completamente gráficas usadas para o planejamento físico de um espaço. Conforme descrito anteriormente neste capítulo, o diagrama de relações ainda faz parte dos estudos preliminares, já que representa uma abstração ou interpretação gráfica das informações do programa, e não uma solução de planejamento. Se administrados de maneira eficiente, os valores essenciais do diagrama de relações podem ser percebidos em um período relativamente curto; o valor do tempo investido é justificado por um procedimento capaz de revelar a essência das inter-relações e adjacências entre os compartimentos e espaços apresentados no programa. Como ocorre nas demais etapas dos estudos preliminares, o desenvolvimento de diagramas de relações ajuda o projetista a se envolver com as exigências e relações do projeto.

Eis como proceder. Com a matriz de critérios concluída e os cômodos e espaços necessários ainda em mente, faça um círculo para cada espaço necessário de forma que sua posição no papel represente uma relação correta ou adequada com os demais. No papel, aproxime os compartimentos ou as funções que não podem ficar afastados entre si, e coloque os espaços que não exigem proximidade (ou que podem ter problemas se ficarem próximos) a uma distância determinada. Faça linhas de conexão entre os círculos para indicar os padrões de deslocamento ou circulação entre os espaços. Essas conexões devem ser codificadas com o uso de linhas grossas ou múltiplas para indicar as mais importantes ou mais usadas; trace linhas mais leves entre os espaços para indicar deslocamentos menos importantes ou menos frequentes. O diagrama não deve estar associado ao formato ou configuração do Espaço de Intervenção, nem a qualquer outra escala arquitetônica. É importante que os círculos sejam proporcionais no tamanho; o ideal é que o círculo que representa uma sala de reuniões de 30 m² tenha uma área três vezes maior do que a do círculo que representa um escritório de 10 m². Faça, no mínimo, dois ou três leiautes diagramáticos para explorar diferentes relações viáveis. Esse processo deve ser feito de maneira relativamente rápida e intuitiva. Como ocorre com os esboços de planta baixa, a qualidade do desenho não é importante, já que os diagramas são ferramentas de projeto, e não de apresentação. Um pequeno rolo de papel manteiga e um lápis macio ou uma caneta hidrocor servem perfeitamente para tal fim. Em vez de perder tempo apagando para fazer as revisões, em geral vale mais a pena colocar outra folha de papel manteiga sobre a original e copiar. Para demonstrar uma estratégia gráfica básica em termos de diagramas de relações, a Figura 1–8 fornece alguns exemplos de interpretação visual das exigências do Programa de Necessidades 2S, cuja matriz de critérios foi preparada e apresentada na Figura 1–5.

Departamento	Espaço	Descrição da função	Tamanho	Observações importantes	Equipamentos e acessórios	Conforto térmico
EXTERIOR	ENTRADA DA RUA	Entrada de veículos no terreno pela Hornig Road.	2 faixas de rolamento com 4,2 m de largura e meios-fios chanfrados para facilitar manobras.	Pela Hornig Road, acesso fácil ao escritório e ao depósito.	Sinalização – fácil de ser lida por veículos na chegada.	
	ESTACIONAMENTO	Para funcionários e visitantes.	Atualmente – 128 funcionários, 10 visitantes. Futuramente, 214 funcionários, 20 visitantes.	Conveniente para entrada pela Hornig Road, escritório, recepção e entrada de pedestres.	Sinalização visual.	
	EXTERIOR DO PRÉDIO	Transmitir a imagem empresarial para funcionários, visitantes e transeuntes.		O impacto visual na Roosevelt Boulevard e na Woodhaven Road é de importância secundária.		
	ENTRADA DE PEDESTRES	Principal – para funcionários do escritório e visitantes. Secundária – para funcionários do depósito.		Principal – adjacente à recepção principal. Secundária – acesso direto ao vestiário dos funcionários do depósito.	Assentos externos, como bancos, muros baixos para se sentar, etc., para criar o ambiente de uma pequena praça.	
	ÁREAS DE CARGA E DESCARGA	Carga e descarga diárias e frequentes. Funcionários administrativos e operacionais podem compartilhar a área externa se houver docas e portas separadas.	Funcionários administrativos precisam de 4 vagas para caminhão de tamanhos diferentes. Funcionários operacionais precisam de 3 vagas para caminhão de tamanhos diferentes.	Adjacência imediata com as áreas de suporte e embalagem nos depósitos administrativos e operacionais.	Administrativo – espaço para plataforma hidráulica de carga e descarga. Operacional – o espaço deve ter uma rampa de acesso.	Grandes beirais para proteger as docas de carga e descarga, além de estufas (radiadores).
	RECREAÇÃO	Intervalo, almoço e demais períodos livres, além de atividades de recreação.	Acomodar 1/3 dos funcionários em atividades passivas (conversas, xadrez, jogo de damas, banhos de sol, etc.).	Adjacência imediata com funções em grande grupo (almoço, reuniões, treinamentos), pode ficar perto da entrada de pedestres principal. Pode ter um grande contato visual com as áreas de escritório.	Assentos (bancos, muros baixos), mesas com guarda-sol (para refeições, jogos), exercícios moderados.	
RECEPÇÃO	**O ponto de entrada principal para todos os funcionários do escritório e visitantes. O centro de circulação interna do escritório.**					
	VESTÍBULO	Anteparo contra o vento e zona de transição térmica entre o interior e o exterior.	De 5 a 10 m².	Área de transição entre a entrada externa de pedestres e o balcão da recepção.		Zona de transição térmica com ar condicionado, para mudanças de temperatura relativamente drásticas.
	RECEPÇÃO	Ponto de encontro para os visitantes. Ponto de entrada e saída de funcionários. Central de segurança.	De 25 a 35 m².	Adjacência imediata e contato visual direto com o vestíbulo e as portas. Adjacência com a área de espera. Centro de circulação interna no escritório. Deve ter rotas de circulação bastante legíveis para todo o prédio.	Dois postos de trabalho visíveis, um com proteção visual. Separação entre visitantes e recepcionista.	TC-1; evitar correntes de vento com a abertura da porta da frente.
	SALA DE ESPERA	Área de espera para os visitantes.	De 6 a 8 visitantes; aproximadamente 20 a 30 m².	Adjacência com recepção, galeria e percursos de circulação com os principais departamentos.	Assentos estofados (não devem ser muito baixos ou confortáveis demais) – usar sistema que facilite troca ou adição.	TC-1.
	TOALETE	Toalete para visitantes.	De 2,5 a 3,5 m².	Adjacência imediata com a sala de espera. Supervisão visual do recepcionista.	Bacia sanitária. Lavatório com armário.	TC-1; ventilação intensa.
	GALERIA	Espaço pequeno para a exibição de obras de arte de qualidade em ambiente tradicional.	De 30 a 40 m².	Adjacência imediata com a sala de espera. Acessada pelo vestíbulo sem ter que passar pela sala de espera. Acesso visual a partir da recepção para evitar furtos e vandalismo.	Sistema para pendurar obras de arte nas paredes. Pedestais para esculturas. Sistema de exibição independente para apresentações audiovisuais extras.	TC-1.

FIGURA 1–7A PROGRAMA DE NECESSIDADES DA ELECTRONIC DISTRIBUTORS, INC.

Data:

Revisado:

Conforto acústico	Iluminação	Cores	Materiais	Características do ambiente	Fatores futuros
	Aproximadamente duas luminárias de jardim (no chão).			Placa de boas-vindas e vegetação para identificar a entrada.	Nenhum.
	Luminárias com altura média (2,4–3 m em relação ao piso).			Evitar a aparência de um "mar de carros" – usar taludes e vegetação para humanizar o ambiente.	Futuramente, o estacionamento pode ser em um nível superior.
	Desnecessária.	Fortes e quentes.	Usar materiais variados – naturais e artificiais.	Transmitir imagem de profissionalismo e humanismo – evitar a monumentalidade.	Acréscimos futuros devem manter a imagem original.
	Bem iluminada com luminárias de altura baixa e média – incorporar paredes, vegetação, esculturas, chafarizes e/ou murais.	Uso concentrado de cores – possivelmente, nos materiais de construção e nos detalhes artísticos (esculturas, tijolos de vidro, muros, etc.).	Em grande parte, o contato pessoal ocorre com o exterior do prédio – atenção à escala e à textura dos materiais.	Principal ponto focal – usar esculturas e/ou chafarizes – uma continuação da recepção.	A imagem original pode ser expandida.
	Área de circulação de veículos em geral, iluminação e iluminação geral das áreas de carga e descarga.	Superfícies refletivas e claras.	Material das paredes resistente a pixações periódicas. Material do piso das docas deve ser resistente e macio.	A área pavimentada deve escoar facilmente. A remoção de neve deve ser eficiente. Considerar o uso de áreas pavimentadas com piso com calefação por radiação elétrica.	As áreas de carga e descarga crescerão de acordo com seus respectivos depósitos.
	Iluminação das folhagens decorativas.	Oportunidade de usar muitas cores em acessórios, vegetação, superfícies pavimentadas adjacentes, toldos, etc.	De secagem rápida e fácil manutenção.	Criar o aspecto de um parque. Usar água e chafarizes; almoços, reuniões e sessões de treinamento podem ser transferidos para este local.	É preciso acomodar 1/3 da força de trabalho definitiva.
	Geral. Parte essencial da iluminação planejada para os principais espaços da recepção.	Subordinadas aos espaços principais da recepção.	Muito duráveis. Vidros internos por questões de segurança; o piso deve absorver água e neve.	Parte essencial da área de recepção planejada.	Nenhum.
A-1.	Iluminação especial necessária para a decoração da recepção. Não muito forte. Iluminação sobre o plano de trabalho na mesa.	Cores fortes. Elemento essencial no planejamento da entrada principal do prédio.	Muito duráveis. Suficientemente luxuosos. Consistentes em toda a área da recepção.	Espaçoso; expressa o sucesso da empresa. Uso permanente de obras de arte de qualidade. Ambiente amplo com teto alto.	Terceiro ponto de trabalho necessário; com proteção visual.
A-1.	Iluminação geral. Iluminação natural e vistas recomendadas. Espaço com qualidade estrutural articulada.				Mais pessoas no futuro.
	Iluminação geral.	C-2.	Duráveis e resistentes a intempéries.		
A-1.	Iluminação geral mais sistema de trilhos para as luzes das exibições. Controle da iluminação natural.	Cores neutras para não conflitar com as obras expostas.	Paredes com revestimento acústico.	Espaço especial e convidativo, para dar prazer e enriquecer o conhecimento de funcionários e visitantes.	Pode ser ampliado se for bem recebido.

FIGURA 1–7A CONTINUAÇÃO.

Departamento	Espaço	Descrição da função	Tamanho	Observações importantes	Equipamentos e acessórios
GERÊNCIA CORPORATIVA	**Um conjunto de salas para executivos com localização conveniente, mas um pouco afastado das demais funções do escritório e departamentos. Por formarem um grupo, as salas devem ser imediatamente adjacentes às demais funções empresariais (Contabilidade, Informática, Marketing e Recursos Humanos).**				
	STEVE	Escritório executivo com área de conversação.	De 30 a 35 m².	Em posição operacional central dentro da equipe administrativa. Adjacente a uma secretária compartilhada com Murray. Adjacente a uma pequena sala de reunião para uso exclusivo da gerência corporativa.	Mesa, balcão de apoio, cadeira de escritório, 2 cadeiras para visitantes, sofás ou poltronas para 6 pessoas (escolha pessoal dos móveis).
	6 ESCRITÓRIOS CORPORATIVOS	Escritórios executivos para pessoas muito ativas e ocupadas.	De 20 a 22 m².	A distribuição não é prioritária, pois os 6 executivos trabalham juntos. Todos precisam ter contato com os funcionários subordinados a eles.	Mesa, balcão de apoio, cadeira de escritório, 2 cadeiras para visitantes e (A) sofás ou poltronas para 3 ou 4 pessoas ou (B) mesa de reunião para 4 pessoas.
	FUNCIONÁRIOS DE APOIO	Atividades administrativas, secretariais e de apoio diretamente relacionadas ao grupo de gerência corporativa.	Agora, 2 postos de trabalho grandes com 10 m²; mais tarde, 3 postos médios de 7,5 m².	Um posto entre Steve e Murray. Um posto adjacente a Joe. Três futuros postos de trabalho adjacentes a Adam e Roger.	Móveis modulados (incluindo divisórias baixas entre os postos quando necessário) e assentos operacionais. Arquivos de uso imediato adjacentes sempre que necessários.
	SALAS DE REUNIÃO	Para atender às necessidades de reunião da gerência corporativa, com 5 pessoas ou mais.	Pequeno – de 8 a 10 pessoas, 22 m². Grande – 20 pessoas, 57 m².	A sala menor fica melhor entre Steve e Mary. A sala maior deve ficar em posição conveniente para todos os escritórios e visitantes externos.	Mesa de reunião com pedestal, cadeiras de escritório com rodízios e estofados, parede para projeções e quadros brancos, balcão de bebidas, armário para objetos diversos.
	ARQUIVAMENTO E SALA DE TRABALHO	Arquivos somente para a gerência corporativa. Além de cabides para casacos, fotocopiadora pequena, espaço para trabalhos em geral.	De 10 a 12 m².	Acessível principalmente para os funcionários de apoio.	Armário de aço móvel, fotocopiadora pequena.
	TOALETE	Para uso exclusivo dos visitantes da gerência corporativa.	De 2,5 a 3,5 m².	Conveniente para os visitantes da gerência corporativa.	Bacia sanitária. Balcão com lavatório.
CONTABILIDADE	**Uma função corporativa, em geral adjacente à Gerência Corporativa e, em especial, ao escritório de Joe. Também costuma ser adjacente ao Departamento de Informática.**				
	GERÊNCIA	Supervisão geral do departamento.	15 m².	Adjacente ao escritório do controlador. Posicionada para supervisionar o departamento.	Mesa, balcão de apoio, cadeira de escritório, 2 cadeiras para visitantes, estantes, 10 gavetas com pastas suspensas, armário ou depósito para armazenagem de equipamento eletrônico.
	FUNCIONÁRIOS DA CONTABILIDADE	Trabalho detalhista e com concentração.	De 10 a 11 m².	Adjacente ao gerente da contabilidade.	F-4.
	DEPARTAMENTO DE CRÉDITO	Trabalho detalhista e com concentração. Muita atividade telefônica.	Gerente = 9 m². Funcionários = 7 m².	Adjacente ao controlador.	F-4.
	GUARDA-LIVROS	Funções de guarda-livros e de escritório em geral. Contas a pagar e a receber, secretários e escriturários.	6 postos e 7 m².	Em posição central no departamento.	F-4.
	FOLHA DE PAGAMENTO	Trabalho confidencial e com concentração.	De 10 a 11 m² (status 1).	De fácil acesso para os gerentes da contabilidade, mas em local bastante remoto ou privado.	F-4.
	ARQUIVOS	Para uso exclusivo do departamento.	200 gavetas, 40 móveis com 5 gavetas cada; de 30 a 35 m².	Em posição central no departamento de contabilidade, perto do guarda-livros.	5 gavetas do tipo vertical, com chaves.
	BIBLIOTECA	Sala central de pesquisa e equipamento.	12 m².	Em posição central no departamento.	Estantes para livros e manuais de consulta. Espaço de trabalho para equipamentos de uso comum, isto é, aparelhos de fax, 2 computadores e uma fotocopiadora pequena.
	ESPAÇO PARA REUNIÕES INFORMAIS	Espaço casual, para reuniões de improviso, para até 4 ou 5 pessoas.	De 6,5 a 9 m².	Em posição central no departamento, mas de forma a produzir o mínimo de perturbação acústica a outros; sem necessidade de separação física.	Diâmetro de 110 cm. Ou mesa de 90 x 150 cm, com 4 cadeiras de aproximação.

FIGURA 1–7B PROGRAMA DE NECESSIDADES DA ELECTRONIC DISTRIBUTORS, INC.

Conforto térmico	Conforto acústico	Iluminação	Cores	Materiais	Características do ambiente	Fatores futuros
TC-1	A-2	Geral, sobre o plano de trabalho e focalizada.	Escolha pessoal.	Escolha pessoal.	Transmitir a imagem empresarial de profissionalismo e calor humano. Interior extremamente personalizado. Obras de arte de escolha pessoal. Armários para casacos individuais.	Nenhum.
TC-1	A-2	Geral, sobre o plano de trabalho e focalizada.	Escolha pessoal ou escolha da empresa.	Escolha pessoal ou escolha da empresa.	O ambiente deve expressar dinamismo, não pompa. Possibilidade de personalização. Armários para casacos individuais.	2 a 3 escritórios a mais.
TC-1	A-1	Geral, sobre o plano de trabalho.	C-1 mais destaque decorativo da gerência corporativa.	M-1	Eficiente, aberto, dinâmico, profissional. Esta área é importante para a imagem empresarial interna.	Nenhum.
TC-1 mais trocas de ar.	A-2 de pelo menos 50 db. Proteção STL.	Iluminação sobre o plano de trabalho. Interruptor independente para as superfícies com quadros brancos ou trilhos de *spots*. *Dimmer* para projeção.	Contraste de nível médio, tons médios e claros (evitar tons escuros, exceto no piso).	M-1. Muito personalizados para a imagem do espaço.	Importante transmitir imagem empresarial de profissionalismo e humanismo. Esses espaços também devem ser diferenciados e sofisticados; customização evidente.	Nenhum.
		Geral mínima, sobre o plano de trabalho.	Consistente com os espaços contíguos.			Necessidade de mais arquivos?
TC-1. Ventilação intensa.		Geral.	C-2	Duráveis e resistentes a intempéries.		
TC-1	A-2	Geral, sobre o plano de trabalho.	C-1	M-1. O forro não precisa ser acústico.	Adequado para tarefas que exigem concentração e para reuniões informais. Armários para casacos individuais.	Nenhum.
TC-1	A-1	Geral, sobre o plano de trabalho.	C-1	M-1	EQ-1	AGORA = 1. DEPOIS = 2 a 4.
TC-1	A-1	Geral, sobre o plano de trabalho.	C-1	M-1	EQ-1. Um pouco afastado devido aos ruídos da atividade telefônica.	Aumentar para 3 ou 4.
TC-1	A-1	Geral, sobre o plano de trabalho.	C-1	M-1	Tarefas variadas que exigem concentração e interação pessoal com o pessoal do departamento de contabilidade, além de interação com terceiros.	Aumentar para 8 a 10.
TC-1	A-1	Geral mais sistema de trilhos para iluminação de exposição. Controle da iluminação natural.	C-1	M-1	EQ-1 com maior privacidade visual.	Nenhum.
		Iluminação sobre o plano de trabalho para a procura de fichas, mais iluminação geral mínima.	Consistente com os espaços contíguos.		Puramente funcional.	Não identificados.
TC-1. Fluxo de ar adicional se exigido pelos equipamentos elétricos.	A-1	Geral, sobre o plano de trabalho.	C-1	M-1	EQ-1	Identificar necessidades futuras.
TC-1	A-1	Geral.	C-2 mais cores contrastantes nos acessórios ou em algumas superfícies ou painéis.	M-1, mais material absorvente nas paredes.	Deve permitir ou estimular a troca verbal (lugar adequado para obras de arte gráficas).	Não identificados.

FIGURA 1–7B CONTINUAÇÃO.

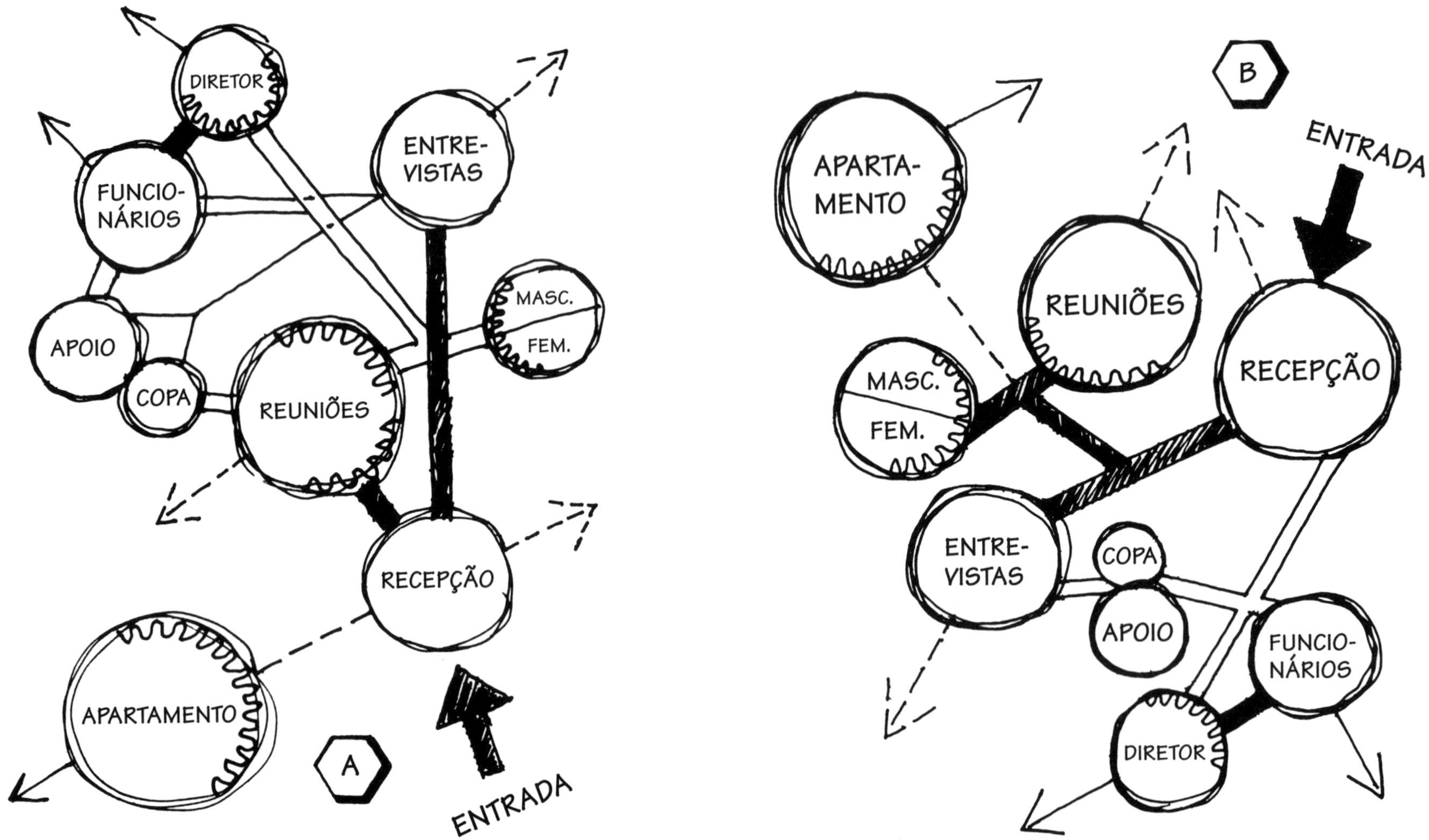

FIGURA 1-8 DIAGRAMAS DE RELAÇÕES: PROGRAMA DE NECESSIDADES 2S.

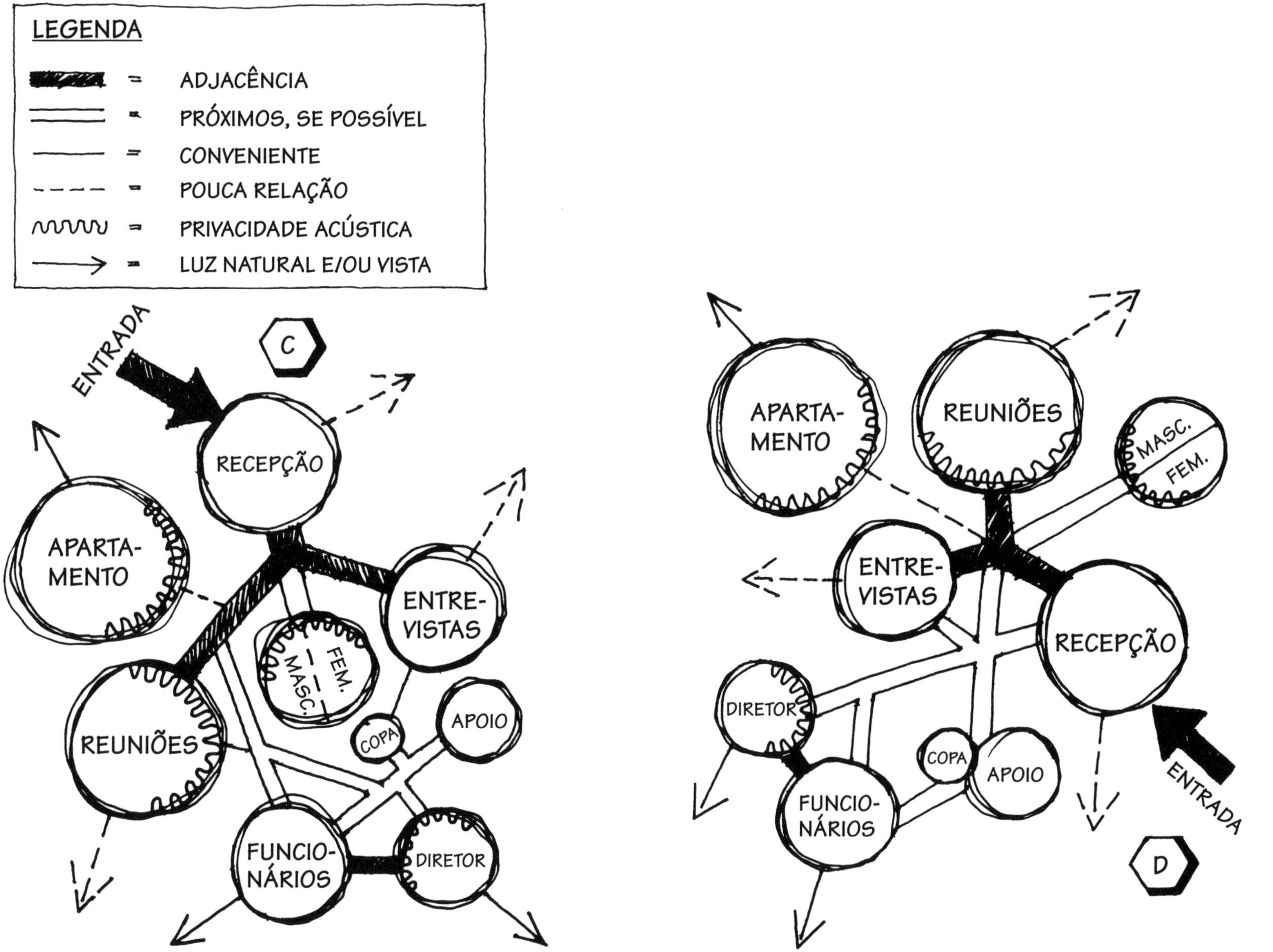

FIGURA 1-8 CONTINUAÇÃO.

À medida que o projetista começa a desenvolver suas habilidades para o desenho de diagramas de relações, ele deve acrescentar gráficos e/ou notações verbais para indicar necessidades de planejamento importantes, como janelas, segregação entre áreas privadas e públicas e barreiras acústicas, entre outras, conforme mostrado na Figura 1–8. Pode-se usar cores para codificar e identificar funções ou relações de planejamento semelhantes, como privacidade ou adjacência. Com o passar do tempo, os projetistas desenvolvem um sistema de notação visual personalizado que podem usar como uma ferramenta de estudo preliminar eficiente e expressiva.

Existem alternativas adequadas para o processo de diagramação feito à mão descrito anteriormente e mostrado na Figura 1–8. Há vários *software* gráficos que permitem a manipulação de círculos (ou outros formatos) na tela do computador, sendo que linhas distintas e com peso visual diferente podem ser desenhadas para conectá-los. As técnicas gráficas computadorizadas também facilitam a incorporação de notações de texto, legendas e códigos de cor. Uma alternativa, porém, é o uso de papel grosso (como papel kraft) cortado em moldes circulares ou retangulares para cada compartimento ou espaço e, a seguir, distribuídos sobre um fundo branco ou outro papel neutro, com linhas desenhadas representando o nível de proximidade dos compartimentos. Nesta técnica, é importante lembrar-se de registrar cada diagrama viável antes de deslocar os moldes e criar um novo.

Conforme mencionado anteriormente, os diagramas de relações, após certo aperfeiçoamento gráfico, são incorporados ao programa de necessidades concluído. Ainda que seu objetivo principal seja ajudar o projetista a visualizar as exigências do programa, se bem desenhados (e se a capacidade limitada de visualização do leigo for levada em consideração), tais gráficos costumam ajudar os clientes e os usuários a compreender o conteúdo do programa de necessidades. Neste contexto, é importante diferenciar os diagramas das plantas baixas, para que o leigo não os confunda com as plantas baixas reais que serão desenvolvidas posteriormente.

EXERCÍCIO 1–3

Usando as matrizes de critérios desenvolvidas no exercício anterior, desenhe alguns diagramas de relações para cada uma. Tente criar uma linguagem simbólica e de diagramação personalizada. Novamente, guarde os resultados para usar nos exercícios dos Capítulos 2, 6 e 7.

UMA ÚLTIMA OBSERVAÇÃO SOBRE A METODOLOGIA DE PLANEJAMENTO

Aqui encerramos a discussão sobre a elaboração do programa de necessidades e os estudos preliminares. É hora de passar para o processo de planejamento físico e para o desenvolvimento de uma planta baixa, com todas as implicações espaciais e projetuais mais amplas. Conforme mencionado anteriormente neste capítulo, é importante observar que o programa de necessidades e seus produtos gráficos raramente são completados neste ponto. À medida que o arquiteto desenvolve organogramas e plantas baixas preliminares para o projeto, é natural o surgimento de novos conceitos, relações funcionais e usos múltiplos do espaço, entre outros – ideias que não haviam se manifestado durante os estudos preliminares. Se as novas ideias forem versões superiores das que já foram incorporadas no programa de necessidades, seria uma irresponsabilidade ignorá-las e não revisar o documento original. No meio profissional, é comum a incorporação de novos fatores de planejamento após a conclusão do programa de necessidades inicial – fatores esses totalmente fora do controle do arquiteto. Mudanças no programa podem ocorrer, por exemplo, se a nova gerência decidir alterar a estrutura organizacional ou se o contrato de aluguel for rescindido pelo locador do cliente. Situações assim obrigam o arquiteto a se voltar para o programa de necessidades e revisá-lo. Para simplificar, os programas de necessidades raramente permanecem estáticos após o desenvolvimento e a conclusão iniciais. Pelo contrário: é prática comum revisar o programa à medida que o projeto avança e fatores externos evoluem e se transformam. O arquiteto, assim como as exigências do projeto, deve ser flexível ao lidar com a resolução de problemas.

Leitura recomendada

9*, 16*, 18*, 20*, 21*, 22, 23*, 24*, 26*, 28, 29

As obras seguidas de asteriscos fazem parte da leitura recomendada em outros capítulos.

Capítulo 2 OS PRIMEIROS PASSOS DO PLANEJAMENTO DE ESPAÇOS

Organogramas e Plantas Baixas Esquemáticas

Até o momento, os esforços para solucionar problemas de planejamento espacial se concentraram em métodos de coleta de dados, na análise das necessidades dos usuários e nas tentativas iniciais de se estabelecer um conceito ou abordagem geral para o projeto. Embora tenhamos feito um pouco de planejamento físico – ao desenhar os esboços de planta baixa para funções ou compartimentos específicos e os diagramas de relações abstratos da organização como um todo –, a planta do conjunto ainda não foi abordada a partir de uma perspectiva realista de planejamento.

O pulo inicial desde os estudos preliminares até o desenvolvimento mais criativo de uma planta baixa que resolva os problemas práticos e estéticos dos usuários é o elemento mais complexo e crítico do processo de planejamento espacial. A elaboração do programa de necessidades é, essencialmente, um processo analítico; já o planejamento (e o projeto) é, em essência, um processo de síntese. Nunca é fácil passar do modo analítico do programa de necessidades para o modo criativo da atividade de projetar propriamente dita – sempre há uma distância considerável entre os dois processos. O ideal é fazer com que essa distância seja a menor e mais contornável possível. Ela será pequena na medida em que os resultados do programa de necessidades forem completos e detalhados.

Uma distância pequena entre os estudos preliminares e o projeto é a recompensa de um programa de necessidades bem elaborado. Contudo, a distância sempre está presente, e é necessária uma síntese criativa para vencê-la e reunir todos os elementos divergentes do exercício de projeto.

ELABORAÇÃO DE ORGANOGRAMAS

Com o programa de necessidades concluído, o projetista poderia simplesmente começar a fazer croquis ou esboços de uma planta baixa. Porém, quando o problema envolve mais do que um número reduzido de espaços ou funções, a probabilidade de desenvolver uma planta baixa de qualidade na primeira tentativa é mínima. Dificilmente uma boa planta baixa surgirá logo após as primeiras tentativas, e é preciso observar que cada tentativa consome um tempo relativamente considerável, uma vez que plantas baixas incluem paredes internas ou divisórias, a abertura de portas e a distribuição de aparelhos hidrossanitários e equipamentos, entre outros. Além disso, quando finalmente obtém uma planta baixa de qualidade, o arquiteto não tem como saber se é possível desenvolver uma ou mais plantas baixas ainda melhores. Evidentemente, há uma abordagem melhor ou mais eficiente para solucionar o problema do que desenvolver várias plantas baixas muito elaboradas. A fim de eliminar essa abordagem demorada, os projetistas mais experientes usam a técnica do organograma. Em resumo, trata-se de um método de tentativa e erro que permite a análise rápida de todas as opções de planejamento, sejam elas boas ou ruins, para um determinado problema de planejamento espacial. Ainda que seus objetivos e resultados sejam principalmente bidimensionais, também é possível tratar de algumas questões tridimensionais até se chegar à planta baixa ideal.

As ferramentas necessárias são simples. Evidentemente, deve haver uma planta baixa base da edificação. Além disso, o arquiteto precisa de bastante papel manteiga, um escalímetro e lápis macios ou hidrocores para desenhar. Em geral, são utilizados rolos de papel manteiga amarelo, por serem mais baratos, embora seja possível usar qualquer papel manteiga razoavelmente transparente, tanto amarelo como branco. O projetista também pode usar praticamente qualquer tipo de material para desenho, mas marcadores ou lápis de cor macios estão entre os melhores, pois são mais fáceis de aplicar no papel e mais visíveis.

Ainda que a grande maioria dos desenhos de arquitetura hoje seja feita em computador, o uso do desenho à mão livre oferece vantagens nas fases iniciais do projeto de interiores. Sem a intervenção das regras e dos processos digitais do computador, a conexão criativa imediata entre a mão e o pensamento facilita os processos intuitivos do projetista, que fluem e reagem espontaneamente às ideias instantâneas.

Se o arquiteto conta com uma caneta conectada ao computador e uma tela de desenho digital, os organogramas gerados em computador são feitos da mesma maneira que aqueles desenhados em papel. Nesse caso, as ferramentas de desenho não têm importância. A planta baixa esquemática – método usado com frequência como alternativa ao organograma – é muito mais compatível com as técnicas convencionais de desenho digital, e será discutida posteriormente neste capítulo.

Independentemente da ferramenta de desenho utilizada, a abordagem e a postura gerais devem ser livres e intuitivas, em escala aproximada e, pelo menos no início, essencialmente sem fazer julgamentos. Neste contexto, "sem julgamentos" pode ser definido como "sem valor crítico" ou "sem avaliação". O objetivo é simples: explorar e registrar de maneira eficiente todas as opções básicas de planejamento do problema.

Assim como o programa de necessidades precisa ser lido e analisado antes do início do processo de planejamento, a planta baixa do espaço preexistente deve ser "lida" e analisada antes do início do processo de planejamento físico. É preciso estudar o espaço preexistente para compreender sua configuração, sua geometria e a distribuição dos elementos estruturais; a distribuição, o tipo e a quantidade de janelas; os elementos arquitetônicos exclusivos (como lareiras ou escadas monumentais); o sistema de climatização; as redes hidrossanitárias; e muitos outros fatores. Até certo ponto, a compreensão total da importância relativa de cada fator será desenvolvida lentamente à medida que o processo de elaboração de organogramas prossegue. Antes do início do processo de elaboração de organogramas, porém, sempre vale a pena dedicar algum tempo (o que depende do tamanho do espaço e das pressões impostas pelas circunstâncias) para estudar, analisar e compreender (sempre com o escalímetro em mãos) a natureza do espaço no qual se está trabalhando.

Primeiramente, prenda com fita adesiva as bordas da planta baixa à mesa de desenho. Se a planta do teto projetado contiver informações gráficas que possam influenciar a solução de planejamento (como tubulações baixas, mudanças significativas no pé-direito, claraboias, etc.), será importante colocá-la abaixo da planta baixa para permitir a visualização de todos esses fatores. (Se a planta baixa não for traçada em papel transparente, marque de leve as informações importantes sobre ela.) Conforme mostrado na Figura 2–1, desenrole o papel manteiga sobre a planta baixa, segure-o com a mão que não será usada para desenhar (os diagramas são desenhados com rapidez e não vale a pena prender o papel) e comece a trabalhar.

Com a matriz de critérios completa na sua frente, experimente todas as opções de planejamento que surgirem. Por um lado, o processo correto exige a experimentação metódica de cada compartimento ou função no local onde ele ou ela poderia ser encaixado (com exceção de possibilidades inviáveis, como tentar colocar os aparelhos hidrossanitários afastados demais dos *shafts*, em desacordo com as normas de construção). No entanto, grande parte do potencial intuitivo dos organogramas se perderia devido à rigidez do processo. Por outro lado, se o arquiteto for exclusivamente intuitivo e não impuser uma ordem ou abordagem planejada ao processo, será difícil certificar-se de que todas as possibilidades foram exploradas. Deve-se buscar uma situação intermediária entre ser extremamente sistemático e demasiadamente espontâneo; é preciso um pouco de experiência no processo a fim de encontrar um sistema confortável para cada arquiteto entre esses dois extremos.

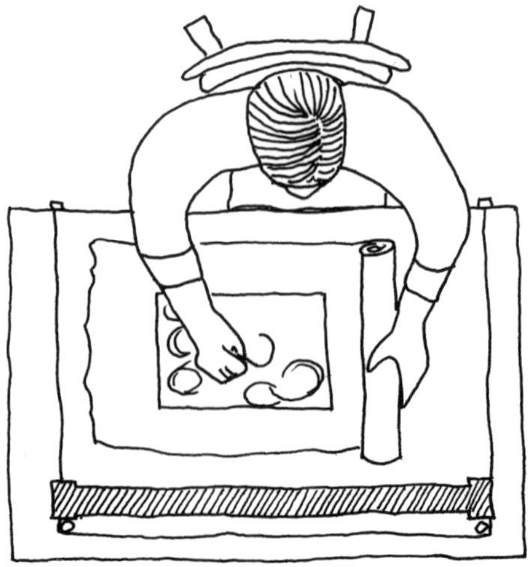

FIGURA 2–1

A existência de uma porta de entrada principal ou de elevadores sociais indica automaticamente a localização da área de entrada ou recepção. Com frequência, é preciso acomodar um espaço grande ou principal que se adequará bem apenas em dois ou três locais dentro do espaço preexistente; cada um desses locais é capaz de gerar mais organogramas. O acesso às tubulações costuma ser um condicionante de projeto significativo; outro ponto de partida para a produção de uma nova série de diagramas consiste em colocar os compartimentos com aparelhos hidrossanitários (cozinhas, banheiros particulares ou públicos, etc.) a uma distância máxima dos *shafts* existentes – se permitido pelo código de edificações local. Alguns compartimentos ou funções requerem acesso imediato à luz e ao ar (janelas), enquanto outros devem ser colocados em partes mais internas do espaço disponível. Todos esses fatores servem como ponto de partida para uma série de novos diagramas.

As considerações acústicas, como a separação das funções silenciosas e ruidosas, podem ser significativas para o projeto. A fim de desenvolver organogramas que funcionem, é fundamental deixar espaço para a circulação (corredores, escadas, vestíbulos, etc.). Se os caminhos de circulação não forem incorporados aos organogramas, os resultados perderão sua relevância quando chegar a hora de transformar os diagramas em plantas baixas. Em geral, as questões de circulação resultam em outra série de diagramas, nos quais os caminhos e padrões de circulação são estudados de maneira independente, conforme será visto na Figura 6–3. Não raro, os problemas de arquitetura de interiores apresentam fatores singulares que requerem a localização de determinada função importante em uma única área – por exemplo, a localização específica de grandes equipamentos de tecnologia da informação devido aos altos custos de se passar a fiação elétrica por toda a edificação. Os Capítulos 3, 4 e 5 discutirão os fatores que mais influenciam o processo de projeto de interiores.

O desenho de cada organograma deve levar apenas alguns minutos. Não retrabalhe diagramas específicos; em vez disso, passe para outra opção em um pedaço novo de papel manteiga (não deixe uma borracha à mão!). O projetista deve trabalhar todas as variações que vierem à mente, mesmo quando não parecem promissoras; elas podem levar a outras ideias que, do contrário, não teriam se apresentado. Neste caso, não faça juízos de valor –, isto é, não seja demasiadamente exigente ou autocrítico ao avaliar os resultados dos organogramas antes de chegar ao fim do processo. Uma boa abordagem capaz de gerar muitos resultados consiste em pegar cada situação inicial (como os pontos de acesso, os *shafts* para instalações hidrossanitárias, um espaço muito grande, a necessidade de luz e ar, etc.) e utilizar o número limitado de posições de planejamento permitidos por elas, desenhando quantos diagramas forem possíveis. Suponha, por exemplo, que os condicionantes arquitetônicos e a localização das prumadas das instalações hidrossanitárias permitem apenas duas soluções para a distribuição dos banheiros públicos; a seguir, produza todos os diagramas que conseguir (mesmo que alguns pareçam inviáveis), partindo sempre dessas soluções de distribuição. É possível repetir esse processo com cada condição preexistente determinante. Organogramas nunca são demais; esgote todas as possibilidades para certificar-se de ter explorado todas as opções de planejamento. Mesmo quando se trata de espaços relativamente pequenos, como aquele mostrado no Espaço de Intervenção 2S (usado em todo o livro para fins de demonstração), é comum que o arquiteto produza de 20 a 30 organogramas.

Durante a elaboração dos organogramas, vale a pena registrar ideias sobre muitos fatores especiais. Isso se tornará um sistema de notação personalizado no qual o projetista desenvolve um conjunto de símbolos gráficos para expressar rapidamente suas necessidades e ideias em relação ao projeto. Conforme explicado anteriormente, é importante indicar o fluxo de trânsito de pessoas e os espaços de circulação. A localização interna das portas e janelas, os novos *shafts* (se possível), as barreiras acústicas e a acessibilidade universal, entre outros fatores, devem fazer parte do sistema de notação. Até questões estéticas e espaciais, como observações sobre os pés-direitos, vistas internas e ritmo ou sequência visual, devem ser registradas neste momento. Alguns projetistas preferem utilizar várias cores na diagramação para codificar visualmente os fatores importantes, como a oposição entre os espaços de uso público e privado, a privacidade acústica e visual, a necessidade de luz, ar e vistas para o exterior, entre outros.

A utilização deste processo não está limitada a um tipo de espaço interno, como escritórios, equipamentos de saúde ou restaurantes; sua aplicação é relativamente universal e deve ser vista como uma técnica inicial de planejamento espacial para todos os tipos e tamanhos de espaços internos. Ainda que o método descrito possa se assemelhar a uma abordagem simples e direta, a elaboração de organogramas é um processo complexo e criativo, que vai muito além de um procedimento mecânico. Para vencer a distância entre o programa de necessidades e o início do planejamento físico, o arquiteto precisa ser criativo. Cada projetista desenvolve um método personalizado a fim de lidar com as variáveis existentes e, ao mesmo tempo, registrar suas ideias. Não existe uma maneira "correta" de desenvolver ou desenhar organogramas, assim como não há um padrão profissionalmente aceito para o produto final de tal processo. O resultado gráfico costuma ser um sistema de notação personalizado usado pelo projetista para passar à próxima etapa do planejamento – o desenvolvimento da planta baixa inicial. Em geral, esses diagramas não são vistos nem utilizados por terceiros.

Para ilustrar a possível aparência de seus organogramas, as próximas três páginas duplas (Figuras 2–2A, 2–2B e 2–2C) trazem os resultados gráficos obtidos por três arquitetos experientes ao solucionar o Programa de Necessidades 2S no Espaço

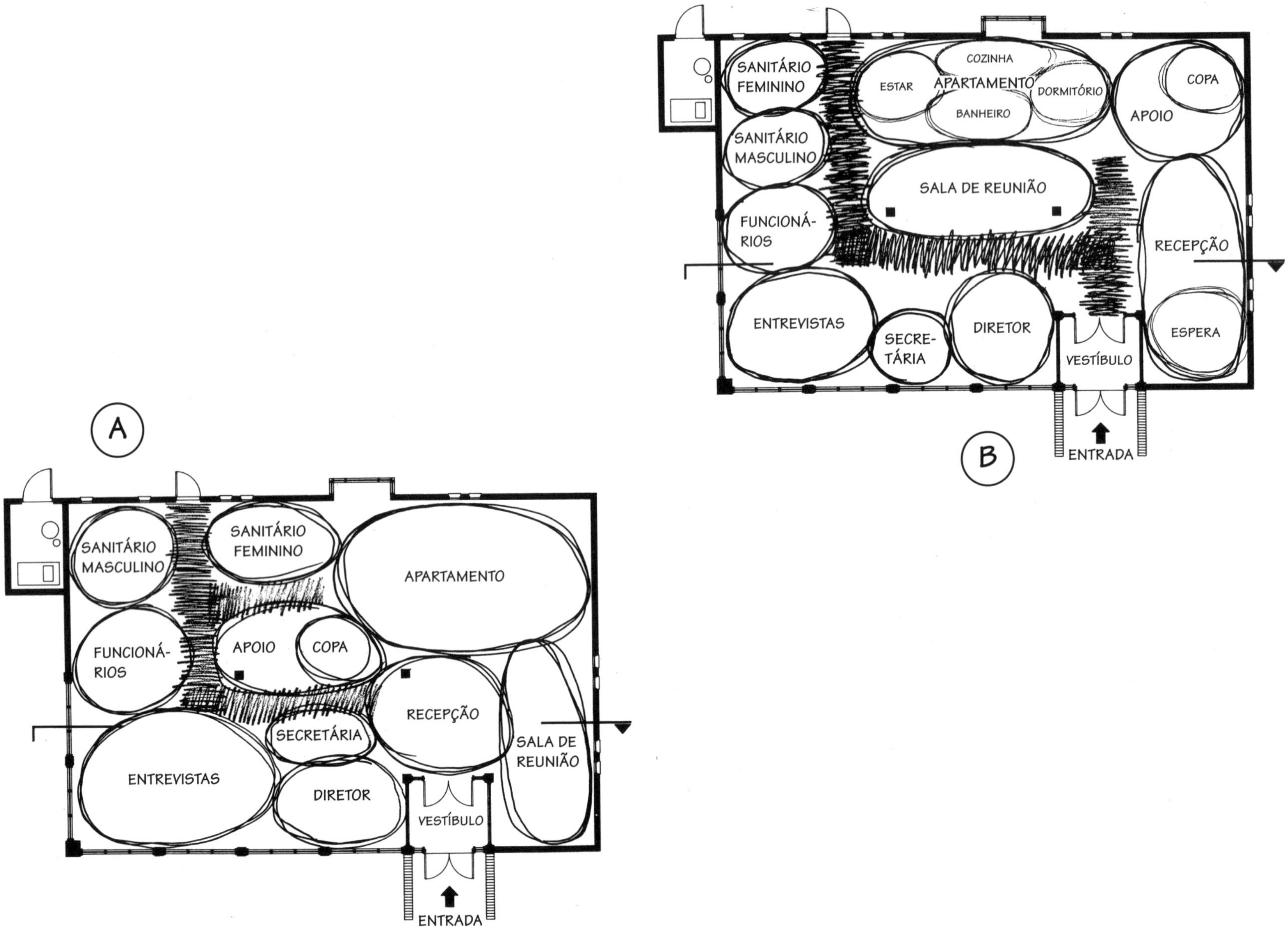

FIGURA 2-2A ORGANOGRAMAS: PROGRAMA DE NECESSIDADES 2S.

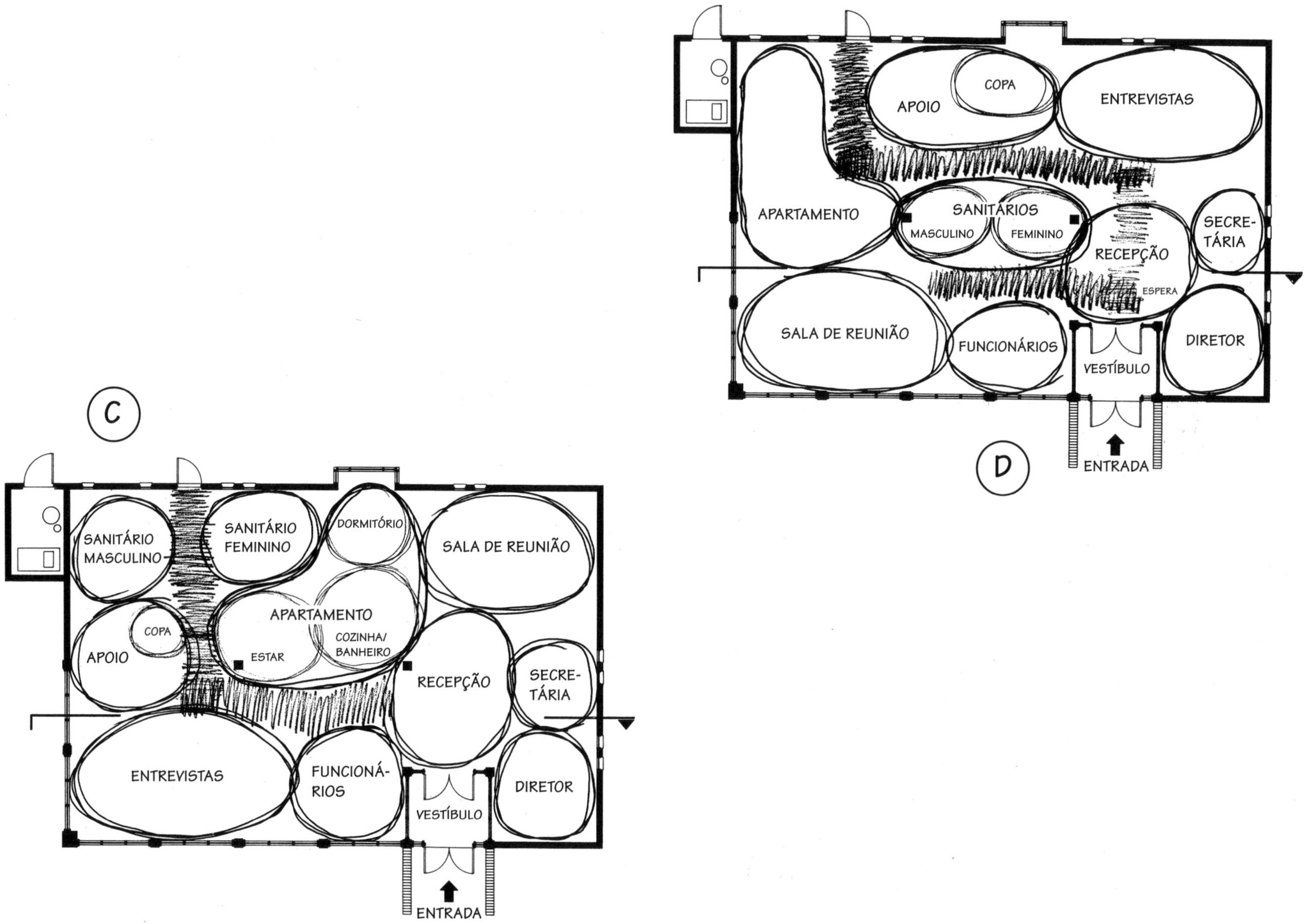

FIGURA 2-2A CONTINUAÇÃO.

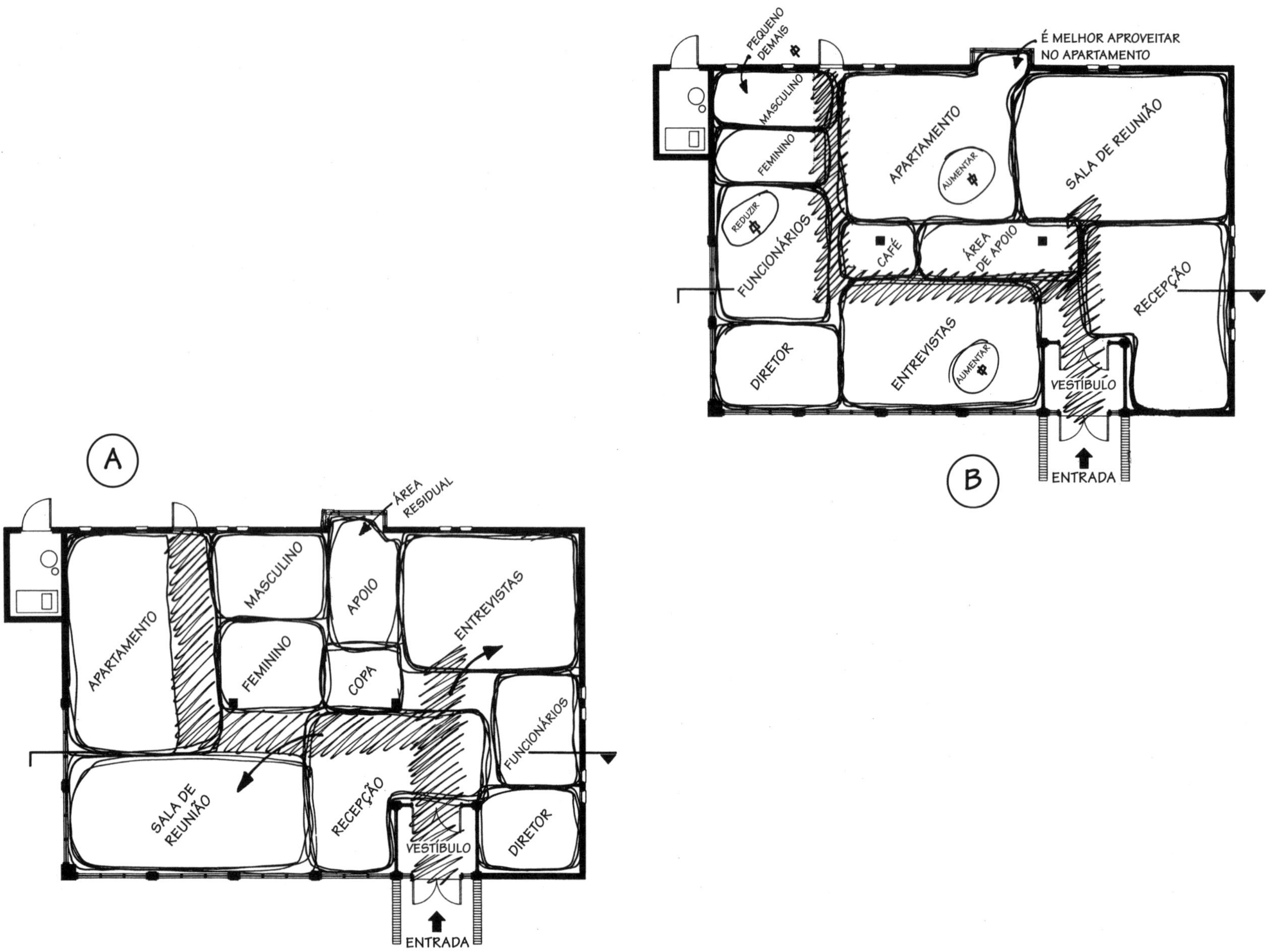

FIGURA 2-2B ORGANOGRAMAS: PROGRAMA DE NECESSIDADES 2S.

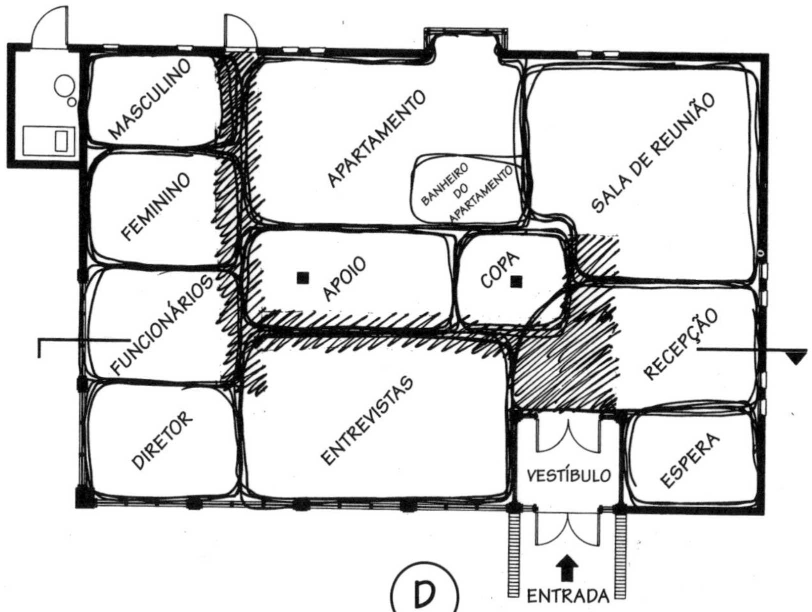

D

B) APRIMORADA

C

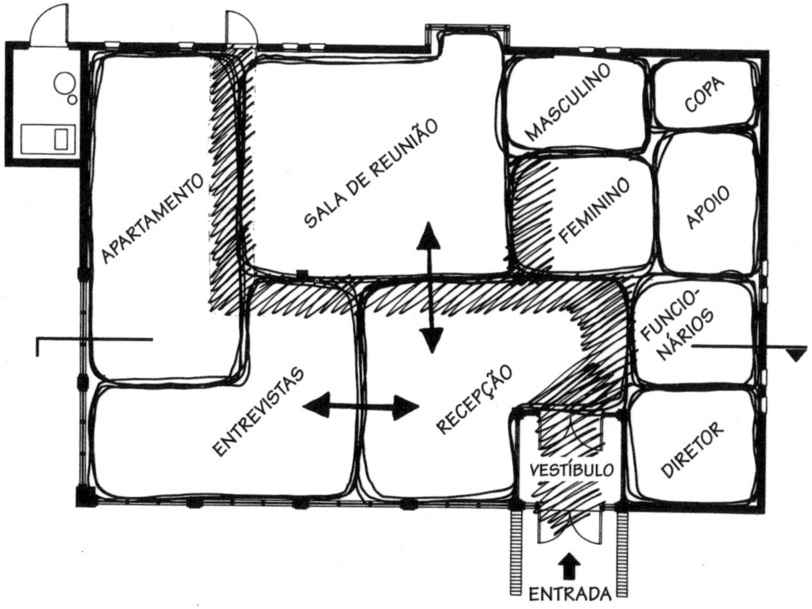

FIGURA 2-2B CONTINUAÇÃO.

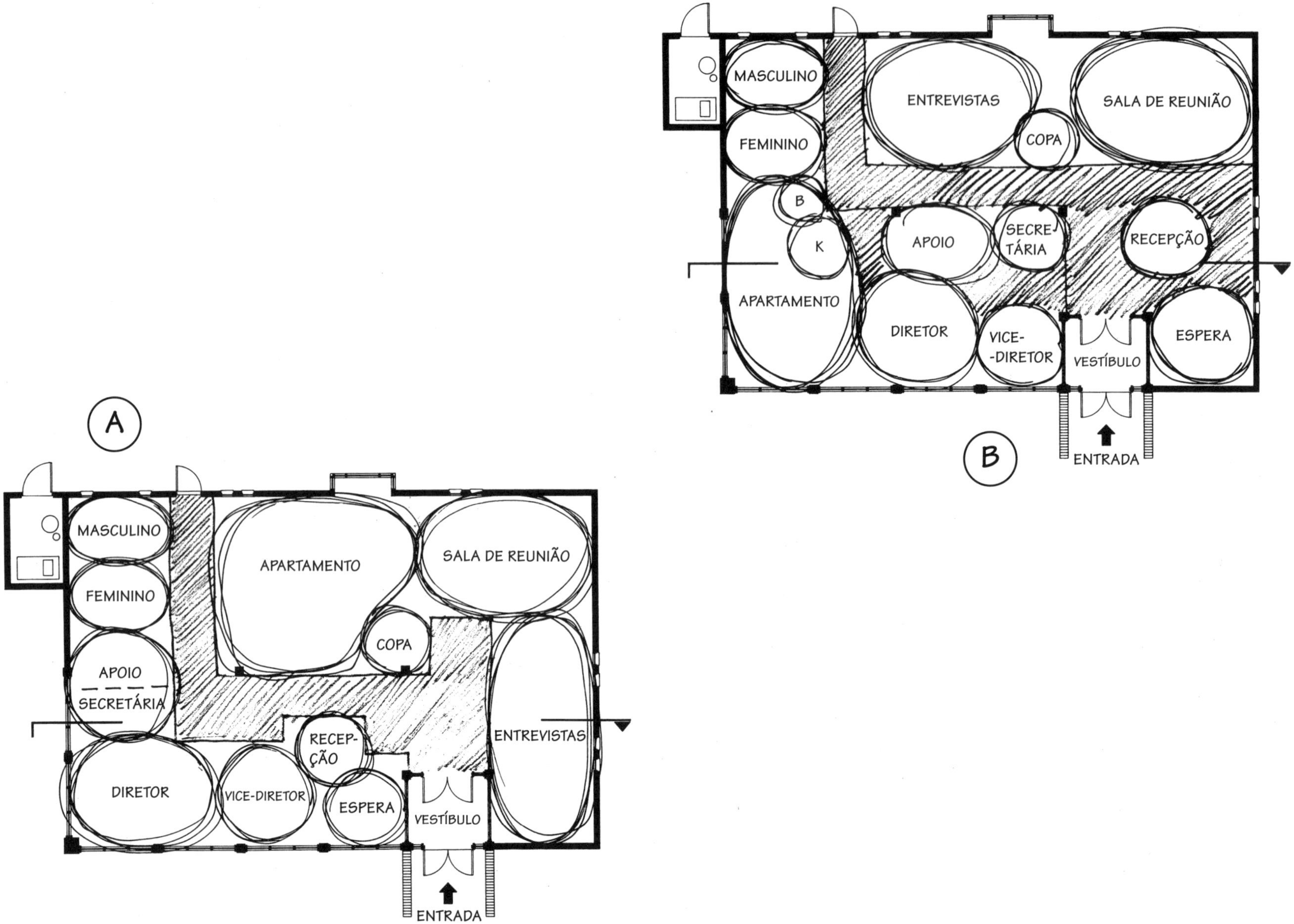

FIGURA 2-2C ORGANOGRAMAS: PROGRAMA DE NECESSIDADES 2S.

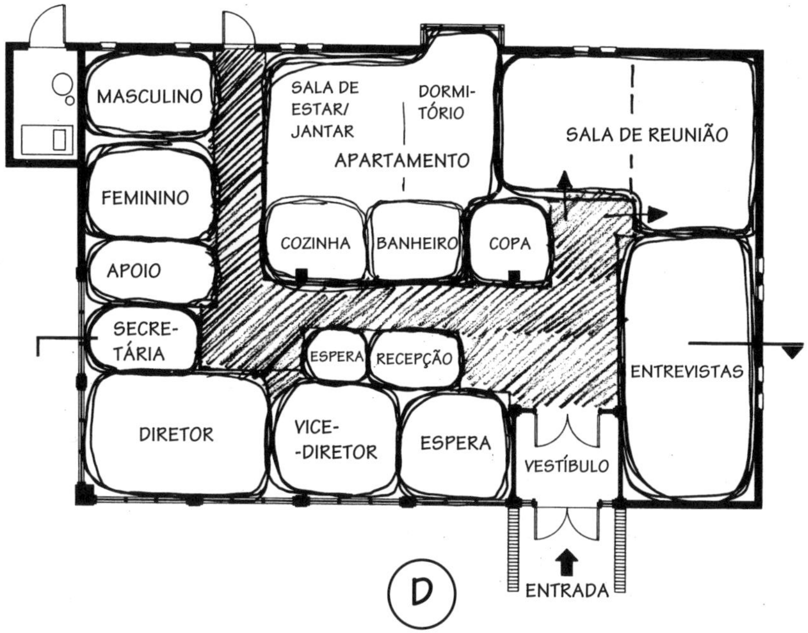

Ⓐ APRIMORADA

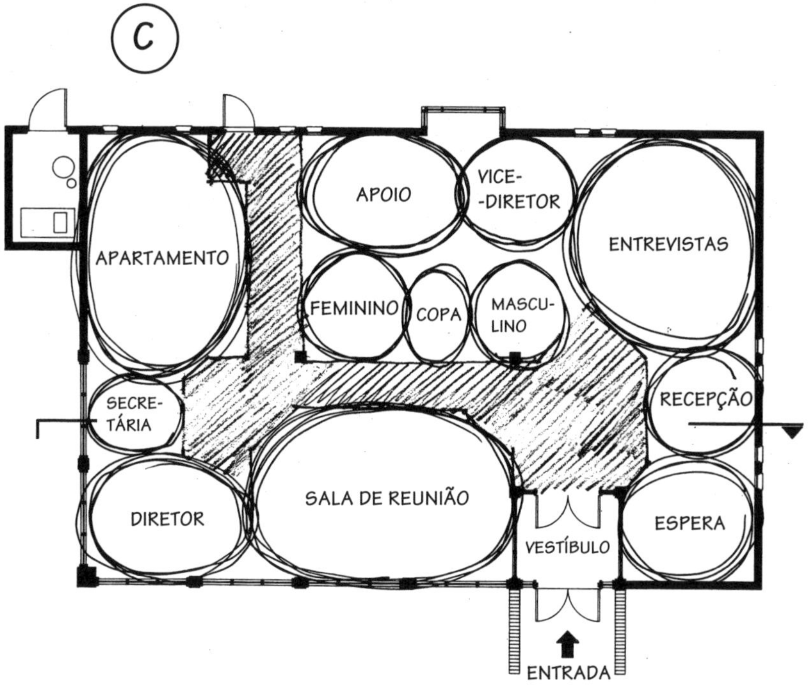

FIGURA 2-2C CONTINUAÇÃO.

de Intervenção 2S. (Estes serão explicados no próximo parágrafo.) É evidente que o método, a solução e o estilo gráfico variaram para cada arquiteto; ainda assim, todos eles produziram resultados viáveis e estão prontos para passar à etapa de desenvolvimento da planta baixa.

EXERCÍCIOS DE PLANEJAMENTO DE ESPAÇOS INTERNOS

Três séries de problemas para praticar o projeto de interiores estão disponíveis no Apêndice, a partir da página 180. Cada série contém três programas de necessidades e três plantas baixas, oferecendo nove exercícios de planejamento em cada série. A primeira série contém espaços de aproximadamente 150 m²; a segunda, espaços de aproximadamente 250 m²; a terceira, espaços com cerca de 400 m². Embora exercícios preparados dessa maneira não ajudem a desenvolver as habilidades de elaboração de programas de necessidades ou a compreender melhor as exigências de espaços reais, eles auxiliam a passar rapidamente à parte mais específica do processo de planejamento espacial. O ideal é que os projetos de sala de aula apresentem problemas adicionais de planejamento, sempre incluindo no processo o desenvolvimento do programa de necessidades e as peculiaridades detalhadas de espaços preexistentes. Observe que as letras usadas para identificar os programas e os espaços não têm relação entre si; o Programa de Necessidades 3B pode ser usado no planejamento das Peles 3A e 3C, além da Pele 3B.

EXERCÍCIO 2-1

Neste ponto do processo de aprendizado, é importante praticar a produção de organogramas para, no mínimo, duas ou três combinações de programa de necessidades e pele de edificação fornecidas no Apêndice. Comece com uma ou duas combinações da série de 150 m² e prossiga com duas ou três da série de 250 m². Para ganhar tempo, utilize as matrizes de critérios e os diagramas de relações desenvolvidos nos Exercícios 1–2 e 1–3 (Capítulo 1) como base para os organogramas.

Após exaurir as possibilidades de diagramação para um problema de planejamento específico, é preciso revisar os resultados e escolher os dois ou três diagramas melhores dentre todos os que foram desenvolvidos. Neste contexto, os melhores diagramas são aqueles que apresentam potencial para serem transformados em plantas baixas viáveis e de qualidade. Um a um, coloque cada diagrama selecionado sobre a planta baixa, ponha uma nova parte do seu papel manteiga em rolo sobre o diagrama e revise-o alterando os formatos e tamanhos dos círculos, identificando com mais clareza os espaços e as rotas de circulação e distribuindo com mais precisão os *shafts* para instalações hidrossanitárias, as portas, os pontos de acesso, as barreiras acústicas, as características estéticas ou espaciais, entre outros elementos. É possível usar um segundo diagrama sobreposto, no qual os círculos serão transformados em retângulos com quinas arredondadas (pressupondo compartimentos e espaços retangulares). Esse processo de revisão se afasta da abordagem rápida e espontânea dos diagramas originais e se aproxima de um método deliberado e seletivo de resolução de problemas. Apesar de sua graficação inexpressiva, esta é a primeira etapa do planejamento de espaços internos. Seja qual for a técnica de desenho e aperfeiçoamento, assim que o processo de elaboração de organogramas for concluído, surgirá uma planta baixa muito preliminar ou indefinida. Ainda não será possível identificar as paredes internas, o lado de abertura das portas, os pontos de iluminação e os demais elementos, mas já se terá uma distribuição da área de piso em escala aproximada, além de várias outras definições básicas do projeto e da construção. Os resultados de tal processo de aperfeiçoamento são mostrados nas Figuras 2–2B e 2–2C.

EXERCÍCIO 2-2

Execute esse processo de refinamento com os organogramas preparados no exercício anterior. Lembre-se de que o desenvolvimento bem-sucedido de cada etapa da capacidade de projetar espaços com qualidade profissional está diretamente relacionado ao tempo e aos esforços dedicados a ele. Guarde esses exercícios para utilizar no desenvolvimento de esboços de planta baixa, recomendado nos Capítulos 6 e 7.

ELABORAÇÃO DE PLANTAS BAIXAS ESQUEMÁTICAS

Outra técnica muito usada na etapa inicial de planejamento físico é geralmente chamada de "elaboração de plantas baixas esquemáticas". Seu uso é particularmente comum no planejamento de lojas de varejo e depósitos em grande escala. O processo de desenvolvimento e seus resultados são semelhantes aos obtidos por meio da elaboração de organogramas. A principal vantagem em relação aos organogramas é o fato de que o resultado se assemelha bastante a uma planta baixa; além disso, alguns projetistas se sentem mais à vontade lidando com o aspecto mais geométrico desse método. A principal desvantagem em relação aos organogramas é o fato de que esse método não tem a espontaneidade e a intuição informais apresentadas pelo processo anterior; ele também costuma ignorar soluções curvilíneas e outras não retangulares. Embora também se possa usar técnicas de desenho à mão livre, os métodos do CAD são especialmente adequados para a elaboração de plantas baixas esquemáticas. Como é possível copiar repetidamente uma nova planta no monitor, cada cópia origina uma nova planta baixa esquemática – uma planta que pode ser salva e impressa. Por meio de uma simples técnica linear (ou, melhor ainda, uma técnica de linhas duplas para representar a espessura das paredes), faça a distribuição dos compartimentos e identifique-os com um nome de compartimento (ou a abreviação de um nome, como "Rec." para "recepção" ou "Apt." para "apartamento"). No caso do desenho feito à mão livre, evite usar régua paralela e esquadros, pois eles tendem a fazer com que o processo fique mais lento e rígido. Em vez disso, coloque um pedaço de papel quadriculado sob a planta base como referência para desenho e escala, e trabalhe à mão livre. Como na elaboração dos organogramas, faça muitas plantas baixas esquemáticas, trabalhe de maneira intuitiva e sem avaliação crítica, considere todas as possibilidades de planejamento e não se esqueça de que esse é um processo de tentativa e erro. Para ilustrar a elaboração das plantas baixas esquemáticas, a Figura 2–3 apresenta desenhos gerados em computador por um projetista que usou essa abordagem a fim de solucionar o Programa de Necessidades 2S na Pele de Edificação 2S, incluindo uma planta baixa esquemática mais trabalhada.

EXERCÍCIO 2–3

Utilizando a abordagem das plantas baixas esquemáticas, resolva uma ou mais combinações de programa de necessidades/espaço de intervenção de 150 m² e 250 m², disponíveis no Apêndice. Experimente trabalhar com as técnicas de desenho tanto à mão livre como em computador. Como antes, selecione dois ou três dos melhores organogramas e trabalhe-os da mesma maneira usada para aperfeiçoar os organogramas selecionados. Mais uma vez, guarde esses exercícios para utilizá-los novamente nos Capítulos 6 e 7.

Alguns projetistas preferem variar a técnica das plantas baixas esquemáticas e usar moldes de papel para representar os compartimentos e espaços, já que é possível deslocá-los com rapidez e visualizar as mudanças nas relações de planejamento imediatamente. O processo tem início com o corte e a denominação de pedaços quadrados ou retangulares de papel grosso (como papel duplex) que representarão cada compartimento ou espaço, sendo que eles precisam ter áreas aproximadas corretas. A seguir, os moldes são deslocados sobre a planta baixa, deixando rotas ou espaços de circulação adequados, até se obter alguma solução viável. Cada solução razoavelmente viável deve ser registrada de alguma maneira (um croqui rápido ou uma fotografia instantânea ou digital). Uma vez que as proporções específicas dos moldes podem ser muito limitadoras quanto à obtenção de soluções viáveis, é importante fazer dois ou três moldes com proporções viáveis para cada compartimento; não se esqueça de usar somente um molde para cada compartimento em cada solução geral. A técnica de manipulação de moldes possui uma variação digital, na qual moldes coloridos ou hachurados, com o nome dos compartimentos, são criados no monitor e deslocados sobre uma cópia da planta base; as soluções podem ser salvas e impressas. Conforme ocorre com todas as técnicas de planejamento inicial, é preciso concluir o processo transformando as soluções mais viáveis em esboços de plantas baixas ou plantas baixas indefinidas.

É óbvio que não há um único método ou um método "ideal" para a etapa inicial do processo de planejamento espacial. Como se encontra no centro do processo, essa etapa é criativa por natureza e não apresenta definições limitadoras. E, por se tratar de uma etapa criativa, a maioria dos projetistas acaba desenvolvendo um método extremamente personalizado que está associado ao seu raciocínio lógico. Até que a experiência do projetista chegue a esse nível, as abordagens apresentadas aqui fornecem, com o passar do tempo e a prática adequada, ferramentas úteis a fim de solucionar a maior parte dos problemas de projeto de interiores.

É difícil avaliar o próprio trabalho durante a etapa inicial de planejamento. As qualidades gráficas não estão em jogo; ainda que a expressão gráfica tenha seu valor, o planejamento é o aspecto essencial para solucionar um problema de maneira adequada. Em sala de aula, com a orientação de um professor e a possibilidade de ver e discutir o trabalho de outros alunos, é mais fácil avaliar as soluções de planejamento iniciais. Fora da sala de aula, porém, o projetista tem de aprender a julgar a qualidade das soluções de projeto de interiores. Essas avaliações devem se basear nas informações contidas no programa de necessidades.

Utilizando a matriz de critérios do projeto, examine os organogramas ou plantas baixas esquemáticas aperfeiçoados e avalie todas as exigências básicas de planejamento. Algumas das perguntas a se fazer são: As exigências de adjacência foram atendidas? A circulação funcionará bem? Respeitaram-se as áreas de piso necessárias? As janelas estão bem distribuídas em termos de funções diurnas? E quanto à necessidade de privacidade visual e acústica? As questões estéticas e espaciais básicas podem ser atendidas com o leiaute da planta baixa? Os equipamentos e os móveis básicos podem ser acomodados com facilidade? Use os resultados do processo de elaboração do programa de necessidades como uma ferramenta de avaliação objetiva para analisar os resultados do planejamento inicial. Alguma função básica foi esquecida? Alguma relação interfuncional não está bem? As exigências dos códigos de edificação municipais trarão problemas? Em resumo, coloque-se no lugar dos usuários e se pergunte: "Como faço para ir (ou chegar) lá?" ou "O que estou vendo?". Não se prenda a essas plantas baixas iniciais; lembre-se de que elas fazem parte de um processo. Essa é a hora de

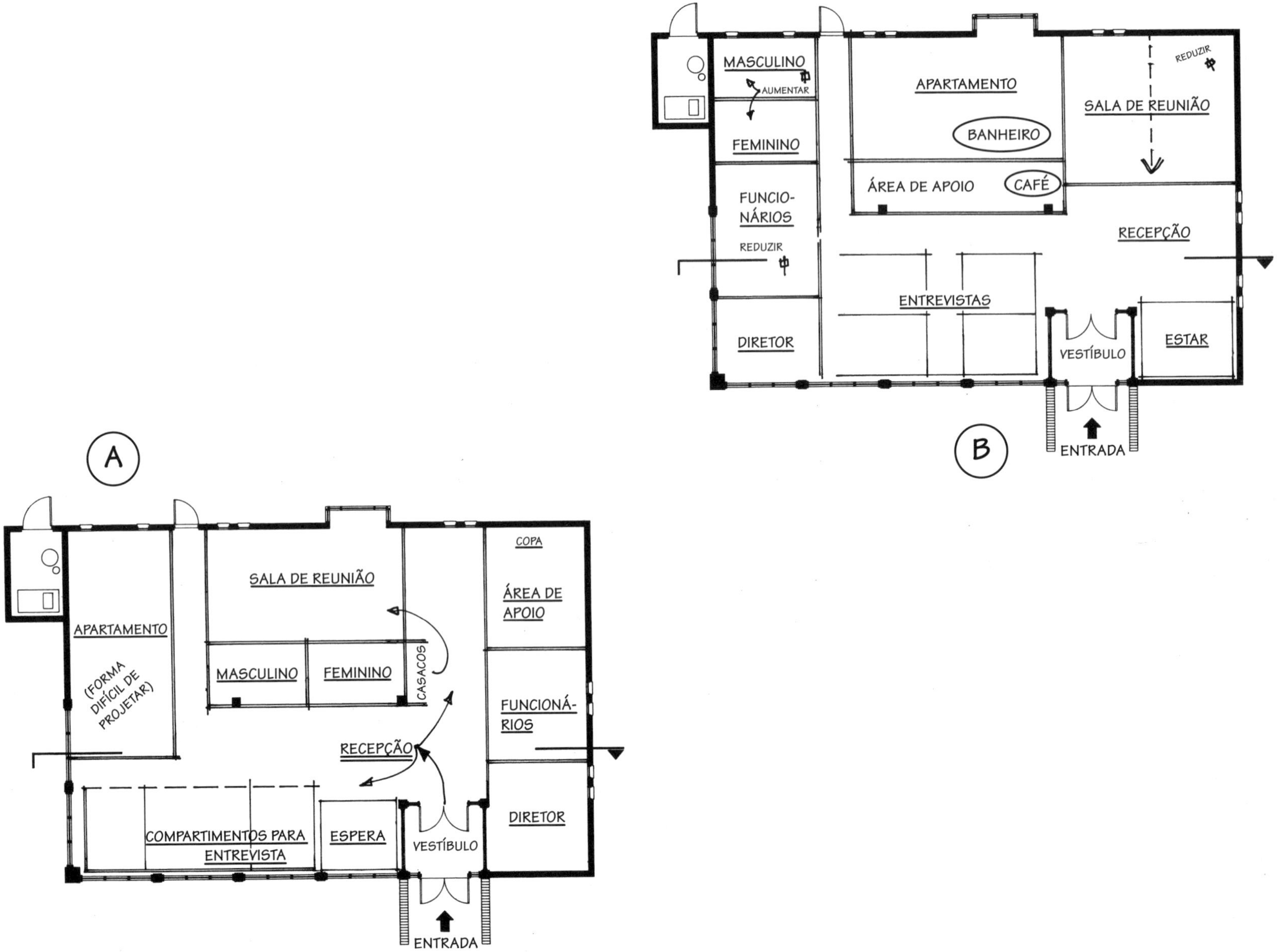

FIGURA 2-3 PLANTAS BAIXAS ESQUEMÁTICAS: PROGRAMA DE NECESSIDADES 2S.

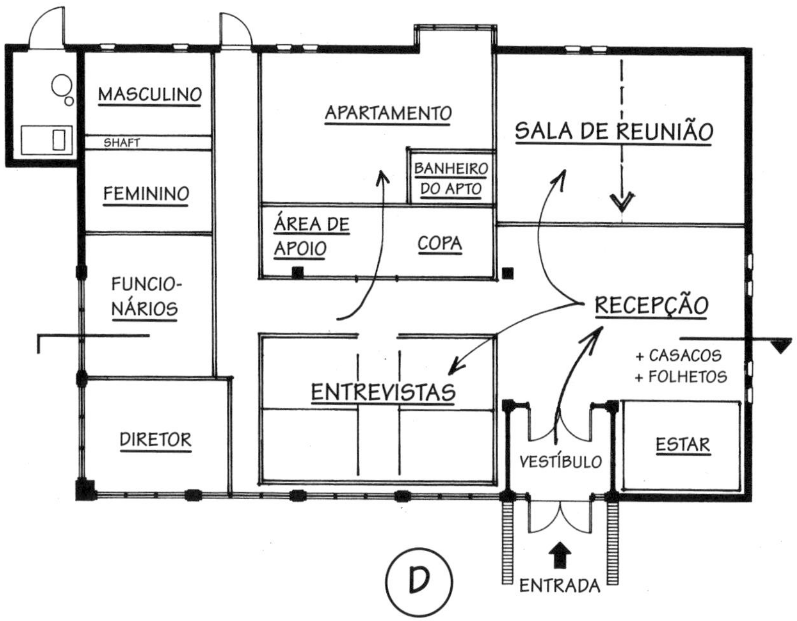

B) APRIMORADA

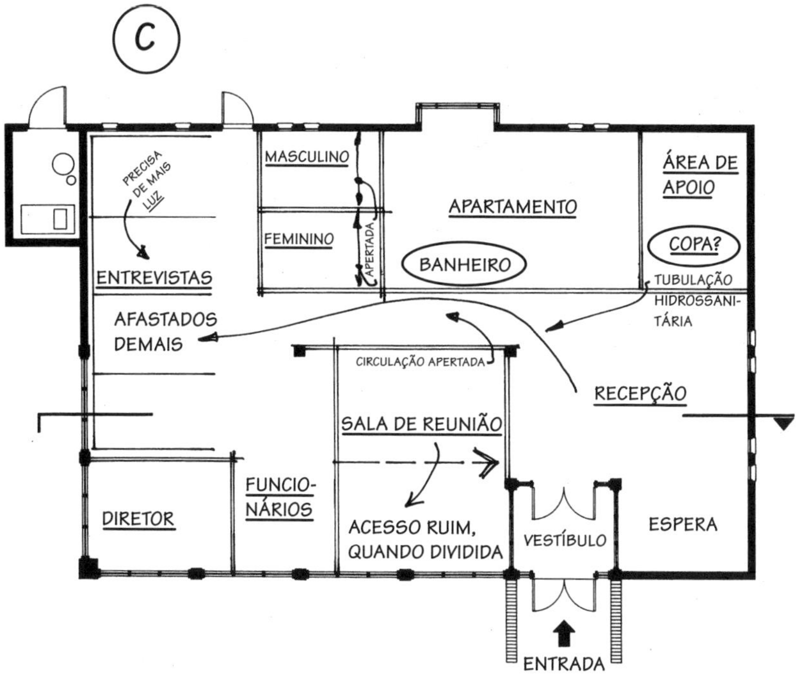

FIGURA 2-3 CONTINUAÇÃO.

revisar; mais tarde, será difícil alterar a planta baixa. É provável que o processo de planejamento físico traga novos *insights* sobre o programa de necessidades; talvez seja preciso alterar o programa de necessidades propriamente dito, e não o leiaute espacial. Faça as revisões necessárias durante essa etapa inicial, antes de incorporar outros elementos de planejamento e projeto. Do contrário, até as alterações mínimas terão consequências complexas.

À medida que o processo de planejamento avançar, o programa de necessidades voltará a ser usado como ferramenta de avaliação. Ao longo do processo de planejamento espacial, o arquiteto deve aprender técnicas de autocrítica para conseguir trabalhar de maneira independente. Não seja extremamente autocrítico: lembre-se de que, no planejamento de espaços internos, a perfeição é um luxo. Vá em busca do meio-termo, pois ele produz resultados viáveis.

Leitura recomendada

4*, 6*, 9*, 13*, 15*, 18*, 20*, 23*, 24*, 26*, 31*

As obras seguidas de asteriscos fazem parte da leitura recomendada em outros capítulos.

Capítulo 3 OS ESPAÇOS PEQUENOS E COM DIMENSÕES MÍNIMAS

Antes de tentar solucionar os problemas convencionais de projeto de interiores, é importante dominar o planejamento de espaços típicos pequenos e com dimensões mínimas. Em especial, é preciso tornar-se competente no planejamento de espaços residenciais típicos (cozinhas, banheiros, lavabos e lavanderias) e de espaços não residenciais (banheiros públicos e copas pequenas). Em uma escala menor, também se deve considerar espaços não usuais, como salas de computadores, câmaras escuras e laboratórios científicos. Há um denominador comum entre todos esses espaços: eles têm muitos equipamentos e sua construção é dispendiosa; consequentemente, seu planejamento costuma visar ao máximo de economia e eficiência em termos de espaço utilizado.

O planejamento de tais espaços pequenos não é muito difícil, mas, quando o arquiteto não tem experiência com eles, a área reduzida se torna um grande entrave para a resolução eficiente e eficaz dos problemas de projeto de interiores em geral. Questões típicas associadas aos espaços pequenos especializados, como os erros de cálculo das áreas de piso necessárias, a não compreensão dos aspectos detalhados da distribuição dos pontos de acesso e a falta de conhecimento em relação aos códigos e normas referentes às tubulações e instalações, são obstáculos que o projetista inexperiente precisa enfrentar. Dependendo do conhecimento e das habilidades atuais do projetista nessas áreas, este capítulo pode ser visto como uma revisão ou introdução antes de passar para as propriedades mais complexas do planejamento de espaços em geral.

EXERCÍCIO 3-1

Existem muitos materiais de apoio de boa qualidade e fácil acesso que tratam do planejamento de espaços residenciais típicos deste gênero (veja a seção "Leitura Recomendada" no final deste capítulo). Para desenvolver essas habilidades de planejamento, um dos melhores métodos consiste em riscar (ou melhor, copiar à mão livre) *muitos* exemplos de cozinhas, lavabos e banheiros residenciais. Durante o processo, o projetista se familiarizará com uma ampla variedade de aparelhos hidrossanitários e armários e também de relações de planejamento entre aparelhos hidrossanitários e suas tubulações, além de detalhes necessários, incluindo os pontos de acesso, o uso de acessórios e como evitar conflitos de abertura de portas, entre outros. Depois de riscar ou copiar muitos leiautes de planta baixa em papel ou no CAD, faça outros desenhos sem o auxílio dos modelos. Nesse caso, as questões de escala e precisão são importantes. Devido à sua natureza detalhada, há muitas vantagens em se usar o CAD em espaços pequenos. O CAD é sempre preciso; a capacidade de ampliar com as ferramentas de *zoom* permite uma melhor visualização dos detalhes; além disso, os blocos de aparelhos hidrossanitários (sejam eles genéricos ou de fábrica) são ferramentas que agilizam o processo. As cozinhas e os banheiros costumam ser representados nas escalas de 1:100 e 1:50; ao trabalhar no papel, tente fazer esses espaços em escalas maiores (de 1:25 e 1:10) para ter controle das questões dimensionais críticas – ainda que gabaritos de aparelhos hidrossanitários geralmente não estejam disponíveis nessas escalas maiores. Após se familiarizar com os leiautes típicos, é possível aprender muito indo além do básico e planejando cozinhas e banheiros não convencionais. Inclua funções e equipamentos menos comuns, como bidês, banheiras de hidromassagem, armários para roupa de cama, mesa e banho, lavanderias, ilhas de cozinha, centros de processamento de alimentos, balcões de restaurante com autosserviço e outros.

Para exemplificar, as Figuras 3–1A e 3–1B mostram vários exemplos de espaços residenciais pequenos com leiautes de planta baixa convencionais e não convencionais. As duas páginas de ilustrações foram desenhadas na escala de 1:50, sendo que as plantas baixas de cozinha foram feitas à mão livre e as plantas baixas de banheiro, no CAD. Embora sempre importantes, as questões associadas à qualidade do desenho não são essenciais nesta parte do processo de aprendizado; por isso, a discussão que trata das técnicas de desenho e da apresentação foi deixada para o Capítulo 7. Observe, também, que há uma falta de preocupação com as questões tridimensionais. Por ora, o ideal é concentrar-se no planejamento espacial; no final do capítulo (e, posteriormente, em outros pontos), exploraremos a realidade tridimensional e sua relação com o processo de planejamento.

A maior parte dos espaços onde há uso intensivo de equipamentos, discutidos neste capítulo, envolve o uso de instalações hidrossanitárias. Sempre que as tubulações fazem parte da edificação, deve-se analisar com cuidado os códigos de obra aplicáveis – além das boas práticas referentes à distribuição dos tubos e à economia da construção. Essas questões serão tratadas com mais profundidade no Capítulo 4. Por ora, observe as paredes comuns com instalações, o agrupamento dos aparelhos hidrossanitários e o uso dos *shafts* na Figura 3–2, que mostra tais fatores colocados na prática.

Depois de adquirir habilidades básicas de planejamento de espaços residenciais pequenos, utilize a mesma abordagem para usos não residenciais. Ainda que o material de apoio seja menos abundante para usos não residenciais, várias fontes adequadas estão disponíveis para consulta (veja a seção "Leitura Recomendada" no final deste capítulo). Alguns dos espaços de apoio pequenos em ambientes não residenciais – como toaletes e copas – têm poucas diferenças em relação aos seus pares residenciais. As principais diferenças estão nos banheiros coletivos, cujo planejamento é significativamente mais complexo em relação aos banheiros residenciais, o que faz com que o arquiteto precise se dedicar para planejá-los de maneira hábil. Além das questões básicas de planejamento funcional, espaços livres confortáveis e rotas de circulação, é necessário considerar alguns outros itens ao planejar banheiros públicos:

1. *Privacidade visual*. Utilize divisórias ou vestíbulos para evitar a visão direta dos compartimentos de bacias sanitárias ou mictórios.
2. *Acessórios especiais*. Além dos aparelhos hidrossanitários convencionais, as divisórias para bacias sanitárias e outros acessórios (como os dispensadores de sabão e toalha e as lixeiras) devem ser planejados com cuidado, para o conforto do usuário.
3. Acessibilidade universal. A legislação federal e a maioria dos códigos de construção exigem que os banheiros públicos sejam projetados visando o conforto dos usuários portadores de deficiência, incluindo os cadeirantes.

Uma vez que os padrões de acessibilidade universal são fundamentais para o planejamento de banheiros públicos, o exercício que requer o planejamento de banheiros (Exercício 3–2) se segue à discussão e às ilustrações (veja página 66).

Além de banheiros relativamente padronizados, os espaços especializados e com dimensões mínimas em ambientes não residenciais variam dos mais comuns (salas de triagem de correspondência, câmaras escuras) aos mais peculiares (laboratórios científicos, salas para tratamento médico). Às vezes, os projetistas se especializam em um determinado tipo de edificação e não precisam da orientação de um especialista ou consultor terceirizado. Na maioria dos casos, porém, é comum procurar um consultor, seja de maneira formal (remunerada) ou informal (o representante de um fabricante). Os consultores costumam fornecer informações na

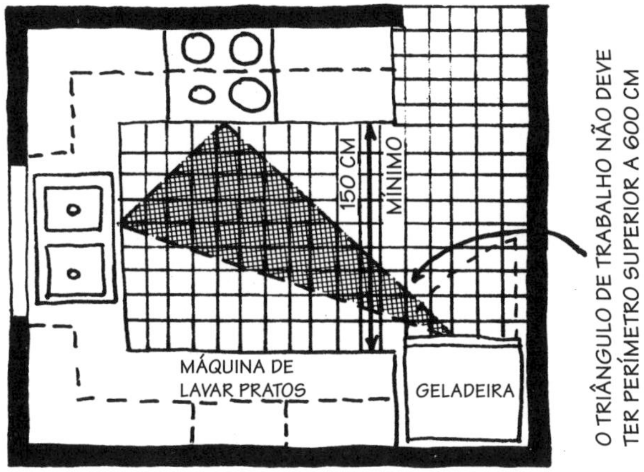

• COZINHA EM U, 270 X 330 CM

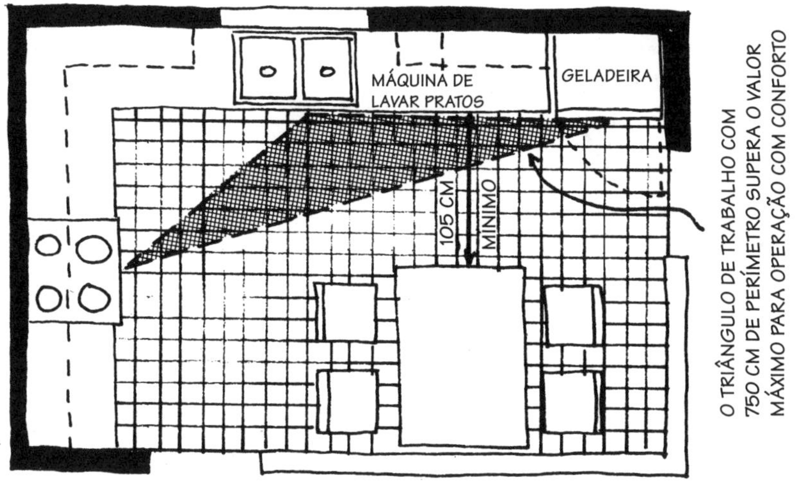

• COZINHA EM L COM COPA, 300 X 450 CM

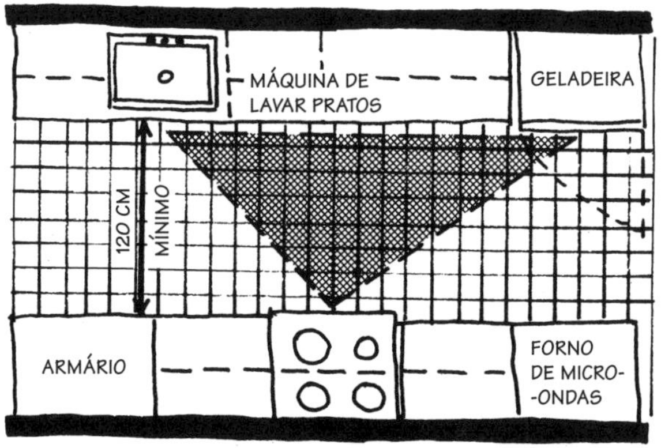

• COZINHA LINEAR, 240 X 400 CM

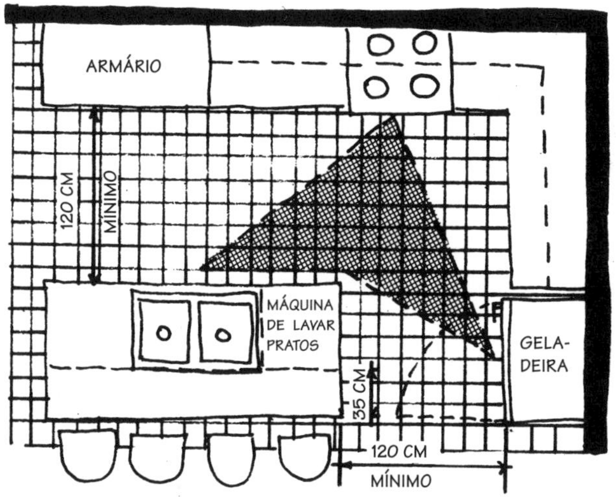

• COZINHA EM L COM ILHA E BALCÃO PARA REFEIÇÕES RÁPIDAS, 300 X 400 CM

FIGURA 3–1A PLANTAS BAIXAS DE COZINHAS RESIDENCIAIS.

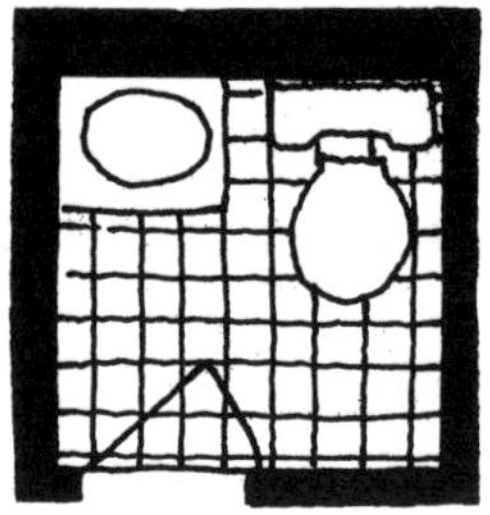

• TOALETE
140 X 140 CM (MÍN.)

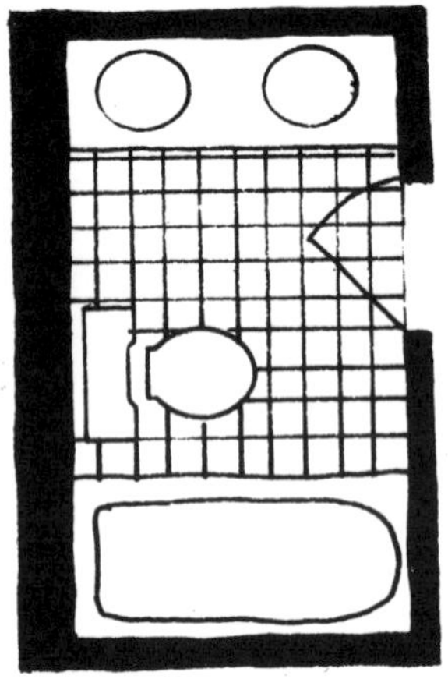

• BANHEIRO COMPLETO
150 X 270 CM (MÍN.)

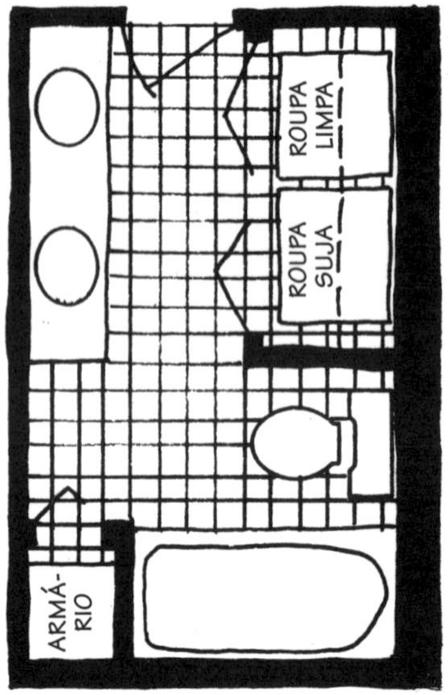

• BANHEIRO COMPLETO COM ARMÁRIO
PARA ROUPA LIMPA E SUJA
230 X 210 CM (MÍN.)

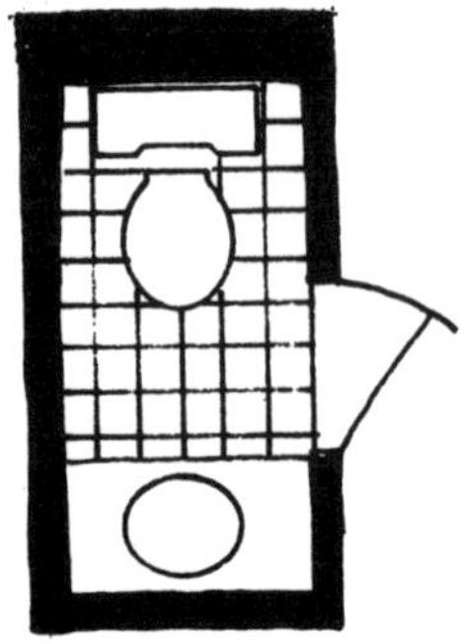

• TOALETE
90 X 200 CM (MÍN.)

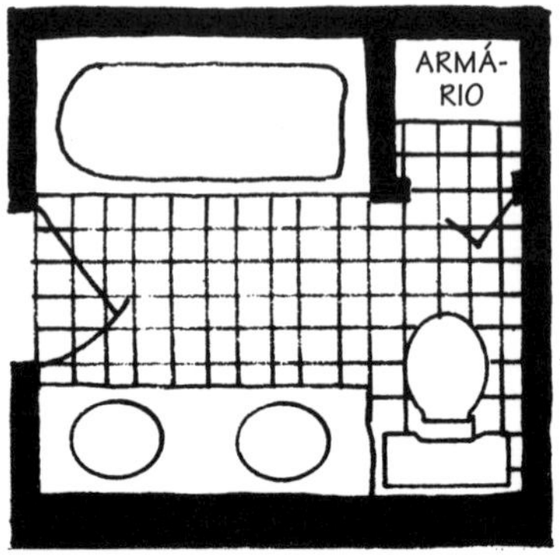

• BANHEIRO COMPLETO COM ARMÁRIO PARA
ROUPA DE BANHO 230 X 210 CM (MÍN.)

FIGURA 3–1B PLANTAS BAIXAS DE BANHEIROS RESIDENCIAIS.

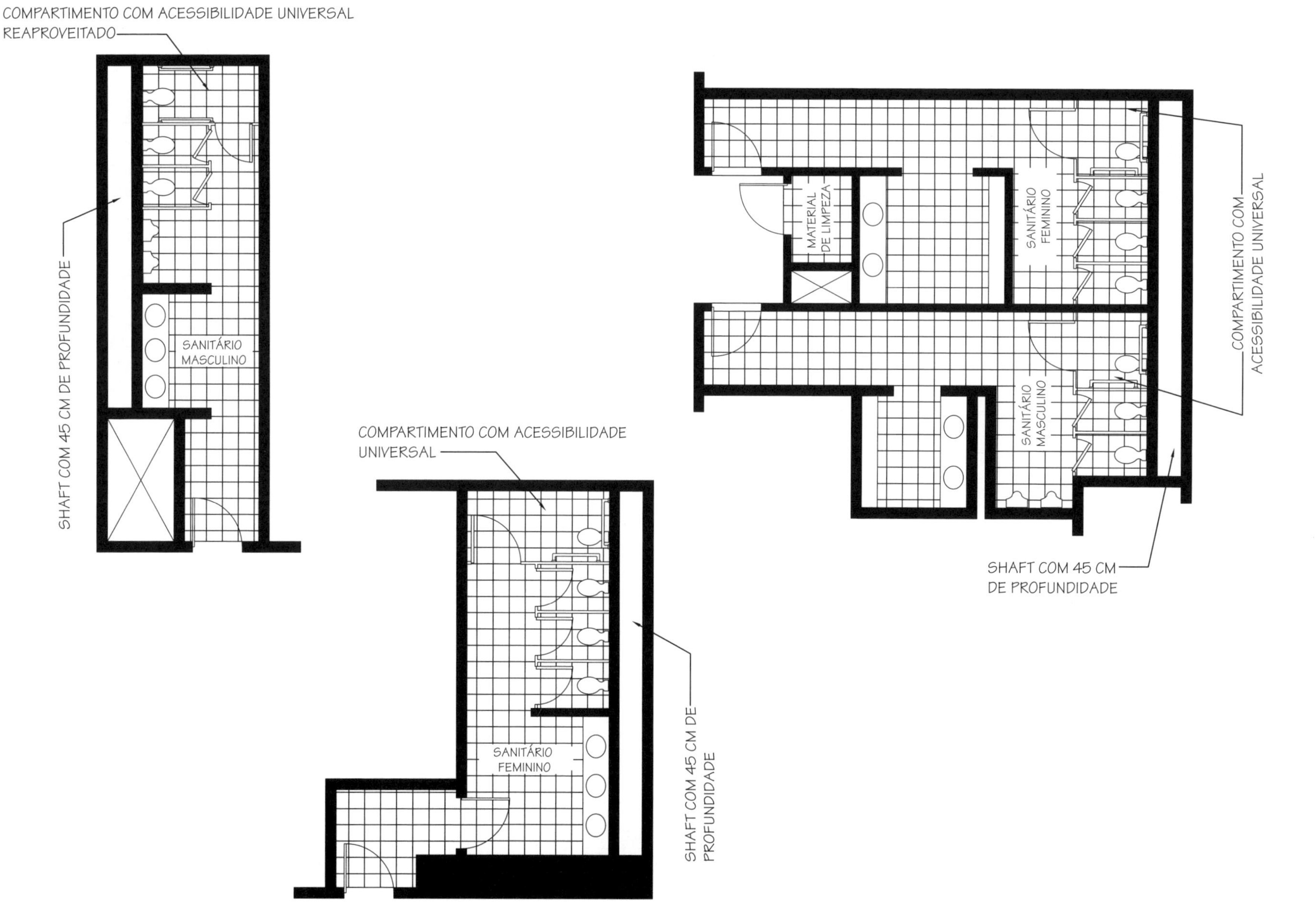

FIGURA 3–2 BANHEIROS PÚBLICOS.

forma de desenhos e dados publicados, além de orientações personalizadas, desde a fase de elaboração do programa de necessidades (áreas de piso necessárias, iluminação natural, etc.) até a conclusão detalhada das fases de projeto e documentação (tamanho e disposição dos instalação, especificações para a iluminação elétrica, etc.). A familiarização com os espaços pequenos convencionais simplifica o projeto de espaços especializados, mas é comum procurar consultores para equipamentos como cozinhas comerciais, salas de computadores centralizadas ou lavanderias comerciais. Apesar de não serem exaustivos, alguns exemplos de esboços de planta baixa mostram algumas semelhanças com a abordagem utilizada em banheiros mais típicos (Figura 3–3).

A ERGONOMIA

A ergonomia é um campo abrangente da pesquisa científica e pode ser aplicada de diferentes maneiras no planejamento e no projeto de arquitetura e de arquitetura de interiores. Muitas dessas aplicações não interessam às questões de planejamento de espaços internos, como o fator de conforto para especificar um misturador de lavatório ou os fatores de produtividade e conforto a fim de fazer o projeto de iluminação de uma sala ou edificação para informática. Por outro lado, muitas aplicações da ergonomia estão diretamente ligadas às questões de planejamento espacial no interior de edificações em geral, bem como em espaços pequenos e com dimensões mínimas. Os fatores com aplicação mais evidente são aqueles relacionados às dimensões dos seres humanos, que nos fornecem as informações necessárias para planejar os tamanhos e os espaços livres. Ainda que grande parte da pesquisa em ergonomia esteja relacionada à população adulta como um todo, algumas pesquisas se concentram em populações específicas, como crianças e idosos.

Para saber quando determinados dados exigem aplicação e onde encontrar as informações necessárias, os arquitetos devem levar em conta a ergonomia e precisam conhecê-la. Essas aplicações são vistas com mais frequência em espaços pequenos e com dimensões mínimas, devido ao seu planejamento razoavelmente econômico e contido. Todavia, é possível aplicar a ergonomia na maioria dos espaços internos, desde a distribuição de elementos arquitetônicos, como paredes internas e portas, até a locação de móveis e equipamentos convencionais.

Algumas das questões envolvidas nessa área dependem apenas do bom senso – evitar o uso de quinas de balcão projetadas e pontiagudas em banheiros residenciais ou públicos com espaços reduzidos ou evitar a colocação de uma papeleira fora do alcance com conforto. Outras questões, por sua vez, exigem uma coleta extensiva de dados de ergonomia, como o planejamento de uma creche ou de uma ala para pacientes em um ambiente hospitalar. Uma postura aberta às questões de ergonomia sensibiliza o projetista para a importância da pesquisa, e também o ensina a buscar informações em outros locais. A necessidade de tais dados vai muito além do planejamento espacial; todos os profissionais que atuam na área deveriam ter conhecimentos básicos sobre o assunto. A seção "Leitura Recomendada", no final deste capítulo, sugere livros que introduzem o assunto, além de fontes de consulta de dados.

OS PADRÕES DE PROJETO COM ACESSIBILIDADE UNIVERSAL

Cada vez mais, o projetista de espaços precisa atender às necessidades de indivíduos com dificuldades físicas, desde os menores problemas (estágios iniciais do envelhecimento) até os mais sérios (o uso de cadeira de rodas). Isso pode ser abordado a partir de diferentes pontos de vista: (1) filosófico, em termos de atender a necessidades humanas e sociais; (2) legal, consultando as exigências impostas pelos códigos e que devem ser cumpridas; e (3) pragmático, já que os conceitos de acessibilidade universal devem ser vistos como uma maneira de se planejar espaços internos mais confortáveis para os usuários. Nesse caso, o objetivo não consiste apenas em tratar dos aspectos conceituais ou filosóficos dos projetos com acessibilidade universal, mas de apresentá-los como elementos fundamentais do projeto de arquitetura. Há uma grande variedade de fontes de consulta disponíveis, conforme indicam as leituras recomendadas no final deste capítulo. Por essa razão, os padrões de projeto apresentados neste texto são limitados em termos de número e escopo, tratando somente dos aspectos do projeto com acessibilidade universal que influenciam o projeto de arquitetura de maneira prática e repetitiva. Em termos de ilustração gráfica, vários livros recomendados como leituras suplementares apresentam os padrões de acessibilidade universal de modo razoavelmente completo. No entanto, os arquitetos precisam estar cientes de que as normas e a fiscalização referentes às necessidades dos portadores de deficiência ficam cada vez mais rígidas; o impacto da Lei para os Norte-Americanos Portadores de Deficiências (Americans with Disabilities Act – ADA) ainda será sentido por muitos anos. Essas normas mais rígidas passarão a se aplicar a todas as categorias de deficiência, incluindo aquelas relacionadas à visão, à audição, aos movimentos físicos e à acessibilidade. Tal conhecimento e sua aplicação serão cobrados dos arquitetos.

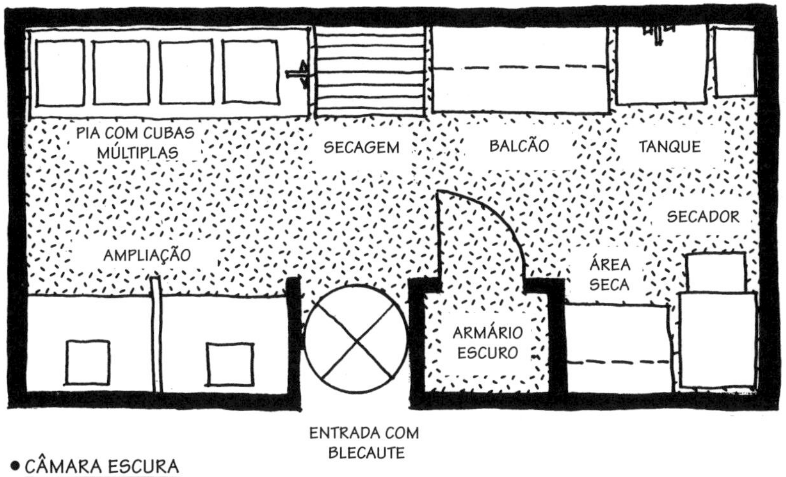

• CÂMARA ESCURA

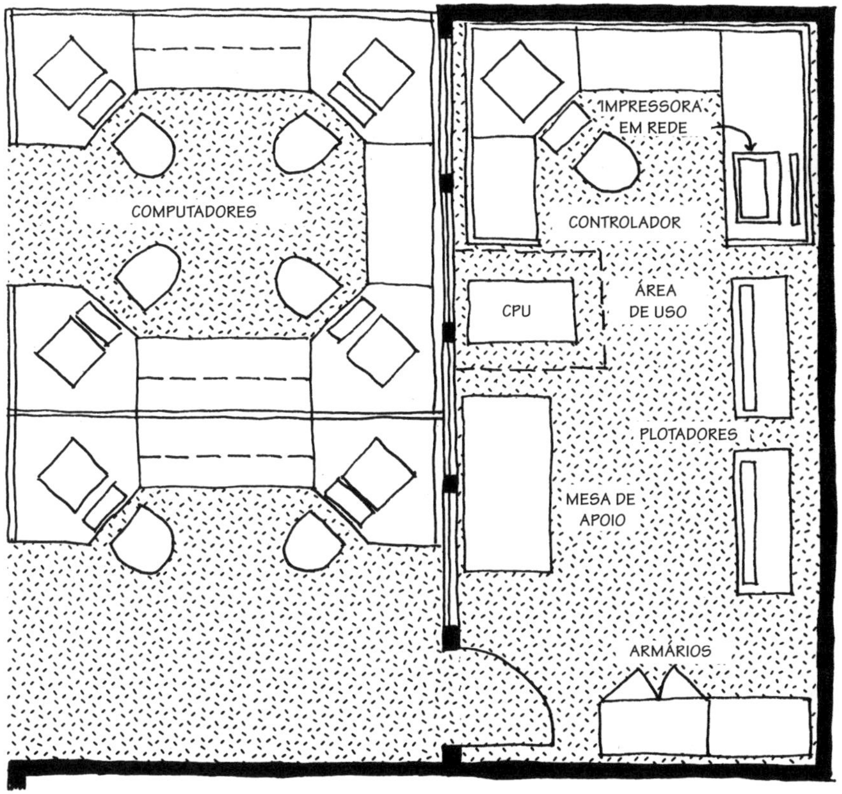

• SALA DE CONTROLE COM PLOTADORES E ESTAÇÕES DE COMPUTADORES

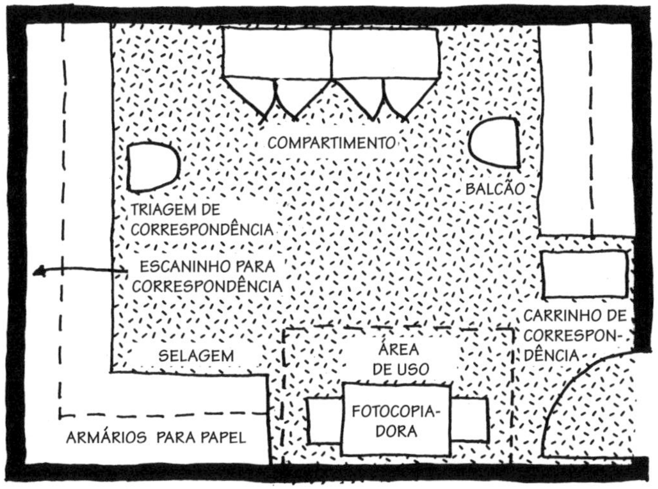

• CORRESPONDÊNCIA E COPIADORA

FIGURA 3–3 PLANTAS BAIXAS DE ESPAÇOS COM EQUIPAMENTOS ESPECIAIS.

Embora as exigências da acessibilidade universal influenciem muitos aspectos do projeto de interiores, quatro grandes áreas exercem um impacto específico sobre o processo de planejamento:

1. A circulação e os pontos de saída
2. Os lavabos e banheiros
3. As cozinhas residenciais
4. O projeto e a distribuição do mobiliário

Ainda que todos os aspectos sejam importantes em projetos para pessoas com deficiências físicas, a questão dimensional mais significativa, em termos de projeto de interiores, está associada à movimentação com cadeiras de rodas. É extremamente importante se colocar na posição de um cadeirante que precisa se locomover e utilizar os espaços criados, desde as principais rotas de circulação e pontos de saída, além de entrar em compartimentos e espaços e se movimentar entre o mobiliário e as divisórias. Quando sente na pele os problemas que possivelmente serão enfrentados por portadores de deficiência, o projetista tem melhores condições de projetar espaços internos que satisfarão a todos os usuários.

A circulação e os pontos de saída

Os corredores e os vestíbulos

- A manobra de uma cadeira de rodas em 360° exige um espaço com diâmetro de 150 cm, conforme ocorre na situação de final de corredor mostrada na Figura 3–4A.

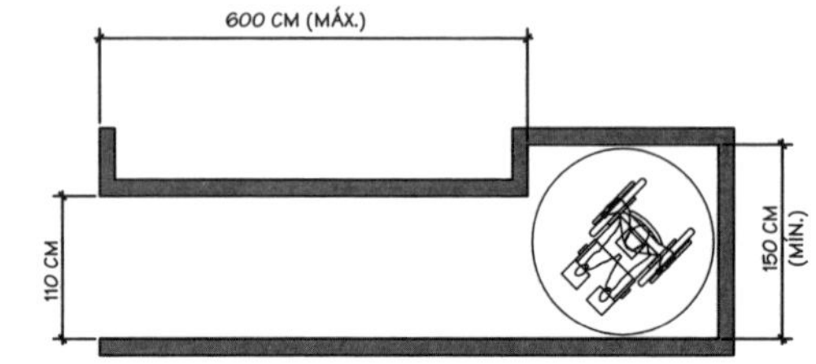

FIGURA 3–4A

- Corredores retos devem ter, no mínimo, 110 cm de largura para que uma cadeira de rodas seja utilizada de maneira confortável, embora essa dimensão não permita a passagem de uma pessoa que esteja caminhando ao lado do veículo. Corredores duplos precisam ter, no mínimo, 150 cm de largura. Veja a Figura 3–4B.

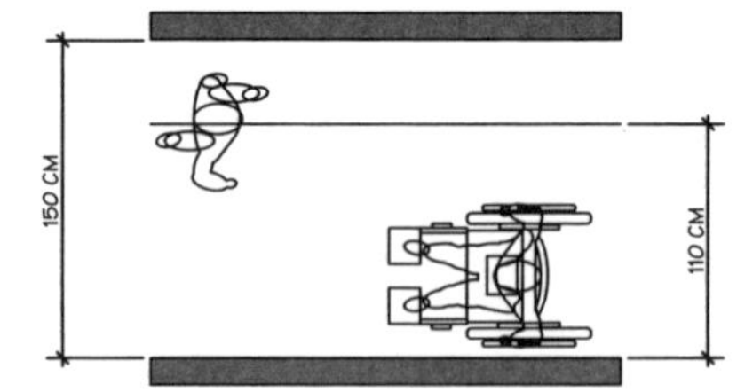

FIGURA 3–4B

- Uma manobra em ângulo reto exige um raio de 110 cm para a utilização confortável de uma cadeira de rodas. Veja a Figura 3–4C.

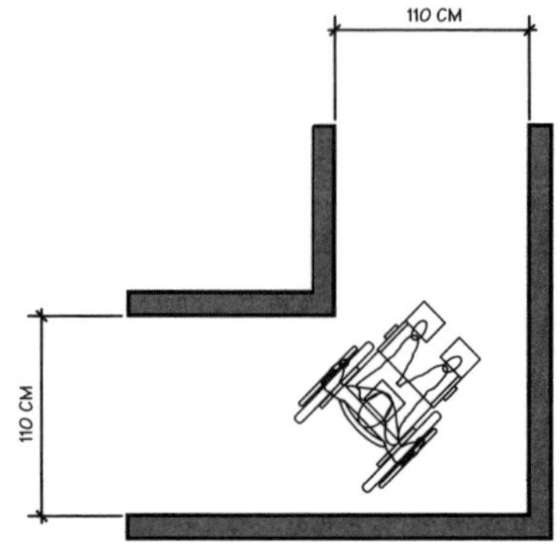

FIGURA 3–4C

- Uma passagem estreita exige uma largura livre mínima de 90 cm para a utilização confortável de uma cadeira de rodas. Veja a Figura 3–4D.

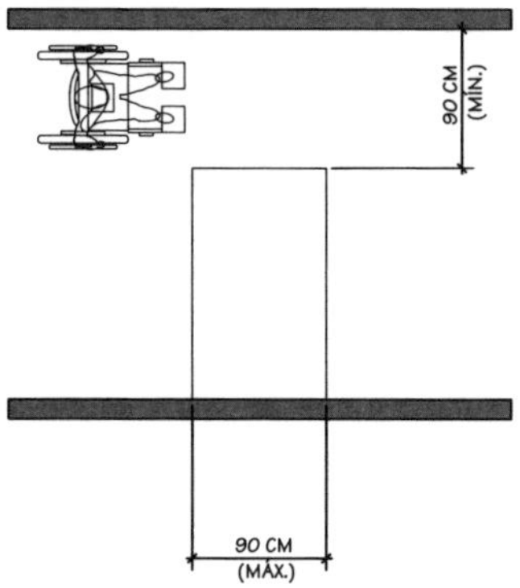

FIGURA 3–4D

As rampas

- A inclinação máxima de uma rampa é 1:12, ou, em termos percentuais, de 8%. O comprimento máximo de uma rampa contínua é de nove metros; quando ultrapassam essa medida, as rampas devem ter uma área de repouso plana de, no mínimo, 1,5 metro de comprimento. Todas as rampas devem ser dotadas de corrimãos. Veja a Figura 3–4E.

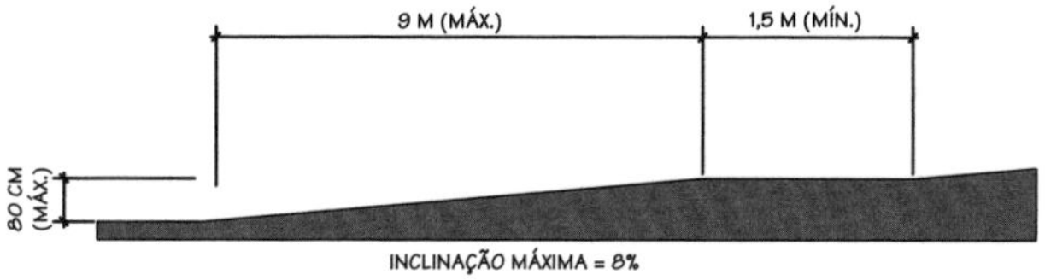

FIGURA 3–4E

As portas

- A largura mínima da luz da porta é de 80 cm, mas 90 cm é considerada ideal. Observe que a porta padrão com folha de 80 cm possibilita uma abertura de apenas 77,5 cm devido às projeções dos batentes de ½ polegada em ambas as ombreiras. Uma vez que portas com folha de 85 cm não são de um tamanho padrão, portas de 90 cm costumam ser usadas sempre que o acesso para cadeiras de rodas é necessário. Observe, também, que cadeirantes têm dificuldades para lidar com portas de correr. Veja a Figura 3–4F.

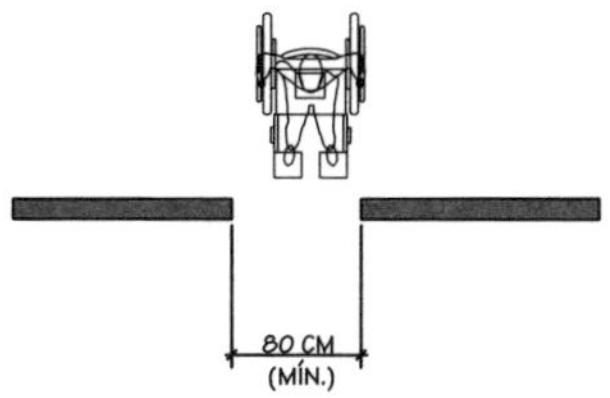

FIGURA 3–4F

- No lado de abertura de uma porta, é preciso manter uma distância mínima de 45 cm entre a ombreira mais próxima da maçaneta da porta e a parede transversal ou qualquer outra obstrução que possa impedir o acesso da cadeira de rodas. No lado para o qual se abre a folha da porta, é preciso manter uma distância mínima de 30 cm. Veja a Figura 3–4G.

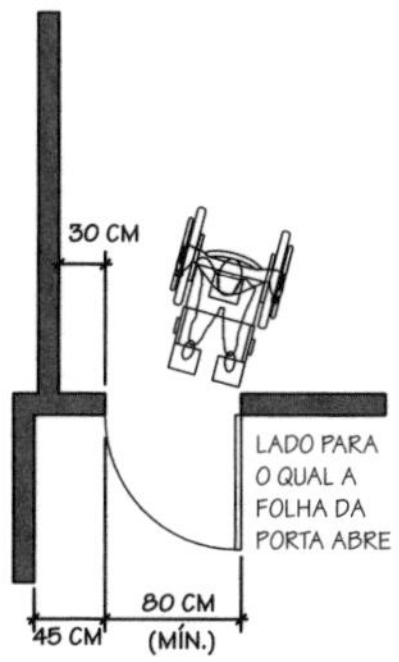

FIGURA 3–4G

As escadas

- Os códigos de edificações controlam todos os detalhes do projeto de escadas, desde a largura e as proporções dos degraus até os bocéis e corrimãos. Evidentemente, a operação de cadeiras de rodas não interfere no projeto de escadas, mas as exigências da ADA determinam alguns detalhes do processo, principalmente quando se trata das dimensões e do desenho dos corrimãos. Ainda que os arquitetos devam saber aplicá-las, as regras da ADA não influenciam o planejamento de espaços nem os detalhes dimensionais do planejamento de interiores. Veja a Figura 3–4H.

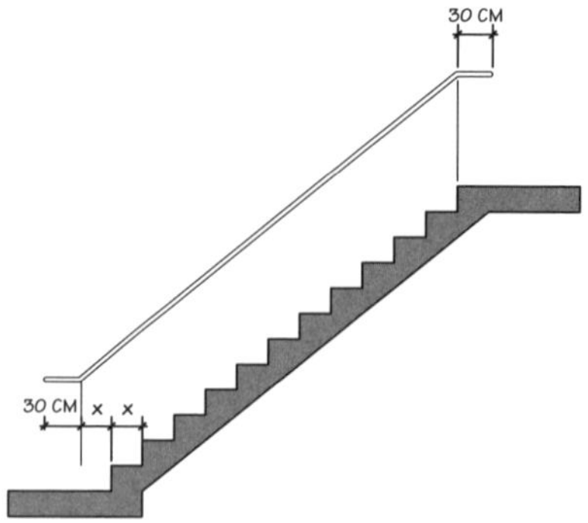

FIGURA 3–4H

Os toaletes e os compartimentos para bacias sanitárias

- Para que um cadeirante tenha acesso à bacia sanitária, devem-se instalar duas barras de apoio horizontais com as dimensões e posições indicadas nas Figuras 3–5A e 3–5B.

- O acesso de cadeiras de rodas aos compartimentos para bacias sanitárias exige um espaço com 150 cm de largura e 150 cm de profundidade, além de uma porta de acesso com abertura de 90 cm colocada em posição diagonalmente oposta à bacia sanitária e abrindo para fora do compartimento, conforme ilustrada na Figura 3–5A. Observe que o cadeirante é obrigado a entrar ou a sair em marcha-ré porque não há espaço suficiente para que o veículo faça um giro de 180° dentro do compartimento.

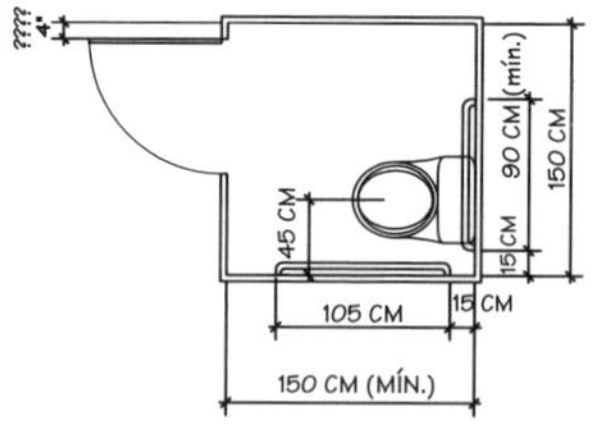

FIGURA 3–5A

- A porta pode abrir para dentro se o compartimento tiver 210 cm de profundidade, conforme mostrado na Figura 3–5B. Essa configuração permite que a cadeira de rodas seja manobrada dentro do compartimento. Observe que a bacia sanitária é fixa na parede (suspensa), permitindo que o apoio para os pés entre embaixo dela; os detalhes da bacia sanitária e a posição da barra de apoio são os mesmos para o compartimento quadrado com 150 cm de lado (Figura 3–5A).

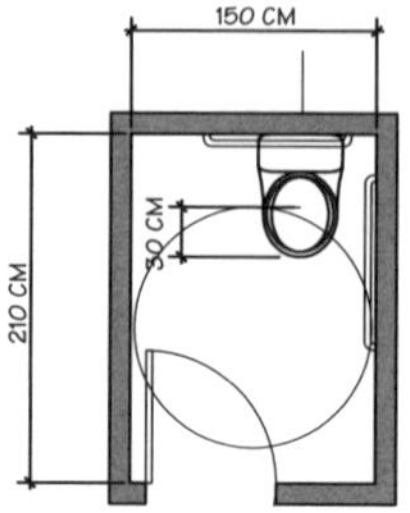

FIGURA 3–5B

- A posição da barra de apoio, mostrada nas Figuras 3–5A e 3–5B, permite que o cadeirante se desloque de lado da cadeira de rodas para a bacia sanitária; trata-se da posição mais adequada para a barra de apoio. Em reformas, sempre que for particularmente difícil fornecer um compartimento quadrado com 150 cm de lado, as normas da ADA autorizam o uso de compartimentos com 105 cm de largura e 180 cm de profundidade, além de uma porta de 90 cm com abertura para fora; a bacia sanitária deve ser colocada no centro da parede oposta (de trás), com corrimãos instalados em ambas as paredes laterais. Essa configuração não é recomendada para compartimentos com acessibilidade universal, já que muitos cadeirantes não conseguem girar o corpo de forma a se erguer da cadeira de rodas, e precisam se sentar no toalete de costas para a porta.

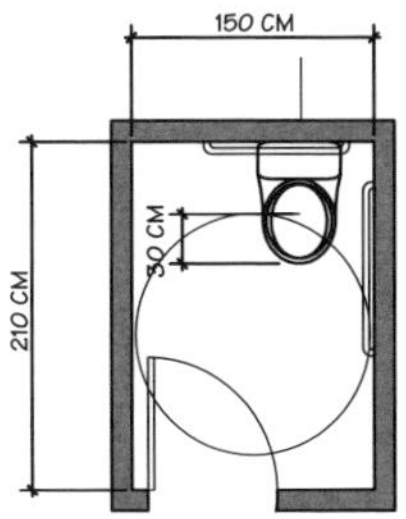

PREFERÍVEL

- O acesso da cadeira de rodas ao lavatório exige que o centro do aparelho esteja afastado da parede lateral em, no mínimo, 45 cm, sendo que a instalação deve ser vertical a fim de que os apoios para os braços possam se encaixar sob a parte da frente; a altura dos apoios é de 75 cm. Além disso, os tubos de água quente precisam ter isolamento térmico para evitar possíveis queimaduras nas pernas que possam ser causadas pelo contato com tubos extremamente quentes sob o lavatório. Vários fabricantes de aparelhos hidrossanitários produzem lavatórios projetados especificamente para fins de acessibilidade universal, conforme mostrado na Figura 3–5C. Lavatórios instalados sobre balcões permitem o acesso de cadeiras de rodas desde que as condições necessárias para acesso lateral e vertical sejam respeitadas. Além do acesso para cadeirantes, a ADA exige que os misturadores sejam do tipo alavanca, devido aos indivíduos que têm dificuldades para lidar com misturadores do tipo botão (redondos).

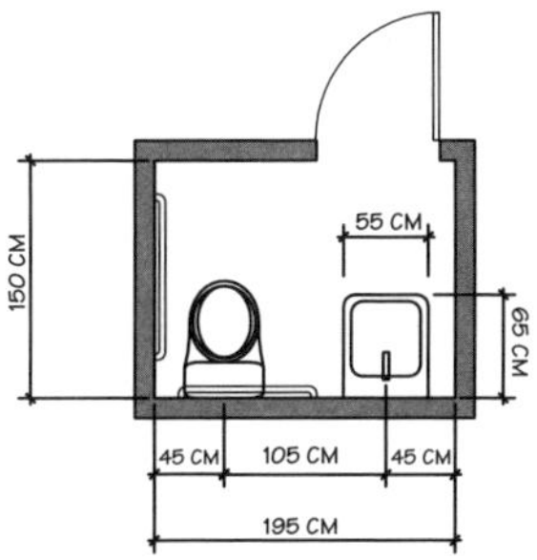

ACEITÁVEL

FIGURA 3-5C

- Sempre que a bacia sanitária e o lavatório são colocados lado a lado, o último deve ocupar uma posição que não atrapalhe o acesso da cadeira de rodas. Quando se usa um lavatório projetado para o acesso de cadeiras de rodas, a dimensão mínima entre as linhas centrais dos dois aparelhos é de 105 cm. Quando o lavatório é colocado em um compartimento com acesso para cadeira de rodas, esse deve ter, no mínimo, 195 cm de largura, conforme indicado na Figura 3–5C.

- A Figura 3–5D mostra uma planta baixa de um banheiro feminino típico com seis aparelhos hidrossanitários e oferece um exemplo de apoio para os pés que pode entrar sob a área embaixo do balcão do lavatório. Essa previsão de até 30 cm do raio de giro de 150 cm de diâmetro da cadeira de rodas pode ser usada abaixo de qualquer aparelho suspenso na parede, como bacias sanitárias ou mictórios, e também para lavatórios convencionais suspensos na parede.

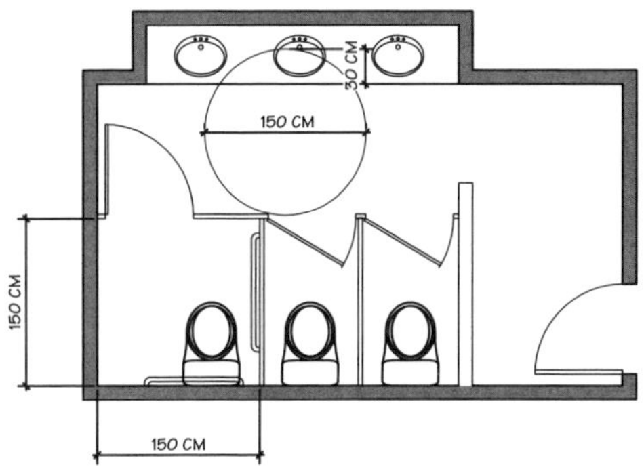

FIGURA 3–5D

- Os banheiros de habitações e de hotéis exigem equipamentos de banho e/ou ducha além dos lavatórios e das bacias sanitárias usuais. As dimensões e o posicionamento de bacias sanitárias e lavatórios, descritos (e ilustrados) anteriormente, se aplicam a ambientes residenciais e não residenciais. Quando há três ou quatro aparelhos hidrossanitários grandes (além da possível adição de um armário para objetos ou roupa de banho), não existem leiautes fixos ou padronizados (como ocorre no compartimento para bacias sanitárias) para banheiros completos. Observe que o uso de banheiras costuma ser inviável para alguns cadeirantes, o que talvez exija um boxe de banheiro móvel para acesso fácil e sem o auxílio de outra pessoa. Deve haver um espaço de manobra adequado a fim de que a cadeira de rodas tenha acesso à banheira ou ao boxe. A planta baixa mostrada na Figura 3–5E é uma das várias soluções viáveis para banheiros de habitações ou hotéis com acessibilidade universal. Ele tem aproximadamente 7 m^2, o que deve ser considerado a área mínima razoável para banheiros com quatro aparelhos hidrossanitários.

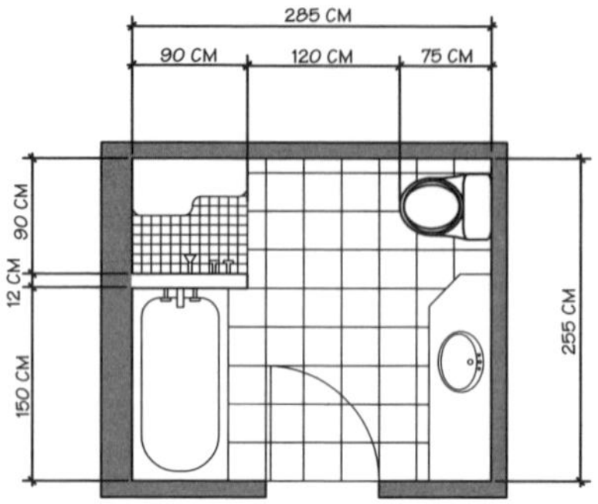

FIGURA 3–5E

As cozinhas residenciais

- As cozinhas residenciais para usuários de cadeiras de rodas variam em tamanho e configuração exatamente como as demais cozinhas residenciais, variando de 5 ou 6 m^2 até cozinhas luxuosas de 20 ou 30 m^2. Elas também variam em termos de equipamento e estilo conforme o tipo de culinária, o interesse do usuário na preparação de alimentos e a importância da cozinha na vida familiar ou social. O projeto de cozinhas para moradores cadeirantes deve se preocupar principalmente com o fornecimento de espaço suficiente para se manobrar o veículo. Uma vez que costumam ser projetadas com espaços livres mínimos e visando a proximidade eficaz do "triângulo do trabalho" (veja a página 55), as cozinhas convencionais geralmente são inadequadas para cadeirantes. A Figura 3–5F mostra a planta baixa de uma cozinha de tamanho modesto e com acessibilidade universal, e é uma dentre as variações quase infinitas que podem ser usadas por cadeirantes. Do ponto de vista da planta baixa, ela se distingue de uma cozinha sem acessibilidade universal devido à largura mínima (150 cm) do corredor central. São os ajustes nos detalhes do balcão e na altura das prateleiras, nas superfícies de trabalho retráteis, nos armários e no espaço para os joelhos sob os balcões que fazem toda a diferença para os usuários. Além das questões de planejamento espacial, é preciso muita pesquisa para projetar uma cozinha que realmente tenha acessibilidade universal.

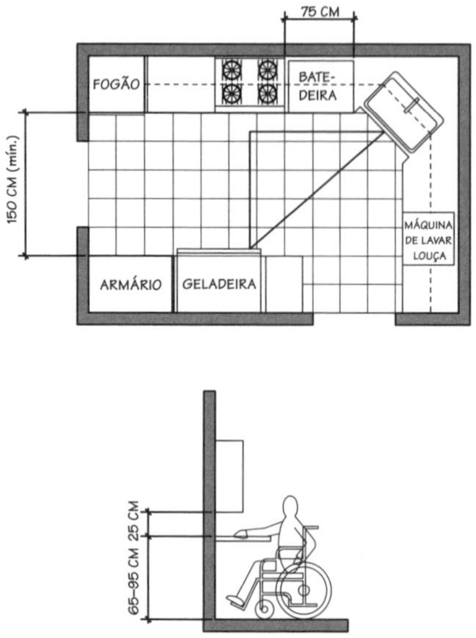

FIGURA 3–5F

O projeto e a distribuição do mobiliário

Não é difícil imaginar o número praticamente infinito de obstáculos que os cadeirantes e indivíduos portadores de outras deficiências físicas têm de enfrentar quase que diariamente quando precisam se locomover em espaços internos com móveis usuais.

Encontrar o lugar adequado em uma mesa de reunião ou de restaurante ou participar de uma conversa em uma sala de estar ou de espera costuma ser problemático e, às vezes, impossível. Há várias situações comuns dessa natureza. O projetista é responsável por conhecer e planejar as exigências de dimensões e configurações que possibilitam o uso confortável por portadores de deficiências físicas. Os exemplos citados aqui – uma sala de reunião e uma sala de estar ou espera – são duas dentre as várias situações típicas de planejamento recorrentes na prática de projeto.

- A sala de reunião ilustrada na Figura 3–5G tem um espaço para passagem maior do que a média em sua extremidade e na lateral adjacente à entrada. O corredor de 150 cm de largura permite que o cadeirante chegue facilmente à mesa sem incomodar os demais; além disso, os usuários de cadeiras de rodas têm acesso ao balcão de apoio na entrada do compartimento.

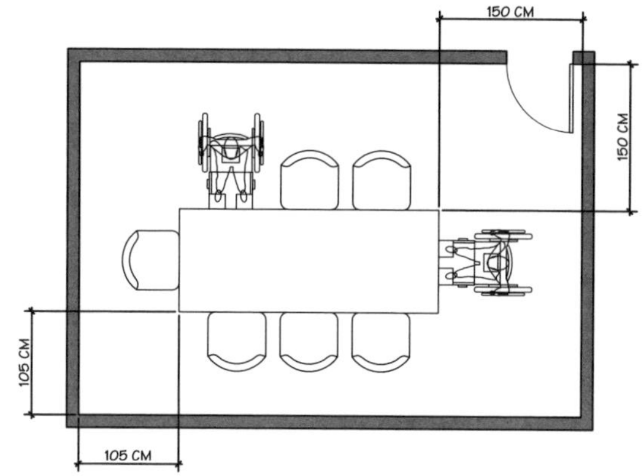

FIGURA 3–5G

- A Figura 3–5H mostra uma sala de estar ou espera com acesso livre para que o cadeirante se una confortavelmente à conversa; além disso, ele pode entrar e sair do local sem incomodar os demais. Ao contrário da sala de reunião descrita, não há corredores com dimensões específicas, mas o planejamento do mobiliário deve deixar um espaço suficiente a fim de que a cadeira de rodas se integre ao ambiente e possa ser girada e manobrada.

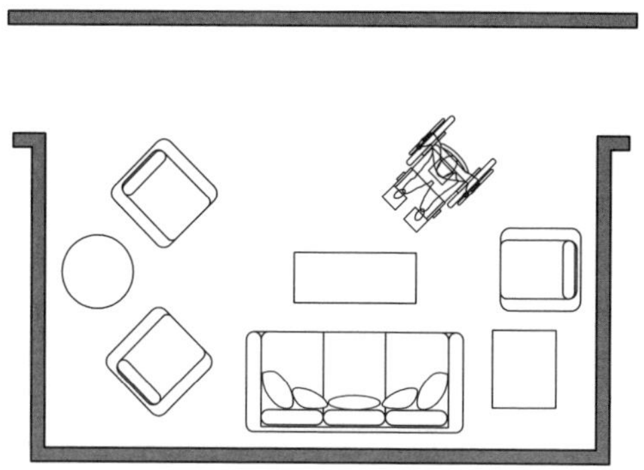

FIGURA 3–5H

EXERCÍCIO 3–2

Para adquirir uma proficiência razoável no planejamento de banheiros públicos, é necessário praticar com uma ampla variedade de possibilidades, desde espaços pequenos e simples, como um lavabo com dois aparelhos hidrossanitários e sem divisórias, até equipamentos maiores e mais complexos para usuários dos sexos masculino e feminino, impondo, também, critérios específicos (para prédios de escritórios, teatros, restaurantes, etc.). Por incorporar exigências específicas de planejamento – como restaurantes para 160 pessoas ou teatros para 550 pessoas – este exercício também permite a prática referente ao uso do código de edificações para determinar o número de aparelhos hidrossanitários necessário para o equipamento em questão. Antes de dar início ao exercício, estude os exemplos mostrados na Figura 3–2, além dos exemplos disponíveis nos livros de consulta sugeridos na seção "Leitura Recomendada" deste capítulo, e preste muita atenção aos padrões de acessibilidade universal. Para cada estudo de projeto, inclua um croqui perspectivo que forneça uma imagem gráfica das propriedades do projeto. Para desenhar no papel, o ideal é, da perspectiva do aprendizado, fazer este exercício na escala de 1:50, o que possibilita uma melhor visualização das questões dimensionais.

A REALIDADE TRIDIMENSIONAL

Desde o início, este texto esteve focado na elaboração de soluções em planta baixa, e continuará assim até o final. As plantas baixas de qualidade sempre resultam em interiores bem projetados? É claro que não. Ainda assim, o projetista costuma se dedicar intensamente ao processo de planejamento do espaço e ao quebra-cabeça dimensional, deixando as propriedades tridimensionais resultantes do espaço para depois.

Conforme mencionado no Capítulo 2, é interessante fazer observações referentes às ideias tridimensionais ou espaciais durante o desenvolvimento dos organogramas. Contudo, a maioria dos arquitetos acredita que, durante a elaboração dos organogramas, ainda é muito cedo para fazer croquis – perspectivas isométricas, perspectivas com pontos de fuga, cortes ou elevações – e desenvolver ideias tridimensionais. Este capítulo, porém, tratou de plantas baixas com leiautes específicos, definindo uma realidade arquitetônica proposta; além disso, sempre que um leiaute de planta baixa surge durante qualquer etapa do processo projetual, um croqui perspectivo é útil, ainda que seja preliminar ou um tanto grosseiro.

Não é o caso de discutir se uma planta baixa extremamente funcional é mais importante do que um espaço visualmente satisfatório, já que ambos os fatores são importantes para um bom ambiente interno. À medida que surgem em sua prancheta ou monitor, as plantas baixas preliminares devem ser acompanhadas por elevações, cortes, perspectivas com pontos de fuga e/ou isométricas, que talvez se assemelhem àquelas da Figura 3–6. Uma das principais vantagens do CAD é a facilidade de produzir várias visualizações tridimensionais. Mesmo quando o projetista tem uma ótima imagem mental do espaço após desenhá-lo na planta baixa, muito mais será visto e aprendido sobre ele ao visualizá-lo em três dimensões. O encontro entre planos e as inter-relações visuais que surgem nas visualizações tridimensionais consolidam a imagem mental e permitem uma melhor definição do conceito espacial.

Leitura recomendada

2*, 4*, 7*, 9*, 13*, 15*, 16*, 19*, 20*, 21*, 23*, 24*, 26*

As obras seguidas de asteriscos fazem parte da leitura recomendada em outros capítulos.

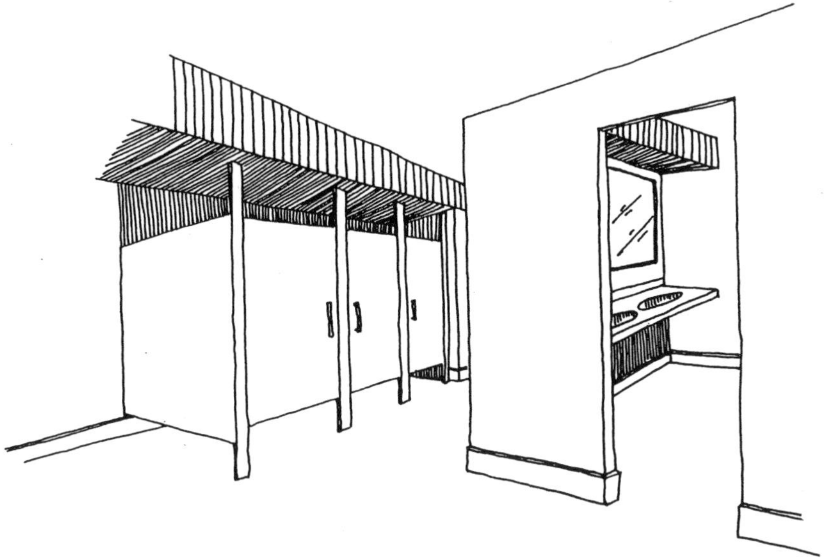

PERSPECTIVA DOS BANHEIROS

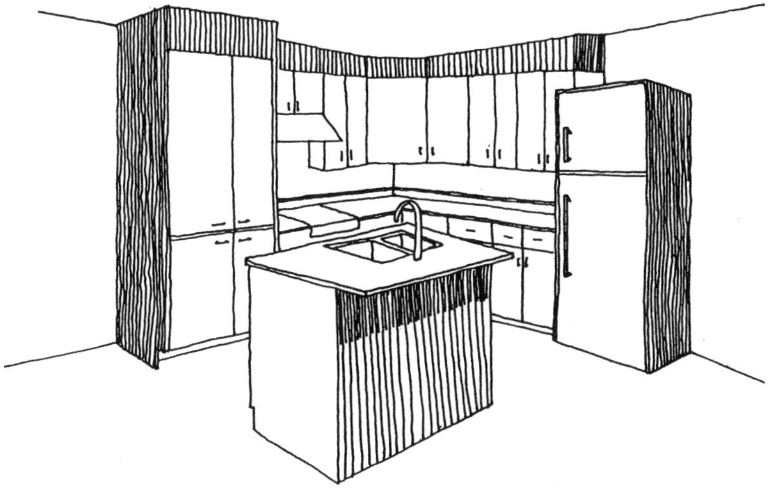

PERSPECTIVA DA COZINHA

FIGURA 3–6 CROQUIS.

Capítulo 4 A VEDAÇÃO EXTERNA E AS PRINCIPAIS INSTALAÇÕES PREDIAIS

Os conhecimentos que um projetista experiente traz para o projeto de arquitetura são incrivelmente amplos e profundos. Trata-se de um conhecimento que raramente é obtido em sala de aula; na verdade, ele é construído por meio da experiência adquirida, ao longo de muito tempo, em projetos numerosos e variados. Os livros-texto e os processos em sala de aula são incapazes de simular a experiência de aprendizado que resulta de esforços repetitivos em termos de pesquisa e também das complexidades e peculiaridades das situações reais. No decorrer de qualquer projeto, o projetista pode buscar a ajuda de consultores e/ou pesquisar informações e técnicas de aplicação relacionadas a códigos de edificações, acústica, iluminação, instalações mecânicas e elétricas, normas de preservação histórica, considerações estruturais ou técnicas de construção interna, além de muitos outros fatores.

Este capítulo e o Capítulo 5 foram elaborados para oferecer uma ideia geral de todas as áreas do planejamento e da base de projeto essenciais para o processo de planejamento espacial. Em cada panorama, fornecemos uma indicação do nível ou da profundidade de conhecimento necessário para a área em questão. Além disso, leituras complementares voltadas ao desenvolvimento de tal conhecimento são sugeridas ao final do capítulo. Todas as áreas discutidas são complexas e merecem um curso próprio, mas o conhecimento mais aprofundado ultrapassa o escopo deste livro; permaneceremos focados no planejamento espacial.

É preciso fazer um comentário generalizado sobre o emprego de consultores na maioria das áreas discutidas nos Capítulos 4 e 5. Em geral, os arquitetos consultam engenheiros e outros especialistas com frequência durante o processo de planejamento e projeto, pois o universo dos projetos de arquitetura é demasiadamente complexo para ser dominado por um único profissional. Em resumo, uma das facetas mais importantes da prática profissional consiste em saber quando e como utilizar os consultores. As questões discutidas no Capítulo 4 dizem respeito a engenheiros mecânicos e de estruturas; no Capítulo 5, por sua vez, os consultores adequados seriam arquitetos de iluminação, especialistas em códigos de edificações, especialistas em acústica, e representantes de indústrias de móveis e equipamentos. O importante é que o projetista não fique intimidado devido à vastidão e à profundidade das informações que lhe são exigidas; ele deve saber que ninguém tem todas as respostas e que é sempre bom buscar o auxílio de consultores especializados. Para manter-se em contato com os consultores, o projetista deve ter conhecimentos suficientes a fim de discutir as questões de projeto de maneira inteligente e transmitir aos consultores o que espera de seu trabalho. Grande parte do processo de aprendizado acontece com a prática durante os primeiros anos de experiência profissional.

A VEDAÇÃO EXTERNA

Além de atender às necessidades dos usuários, o que mais influencia o processo de planejamento e projeto são as qualidades intrínsecas da vedação externa que abriga todas as funções. É extremamente importante que os projetistas e arquitetos de interiores desenvolvam o conhecimento aprofundado (e uma sensibilidade) das propriedades básicas das edificações. Os sistemas estruturais, os materiais de construção, os tipos de fenestração, o formato e a configuração da edificação, o projeto de arquitetura e o detalhamento influenciam as decisões de planejamento de espaços. O conhecimento desses aspectos das edificações, e a sensibilidade a eles, geralmente começa com as disciplinas da faculdade. A seção "Leitura Recomendada", no final deste capítulo, foi compilada visando ao desenvolvimento de tal conhecimento. O entendimento e a sofisticação adicionais são adquiridos observando-se edificações de maneira constante e cuidadosa. E, com o passar do tempo, a experiência variada e repetitiva no planejamento de espaços e no projeto de interiores gera uma compreensão ampla e profunda da área.

O fato de se planejar dentro de edificações com estrutura de madeira, alvenaria portante ou sistemas arquitravados determina o grau de liberdade associado à manipulação do espaço interno; as paredes internas portantes, principalmente quando feitas em alvenaria, são empecilhos para a criação de plantas baixas que funcionem bem. Os materiais estruturais básicos da edificação preexistente (madeira, alvenaria, aço ou concreto) influenciam a criação de aberturas nos pisos e paredes, o que também afeta sua viabilidade em relação à nova função prevista. O comprimento dos vãos estruturais (tamanhos dos módulos) da edificação, que geralmente está associado à idade do prédio (em geral, quanto mais recente a tecnologia estrutural, maior o vão), determina o grau de flexibilidade e abertura que pode ser criado; é evidente que vãos pequenos restringem o leiaute de paredes e móveis e limitam as rotas de circulação. Uma combinação dos fatores relacionados ao sistema estrutural e aos materiais ditará se, onde e como novas aberturas para portas e janelas podem ser criadas nas paredes internas e externas. A simplicidade ou complexidade relativa do formato ou da configuração da edificação afetará sua viabilidade para um conjunto determinado de exigências de projeto; paredes externas com configurações complexas, além de caixas de escada e poços de elevador em posições incômodas, podem tornar um prédio inadequado para usos específicos. Todas essas questões costumam exigir a consultoria de arquitetos e engenheiros de estruturas, mas o projetista deve ter conhecimentos básicos para discuti-las de maneira inteligente com os referidos consultores e, eventualmente, tomar decisões sábias em termos de planejamento espacial. As Figuras 4–1A e 4–1B mostram alguns aspectos básicos da influência que a vedação externa exerce sobre o planejamento de espaços.

Além das questões de estrutura e vedação, há outras mais sutis – mas igualmente importantes – que se referem à história e ao projeto da edificação. Os prédios com grande significado histórico fazem parte de uma categoria específica na qual as decisões de planejamento dos espaços internos são dominadas pela arquitetura; isso se aplica sempre que a significação histórica é de origem arquitetônica, política ou social. No entanto, todas as edificações têm uma relação própria com a história, uma vez que são expressões de determinados períodos, o que requer muita sensibilidade durante o replanejamento. O projetista deve conhecer a história da arquitetura e da construção para usar a sensibilidade mais adequada ao projeto – afinal, a pele externa de uma edificação típica do século XIX deve ser abordada de maneira muito diferente do que uma estrutura representativa da Art Déco, característica da década de 1930. As diferenças que marcam o contexto histórico devem influenciar o espectro do projeto, desde as principais características do estilo até os detalhes das estruturas e esquadrias. Na maioria dos prédios do último século, o uso de esquadrias de portas e janelas foi mínimo; consequentemente, quase sempre é possível fazer novas paredes internas alinhadas com as ombreiras das portas e janelas. Nas edificações mais antigas, porém, nas quais as esquadrias foram feitas em torno das portas e janelas, é preciso considerar as esquadrias preexistentes e preservar superfícies adjacentes a elas antes de criar paredes internas perpendiculares. Também é preciso prestar atenção aos detalhes quando se planeja para prédios com *bay windows* (janelas salientes), já que o exagero de divisões em uma abertura pode levar a um resultado extremamente insatisfatório. Muitas edificações históricas do século XX têm faixas de janelas contínuas com vários montantes; em geral, é difícil alinhar novas paredes internas com os montantes preexistentes, o que exige o deslocamento da parede para que ela se encontre com uma parede externa em um montante. Esses exemplos, que tratam dos detalhes do projeto de arquitetura, são apresentados na Figura 4–2. Há três casos nos quais as propriedades do projeto de arquitetura influenciam as decisões de projeto de maneira significativa; todavia, é possível citar inúmeros exemplos, que vão desde a incorporação de escadarias monumentais e tetos ornamentais até a utilização de pisos decorativos e papéis de parede tradicionais. A importância de adquirir um conhecimento sofisticado sobre a história da arquitetura e da arquitetura de interiores, bem como da arte da construção, é enorme.

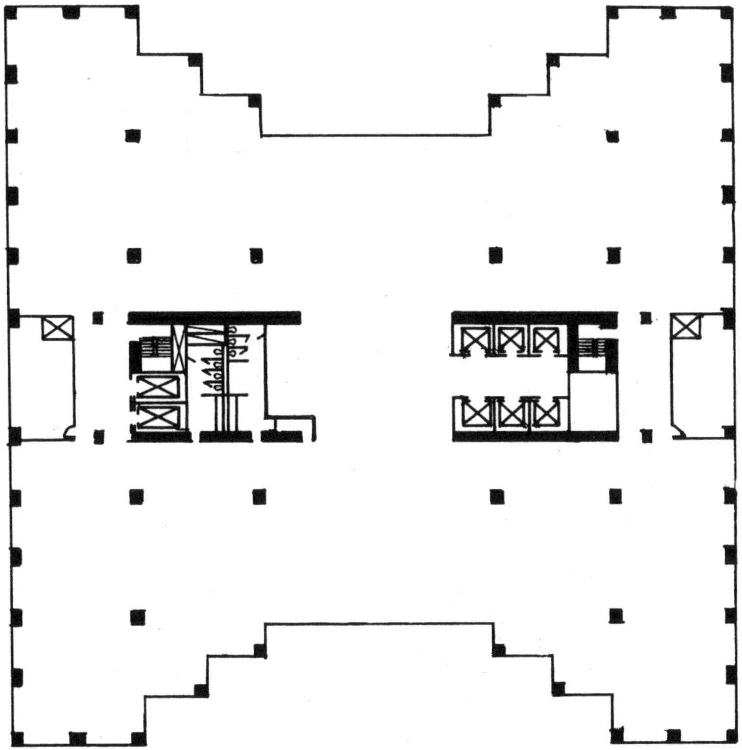

- PLANTAS BAIXAS BASTANTE RECORTADAS CRIAM MUITOS ESCRITÓRIOS "DE CANTO" E TAMBÉM CRIAM DIFICULDADES DE PLANEJAMENTO DE ESPAÇOS INTERNOS.

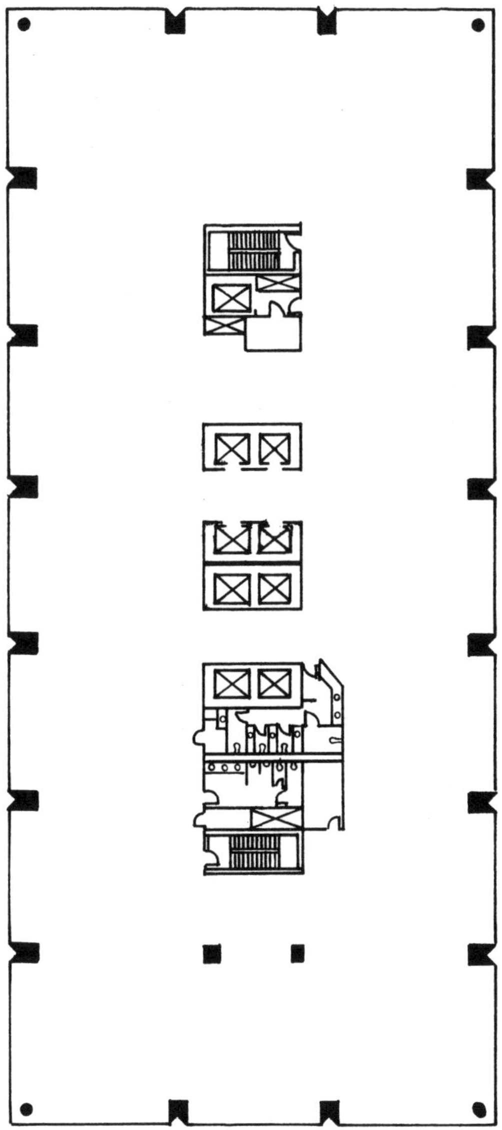

- UMA EDIFICAÇÃO COM NÚCLEO DE SERVIÇOS E CIRCULAÇÃO E POUCOS PILARES INTERNOS FACILITA O PROJETO DE INTERIORES.

FIGURA 4–1A A FORMA DA PLANTA BAIXA INFLUENCIA A DISTRIBUIÇÃO DOS ESPAÇOS INTERNOS.

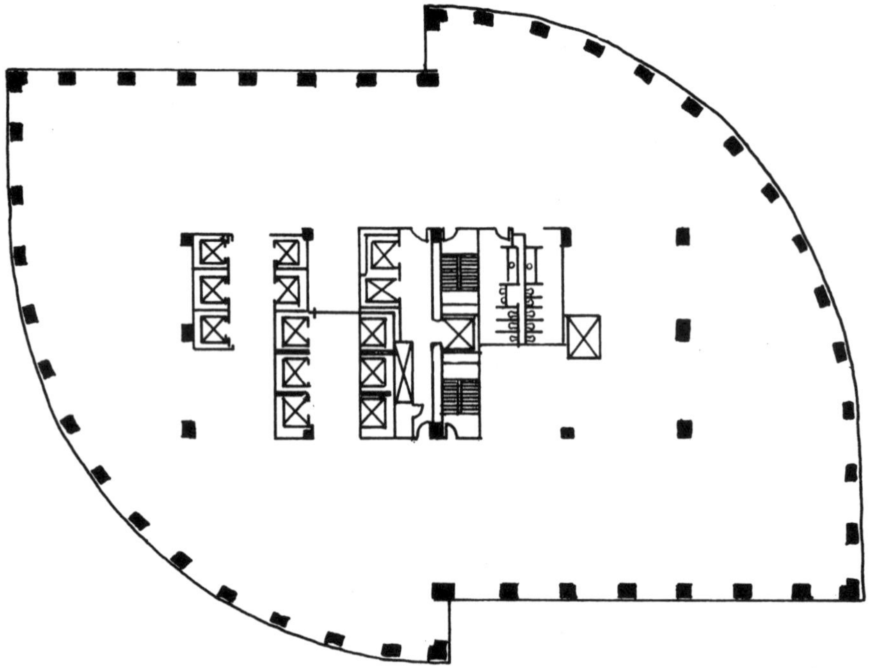

- GRANDES PAREDES CURVAS ACARRETAM SÉRIOS PROBLEMAS NO PLANEJAMENTO DE INTERIORES.

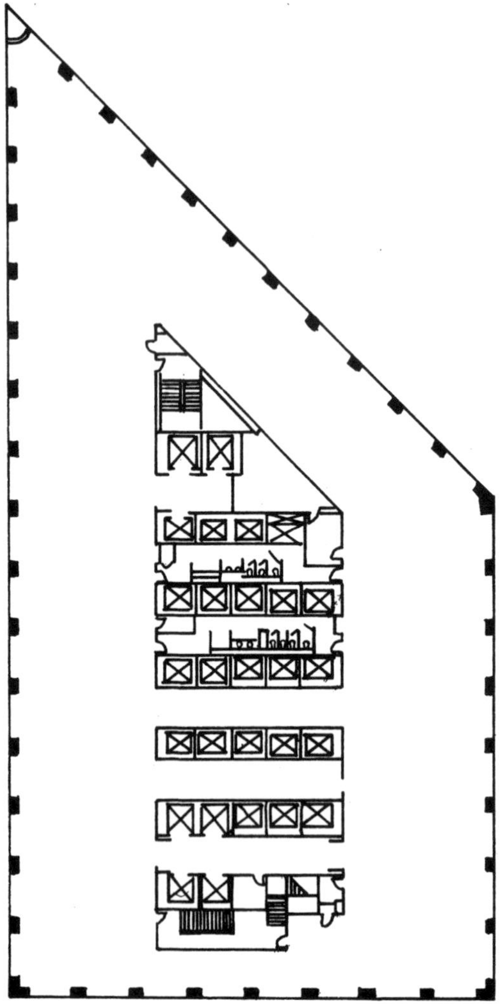

- EDIFICAÇÕES COM ÂNGULOS AGUDOS TAMBÉM CRIAM LIMITAÇÕES NO PLANEJAMENTO INTERNO.

FIGURA 4–1B A FORMA DA PLANTA BAIXA INFLUENCIA A DISTRIBUIÇÃO DOS ESPAÇOS INTERNOS.

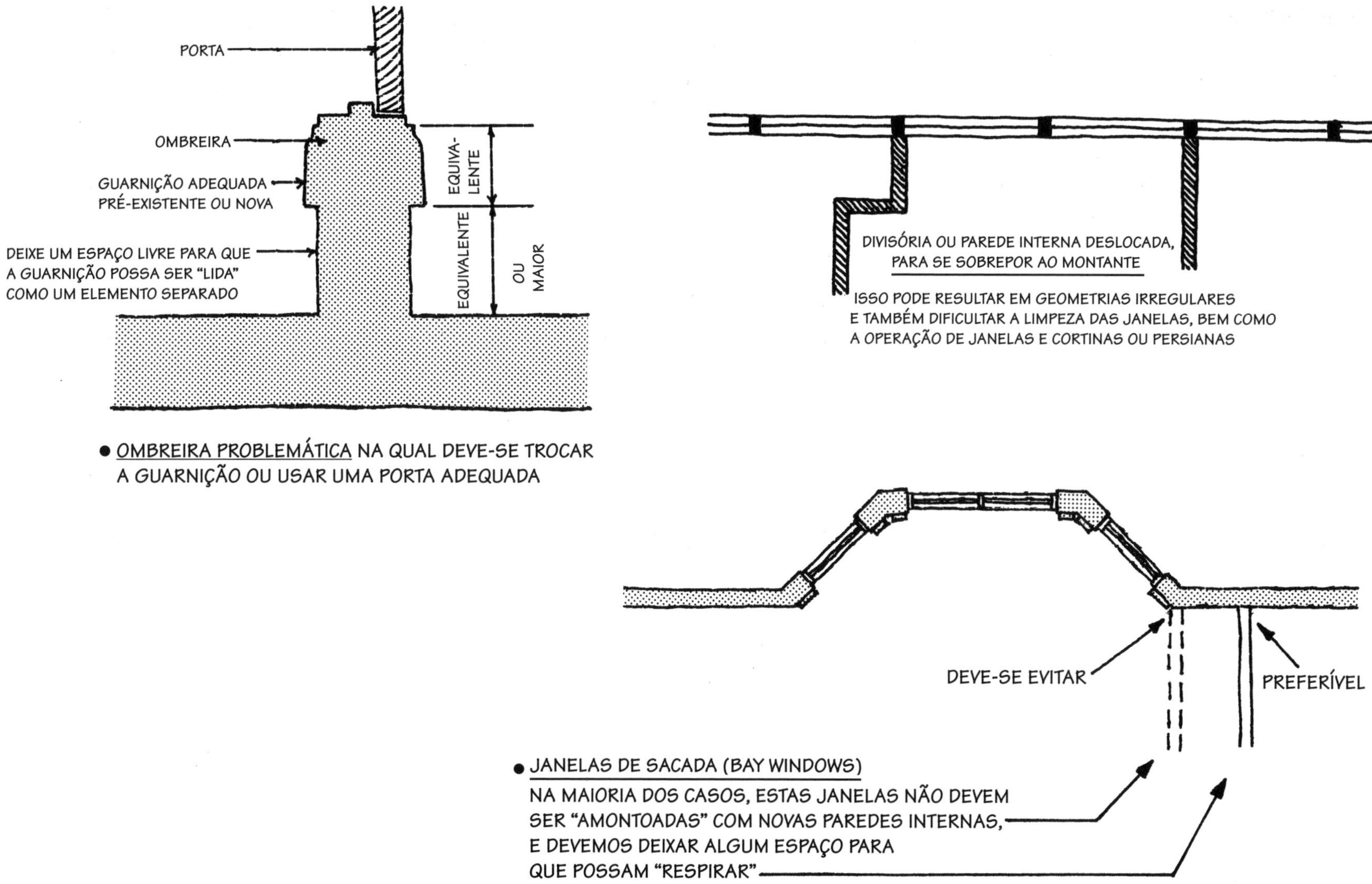

FIGURA 4–2 SITUAÇÕES QUE EXIGEM O POSICIONAMENTO CUIDADOSO DAS PAREDES INTERNAS.

AS INSTALAÇÕES HIDROSSANITÁRIAS

A distribuição dos aparelhos hidrossanitários é responsável pelos maiores condicionantes do processo de planejamento de espaços. Existe um número limitado de situações – como edificações de um pavimento com porões ou subsolos com pés-direitos baixos – em que os aparelhos hidrossanitários podem ser instalados praticamente em qualquer lugar.

Na grande maioria dos casos, porém, as questões práticas da construção e os fatores de custo exigem que os aparelhos hidrossanitários sejam instalados muito perto dos ramais de ventilação da tubulação de esgoto, o que limita a distribuição dos compartimentos ou das funções típicas que exigem esses aparelhos (como banheiros, cozinhas e laboratórios); também há situações específicas, como em consultórios médicos, que demandam a distribuição dos aparelhos por toda a edificação. É preciso observar que muitos projetistas costumam "herdar" banheiros públicos e, consequentemente, não têm muita experiência em planejá-los. São três os condicionantes da distribuição de aparelhos hidrossanitários:

1. O respeito às boas práticas de construção de instalações hidrossanitárias
2. A adequação ao código de edificações aplicável
3. O agrupamento dos aparelhos para criar leiautes de tubulação econômicos

Os projetistas não precisam saber tanto sobre tubulação como os engenheiros mecânicos ou empreiteiros, mas a compreensão básica dos três condicionantes listados há pouco é importante. Grande parte dos conhecimentos necessários costuma ser adquirida no escritório ou no canteiro de obras. Com o passar do tempo, o arquiteto deve tentar se familiarizar com essas informações da seguinte maneira:

1. Para adquirir boas práticas na construção de instalações hidrossanitárias, se familiarize com a terminologia e os princípios de construção de tubulações. Ao ler, trabalhar junto com engenheiros mecânicos e empreiteiros e observar os leiautes de tubulação no canteiro de obras antes que eles sejam cobertos pelos materiais de acabamento, o arquiteto começa a entender melhor a relação entre a construção das tubulações e as questões práticas do planejamento de espaços.
2. Para se adequar ao código de edificações aplicável às instalações hidrossanitárias, se inteire sobre os condicionantes específicos impostos pelas normas de instalações prediais em vigor nos locais específicos. Obtenha essas informações com fiscais dos órgãos públicos, engenheiros mecânicos ou empreiteiros antes de passar para soluções de projeto definitivas.
3. Para construir com economia, conheça bem as técnicas típicas de planejamento para o agrupamento de aparelhos hidrossanitários. Em geral, eles são instalados junto a *shafts* para reduzir os custos da construção e facilitar a futura manutenção da edificação. O croqui da Figura 4–3 (à esquerda) é um exemplo gráfico de agrupamento de instalações hidrossanitárias.

EXERCÍCIO 4–1

Os exercícios recomendados no Capítulo 3, que envolviam o planejamento de banheiros públicos, devem ser estudados novamente focando-se nas instalações hidrossanitárias e também no planejamento espacial. Os resultados originais do exercício são práticos e econômicos em termos de construção? Refaça as plantas baixas de acordo com as questões práticas da construção; isso sempre é necessário quando se trata de projetos de verdade.

Nas etapas iniciais do planejamento espacial de um projeto, antes mesmo de consultar o código de edificações aplicável, muitos projetistas usam uma regra prática para a distribuição preliminar dos aparelhos hidrossanitários. No início do planejamento, a regra prática mais razoável consiste em distribuir os aparelhos de maneira que as tubulações de esgoto horizontais tenham inclinação mínima de 2% em relação ao ramal de ventilação, conforme definido graficamente no croqui da Figura 4–3 (à direita). Quando as condições da construção permitem que os tubos de esgoto corram sob o piso, não há limites para o comprimento da tubulação horizontal – ainda que a altura do forro sob o piso possa impor condicionantes práticos sobre ele. Além da altura do pleno, questões práticas básicas, como o pé-direito, ou observações estruturais também podem limitar a extensão de uma tubulação de esgoto horizontal. Também há casos em que as tubulações de esgoto horizontais podem ser embutidas sob um piso elevado, se paredes duplas ou *shafts* forem previstos para esse fim. Como todas as regras práticas, essa abordagem deve ser usada somente nas etapas iniciais do planejamento.

OS SISTEMAS DE CLIMATIZAÇÃO

É difícil fazer generalizações sobre a relação entre o processo de arquitetura de interiores e os sistemas de climatização, já que as características básicas dos últimos variam muito de acordo com a edificação. Em sua maioria, as edificações não habitacionais modernas apresentam sistemas de climatização flexíveis, que são totalmente embutidos nos forros sob a laje e/ou em sistemas de paredes externas.

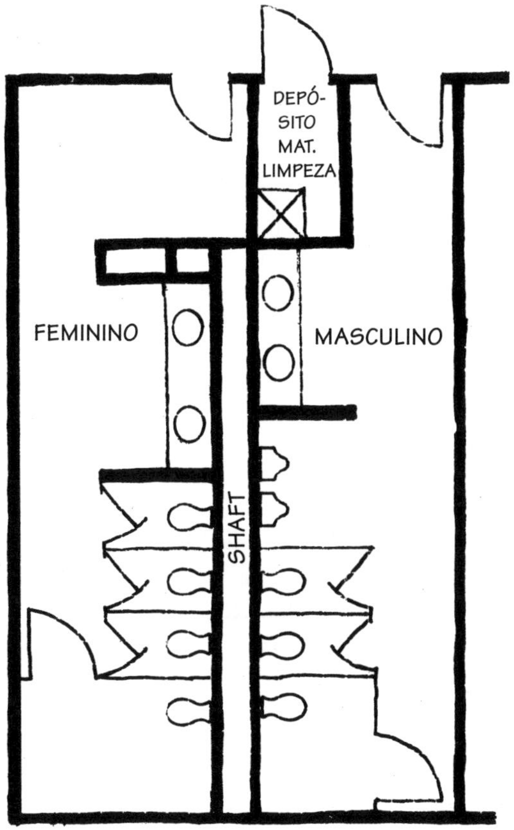

• APARELHOS HIDROSSANITÁRIOS INSTALADOS CONTRA UM SHAFT ÚNICO

AS QUESTÕES DE CONSTRUTIBILIDADE E MANUTENÇÃO EXIGEM ESTE TIPO DE ARRANJO

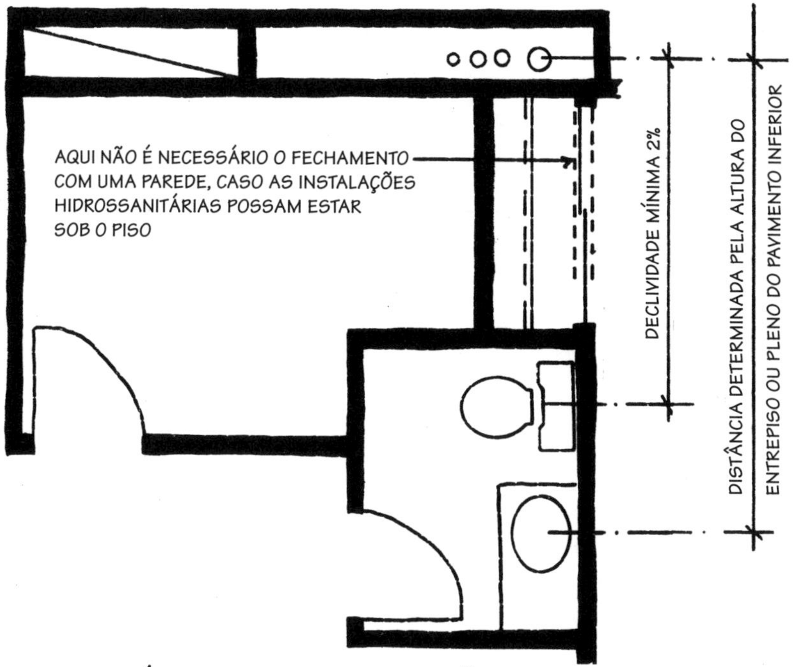

• REGRA PRÁTICA PARA A DISTRIBUIÇÃO DOS APARELHOS HIDROSSANITÁRIOS

NOS ESTÁGIOS INICIAIS DO PROJETO

FIGURA 4–3 CONSIDERAÇÕES SOBRE AS INSTALAÇÕES HIDROSSANITÁRIAS.

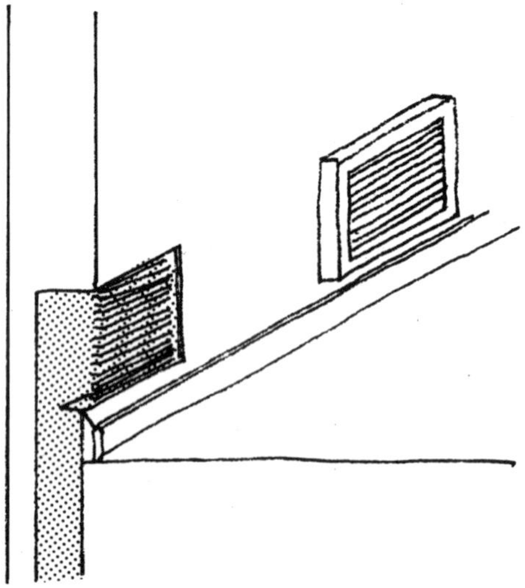

- SISTEMA DE CALEFAÇÃO POR RADIAÇÃO, AR QUENTE INSUFLADO OU CONVECÇÃO, SEJA EM ELEMENTOS EXTERNOS ÀS PAREDES OU EMBUTIDOS

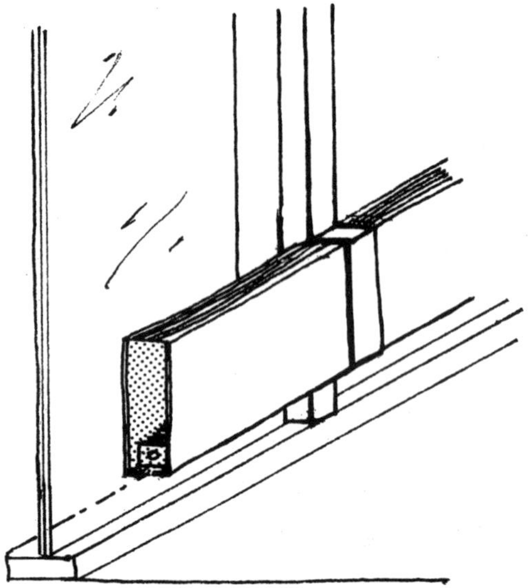

- SISTEMA DE CALEFAÇÃO POR CONVECÇÃO OU AR QUENTE INSUFLADO EMBUTIDO NOS MONTANTES DAS ESQUADRIAS OU DO SISTEMA DE PAREDE

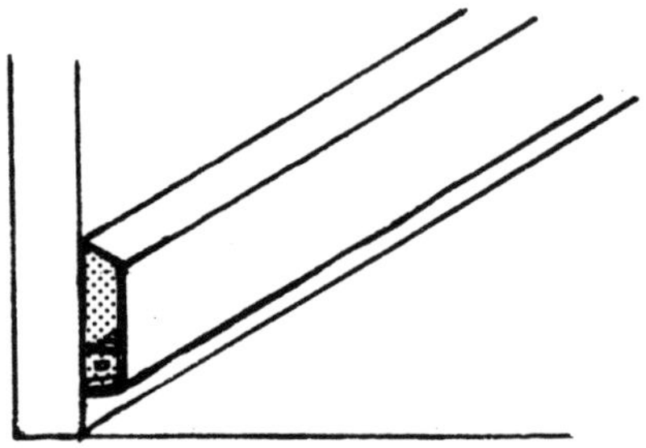

- SISTEMA DE CALEFAÇÃO POR CONVECÇÃO EMBUTIDO NOS RODAPÉS

A LOCAÇÃO DAS NOVAS PAREDES INTERNAS OU DIVISÓRIAS NA REFORMA DE EDIFICAÇÕES MAIS ANTIGAS COM SISTEMAS SIMILARES AOS EXEMPLIFICADOS NESTAS ILUSTRAÇÕES EXIGE ATENÇÃO PARTICULAR AOS DETALHES DE CONSTRUÇÃO E AO ISOLAMENTO ACÚSTICO ENTRE COMPARTIMENTOS.

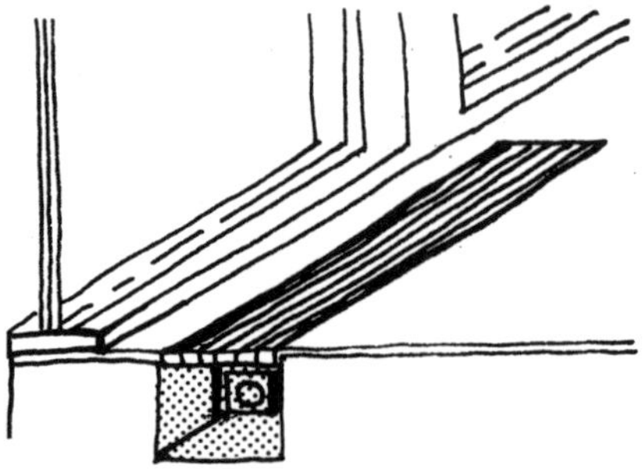

- SISTEMA DE CALEFAÇÃO POR CONVECÇÃO EMBUTIDO NO PERÍMETRO DO PISO

FIGURA 4–4 SISTEMAS DE CLIMATIZAÇÃO COMUNS EM EDIFICAÇÕES ANTIGAS OU ESPECIAIS.

Como são projetados para o máximo de flexibilidade, esses sistemas podem ser alterados de maneira rápida e fácil e praticamente não afetam o processo de projeto de interiores. Especificamente, é possível distribuir as novas paredes internas com uma liberdade quase absoluta em termos das exigências de climatização. Isso não ocorre, porém, quando se trabalha com prédios mais antigos ou projetados originalmente para funções específicas ou peculiares. Já que a substituição de um sistema completo de climatização costuma ser cara e demorada (essa é a regra, não a exceção), os sistemas preexistentes são mantidos, a menos que estejam totalmente ultrapassados ou em tal estado que não podem ser reaproveitados. Em caso de manutenção de sistemas antigos e não adaptáveis, as exigências de climatização podem condicionar de maneira significativa a configuração dos compartimentos e a distribuição das paredes internas. A configuração e o sistema de climatização de edificações mais antigas e peculiares apresentam muitas variáveis, e nenhuma regra prática ou técnica de planejamento espacial rápida e fácil se aplica. Nesses casos, é importante consultar um engenheiro mecânico assim que o levantamento das condições preexistentes estiver disponível – e, certamente, antes de iniciar o processo de elaboração de organogramas. A Figura 4–4 mostra algumas das variáveis usuais e não usuais encontradas em edificações existentes. Preste atenção especialmente ao sistema de controle acústico, uma vez que, nessas situações, costuma ser difícil fazer um bom isolamento ao redor da tubulação e dos equipamentos.

O arquiteto deve buscar entender os princípios básicos dos sistemas de climatização, enfatizando, especialmente, a distribuição de ar. O arquiteto precisa saber especialmente como os difusores de insuflamento de ar condicionado e as grades de retorno são distribuídos nas paredes internas leves e nos forros com tratamento acústico, além de conhecer os princípios que fazem com que o insuflamento ocorra perto das paredes externas e longe das grades de retorno, o que maximiza o alcance do ar insuflado e minimiza a pouca distribuição dele até seu retorno. A Figura 4–5A mostra a aplicação adequada de tais princípios. Nesse aspecto do projeto de sistemas de climatização, o arquiteto de interiores geralmente é o membro mais apto ou adequado da equipe de projeto e cabe a ele, e não ao arquiteto ou ao engenheiro mecânico, tomar as decisões referentes à distribuição final dos equipamentos. O conhecimento detalhado da distribuição específica ou provável dos móveis e equipamentos relacionados permite o uso inteligente dos aparelhos de climatização dentro do espaço, de forma a maximizar o conforto humano. Ainda que grande parte do processo de distribuição ocorra bem depois da finalização do planejamento espacial, a visualização generalizada da localização dos dutos e forros durante a etapa de planejamento resulta em um projeto de sistema de climatização de melhor qualidade. A Figura 4–5B ilustra um problema de aplicação que costuma ocorrer durante o processo de distribuição. Observe, também, que os du-

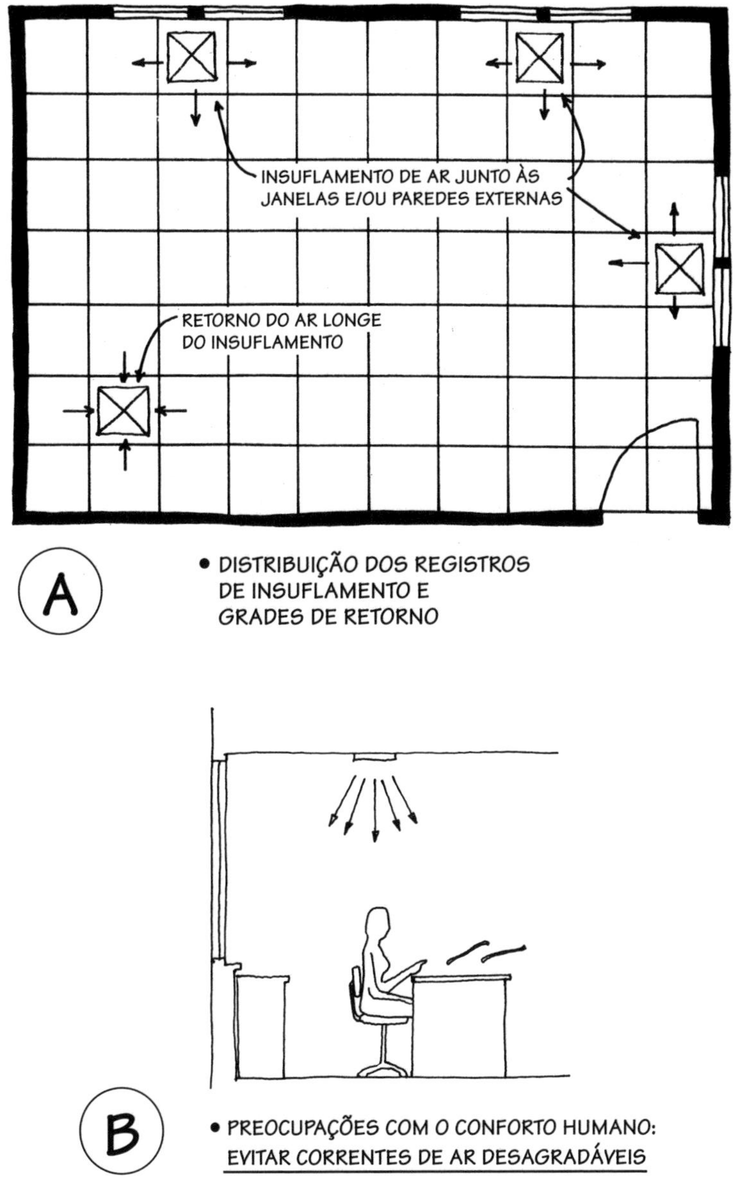

FIGURA 4–5A+B CONSIDERAÇÕES SOBRE O SISTEMA DE CLIMATIZAÇÃO E AS TOMADAS E SAÍDAS DE AR.

tos de climatização são capazes de transmitir sons e acabam destruindo a acústica de resto bem planejada. Sempre que há situações acústicas delicadas, os sistemas de climatização devem ser projetados para atender a essas necessidades.

Mais uma vez, o arquiteto de interiores não precisa ser um especialista em sistemas de climatização interna e suas complexidades, mas deve entender os princípios básicos e estar ciente da terminologia básica; assim, ele discutirá o problema de maneira inteligente e fará perguntas adequadas aos engenheiros mecânicos e empreiteiros. Inicialmente, as disciplinas específicas da faculdade e as leituras recomendadas são suficientes para gerar essa base de conhecimentos; a bibliografia recomendada neste capítulo provavelmente também será útil. Fora isso, os conhecimentos advém da experiência com situações de projeto que se repetirão, seja dentro do escritório profissional ou no canteiro de obras.

Leitura recomendada

1*, 3*. 4*, 7*, 9*, 13*, 15*, 20*, 23*, 24*, 26*, 31*

As obras seguidas de asteriscos fazem parte da leitura recomendada em outros capítulos.

Capítulo 5 OS PRINCIPAIS FATORES DE INFLUÊNCIA

Além da vedação externa e das principais questões de sistemas de climatização discutidas no Capítulo 4, vários outros fatores influenciam o planejamento de espaços internos de maneira significativa. As ideias levantadas no início do Capítulo 4 – sobre a profundidade dos conhecimentos do projetista e a complexidade dos fatores que afetam as decisões de arquitetura de interiores – se aplicam quase que do mesmo modo a todos os fatores de influência tratados a seguir. Todas as áreas aqui discutidas merecem livros ou disciplinas universitárias exclusivas, mas esse tipo de aprofundamento extrapola o objetivo deste livro. Nosso foco é o planejamento de espaços, sendo que os leitores devem buscar conhecimentos adicionais em cada área à medida que as necessidades e as circunstâncias exigirem.

OS CÓDIGOS DE EDIFICAÇÕES

Os códigos de edificações abrangem praticamente todas as áreas de planejamento, projeto e construção de edificações; consequentemente, eles são muito complexos. Para complicar ainda mais, a linguagem utilizada neles é bastante técnica, às vezes misteriosa, e os leigos encontram dificuldades para interpretá-la. Em geral, o envolvimento inicial dos arquitetos de interiores com tais códigos se limita às seções que lidam com a classificação de grupos de uso, os tipos de construção, as saídas de emergência e a construção com resistência a fogo, além das questões de combustibilidade e gases tóxicos. Durante o processo de planejamento espacial, o código é usado basicamente para tratar das preocupações com as saídas de emergência, sendo que tal área influencia muito as decisões básicas de planejamento que precisam ser tomadas. Lembre-se das exigências da ADA, conforme discutido no Capítulo 3; elas constituem outro conjunto de padrões e normas que afetará significativamente as soluções de projeto de interiores.

Sair de uma edificação em segurança durante um incêndio, ou outra situação que provoque pânico, é a questão crucial dos padrões de saídas de emergência. Todos os arquitetos de interiores devem entender perfeitamente os princípios fundamentais e os detalhes dos referidos padrões. Esse entendimento começa com a leitura (e, se necessário, a releitura) da seção relevante do código de edificações, além dos livros citados na bibliografia recomendada para este capítulo. Além de compreender os seguintes conceitos dos códigos de edificações, os projetistas devem se familiarizar com suas formas mais típicas de aplicação:

1. O número de usuários
2. A capacidade de saída
3. As larguras das portas, dos corredores e das escadas
4. As duas saídas de emergência afastadas

5. A extensão da rota de fuga
6. Os corredores sem saída

O International Building Code (Código de Edificações dos Estados Unidos), publicado pela primeira vez no ano 2000, apresenta normas de construção de alcance nacional nos Estados Unidos. Ele já foi adotado por muitos órgãos de administração estadual e municipal, substituindo os três principais códigos regionais (BOCA, SBCCI e UBC) que estavam em vigor há muitos anos. Por questões práticas, leia e se familiarize com o código mais usado em sua região, bem como com todas as variações estaduais e municipais que possam alterá-lo. O verdadeiro conhecimento resulta da aplicação dos conceitos desses códigos a problemas específicos de projeto de interiores. Tendo isso em mente, o exercício a seguir propõe a primeira aplicação do gênero. À medida que você faz os exercícios de planejamento espacial propostos nos Capítulos 6 e 7, as questões de códigos de edificações associadas a eles devem ser tratadas e resolvidas. Assim que completar cada exercício, revise-o e critique-o especificamente com base no código de edificações.

EXERCÍCIO 5-1

Utilizando as plantas baixas dos Espaços de Intervenção do Grupo 3 (de aproximadamente 400 m²), fornecidas no Apêndice, esboce soluções de corredores que atendam às exigências do código de edificações em termos de saídas de emergência (largura dos corredores, saídas afastadas, extensão do deslocamento, corredores sem saída) e tente maximizar a área de piso útil (ou que pode ser alugada). É possível ampliar este exercício usando plantas baixas de edificações comerciais ou institucionais com vários pavimentos; elas são encontradas na maioria das publicações de arquitetura e projeto de interiores.

O conhecimento dos códigos vigentes em relação ao processo da construção é fundamental para o projetista. Até as normas dos planos diretores afetam os problemas de projeto de interiores. Ainda assim, são poucos os livros que tratam dessas questões de maneira completa. A bibliografia recomendada para este capítulo fornece algumas respostas, mas o ideal é se aprofundar nos códigos propriamente ditos e aprender a usá-los – e, quando necessário, descobrir quem é preciso chamar para uma consultoria especializada. Quando se trata de aprender os códigos de edificações, não há atalhos. Para simplificar a curva de aprendizado, os arquitetos de interiores precisam se concentrar em seis áreas de códigos e normas que exigem competência: (1) a classificação dos grupos de uso, (2) os tipos de construção, (3) as saídas de emergência, (4) a construção com resistência ao fogo, (5) as questões de combustibilidade e gases tóxicos e (6) as exigências das normas para deficientes físicos.

O PROJETO DE ILUMINAÇÃO

A iluminação tanto natural como elétrica desempenha um papel significativo no processo de planejamento espacial. Ainda que um projeto de iluminação com abordagem mais sofisticada estabeleça uma relação forte entre o planejamento das iluminações natural e elétrica para uma edificação ou espaço interno específico, não é preciso integrar as duas para fins de projeto preliminar, uma vez que essa integração lida com os detalhes de tecnologias de projeto e iluminação que não afetarão a distribuição dos espaços. Consequentemente, elas serão tratadas aqui como entidades distintas e separadas.

A iluminação natural

É difícil e desnecessário separar as questões de iluminação natural, conservação de energia, vistas externas, orientação solar e ventilação natural, já que todas estão relacionadas ao processo de projeto preliminar. Em alguns casos, somente um desses fatores será determinante ao distribuir janelas para uma função ou espaço; em outros casos, porém, todos os quatro unirão forças para determinar a localização das janelas. Uma matriz de critérios bem articulada pode e deve ser capaz de esclarecer tais questões durante o processo de planejamento. Lembre-se de que os códigos de edificações costumam exigir que todos os compartimentos de permanência prolongada – definidos como todos os espaços de uso habitacional (exceto pelos banheiros e cozinhas com ventilação mecânica) – tenham iluminação e ventilação naturais, o que geralmente exige que as janelas ocupem de 8 a 10% da área de piso e que metade delas (de 4 a 5% da área) seja de abrir, para fins de ventilação, conforme ilustrado na Figura 5-1. Deixando-se os códigos de lado, as pessoas precisam, por questões psicológicas, de iluminação natural e vistas externas na maioria dos compartimentos nos quais passam um período considerável, sejam eles habitacionais ou não; logo, essas questões de ergonomia devem ser decisivas na distribuição das janelas. Outro fator a ser considerado é a conservação de energia, a qual requer a maximização do uso da iluminação natural e, ao mesmo tempo, a manutenção de um equilíbrio adequado entre as necessidades de calefação e refrigeração.

As preocupações psicológicas e estéticas do planejamento de interiores são as que mais influenciam o uso da iluminação natural. Para espaços tanto habitacionais como de trabalho, a qualidade da iluminação natural e das vistas externas (exceto em funções peculiares, como salas usadas para apresentações) será considerada

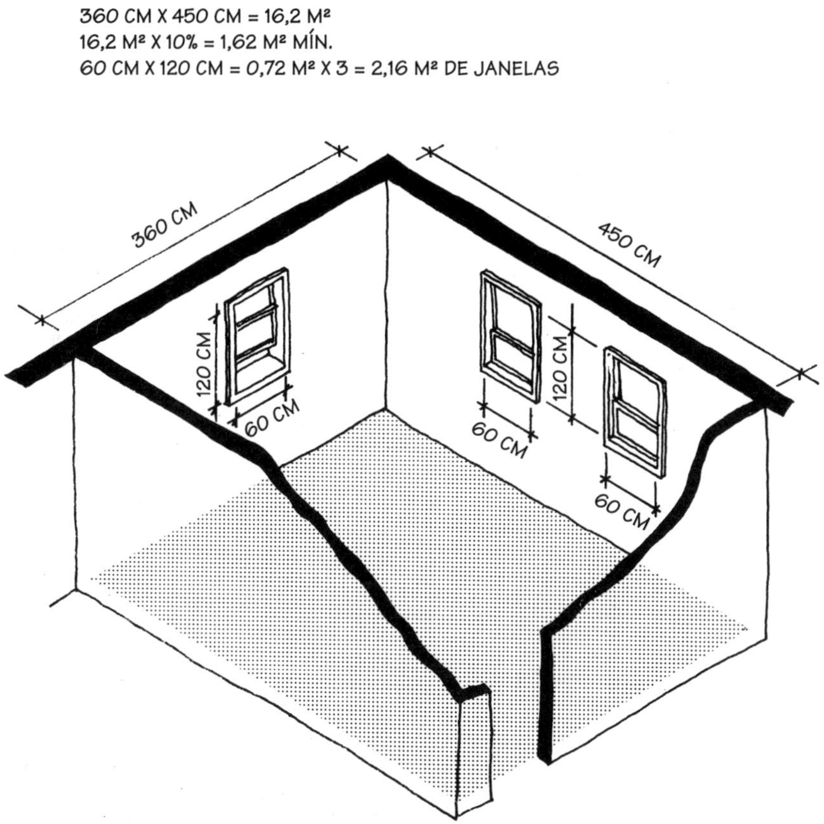

FIGURA 5-1 ILUMINAÇÃO E VENTILAÇÃO NATURAIS PARA COMPARTIMENTOS DE PERMANÊNCIA PROLONGADA.

muito desejável e frequentemente essencial. As edificações com muitas janelas e pouquíssimas áreas internas afastadas das paredes externas não apresentam problemas para o planejamento que valoriza a iluminação natural. Contudo, algumas edificações têm um número limitado de janelas ou grandes áreas internas afastadas das paredes externas fenestradas. Nesses casos, o projeto com iluminação natural pode ser um elemento crítico para o planejamento de espaços, e será preciso tomar decisões complexas para determinar quais espaços terão janelas e vistas externas. As Figuras 5-2A e 5-2B mostram dois exemplos de influência no projeto de interiores para fins de comparação gráfica.

O projeto com iluminação natural resulta da análise inicial do planejamento de espaços, conforme descrito no Capítulo 1. Ao organizar as necessidades espaciais e dos usuários, como se faz durante o desenvolvimento da matriz de critérios, é preciso priorizar as necessidades de iluminação natural, identificando os espaços nos quais ela é essencial (compartimentos de permanência prolongada, escritórios de executivos), desejável (espaços de trabalho para uso prolongado, grandes salas de estar utilizadas por estudantes), desnecessária (banheiros públicos, salas de reunião para uso breve) e indesejável (câmaras escuras, armazenamento de documentos de valor). Quando as janelas são numerosas, pode-se identificar a direção desejada para as vistas externas e/ou a orientação solar para compartimentos ou funções específicos. Assim como a matriz de critérios, os diagramas de relações também refletem essas necessidades e prioridades de maneira objetiva. As decisões que se referem à iluminação natural são tomadas durante a fase de elaboração dos organogramas ou plantas baixas esquemáticas. O diagrama ou planta baixa esquemática definitivo deve atender às exigências de iluminação natural, uma vez que, em geral, não é possível reconfigurar uma edificação posteriormente para permitir a entrada de luz natural onde ela já não estava disponível. Da mesma forma, as exigências de orientação solar e direção da vista são determinadas nessa fase inicial do planejamento, pois é impossível deslocar uma edificação inteira para satisfazer a elas. Com frequência, as questões de orientação solar e vista desejada não são priorizadas na matriz de critérios – principalmente quando se trata de edificação não habitacional; todavia, quando é possível responder a elas, agrega-se um elemento estético de grande valor.

É preciso fazer uma observação a respeito do uso de claraboias. Suas aplicações são limitadas porque elas podem ser usadas apenas em edificações de um andar e no pavimento de cobertura e em átrios de prédios de pavimentos múltiplos. Quando seu uso é possível, as claraboias trazem uma luz diurna única e maravilhosa para os respectivos espaços, que difere muito da luz que entra por janelas convencionais. Uma luz natural muito bem distribuída e extremamente abundante consegue entrar por claraboias relativamente pequenas. Aprender a usá-las de maneira eficaz exige observação, pesquisa e experiência de projeto.

Projetar aproveitando a iluminação natural não é algo técnico nem difícil, ainda que, à medida que o tamanho e o escopo do projeto aumentam, os inúmeros fatores e prioridades que devem ser considerados e contemplados podem fazer da iluminação natural uma tarefa complexa de planejamento espacial.

A iluminação elétrica

Ao contrário da iluminação natural, a iluminação elétrica é complexa e muito técnica – é uma área que exige um conhecimento significativo de todos os arquitetos de interiores. Como a iluminação natural, porém, a iluminação elétrica pode afetar significativamente as decisões de planejamneto espacial de interiores. Desde o iní-

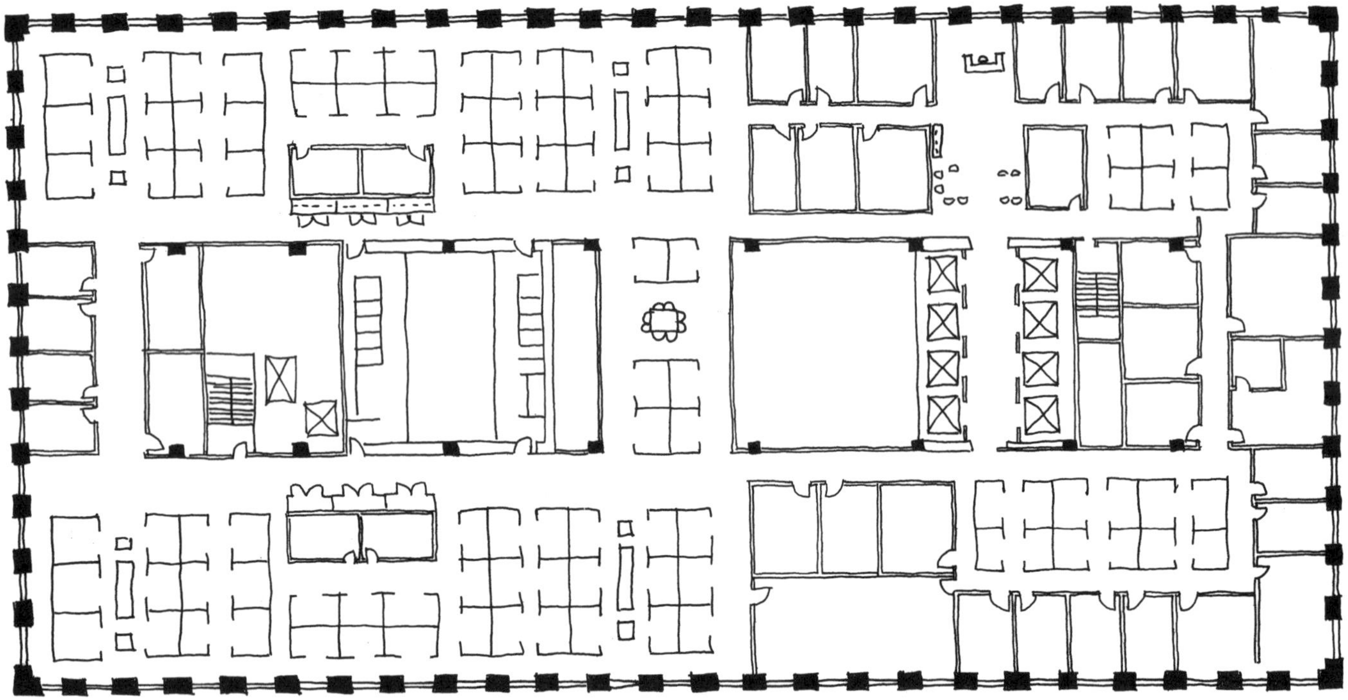

ILUSTRAÇÃO A

UM EDIFÍCIO COM ILUMINAÇÃO NATURAL E VISTAS ABUNDANTES OFERECE CONDIÇÕES DESEJÁVEIS PARA A MAIORIA DOS FUNCIONÁRIOS.

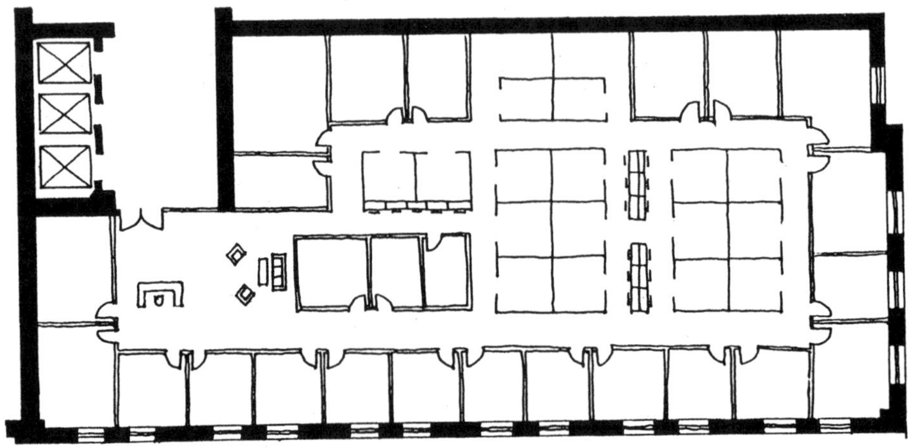

ILUSTRAÇÃO B

UM EDIFÍCIO COM POUCA ILUMINAÇÃO NATURAL E VISTAS LIMITADAS OBRIGA O ARQUITETO A TOMAR DECISÕES DIFÍCEIS QUANTO À PRIORIZAÇÃO DE ESPAÇOS FENESTRADOS.

FIGURA 5–2 CONSIDERAÇÕES SOBRE A ILUMINAÇÃO NATURAL E AS VISTAS NO PLANEJAMENTO INTERNO DE EDIFÍCIOS DE ESCRITÓRIOS.

cio, é preciso lembrar que a maioria das edificações deve ser para uso tanto diário como noturno; portanto, a iluminação natural tem um impacto somente limitado sobre o planejamento e o projeto da iluminação elétrica.

Em edificações que não apresentam sistemas de iluminação preexistentes (ou nas quais questões econômicas determinam a remoção total de um sistema preexistente), o projeto de iluminação geralmente não afeta as soluções de arquitetura de interiores de maneira crítica. Nessas situações, a questão da iluminação pode ser deixada para depois da definição de uma planta baixa preliminar.

Em edificações não habitacionais com projeto de iluminação preexistente (que, em geral, fazem parte de um sistema integrado aos tetos falsos), as questões econômicas da construção frequentemente determinam que os sistemas sejam reutilizados e que nos adaptemos a eles. Nesse caso, o projeto de interiores exige uma coordenação cuidadosa com o sistema preexistente. Em especial, é preciso coordenar a inter-relação complexa entre a modulação preexistente de tetos falsos, as localizações das janelas e a distribuição das paredes internas, luminárias, móveis e equipamentos. Após a elaboração dos organogramas ou plantas baixas esquemáticas, a planta baixa do espaço de intervenção e a planta de teto projetado devem ser consideradas uma unidade integrada para fins de desenvolvimento de uma planta baixa preliminar. A Figura 5-3 mostra plantas de teto projetado que demonstram algumas questões de coordenação entre planejamento e projeto.

Depois de estabelecer uma planta baixa preliminar por meio de tentativa e erro, é necessário desenhar uma planta preliminar de teto projetado. Deve-se considerar a configuração básica do teto, incluindo o pé-direito uniforme ou variável e o uso de forros. Apesar de sua importância fundamental, o teto costuma ser uma "superfície esquecida" em termos de espaços internos. Este é o momento de tratar tais preocupações de projeto de maneira consciente – e não quando a planta baixa está tão bem estabelecida ou aperfeiçoada que se torna difícil incorporar as preocupações do projeto do teto sem alterá-la significativamente. Na maioria das edificações e, especialmente, nas não habitacionais, a iluminação é embutida em um forro, fazendo com que as decisões do projeto de iluminação estejam intimamente vinculadas ao projeto dele. Por essa razão, é preciso preparar, neste ponto crítico do processo de projeto de interiores, uma planta preliminar de teto projetado que incorpore uma tentativa inicial de solucionar o projeto de iluminação. O Capítulo 6 discute e descreve um método que visa a incorporar esse procedimento ao projeto de interiores.

No projeto de ambientes de trabalho, é importante consultar um especialista em luminotécnica depois de considerar e esboçar as questões fundamentais do projeto de teto. Já que o projeto de iluminação está cada vez mais complexo e técnico, re-

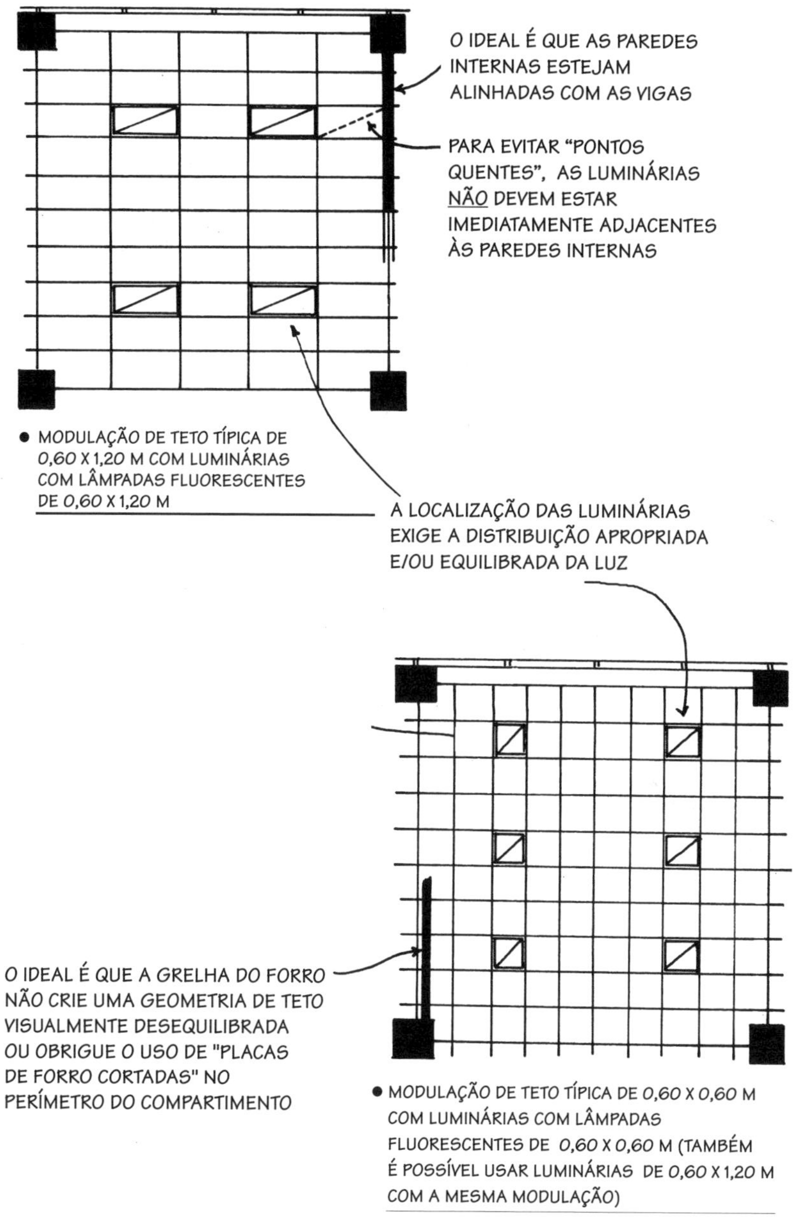

FIGURA 5-3 PLANTAS DE TETO PROJETADO TÍPICAS.

comenda-se consultar um especialista em todas as situações de interiores, exceto nas mais simples. Ao projetar ambientes de trabalho convencionais, o ideal é consultar o projetista de iluminação nas etapas iniciais do processo de planejamento e, mais especificamente, antes de dar início à planta baixa preliminar definitiva, de forma a integrar a solução do projeto de iluminação à solução do projeto definitivo.

Em sala de aula, quando um consultor em luminotécnica não está disponível, é importante que os alunos de arquitetura tentem criar soluções em projeto de iluminação, a fim de adquirir experiência. O ideal é que alguma disciplina de luminotécnica já tenha sido cursada, mas, mesmo sem esses conhecimentos, considerar as questões do projeto de iluminação é uma experiência de aprendizado válida.

O projeto de iluminação propriamente dito é um campo de atuação, que exige muitos conhecimentos e grande especialização. Para fins de planejamento espacial, o conhecimento do arquiteto de interiores não precisa ser aprofundado; apenas conceitos e soluções muito genéricos são necessários. Como ocorre com todos os fatores que exigem a integração do projeto com uma consultoria especializada, o projetista deve ter os conhecimentos necessários para trabalhar junto ao consultor de maneira inteligente. Caso os seus conhecimentos nessa área sejam insuficientes, consulte a bibliografia recomendada no final deste capítulo.

Observe que outros aspectos das instalações elétricas não foram abordados neste texto. Embora representem aspectos importantes da construção de interiores, eles não costumam afetar significativamente o projeto, já que é fácil instalar a fiação em condutores, embuti-la nas paredes ou inseri-la em plenos.

O PROJETO DE ACÚSTICA

Ainda que o campo da acústica arquitetônica seja complexo e apresente uma tecnologia própria, sua aplicação ao planejamento de espaços internos básico é razoavelmente simples e, em essência, uma questão de bom senso. Exceto em espaços relativamente grandes usados para shows, como auditórios, grandes salas de aula e casas de espetáculos, o projeto com uma acústica boa ou aceitável exige conhecimentos técnicos simples e informações fundamentais sobre as técnicas de construção em interiores, capazes de indicar o que pode ser conseguido e os custos relativos.

Uma boa acústica tem início com os conceitos de zoneamento e isolamento, seguida, posteriormente, pelos conceitos de isolamento e absorção de sons. O processo de planejamento acústico parte da análise inicial do planejamento de espaços internos, conforme descrito no Capítulo 1. Ao organizar as necessidades espaciais e do usuário, como ocorre durante o desenvolvimento da matriz de critérios, é preciso identificar as necessidades acústicas para fins de privacidade, isolamento e absorção de ruídos. A criação de áreas silenciosas e barulhentas (que, geralmente, coincidem com as zonas públicas e privadas) pode ser feita na fase de elaboração de organogramas ou plantas baixas esquemáticas. O bom senso indica que não é adequado colocar uma biblioteca escolar ao lado da sala de ensaio da banda, ou o gabinete do presidente da empresa ao lado de uma oficina de equipamentos mecânicos barulhenta. Sempre que possível, os conflitos ou problemas acústicos devem ser resolvidos inicialmente com a distribuição adequada e inteligente dos espaços, conforme demonstrado nas Figuras 5–4A e 5–4B. Contudo, muitos conflitos acústicos não podem ser resolvidos facilmente por meio do planejamento de espaços; as adjacências da funcionalidade e das rotas de deslocamento frequentemente exigem que conflitos acústicos sejam ignorados, ou mesmo agravados, em termos de projeto de interiores, como costuma ocorrer com o agrupamento necessário de escritórios de advogados, salas para exame médico e salas de reunião. Nesses casos, a interferência acústica deve ser solucionada por outros meios que não sejam o zoneamento e o isolamento.

Exceto em casos mais extremos, a transmissão de sons através de paredes externas e internas pode ser limitada a níveis aceitáveis por meio de técnicas de construção convencionais. Quanto maior o nível de decibéis gerados, mais pesadas, complexas e caras são as soluções de construção. Para funções atipicamente barulhentas (salões de banquete, salas de ensaio de música, etc.) que não podem ser afastadas das demais por meio da arquitetura de interiores, é possível usar espaços de transição ou amortecimento acústico (depósitos, arquivos, etc.) se as adjacências assim o permitirem, conforme demonstrado na Figura 5–4B. Sempre que for difícil ou inadequado usar um espaço de transição ou amortecimento acústico para esse fim, os custos de uma parede de isolamento densa terão de ser aceitos.

Agrupamentos convencionais de compartimentos ou espaços nos quais a interferência acústica é comum (escritórios, salas de aula, salas de reunião, etc.) exigem que o projetista conheça os níveis de som gerados e as técnicas de construção necessárias para limitar a transmissão a níveis aceitáveis. Embora não se espere que tenham o conhecimento profundo de tais técnicas de construção, os projetistas devem estar familiarizados com os níveis de controle acústico que podem ser obtidos por meio delas. Informações básicas sobre essas técnicas de construção estão disponíveis em muitas fontes de consulta (veja a seção "Leitura Recomendada" no final do capítulo). A Figura 5-5 traz uma amostragem das informações necessárias para solucionar problemas de transmissão acústica mediante técnicas de construção. A utilização detalhada de técnicas de construção para limitar a transmissão de sons, ou absorver o som ambiente no interior de espaços, ultrapassa as questões de planejamento espacial e, em geral, é tratada durante as

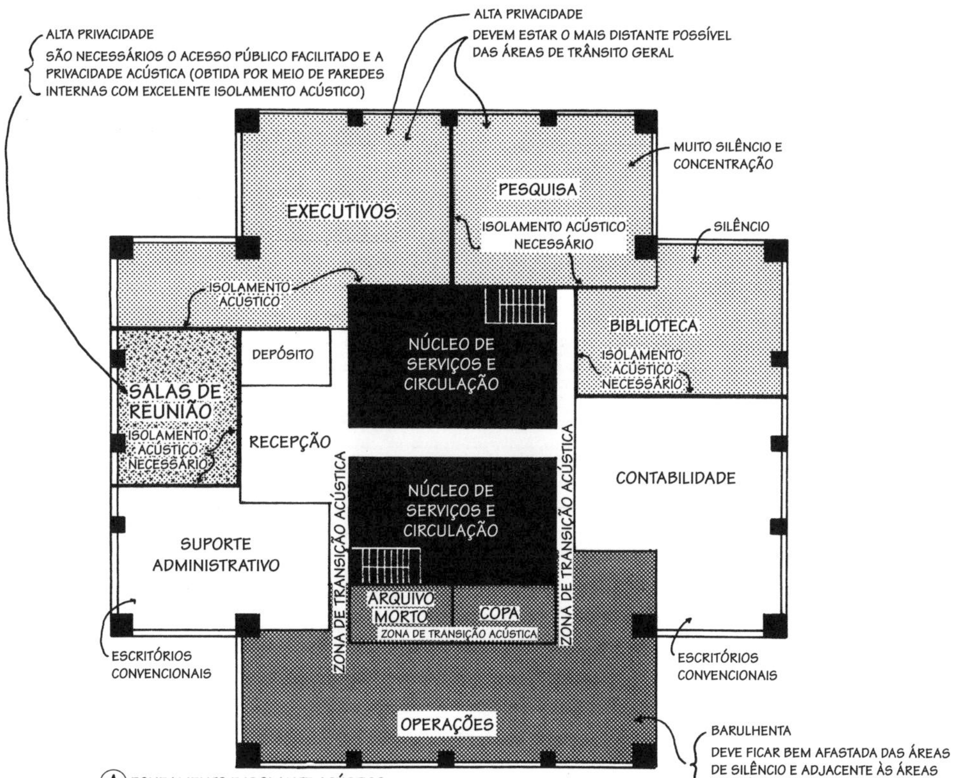

(A) ZONEAMENTO E ISOLANTE ACÚSTICO

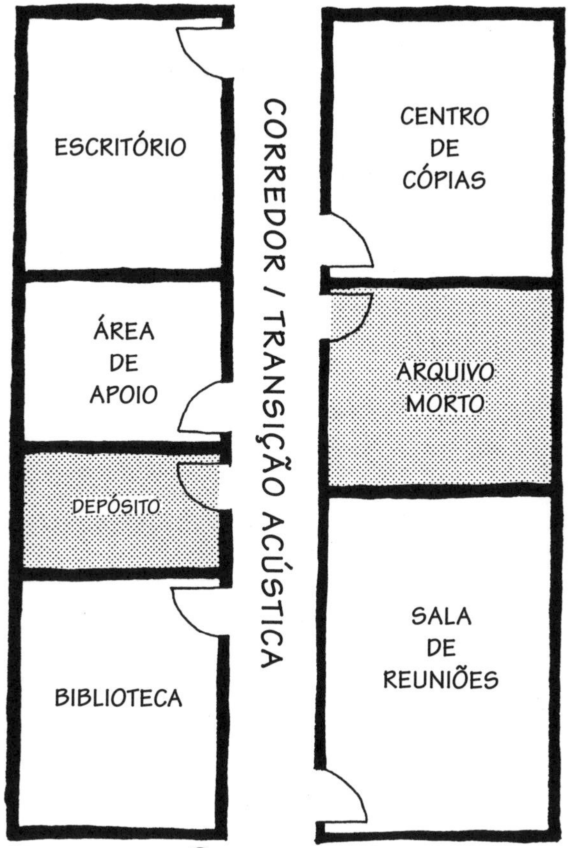

(B) ESPAÇOS DE TRANSIÇÃO ACÚSTICA

FIGURA 5–4 PLANEJAMENTO DE ESPAÇOS INTERNOS PARA UMA BOA ACÚSTICA.

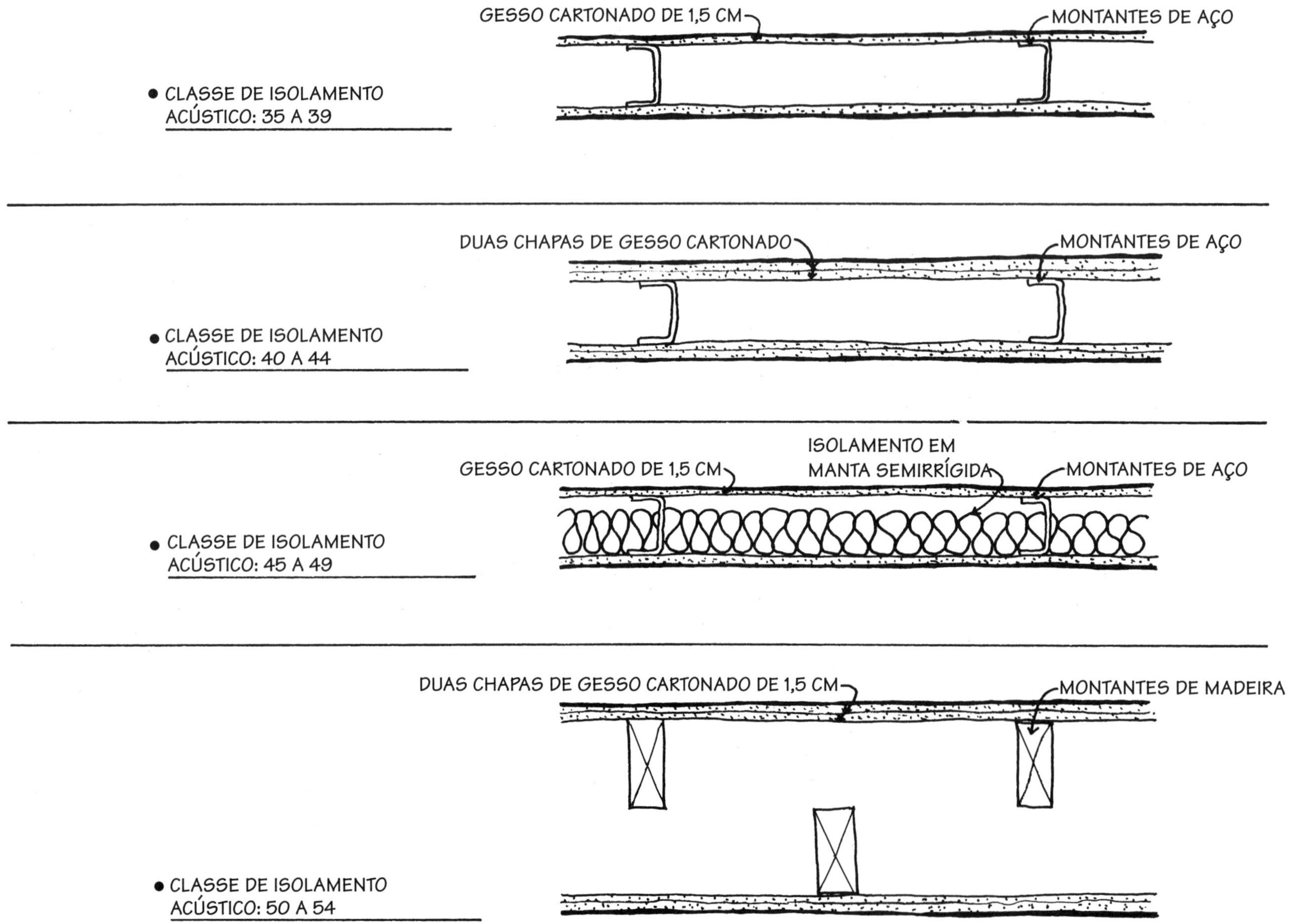

FIGURA 5–5 CONSTRUÇÃO DAS PAREDES INTERNAS.

fases de projeto executivo subsequentes. Conforme mencionado no Capítulo 4, o sistema de climatização também pode desempenhar um papel importante na obtenção de bons resultados em termos de acústica. A consultoria de um especialista em acústica costuma ser muito valiosa na resolução das questões de detalhes construtivos dos sistemas de climatização.

Quando espaços para apresentações relativamente grandes fazem parte de um projeto de planejamento e seu formato, tamanho e configuração são afetados pelas considerações acústicas, deve-se contratar um especialista em acústica ainda nas etapas iniciais do projeto. A maioria dos projetistas e arquitetos não tem conhecimentos suficientes de acústica para projetar espaços desse tipo sem o auxílio de um consultor experiente, capaz de fornecer diretrizes de projeto que levarão a resultados acústicos aceitáveis. Nesses casos, o formato peculiar do espaço para apresentações pode ter um impacto profundo sobre a organização espacial do projeto como um todo. A ajuda do especialista em acústica também é valiosíssima para projetar os detalhes de tais espaços e desenvolver determinadas características da construção sempre que a privacidade e o amortecimento acústicos são necessários. Essas questões mais detalhadas costumam ser abordadas em etapas posteriores na maioria dos planejamentos e projetos.

A necessidade de criar espaços internos para usos múltiplos é muito frequente, exigindo que os projetistas também tenham um conhecimento genérico dos possíveis níveis de transmissão sonora dos diferentes tipos de divisórias móveis disponíveis, bem como dos custos aproximados associados à sua instalação. A multiplicidade de usos é mais comum em salas de aula, auditórios, salas de reunião e equipamentos para banquetes, mas, não raro, inclui muitos outros tipos de espaços internos. Surpreendentemente, ótimos níveis de isolamento acústico são obtidos por meio dessas técnicas de construção, ainda que, em geral, a preços altíssimos. A Figura 5–6 mostra as divisórias móveis mais usadas para separar espaços. Os espaços multiuso voltam a ser discutidos ainda neste capítulo, mas sob uma perspectiva muito mais ampla do que o planejamento acústico (veja a seção “A Flexibilidade ou o Uso Múltiplo”).

AS REGRAS PRÁTICAS DE PLANEJAMENTO

Saber o tamanho aproximado de compartimentos e espaços típicos torna o processo preliminar de planejamento de espaços mais fácil e eficiente. É impossível para o projetista memorizar regras práticas para o pré-dimensionamento de todos os tipos de equipamentos internos, mas os espaços recorrentes na maioria das edificações têm áreas de piso típicas. Para esses espaços e funções, vale a pena desenvolver e memorizar algumas regras práticas.

Sem tentar exaurir o assunto, mas tendo em mente as necessidades de acessibilidade universal para ambientes não habitacionais, apresentamos uma lista inicial de espaços e funções cujas áreas de piso típicas todos os arquitetos devem tentar memorizar:

Toalete padrão (com lavatório e bacia sanitária)	De 2 a 3 m²
Toalete padrão com acessibilidade universal (com lavatório e bacia sanitária, não compartimentado)	De 4,5 a 5,5 m²
Banheiro padrão para apartamento (com lavatório, bacia sanitária e ducha)	De 3,5 a 4,5 m²
Banheiro padrão com acessibilidade universal para apartamento (com lavatório, bacia sanitária e ducha)	De 6,5 a 7,5 m²
Cozinha padrão para apartamento (não para quitinetes ou apartamentos com dimensões mínimas)	De 6,5 a 8 m²
Apartamentos padrão	
Quitinete	De 40 a 60 m²
De um dormitório	De 55 a 80 m²
De dois dormitórios	De 75 a 120 m²
Saguão (vestíbulo de hotel, grêmios estudantis)	De 2,5 a 3,5 m²/pessoa
Sala de estar ou recepção (consultório médico, secretaria de escola)	De 2 a 2,5 m²/pessoa
Salas de reunião (escritórios comerciais e profissionais, instituições)	De 2,5 a 3,5 m²/pessoa
Auditórios (cadeiras dobráveis para escolas, hotéis)	De 1 a 1,5 m²/pessoa
Auditórios (com assentos fixos)	De 0,8 a 1,4 m²/pessoa
Refeitório de escola de ensino médio	De 1 a 1,5 m²/pessoa
Restaurante de categoria média	De 1,8 a 2,5 m²/pessoa
Restaurante de luxo	De 3 a 4 m²/pessoa
Móveis modulados, postos de trabalho (no mínimo)	De 3,5 a 4 m²/pessoa
(em média)	De 5 a 7 m²/pessoa
(espaçosos)	De 8 a 10 m²/pessoa
Escritórios particulares típicos, com divisórias até o teto ou paredes internas (trabalho padrão e espaço para consultores)	De 12 a 15 m²
Escritórios particulares típicos, com divisórias até o teto ou paredes internas (escritório executivo com poltronas e sofá)	De 20 a 30 m²

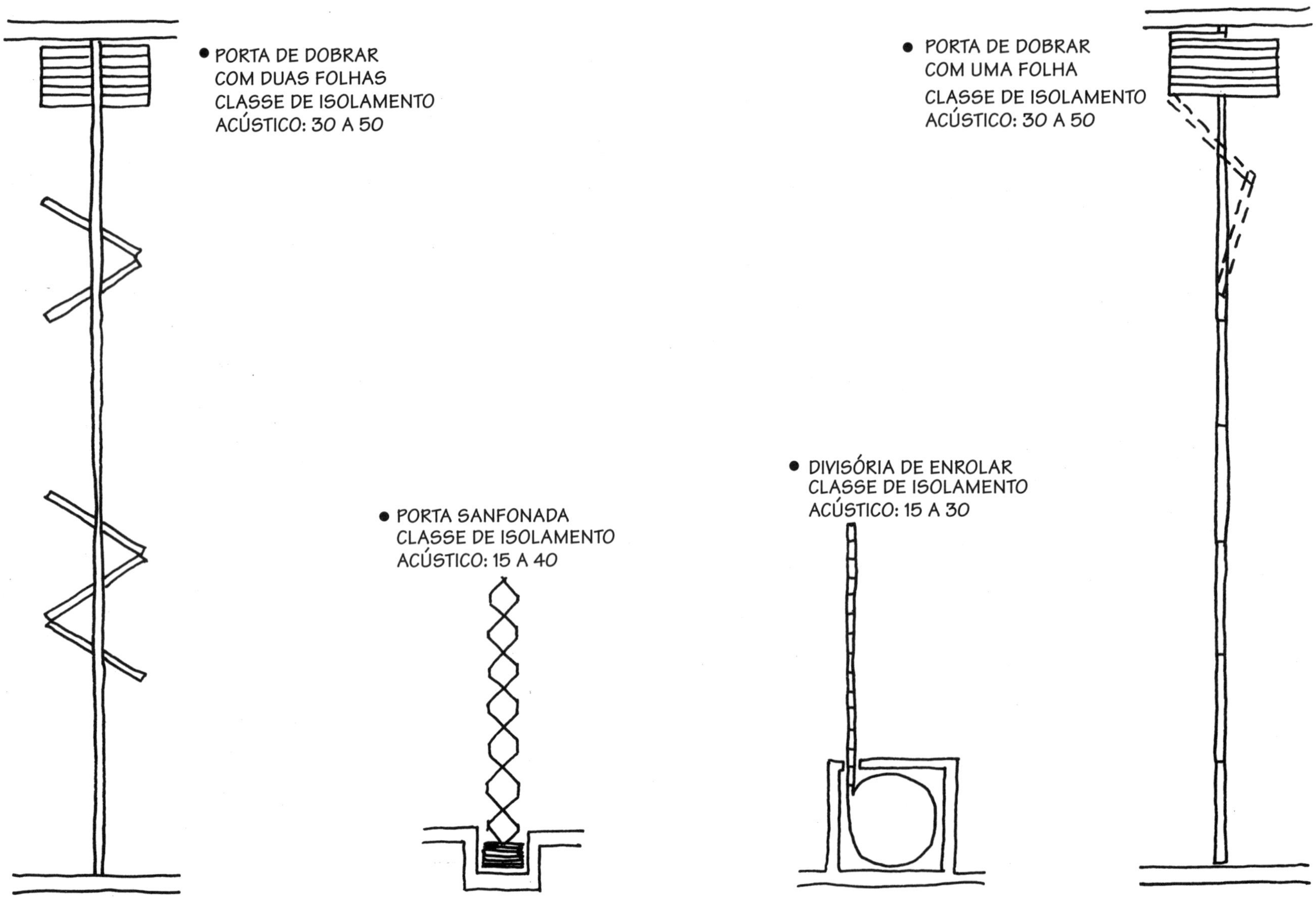

FIGURA 5–6 DIVISÓRIAS MÓVEIS COMUNS.

O pré-dimensionamento das áreas deve ser visto como uma estimativa ou uma proporção de tamanho, e não como a atribuição de valores específicos; é preciso ter bom senso para adequar a qualidade espacial desejada com certa flexibilidade. Lembre-se de que essas estimativas se aplicam somente a situações típicas; quando uma sala de reunião precisa de uma área significativa para convidados ou espectadores, por exemplo, o valor preliminar não servirá. Não tente memorizar demais; a técnica das plantas baixas preliminares, descrita no Capítulo 1 – um passo fundamental para se preparar a matriz de critérios – sempre indica a área de piso estimada quando as exigências de um determinado espaço são conhecidas. É preciso buscar as fontes de consulta adequadas ou procurar um especialista ou consultor sempre que espaços peculiares ou específicos, como uma sala de cirurgia odontológica, exigem equipamentos incomuns ou especializados.

Há fontes de consulta disponíveis (veja a seção "Leitura Recomendada" no final deste capítulo) a fim de ajudar a desenvolver um conjunto de regras práticas para o pré-dimensionamento de áreas de piso. Esse aprendizado tem muitas limitações; em vez de memorizar números, trabalhe com materiais de consulta esboçando plantas baixas para uma variedade de situações e verificando os dados utilizados. Dessa maneira, as informações serão mais significativas e duradouras.

A FLEXIBILIDADE OU O USO MÚLTIPLO

Com o custo cada vez mais alto das edificações, há uma pressão crescente sobre os arquitetos de interiores para projetar equipamentos funcionais que maximizem o uso do espaço interno e que possam atender a mais de uma exigência programática limitada. Em centros de conferência, edifícios com salas de aula e salas de banquete, por exemplo, a possibilidade de alterar o tamanho dos compartimentos é essencial. Espaços flexíveis semelhantes também costumam ser requeridos em situações menos típicas ou menos óbvias. A partir do conhecimento aprofundado das necessidades do programa, o projetista frequentemente consegue sugerir técnicas de planejamento para economia de espaço, como a junção de duas funções em um espaço quando não há comprometimento das necessidades funcionais. Em escritórios de advocacia pequenos, por exemplo, é comum a junção da biblioteca e da sala de reunião. Sempre que a circulação e o uso são frequentes, estudos de aproveitamento de tempo para situações de planejamento específicas geralmente revelam técnicas de programação que podem eliminar a criação de salas de tratamento, reunião ou prática desnecessárias, fazendo com que vários desses espaços sejam planejados dentro de um único equipamento.

O projetista deve conhecer os materiais e as técnicas de construção comumente disponíveis para abrir e fechar espaços, incluindo o custo estimado de sua instalação, as características de transmissão de som aproximadas (discutidas anteriormente na seção "O Projeto Acústico", neste capítulo) e a facilidade relativa da referida abertura ou fechamento (funcionários de manutenção são necessários, e por quanto tempo?). Ocasionalmente, as características estéticas afetam essas decisões, uma vez que alguns produtos usados com frequência em ambientes institucionais não são aceitos em ambientes comerciais ou profissionais, e vice-versa. Como exemplo, a aparência funcionalista das divisórias móveis de um ginásio é perfeitamente adequada para esse uso, mas seria inapropriada para a sala de reunião de um escritório de advocacia de alto padrão.

Além das técnicas de construção, o projetista tem de se familiarizar com as situações de programa que possibilitam usos múltiplos ou a divisão do horário de uso para economias de espaços. Os arquitetos profissionais podem fazer jus a seus honorários mediante a "descoberta" de uma economia de espaços do gênero. Muitas técnicas voltadas para a divisão de horário são utilizadas por gerentes de equipamentos profissionais, e muitas delas estão disponíveis em pacotes de *software* comerciais.

O MOBILIÁRIO

Ainda que o especialista em planejamento espacial não precise conhecer o mercado mobiliário tão bem quanto o arquiteto de interiores ou decorador típico, um conhecimento básico dos tamanhos e das características de móveis e equipamentos típicos é essencial. Até certo ponto, essa questão foi discutida no Capítulo 1, quando tratamos dos esboços de planta baixa, e será levantada novamente no Capítulo 6, que oferece exercícios para aperfeiçoar a capacidade de projetar móveis. O projetista deve ter ou saber onde encontrar informações sobre as exigências espaciais de móveis e usos de móveis específicos. Talvez seja importante saber o espaço necessário para determinado número de assentos em um saguão de aeroporto, o tamanho do depósito necessário para se empilhar cadeiras e mesas dobráveis em um equipamento de banquetes e o tamanho e a capacidade do arquivo central de um escritório de advocacia, entre outros. Esse fator de planejamento não é complexo, pois basta contar com um banco de dados dimensionais próprio e/ou o acesso às informações do catálogo de móveis e equipamentos do fabricante, seja online ou em uma biblioteca de catálogos convencional. Tal banco de dados costuma ser desenvolvido com rapidez quando o arquiteto projeta espaços ou móveis de maneira regular. A seleção real dos móveis, por sua vez, é uma habilidade artística à parte, desenvolvida após muitas tentativas e erros e, em geral, feita após o término do processo de planejamento espacial.

AS CARACTERÍSTICAS DO ESPAÇO

O planejamento de espaços tem uma consequência natural que, com frequência, é ignorada ou não recebe a atenção merecida. À medida que distribui e subdivide o espaço interno, o projetista determina – seja de maneira consciente ou não – as características espaciais e estéticas básicas do ambiente em questão. A tendência é que ele se preocupe demais em resolver o quebra-cabeça que compõe a atividade de projeto e dê pouca importância à experiência tridimensional das pessoas que utilizarão o espaço. Quando a locação das paredes internas é feita, o aspecto tridimensional básico do interior já está praticamente definido.

O projetista experiente não se descuida das características espaciais enquanto a planta baixa preliminar surge na tela do computador ou na prancheta de desenho e, frequentemente, toma decisões referentes à organização geral da planta com base nas características tridimensionais percebidas que são inerentes a ela. O projetista experiente testa regularmente os conceitos de impacto da entrada, formato do compartimento, ordem espacial, características simbólicas, espaço interno e experiência de tempo dos usuários, ao mesmo tempo em que toma as decisões de planejamento. Para testar as características espaciais, uma das melhores técnicas exige a produção regular de desenhos ou esboços tridimensionais capazes de revelar o espaço (elevações, cortes, isométricas, perspectivas), sejam eles feitos à mão livre ou em computador, junto com uma revisão do processo de planejamento (mostrada na Figura 3-6). Sempre que uma solução de planejamento parece promissora, o projetista deve esboçar rapidamente os formatos de compartimentos, as vistas dos caminhos ou corredores, as vistas externas, a coordenação dos detalhes estruturais e internos, entre outros. À medida que a solução de planejamento espacial se desenvolve, as características espaciais e estéticas básicas do interior concluído ficam nas mãos do arquiteto ou decorador.

Não raro, uma maquete de estudo simplificada é construída imediatamente após a definição de uma planta baixa preliminar, de forma a visualizar melhor os aspectos reais da experiência tridimensional. Fazer essa maquete de estudo simplificada, geralmente com papel triplex ou papel *foam core*, é mais demorado do que desenvolver imagens em três dimensões; contudo, as recompensas são consideráveis, já que a técnica permite uma visualização muito melhor das características tridimensionais básicas do espaço.

Independentemente das técnicas utilizadas, é importante ter uma noção razoavelmente precisa das características espaciais resultantes antes de tomar as decisões de planejamento definitivas. A decoração e os detalhes mais criativos jamais compensam as oportunidades perdidas em uma experiência espacial basicamente insatisfatória.

As áreas de especialização no projeto de interiores

Este livro trata dos fundamentos do planejamento espacial e não se dedica a um tipo específico de equipamento ou função interno. O projeto de demonstração (Programa de Necessidades 2s) mistura funções executivas, habitacionais e de reunião. Os nove programas de necessidades, disponibilizados pelos Exercícios para Desenvolvimento de Habilidades, contidos no Apêndice, englobam uma variedade de funções internas. Vários deles são com escritórios e há muitos espaços de reunião, assim como prédios para empresas, tratamentos de saúde e espaços para alimentação e exposição.

É raro encontrar um arquiteto de interiores ou decorador que projete todos os tipos de ambientes internos ou edificações. Isso ocorre por duas razões principais. Em primeiro lugar, a maioria dos ambientes internos ou edificações é complexa e requer conhecimentos especializados e experiência para se prestar serviços profissionais de boa qualidade. Ter conhecimentos e experiência significativos em mais de uma ou duas áreas de especialização é difícil e incomum. Em segundo lugar, a maioria dos clientes espera contratar um projetista que tenha muita experiência no tipo de equipamento que pretendem concluir. Espera-se que o *restauranteur* que planeja abrir um novo restaurante contrate um projetista que já projetou pelo menos alguns estabelecimentos do gênero.

Leitura recomendada

Códigos de edificações: 2*, 4*, 13*, 25, 31*

Projeto de Iluminação: 1*, 3*, 11, 14

Projeto de Acústica: 1*, 7*, 10

Regras Práticas de Planejamento: 9*, 15*, 20*

Flexibilidade/Usos Múltiplos: 9*, 15*, 24*, 26*

Mobiliário: 6*, 15*, 20*, 24*, 26*

Características Espaciais: 6*, 8*, 12*, 23*, 27*

As obras seguidas de asteriscos fazem parte da leitura recomendada em outros capítulos.

Capítulo 6 O DESENVOLVIMENTO DO ESBOÇO DE PLANTA BAIXA

Depois que os estudos preliminares chegam ao fim e após os organogramas produzirem uma organização espacial básica, é hora de passar para o âmago da questão e desenvolver um esboço de planta baixa que atenda às necessidades do cliente ou do usuário. É preciso ratificar, logo no início, que o processo de planejamento envolve uma série de meios-termos entre questões antagônicas. Em geral, o processo inclui a ponderação de prós e contras de várias configurações diferentes, nas quais as necessidades dos usuários raramente – ou nunca – serão totalmente atendidas. Em resumo, o projetista jamais encontrará uma solução perfeita para atender a todas as exigências do programa de necessidades.

Até os problemas relativamente simples de projeto de interiores apresentam inúmeras exigências complexas e, com frequência, conflitantes, levando o projetista a tomar várias decisões de projeto que requerem sutileza e sensibilidade. Consequentemente, o ideal é desenvolver as habilidades de planejamento espacial de maneira progressiva, passando de problemas relativamente pequenos e simples e chegando, gradualmente, a outros maiores e mais complexos. Este capítulo apresenta um processo passo a passo para o desenvolvimento de um esboço de planta baixa. A abordagem utilizada aqui estabelece uma separação entre o esboço de planta baixa e o desenvolvimento subsequente de uma planta baixa preliminar, descrito em detalhes no Capítulo 7. A distinção entre as duas etapas identifica o esboço de planta baixa como uma fase temporária de "ferramenta de projeto", e a planta baixa preliminar como aquela que, após um processo de aperfeiçoamento, adota o formato de apresentação, seja para uso em sala de aula ou para o cliente. No final deste capítulo, recomendamos exercícios de planejamento que usam programas de necessidades de 150 m² e as plantas baixas das edificações contidas no Apêndice. Os exercícios de planejamento para 250 e 400 m² fazem parte do Capítulo 7.

Conforme dito no início, a experiência progressiva de aprendizado apresentada aqui pressupõe que o leitor domine razoavelmente o leiaute de mobiliário de cada tipo de compartimento – salas de estar, dormitórios, escritórios particulares e salas de reunião, entre outros. Caso essas habilidades sejam deficientes ou não venham sendo utilizadas há tempo, é essencial realizar uma série de exercícios metódicos de leiaute de mobiliário para espaços habitacionais e não habitacionais típicos antes de continuar. Embora não seja essencial, a experiência no leiaute de mobiliários maiores e mais complexos é muito valiosa para o processo de desenvolvimento das habilidades de planejamento de interiores. Os conjuntos maiores incluem saguões ou salas de espera de uso comum, salões de refeição de restaurantes ou clubes, escritórios com várias mesas ou postos de trabalho (seja com móveis convencionais ou planejados) e salas multifuncionais em larga escala para reunião ou conferência, entre outros. Se sua competência em alguma dessas áreas for limitada, é muito importante examinar sistematicamente uma série de estudos sobre o leiaute de mobiliário em grande escala antes de passar para o desenvolvimento de um esboço de planta baixa. O exercício a seguir é muito útil para aperfeiçoar esse tipo de habilidade.

EXERCÍCIO 6-1

Faça, no mínimo, um esboço de planta baixa para cada espaço listado a seguir, incluindo todas as variações de tamanho sugeridas. Ainda que o processo pareça trabalhoso, é possível desenhar os esboços de planta baixa com rapidez e precisão razoável, o que contribuirá para o desenvolvimento de suas habilidades de maneira considerável. A qualidade do desenho não é fundamental para esta experiência de aprendizado, embora este exercício também possa ser usado, se desejado, para aperfeiçoar tal habilidade. Experimente uma variedade de técnicas de desenho, tanto manual (à mão livre ou na prancheta, com esquadros) como em computador (utilizando tipos e pesos de linha variáveis). Para as variações menores, a escala deve ser de 1:50 e, para as maiores, de 1:100; todos os projetistas devem estar aptos a trabalhar com ambas as escalas. Aborde tais exercícios a partir de uma perspectiva bidimensional; embora seja possível ficar atento às implicações tridimensionais, o contexto da planta baixa precisa ser o foco principal.

- Uma área de recepção para fins empresariais com posto para recepcionista e seis assentos. A seguir, tente com 10, 15 e 20 pessoas. Considere a localização no pavimento térreo, com a porta de entrada em uma parede de vidro.
- Uma sala de reunião para escritório de advocacia com seis assentos, seguida por outra com 10 assentos, além de instalações modestas para recursos audiovisuais (dispositivos e filmes de projeção e telão); a seguir, tente uma com 20 assentos. Considere uma parede fenestrada oposta à porta de entrada.
- Uma sala de refeições executiva (com serviço à francesa) com 16 assentos. Em seguida, tente salas similares com 24 e 40 assentos. Considere um espaço de canto com janelas em ambos os lados e identifique a localização da porta da cozinha.
- Um auditório multiuso em uma universidade com 40 assentos e em modo de conferência, que possa ser dividido por uma parede móvel para criar duas salas para seminários que acomodem oito e 12 pessoas, respectivamente. Depois, tente criar um equipamento semelhante com 100 assentos e salas para seminários com 12 e 24 assentos, respectivamente. Considere a entrada a partir de um corredor e uma janela na parede oposta a ele.
- Um espaço para seis secretárias com postos individuais, sendo que cada posto conta com um computador e contém três metros de prateleiras para arquivos, além de gaveteiros triplos e 2,4 metros de estantes para livros ou catálogos. A seguir, tente criar espaços para secretárias com 12 e 20 postos de trabalho e as mesmas exigências. Considere um espaço livre de pilares (uma planta livre) em um pavimento superior de uma torre de escritórios típica com núcleo de serviços (elevadores, toaletes, etc.), com 12 metros entre a parede do núcleo e a parede externa, que tem uma faixa contínua de janelas e um peitoril de 90 cm.
- Um edifício de serviço público com recepção central, área de espera para oito pessoas e compartimento para entrevista (cada compartimento contendo um monitor com teclado, 1,2 metro de arquivos e gaveteiros duplos, além de dois assentos para visitantes). A seguir, tente criar áreas de espera para 12 e 20 pessoas com, respectivamente, oito e 15 compartimentos para entrevista. Considere a localização no pavimento térreo, com a porta de entrada em uma parede de vidro.

As situações descritas anteriormente são somente amostras dos vários exercícios possíveis para o leiaute de mobiliário. Pratique com outros, usando ambientes não habitacionais razoavelmente típicos; além disso, é relativamente fácil melhorar vários resultados de projeto de equipamentos existentes disponíveis em revistas de projeto.

Regras práticas úteis costumam ser desenvolvidas a partir do estudo de leiaute de mobiliário, incluindo os esboços de planta baixa descritos e recomendados, a fim de estabelecer a área de piso necessária durante o desenvolvimento da matriz de critérios. Seu valor não é apenas numérico (quantos metros quadrados são necessários para usos específicos), mas também visual e geométrico (quais configurações de compartimento são mais indicadas para cada uso). Aos poucos, o projetista experiente cria uma lista ou vocabulário mental – às vezes registrado em anotações e croquis – de padrões espaciais que ajudarão a solucionar futuros problemas de planejamento com mais facilidade e eficiência. Muitos arquitetos desenvolvem um arquivo de computador pessoal ou uma biblioteca de desenhos, imagens e anotações que podem ser aproveitados repetidamente. Ainda que alguns padrões do gênero costumem ser publicados (assentos para auditórios, refeitórios, etc.), o desenvolvimento pessoal e prático de tais regras práticas fornece ao projetista uma ferramenta de trabalho mais flexível e útil.

COMO COMEÇAR

Independentementte do meio ou da técnica de desenho, o processo de desenvolvimento de esboços de planta baixa é basicamente o mesmo. Após o término dos organogramas ou plantas baixas esquemáticas e a escolha do melhor diagrama (conforme descrito no Capítulo 2) para o desenvolvimento de um esboço de planta baixa, as duas melhores ferramentas são o diagrama propriamente dito e uma planta baixa de base da edificação em papel manteiga, ambos na mesma escala. Escolher entre trabalhar no papel ou em computador é uma questão de familiaridade e conforto; a qualidade do projeto não dependerá de tal decisão. No caso de iniciantes no processo de planejamento espacial, provavelmente o ideal é experimentar as duas abordagens antes de optar por uma técnica ou outra.

Ao trabalhar com lápis ou caneta em papel manteiga, coloque uma versão do diagrama em papel manteiga sobre a planta baixa de base. Caso haja uma versão da planta baixa do prédio em papel manteiga ou vegetal, coloque o diagrama sob ela, para que ela fique bem visível. Coloque uma folha limpa de papel manteiga sobre as plantas baixas do prédio e do diagrama, usando um papel de melhor qualidade do que aquele usado para o diagrama, já que você provavelmente apagará seus traços várias vezes durante o desenvolvimento de um esboço de planta baixa. (Não é necessário usar o melhor papel manteiga neste processo, pois dificilmente se chegará a uma planta baixa final ou para fins de apresentação.). Trace linhas relativamente grossas ao desenhar a planta baixa preliminar, fazendo com que esse esquema se torne o elemento visualmente dominante na prancheta; isso o ajudará a se concentrar na planta baixa recentemente desenvolvida, e não na planta baixa da folha inferior.

Ao trabalhar com programas de computador, coloque os layers ou camadas do diagrama e da planta baixa de base na tela, usando cinza-claro ou outra cor suave para o diagrama e preto ou outra cor mais forte para a planta baixa de base. É possível gerar um organograma ou uma planta baixa esquemática com caneta de toque ou tela de toque, ou digitalizá-lo com base em um desenho feito anteriormente em papel. É fácil produzir uma planta baixa esquemática como desenho original de CAD em camada própria. Assim que as plantas baixas de base e do diagrama estiverem visíveis na tela, o desenvolvimento da planta baixa preliminar (em layer ou camada própria) deve ser feito em linhas grossas e coloridas, transformando a planta baixa no elemento visual dominante.

Há outra estratégia de desenho viável, na qual o projetista começa com lápis e papel manteiga e prossegue com este método convencional até visualizar um esboço de planta baixa com espaços identificáveis (provavelmente no ponto em que o leiaute de mobiliário básico se torna necessário), que ele transformará, a seguir, em uma planta baixa gerada por computador. Nesse caso, o esboço da planta baixa é concluído no CAD. A transição entre o desenho manual e o desenho digital, conforme a descrição, é demonstrada nas ilustrações passo a passo que acompanham este capítulo. Assim como não há soluções "perfeitas" de projeto de interiores, não há técnicas de desenho "perfeitas" para o desenvolvimento de um esboço de planta baixa; cada projetista deve encontrar a abordagem personalizada mais adequada para seus próprios processos lógicos e hábitos de trabalho. Além disso, não há abordagens que pareçam melhores atualmente ou que se possa garantir que serão as melhores no futuro; a rápida evolução das tecnologias digitais certamente trará ferramentas e técnicas novas e inesperadas.

Por questões de continuidade, o programa de necessidades 2S (página 191) e a planta baixa de base da edificação 2S (página 216), que ilustraram as descrições dos Capítulos 1 e 2, serão usados novamente neste capítulo; o organograma D, da Figura 2–2B (página 45) será usado por se tratar do melhor diagrama.

À medida que o esboço de planta baixa surge e as divergências em relação ao diagrama se multiplicam, como costuma ocorrer, talvez seja melhor remover o diagrama (seja em papel manteiga ou imagem de layer) por completo, uma vez que ele já deixou de ser relevante e, em vez de um auxílio, pode se tornar uma distração ou um incômodo. Diferentemente do processo de elaboração de organogramas ou plantas baixas esquemáticas, que é extremamente intuitivo por natureza, o desenvolvimento do esboço de planta baixa – embora também demande espontaneidade e intuição – é muito mais metódico e previsível. Ainda que seja possível se afastar do processo passo a passo descrito a seguir e ilustrado nas Figuras 6–1 a 6–11, esta fase do desenvolvimento da planta baixa precisa ser extremamente organizada. Para não se perder, mantenha a matriz de critérios à mão durante todo o processo e consulte-a com frequência; não confie apenas na memória.

A REALIDADE DA CONSTRUÇÃO

Desde o início, a elaboração do esboço de planta baixa deve ser realista, e não diagramática. Do contrário, é provável que imprecisões nas dimensões façam com que ele se revele pouco prático ou inviável em etapas posteriores. Desenhe as paredes internas com a espessura adequada; 10 cm é uma dimensão nominal apropriada para a maioria dos esboços de planta baixa, mas atribua uma espessura de 20 cm para as paredes com tubulações de águas embutidas, e de 45 a 75 cm para as paredes internas com *shafts* para diversos tipos de tubulação.

COMECE COM A TUBULAÇÃO HIDROSSANITÁRIA

O processo de diagramação concluído anteriormente estabeleceu o ponto de entrada do espaço, além de um percurso básico para a circulação. Uma vez que tais decisões de planejamento já foram tomadas, o ideal é iniciar o processo de planejamento pelos espaços com dimensões mais exíguas e que são condicionados pelos sistemas de tubulação, como cozinhas, banheiros e toaletes, já que seus tamanhos e suas possíveis localizações dentro da planta baixa são os menos flexíveis. Às vezes, condições preexistentes permitem a distribuição livre dos aparelhos hidrossanitários, mas esses casos são raros. Além disso, lembre-se de respeitar as áreas necessárias maiores para acessibilidade universal. A Figura 6–1 demonstra esta primeira etapa. Observe o afastamento obrigatório de três metros para os aparelhos hidrossanitários em relação à parede norte, bem como a coluna de água que foi marcada na planta baixa.

A SEGUIR, OS ESPAÇOS PRINCIPAIS

Na maioria dos casos, existem um ou dois espaços bem maiores ou dominantes em termos funcionais (para uso intensivo). O ideal é trabalhar com eles a seguir, pois sua importância é fundamental para o funcionamento do todo e, devido às condições estruturais ou de configuração preexistentes, talvez possam ser encaixados somente em pontos limitados na planta baixa do prédio. O tamanho e o formato razoavelmente precisos do compartimento, bem como a localização das portas de acesso e outros detalhes do planejamento (como os equipamentos, acessórios fixos e armários necessários), precisam ser estabelecidos nesta etapa inicial. Veja a Figura 6–2, na qual a sala de reunião, os compartimentos para entrevistas e o apartamento para visitantes foram locados.

OS ESTUDOS DE CIRCULAÇÃO

Em seguida, dedique-se aos espaços para circulação – aqueles definidos por paredes internas obrigatórias (os corredores e as saídas de emergência necessárias) e os que são áreas de passagem dentro de espaços maiores. Em geral, as rotas de circulação não são bem definidas nos organogramas ou nas plantas baixas esquemáticas, e podem ocupar um espaço maior do que o previsto. Os códigos de edificações também têm normas muito rígidas em relação às rotas de circulação e às saídas de emergência, que foram discutidas no Capítulo 4, e todas elas devem ser consideradas durante a fase de desenvolvimento do esboço de planta baixa. Verifique na planta baixa, especificamente, se há duas saídas de emergência afastadas, o percurso máximo até uma saída, as larguras dos corredores, os corredores sem saída e as obstruções dos corredores, entre outros fatores. Neste ponto, também é importante conferir a eficiência do espaço de circulação e determinar o percentual de espaço que será ocupado por corredores e outros caminhos. Observe a Figura 6-3, na qual o espaço para circulação total ocupa 21,7% do espaço total.

Um erro frequentemente cometido por projetistas inexperientes é a continuação desnecessária de corredores sem saída, conforme mostrado nos esboços "certo" e "errado" da Figura 6–4. Em geral, o uso eficiente do espaço para circulação deve ser um critério prioritário de planejamento, a fim de que áreas de piso importantes não sejam desperdiçadas e que os padrões de deslocamento sejam convenientes para os usuários.

A DISTRIBUIÇÃO DOS COMPARTIMENTOS BÁSICOS

Prossiga distribuindo os demais compartimentos básicos. Continue considerando as exigências do programa de necessidades, priorizando de maneira adequada os espaços que exigem luz natural e ar fresco, privacidade e controle acústico (as zonas íntimas ou de silêncio). Nesta fase de planejamento inicial, não se esqueça dos conflitos de abertura de portas, uma vez que, à medida que a planta baixa se concretiza, torna-se mais difícil corrigi-los. A melhor maneira de se evitar esse problema é desenhar a abertura das portas enquanto a planta baixa se desenvolve, em vez de lidar com ele mais tarde. Veja a Figura 6–5.

O MOBILIÁRIO E OS EQUIPAMENTOS

Após tomar as decisões iniciais em relação à locação das paredes internas de forma a configurar os compartimentos e espaços, é preciso passar rapidamente para a distribuição dos móveis e equipamentos básicos; com o tempo, talvez se descubra que, devido ao tamanho e/ou à configuração (formato do compartimento, localização das portas e janelas, etc.), é impossível atender às exigências do programa de necessidades em um ou mais espaços. Não é necessário nem recomendável finalizar a distribuição do mobiliário ainda nesta etapa, mas é muito importante saber se o leiaute de mobiliário básico funcionará. Na Figura 6–6, que demonstra a incorporação inicial do mobiliário, o organograma já foi removido; conforme mencionamos anteriormente, o diagrama em questão mais atrapalha do que ajuda à medida que a elaboração do esboço de planta baixa progride. Nos esboços de planta baixa ilustrados anteriormente (6-1, 6-2, 6-3 e 6-5), o desenvolvimento da planta foi traçado a lápis em papel manteiga sobreposto. Na Figura 6-6, o desenho foi feito no CAD. Conforme destacamos, a escolha do meio de desenho

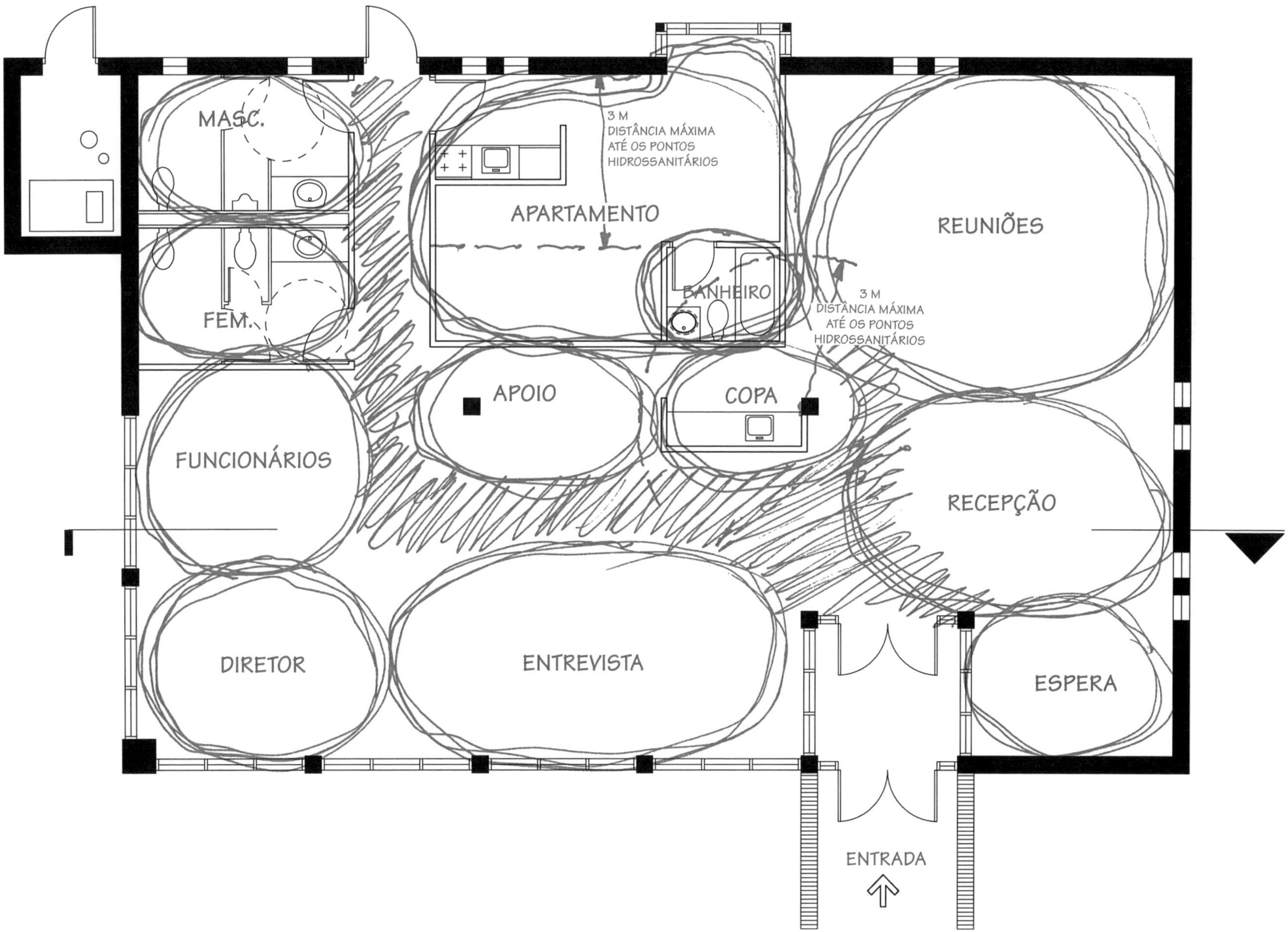

FIGURA 6–1 ESBOÇO DE PLANTA BAIXA, PRIMEIRA ETAPA: ZONEAMENTO PRELIMINAR E LOCAÇÃO DOS PONTOS HIDROSSANITÁRIOS.

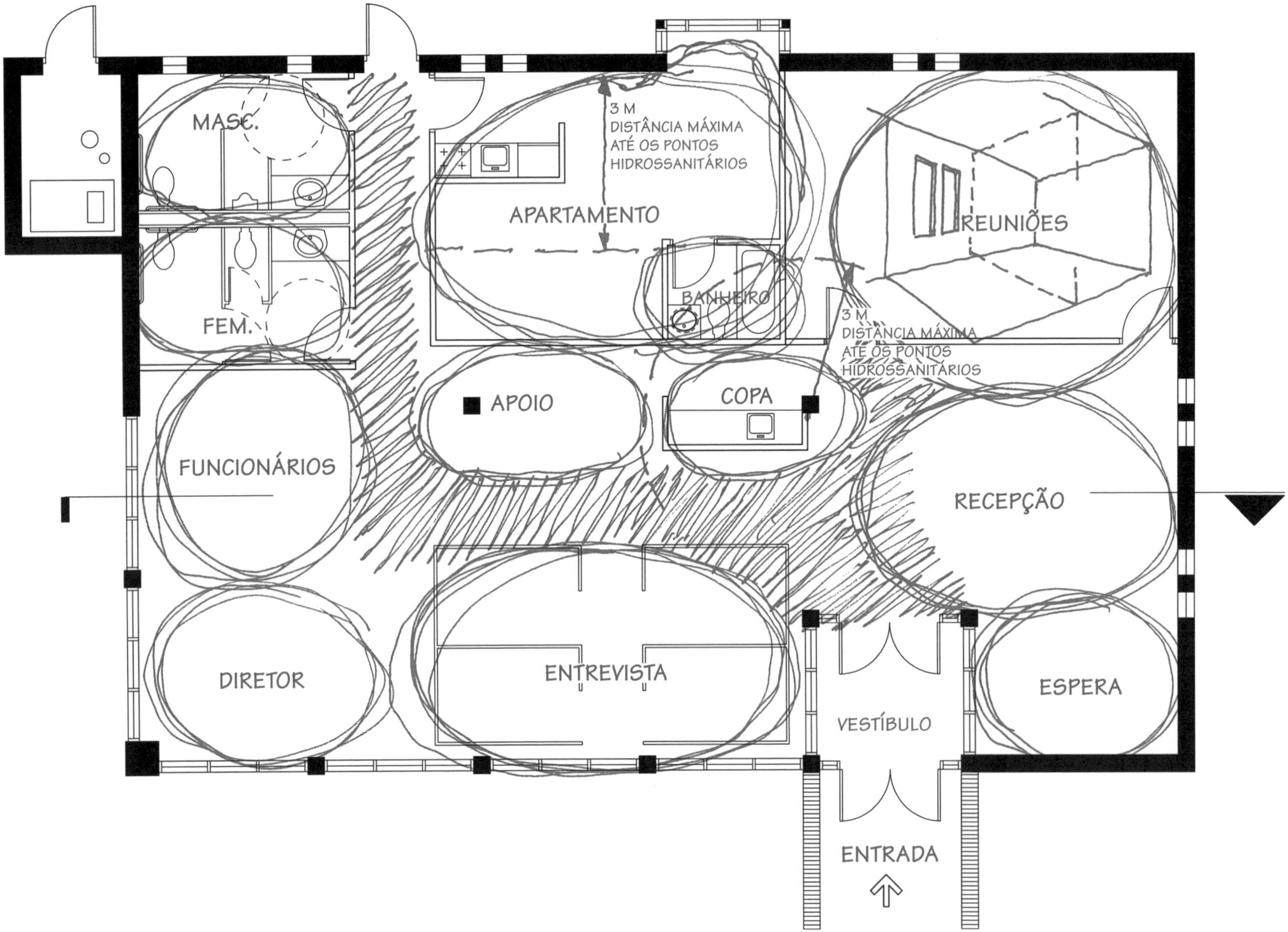

FIGURA 6–2 ESBOÇO DE PLANTA BAIXA, SEGUNDA ETAPA: INCLUA OS ESPAÇOS PRINCIPAIS.

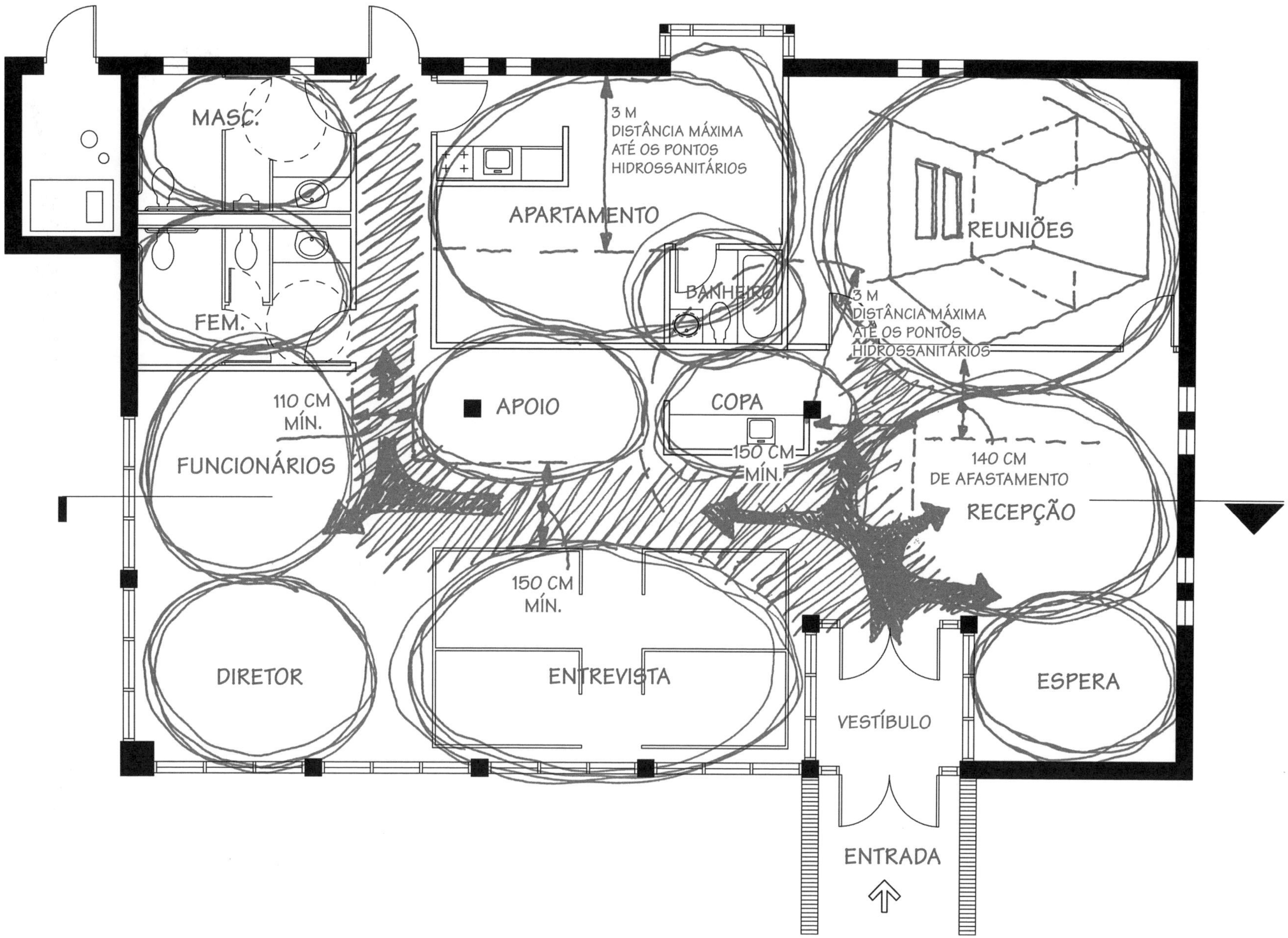

FIGURA 6–3 ESBOÇO DE PLANTA BAIXA, TERCEIRA ETAPA: INCLUA OS ESPAÇOS DE CIRCULAÇÃO.

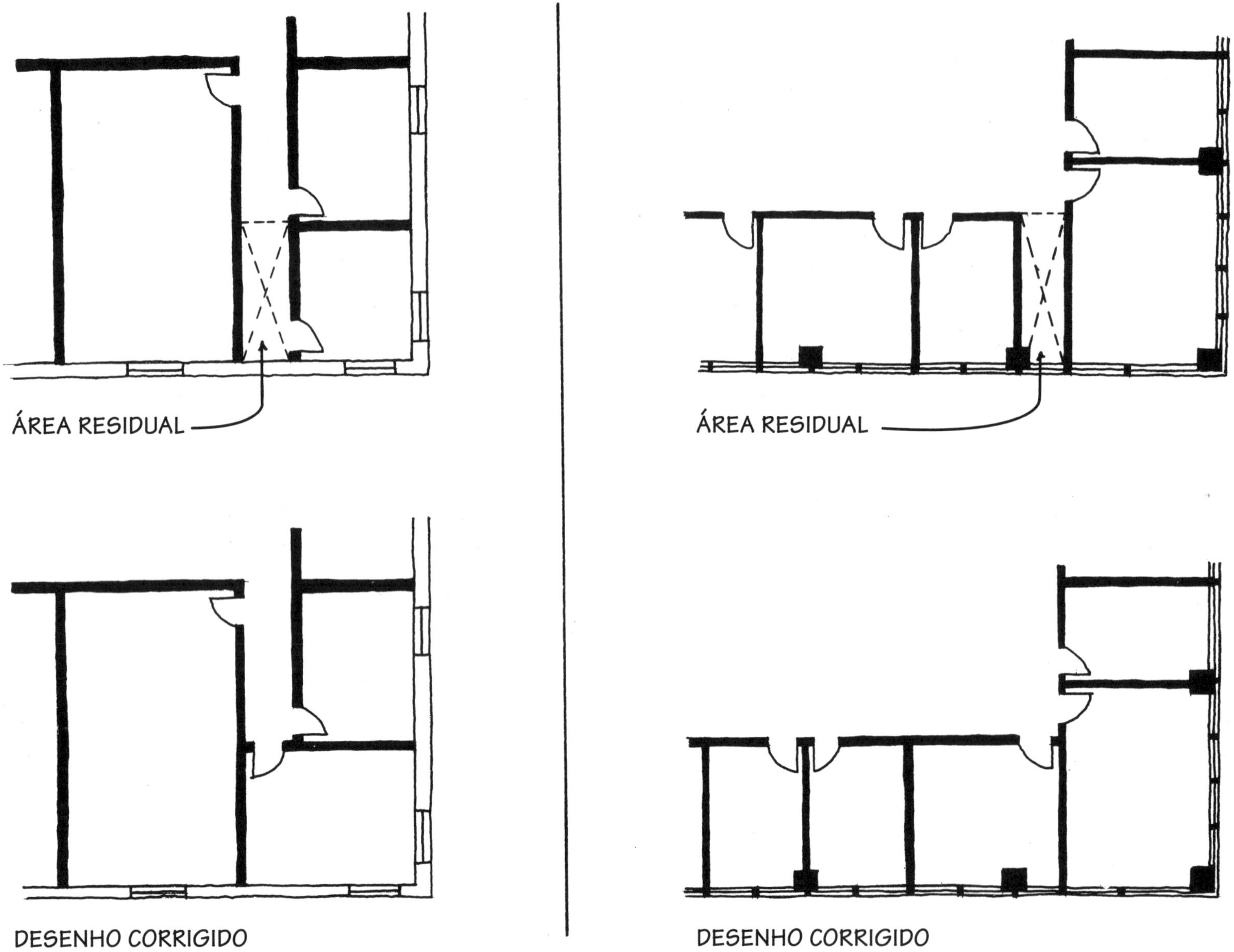

FIGURA 6–4 DESENHO DE CORREDORES EFICIENTES.

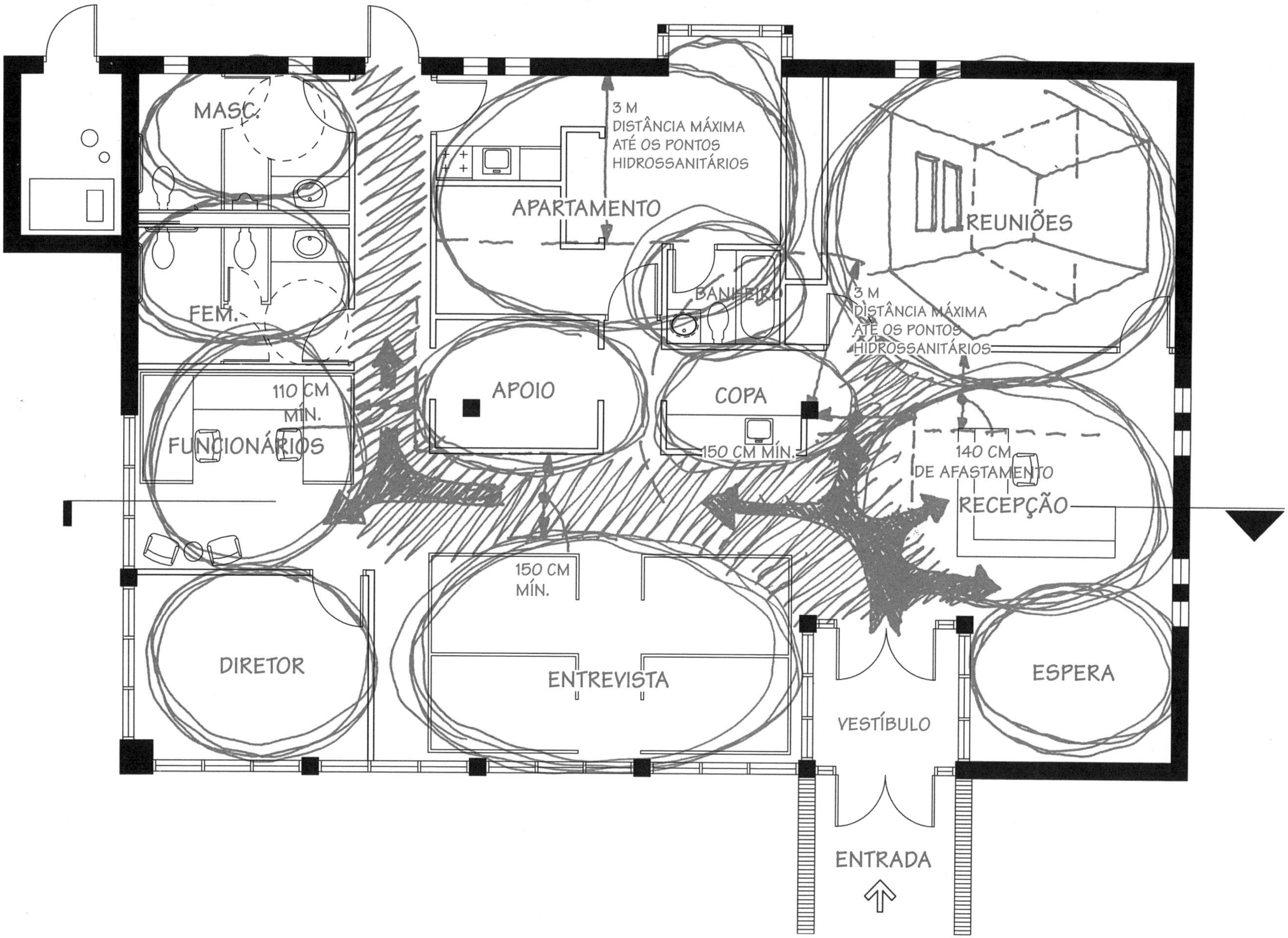

FIGURA 6–5 ESBOÇO DE PLANTA BAIXA, QUARTA ETAPA: DIVISÃO BÁSICA DOS ESPAÇOS.

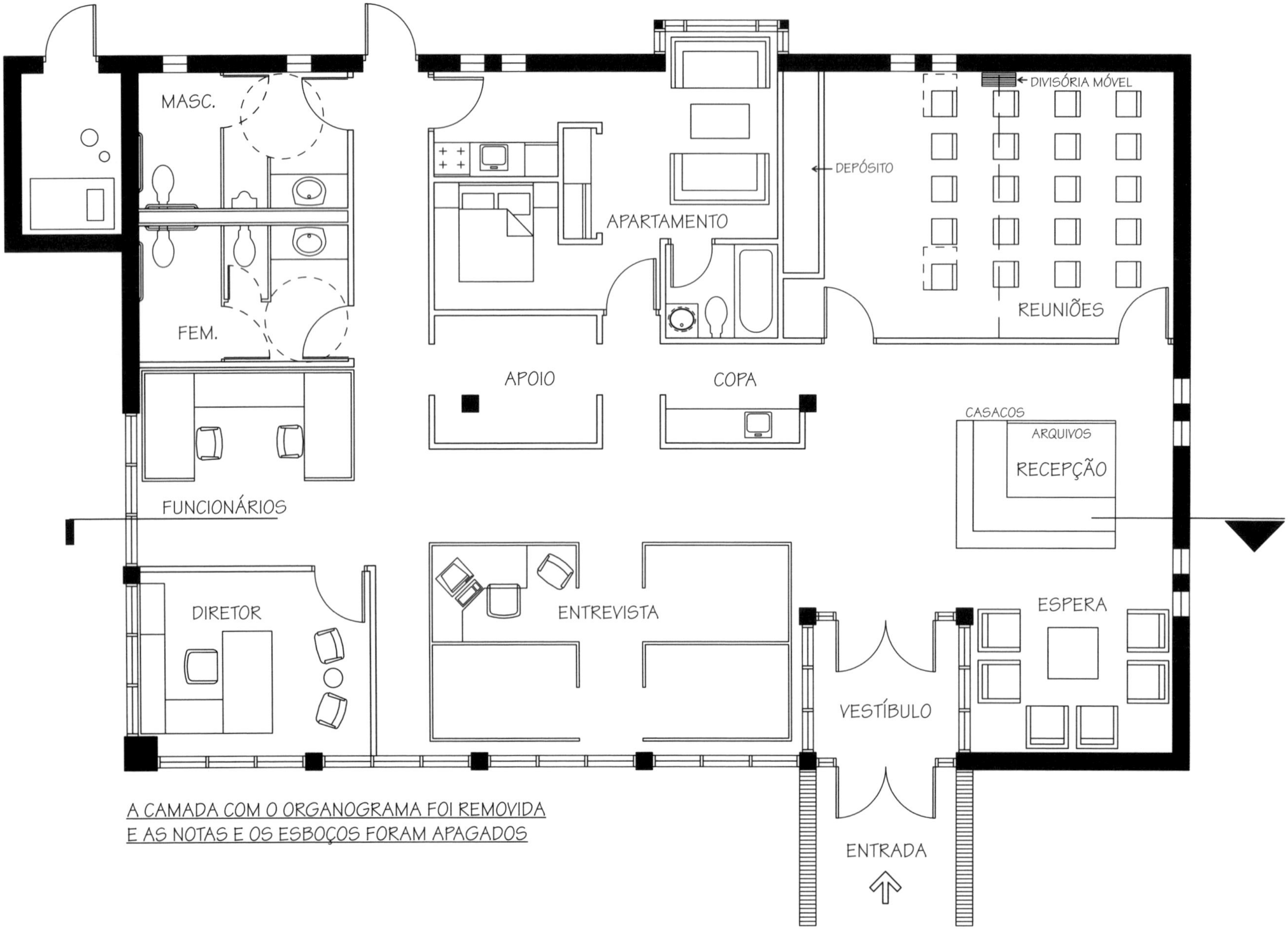

FIGURA 6–6 ESBOÇO DE PLANTA BAIXA, QUINTA ETAPA: INCLUA O MOBILIÁRIO.

costuma ser pessoal; caso o CAD ainda não tenha sido usado no desenvolvimento da planta baixa, mas se deseje finalizá-la nele, recomendamos que a transição seja feita neste ponto. Lembre-se de que o mobiliário deve ser desenhado em um layer próprio.

Lembre-se também de que a maioria dos móveis e dos equipamentos exige um espaço adjacente para ser usado de maneira adequada; com frequência, essas questões dimensionais básicas são esquecidas – por exemplo, quando uma mesa de reunião está muito perto de uma parede contígua e não permite assentos confortáveis, quando um sofá está muito perto da mesa de centro e não pode ser acessado de maneira confortável, ou quando uma cama está posicionada de forma que não pode ser arrumada com facilidade. Alguns móveis e equipamentos têm partes que se movem (como gavetas) ou um espaço obrigatório para abastecimento (como fotocopiadoras) que devem ser acomodados especialmente. O esquecimento desses fatores pode resultar em compartimentos que não funcionam da maneira desejada. Um exemplo comum é não se deixar espaço suficiente para abrir gavetas que contêm arquivos, conforme ilustrado nos croquis "certo" e "errado" da Figura 6–7.

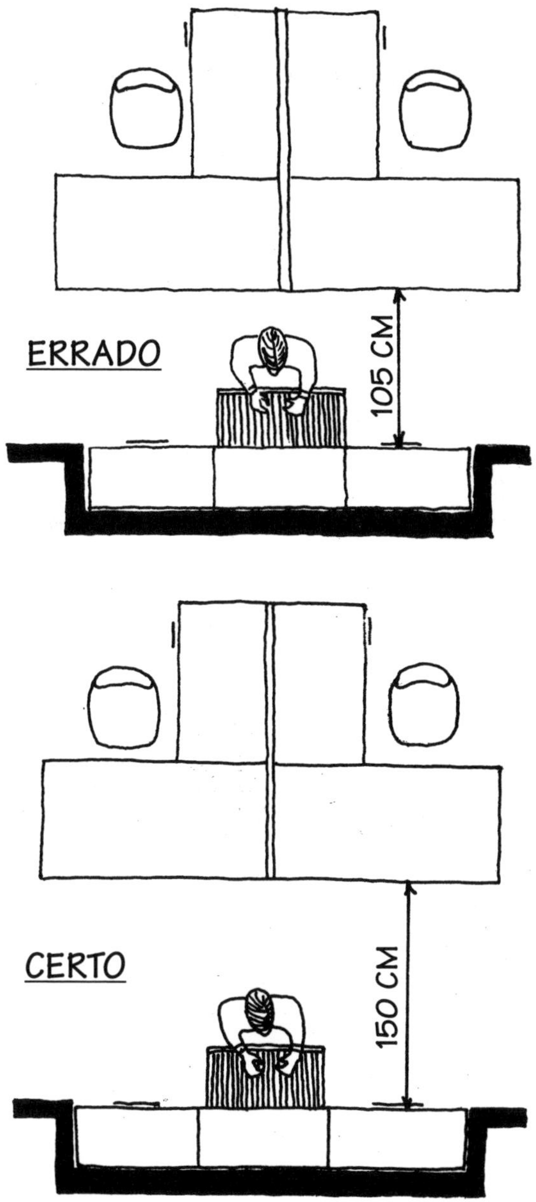

FIGURA 6–7 A ACOMODAÇÃO DAS GAVETAS COM ARQUIVOS.

A GUARDA E O ARQUIVAMENTO

As exigências que tratam da guarda e do arquivamento costumam ser enganosas; por isso, verifique se as exigências do programa de necessidades referentes aos fichários suspensos, armários de uso geral, cabideiros para casacos e depósitos para cadeiras de empilhar e mesas de dobra foram atendidas. Veja a Figura 6–8, na qual o depósito de mesas e cadeiras usadas na sala de reunião foi aperfeiçoado, gerando espaço para a colocação de uma estante de livros e um televisor na área de estar do apartamento para hóspedes. Além disso, os arquivos e o cabideiro para casacos foram incorporados à área da recepção; a área de trabalho e a copa foram transferidas a fim de obter o espaço necessário para os arquivos, o cabideiro e a fotocopiadora.

A QUALIDADE DO ESPAÇO

Levantamos, nos Capítulos 3 e 5, as questões relacionadas à importância de se testar as consequências tridimensionais da planta baixa em evolução ainda no início de seu desenvolvimento. Como os espaços se comportam em relação às pessoas que os utilizam? O tamanho, a escala e as proporções do espaço são adequados para o número de pessoas que o utilizarão? O uso espacial inclui desde áreas íntimas (dormitórios) até públicas (saguões de teatro). A escala de cada

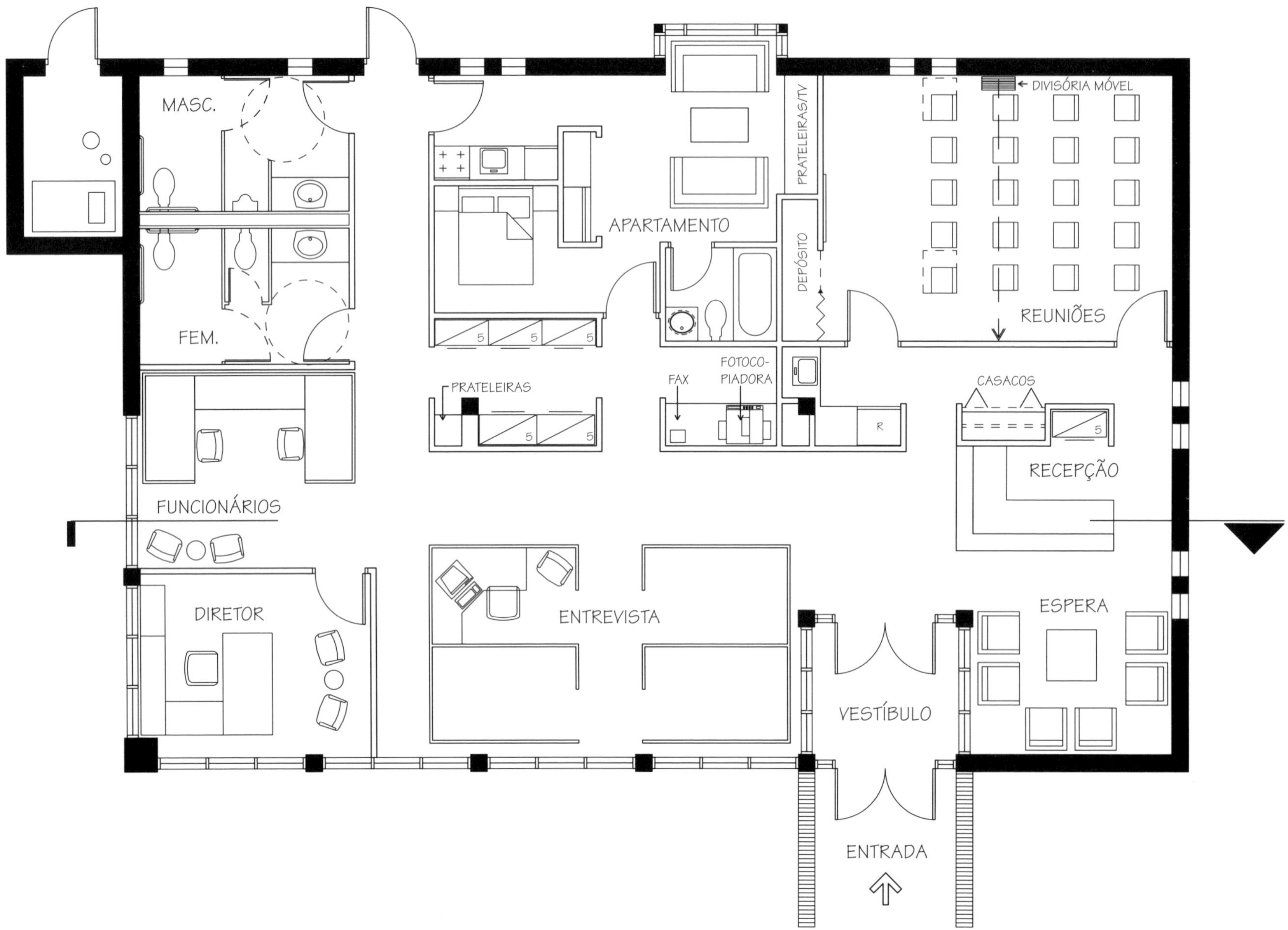

FIGURA 6–8 ESBOÇO DE PLANTA BAIXA, SEXTA ETAPA: INCLUA OS ARQUIVOS.

espaço reflete seu uso de maneira apropriada? Os espaços com pés-direitos altos tiveram seu potencial aproveitado? Os espaços se tornaram visualmente variados e interessantes, com aproveitamento dos pés-direitos variados e tetos rebaixados? Experiências espaciais rítmicas ou sequenciais foram fornecidas quando possível? As proporções das paredes e dos espaços são agradáveis? Como o esboço de planta baixa já está quase pronto, este é o momento para testar e avaliar seu potencial tridimensional. Observe a área da entrada principal, os percursos de deslocamento, os espaços principais, os espaços especiais e demais elementos. Ainda é possível ajustar a planta baixa a fim de obter melhores características espaciais. A Figura 6–9 traz dois esboços reduzidos, um feito à mão livre e outro no CAD, que demonstram este tipo de testagem espacial preliminar.

A REVISÃO PRELIMINAR

Quando já se pode visualizar a planta baixa por inteiro, independentemente da qualidade do desenho, é extremamente importante realizar uma revisão básica. Trata-se de uma autorrevisão, na qual as habilidades de autocrítica objetiva do projetista precisam ser exercitadas. Pegue um lápis grosso ou colorido ou uma caneta e uma folha de papel manteiga para fazer sobreposições (ou uma cópia da planta baixa), e destaque todas as características da planta baixa que deixam a desejar ou que não atendem por completo às exigências estabelecidas na matriz de critérios. Verifique os seguintes fatores na planta baixa.

As exigências do programa de necessidades

A planta baixa atende às exigências do programa de necessidades? Este é o momento de identificar espaços ou funções esquecidos ou um equívoco no número de pessoas ou operações que precisam ser atendidos; não deixe para fazer isso depois de dedicar um tempo muito mais expressivo ao desenvolvimento e ao aperfeiçoamento adicionais da planta baixa. O uso da matriz de critérios na análise de problemas, recomendado no Capítulo 1, é uma ferramenta excelente para descobrir se as exigências do programa de necessidades foram atendidas – não apenas nos números, mas também em questões funcionais e estéticas básicas, como as adjacências espaciais, o isolamento acústico e as características dos espaços.

As exigências dos códigos de edificações

As exigências dos códigos de edificações que tratam de saídas de emergência foram atendidas? Ainda que as normas devam ser consideradas durante o processo de desenvolvimento da planta baixa preliminar, é preciso conferir o atendimento a elas à medida que a planta baixa é integrada pela primeira vez. Este é o momento de identificar questões como percursos de deslocamento inaceitáveis, corredores desnecessariamente longos ou sem saída, e corredores e escadas com larguras inadequadas; não deixe para fazer isso depois de aperfeiçoar a planta baixa.

As exigências de acessibilidade universal

As normas de acessibilidade universal exigidas pela lei ou pelas necessidades dos usuários foram atendidas? É difícil, se não impossível, transformar uma planta baixa aperfeiçoada que não atende às necessidades de acessibilidade universal em outra que o faz da maneira adequada. Este é o momento de adequar a planta baixa a essas exigências.

A atenção aos detalhes

Há algum conflito nos detalhes do planejamento – aberturas das portas, espaços livres insuficientes entre móveis, inclusão de equipamentos necessários (acessórios, aparelhos, dispositivos de comunicação), janelas para compartimentos de permanência prolongada, dimensões entre aparelhos hidrossanitários e tubulação de esgoto, entre outros? Embora seja possível ajustar esses detalhes mais adiante no processo, o ideal é fazer isso agora de forma a economizar tempo e esforços.

À medida que o processo de revisão se aproxima do fim, o papel manteiga sobreposto ou a cópia riscada do esboço de planta baixa provavelmente se parecerá com a planta baixa riscada da Figura 6–10. Revise o esboço da planta baixa agora, de forma a corrigir o máximo de erros ou inconsistências de planejamento que foram encontrados durante o processo de revisão. Lembre-se de que nem todas as exigências do programa de necessidades serão atendidas; se todas as questões principais e a maioria das demais exigências básicas foram observadas, a planta baixa pode ser considerada como a resolução bem-sucedida dos problemas. A Figura 6–11 mostra o esboço de planta baixa revisado a fim de solucionar a maioria dos erros observados na figura anterior.

AS REVISÕES FINAIS

Depois de passar pelo processo longo e frequentemente complexo que resultou em um esboço de planta baixa revisado, é possível que o projetista olhe para o resultado e conclua que a solução atual está muito longe de ser a melhor solução possível, e não a considere aceitável. A única saída é reiniciar o processo, partindo do aperfeiçoamento de outro organograma ou planta baixa esquemática. Embora se trate de uma decisão difícil, um segundo esboço de planta baixa é muito mais rápido de ser elaborado. No início da segunda tentativa, o desenvolvimento da planta baixa original já terá agregado *insights* sobre o que irá ou não funcionar; além disso, a escolha do segundo organograma ou planta baixa esquemática será feita

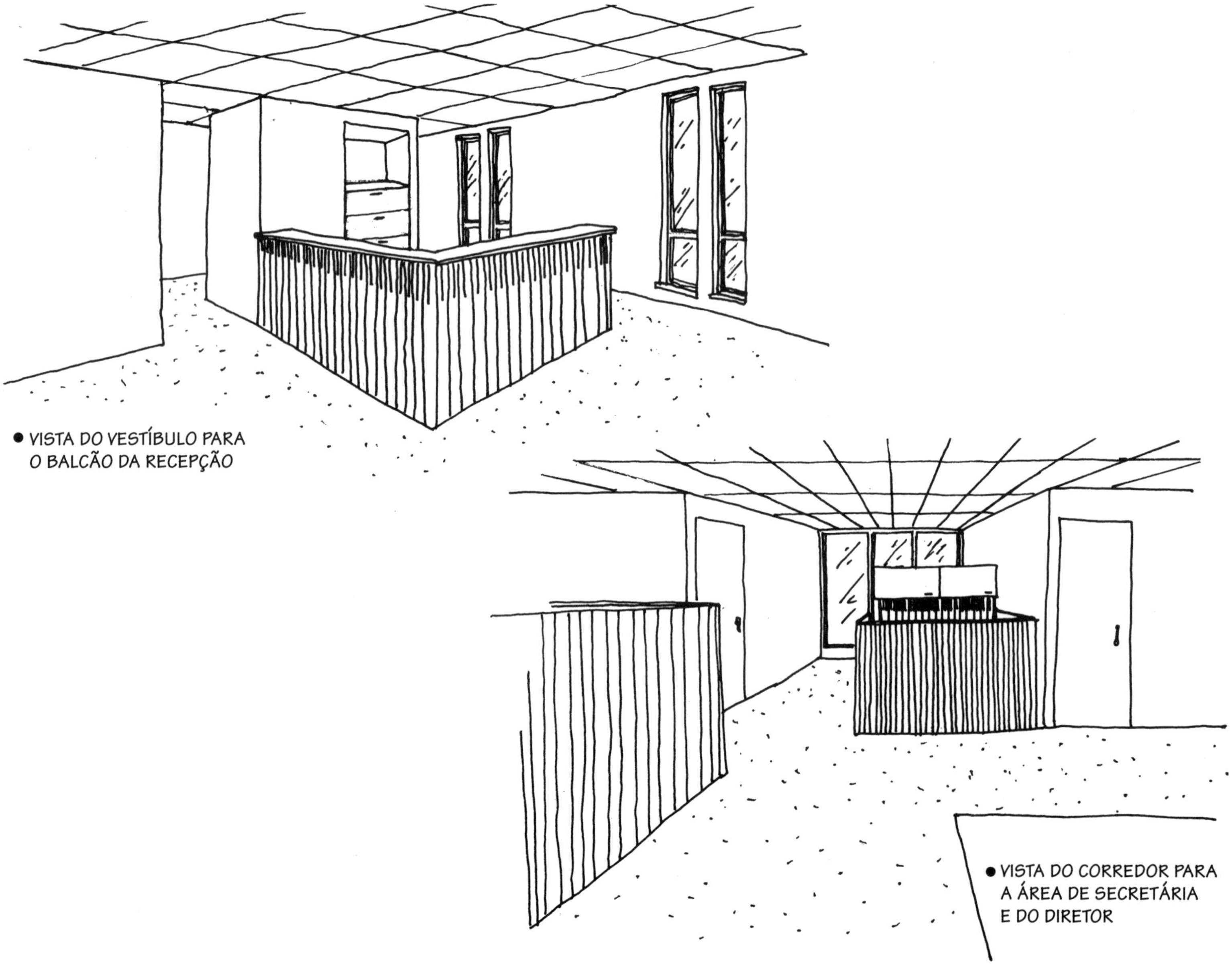

FIGURA 6–9 DOIS CROQUIS PERSPECTIVOS.

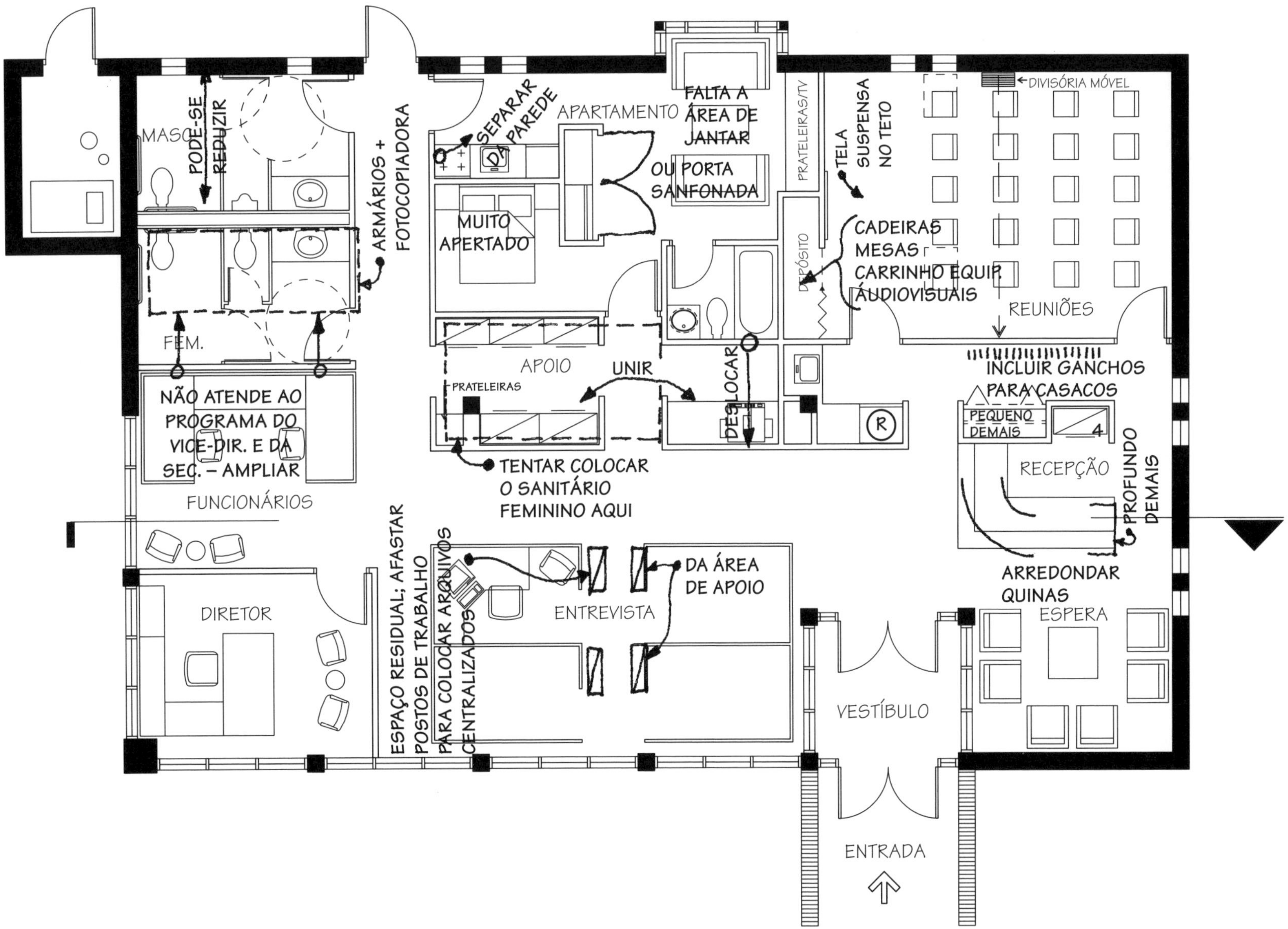

FIGURA 6–10 ESBOÇO DE PLANTA BAIXA – CORREÇÕES A FAZER.

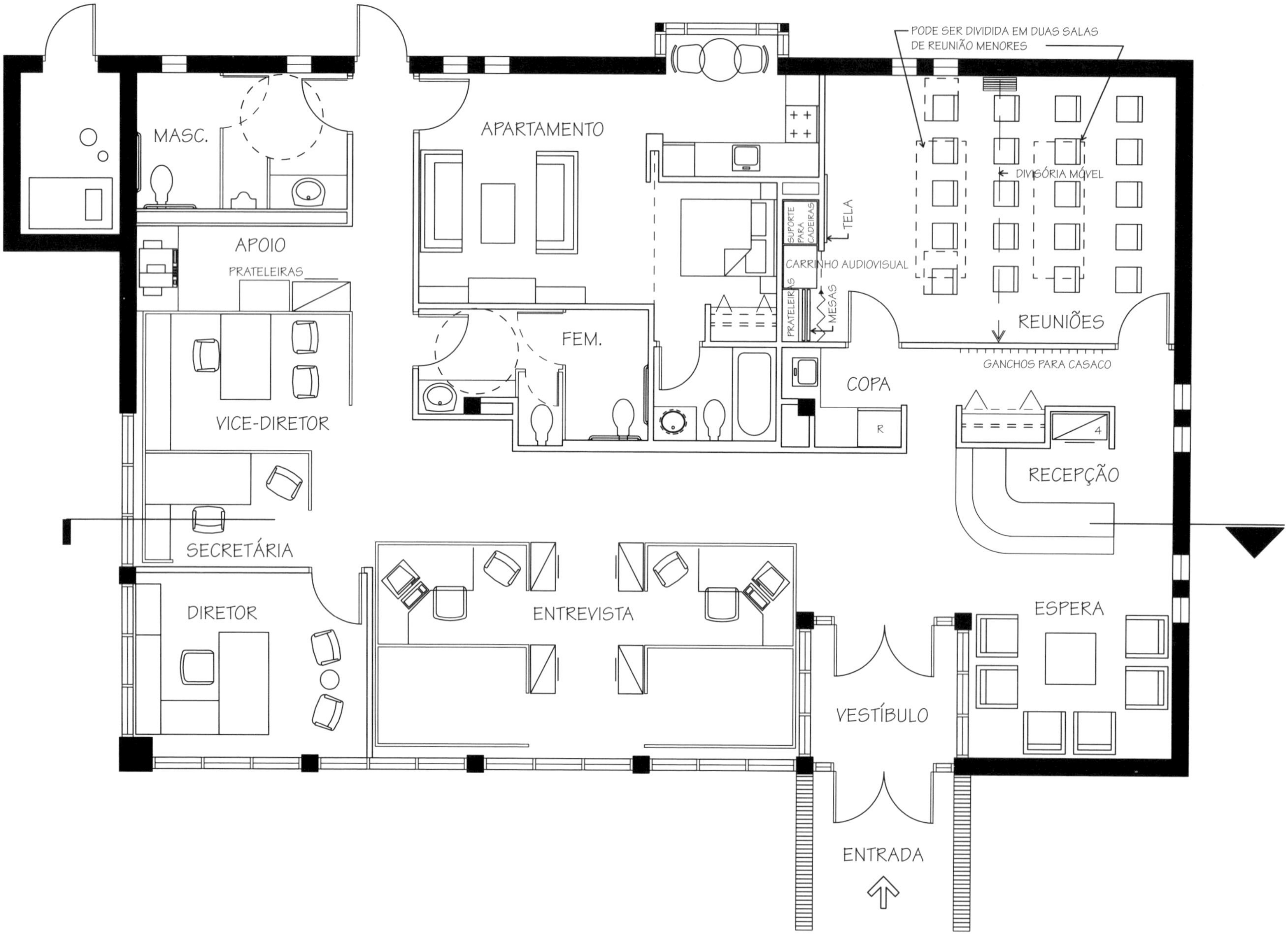

FIGURA 6–11 ESBOÇO DE PLANTA BAIXA REVISADO (A PARTIR DAS CORREÇÕES MARCADAS ANTERIORMENTE).

com base em conhecimentos mais profundos. E, o que é mais importante, a coleta de ideias e dados realizada na primeira tentativa – e que consumiu muito tempo e esforço – não terá de ser repetida. Os comentários sobre a segunda tentativa de criar um esboço de planta baixa não são para desencorajá-la; o processo básico recomendado aqui costuma ser útil, mas o projetista não deve ter medo de tomar a dura decisão de repeti-lo. O sucesso de uma solução de projeto de interior está na funcionalidade e nas qualidades estéticas dos leiautes espaciais contidos no esboço de planta baixa; logo, as soluções de projeto precisam ser priorizadas durante esta fase crítica do processo.

Ainda é cedo, no processo de planejamento, para considerar questões não relacionadas ao planejamento dos espaços internos, mas, após o desenvolvimento de um esboço de planta baixa viável, é extremamente importante elaborar uma planta de teto projetado preliminar e a planta das luminárias. Como o teto pode ter caráter escultórico, é preciso priorizar a planta de teto projetado enquanto as características tridimensionais do espaço ainda são maleáveis. Em termos de projeto de iluminação, os compartimentos ou funções simples ou padronizados podem receber pouca atenção neste momento; contudo, os espaços ou funções mais complexos, que exigem vários sistemas de iluminação ou pés-direitos diferentes, podem e devem receber uma atenção especial. Todos os aspectos da configuração do teto (forros, superfícies em declive, claraboias, placas de forro acústicas, etc.) e do uso de luminárias (se são embutidas, de sobrepor, pendentes, de parede, etc.) são capazes de indicar com clareza as revisões que devem ser feitas agora no esboço de planta baixa, antes que esta se consolide e dificulte as alterações. A Figura 6–12, que pode ser feita com a sobreposição do papel manteiga ou em uma camada diferente do CAD, mostra o tipo de planta de teto projetado preliminar mais adequado para esta etapa do planejamento.

Em uma situação profissional típica, esta é a hora de conversar com os consultores adequados, como engenheiros, empreiteiros e especialistas (em acústica, serviços de alimentação, etc.), para ter acesso às suas considerações iniciais sobre as necessidades de espaço, adjacências, acomodação de equipamentos e demais questões que possam afetar a distribuição dos espaços; faça isso agora, enquanto ainda é fácil alterar o esboço de planta baixa. Os detalhes referentes a essas questões podem esperar até que a planta baixa definitiva e os demais desenhos associados ao desenvolvimento do projeto sejam aprovados pelo cliente. A partir daí, a próxima rodada de reuniões com os consultores costuma ser programada; no entanto, uma primeira reunião com os consultores durante a elaboração do esboço de planta baixa reduz a necessidade de revisar as plantas baixas após a finalização dos documentos de desenvolvimento de projeto.

O fato de que o projetista é aconselhado a desenvolver uma planta de teto projetado preliminar e a considerar as exigências de espaços e equipamentos especializados (com ou sem o auxílio de consultores) neste ponto inicial do projeto parece afastá-lo da tarefa prioritária, que é desenvolver uma planta baixa preliminar. Apesar do processo de projeto passo a passo que sugerimos aqui, não se esqueça de que o processo de resolução de problemas de projeto propriamente dito é extremamente criativo e não pode ser resumido a um simples processo de raciocínio dedutivo. Conforme discutido no Capítulo 1, os arquitetos devem aprender a pensar de maneira lateral (e não vertical ou hierárquica), permitindo que fatores complexos, divergentes e às vezes conflitantes atuem sobre a solução de modo apropriado. Ainda que seja difícil lidar com as complexidades introduzidas pela consideração das questões não associadas ao projeto de interiores, uma vez que elas inserem novos fatores em um emaranhado de fatores já significativos por si só, é melhor enfrentá-las agora para não ter uma surpresa depois.

A sala de aula oferece uma oportunidade única de avaliação e crítica, raramente encontrada na prática profissional. A experiência de se ter colegas trabalhando em problemas de projeto semelhantes ao mesmo tempo provavelmente não se repetirá. Além dos *insights* e das críticas valiosos que o professor de projeto de arquitetura oferece por meio do assessoramento individual, é possível obter um retorno de diferentes maneiras, sejam elas formais ou informais, dentro da sala de aula. Especialmente durante o desenvolvimento do esboço de planta baixa, aprende-se muito com as discussões e a comparação dos processos de planejamento, das ferramentas e técnicas de desenho e dos resultados temporários desta primeira tentativa. Essa troca de ideias pode ocorrer mediante conversas individuais com outro aluno, discussões e comparações em grupos pequenos, ou avaliações ou apresentações periódicas mais amplas do trabalho em progresso (em painéis). Oportunidades de aprendizado do gênero dificilmente serão encontradas em situações profissionais; aproveite-as ao máximo agora. O Capítulo 7 inclui a discussão crítica da planta baixa preliminar e críticas que são feitas na realidade profissional.

O processo de esboço de planta baixa descrito neste capítulo deve ser posto em prática e experimentado antes de ter um significado ou valor real. Os exercícios a seguir foram elaborados precisamente para esse fim. Antes de passar para o Capítulo 7, no qual descrevemos a próxima e última etapa do processo de planejamento espacial, é importante fazer dois ou três esboços de planta baixa sem tentar aperfeiçoá-los ou finalizá-los, pois isso ultrapassaria a etapa de elaboração de croquis. Se aproveitados da maneira adequada, esses exercícios serão os aspectos mais importantes do processo apresentado aqui.

Até o momento, não fizemos menção ao tempo. Quanto tempo leva para desenvolver um esboço de planta baixa? O tempo necessário para concluir uma tarefa é sempre importantíssimo para todos os profissionais, devido às limitações econômicas características da prática profissional, mas, durante o processo de aprendi-

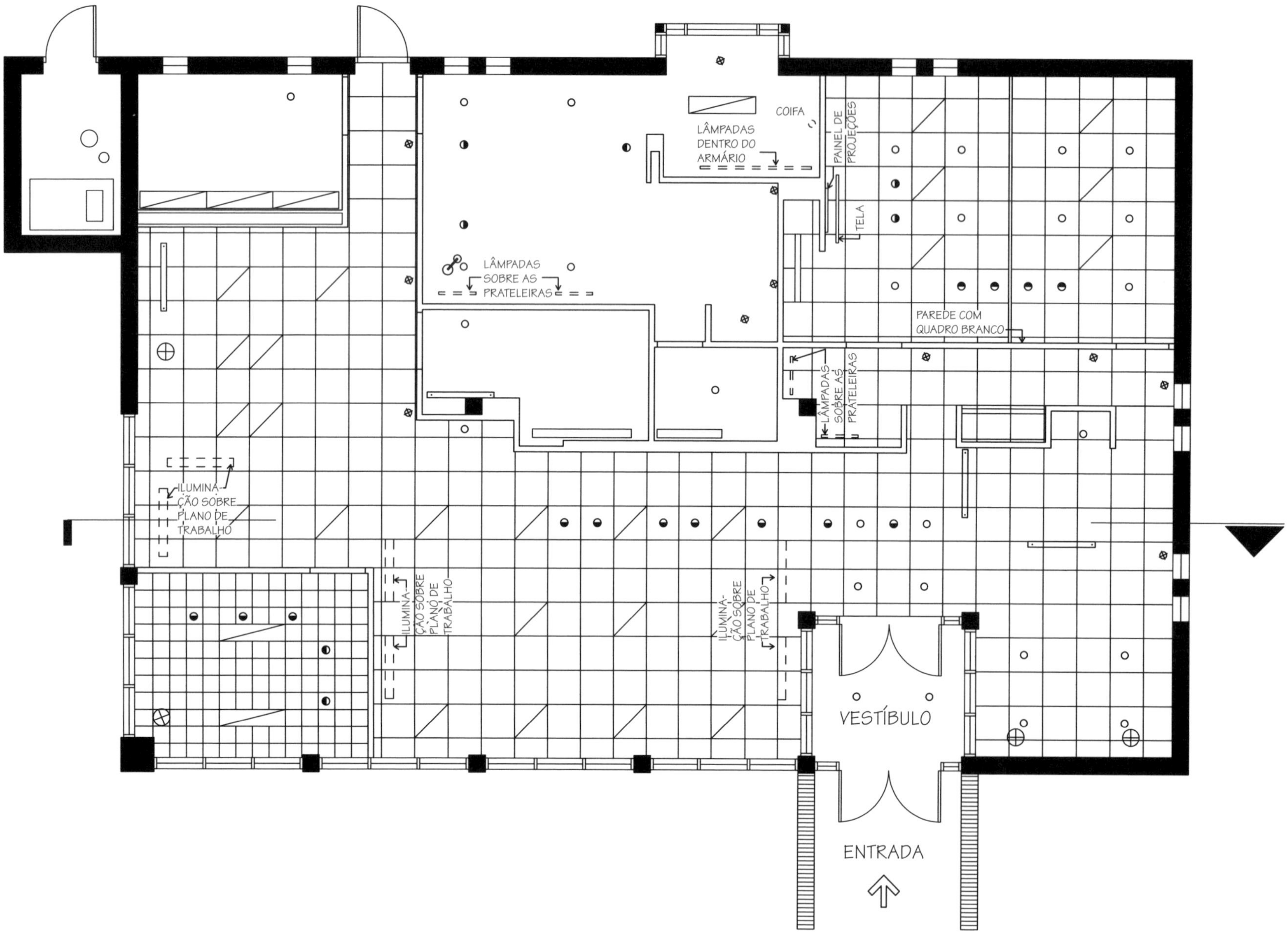

FIGURA 6–12 ESBOÇO DE PLANTA DE TETO PROJETADO.

zado, apressar o desenvolvimento da planta baixa costuma ser contraprodutivo. A velocidade vem com a prática; por ora e sem perder tempo, concentre-se em encontrar soluções boas, não rápidas. Adote a mesma atitude no desenvolvimento das habilidades de planejamento espacial de nivel profissional. Em geral, quando os exercícios incluídos neste texto são realizados cuidadosamente ao longo de várias semanas ou alguns meses, é possível obter um nível de habilidade profissional razoável. Porém, a fim de desenvolver por completo as habilidades de planejamento espacial, é preciso ter experiência em projetos profissionais. Para aqueles que ainda se encontram no processo de aprendizado, o crescimento e a sofisticação acontecerão em um futuro não muito distante. Dedicar-se a esses exercícios de maneira diligente é fundamental para adquirir uma competência profissional.

EXERCÍCIO 6–2

As matrizes de critérios e os organogramas ou plantas baixas esquemáticas desenvolvidos para os exercícios dos Capítulos 1 e 2 podem ser aproveitados nos exercícios de esboço de planta baixa recomendados aqui; também é possível elaborar novas matrizes e diagramas. Com este material em mãos, desenvolva e desenhe um esboço de planta baixa para, no mínimo, três combinações de programa de necessidades/plantas baixas de base de 150 m², fornecidas no Apêndice. O ideal é utilizar técnicas de desenho à mão e no CAD a fim de determinar qual é a mais adequada para você. E, o que é mais importante, faça este processo em escala pequena até que você comece a se sentir confortável. Insira críticas informais e formais no processo para então obter o melhor resultado possível durante o desenvolvimento da planta baixa preliminar, descrito no Capítulo 7.

É possível passar imediatamente para o desenvolvimento dos esboços de planta baixa das combinações de programa de necessidades/espaço de intervenção de 250 e 400 m², mas o ideal é que as plantas baixas preliminares de 150 m² sejam finalizadas antes. Exercícios com esboços de planta baixa e plantas baixas preliminares para os tamanhos maiores serão recomendados no Capítulo 7.

É preciso observar que a união dos exercícios com programas de necessidades e espaços de intervenção, fornecidos no Apêndice, foi criada para que você tenha acesso a uma ampla variedade de usos e espaços internos. Os programas variam desde plantas baixas residenciais intimistas e usos executivos e profissionais típicos até ambientes públicos usados por muitas pessoas. As plantas baixas das edificações cobrem desde casas com estrutura convencional e edifícios comerciais ou públicos baixos com estrutura de aço a grandes torres de escritórios. Além de solucionar a dinâmica dos problemas apresentados, dedique-se às questões de uso, escala e contexto de arquitetura ao trabalhar com os exercícios deste capítulo e do Capítulo 7. Como profissional, o arquiteto deverá responder a essas questões de maneira adequada, e, em grau menor, nos Estados Unidos o exame do National Council for Interior Design Qualification (NCIDQ) avaliará sua competência em áreas de atuação profissional frequente.

Leitura recomendada

2*, 4*, 5*, 6*, 13*, 19*, 31*

As obras seguidas de asteriscos fazem parte da leitura recomendada em outros capítulos.

Capítulo 7 COMO APERFEIÇOAR A SOLUÇÃO ENCONTRADA

No Capítulo 6, o esboço de planta baixa ficou quase completo, embora não em um formato adequado para apresentação. Em termos de apresentabilidade, até as situações mais informais – como críticas iniciais em sala de aula ou uma discussão entre os próprios projetistas no escritório – esperariam uma planta baixa preliminar mais bem acabada. (A apresentação e a crítica dos esboços de planta baixa em painéis, sugeridas no Capítulo 6, raramente aconteceriam fora da sala de aula; esboços dessa natureza dificilmente, ou nunca, são mostrados em discussões entre projetistas ou para um cliente de um escritório profissional.) As plantas baixas preliminares podem ser finalizadas de maneira simples e despretensiosa ou em um estilo vistoso e complexo, sendo que as possibilidades variam de um extremo ao outro, conforme as exigências do ambiente ou da situação.

O estilo da finalização costuma ser determinado pela natureza do projeto. Em sala de aula, os exercícios de projeto geralmente incluem uma variedade de tipos, desde a solução rápida de um problema até o projeto de arquitetura completo, que exige várias técnicas de apresentação; essas técnicas, por sua vez, vão de desenhos básicos em preto e branco até painéis coloridos e muito elaborados, dignos de figurarem em uma exposição. O ambiente profissional também requer a mesma variedade de técnicas, desde a planta baixa preliminar simples, mostrada para o cliente sobre uma mesa, até a apresentação formal e complexa de um projeto grande em uma sala de reunião, com vários representantes do cliente a postos para examinar a solução.

O foco principal deste texto é o planejamento de espaços, e não a apresentação do projeto. Ainda assim, o planejamento espacial se reflete na planta baixa, e suas qualidades gráficas não podem ser ignoradas. Uma das premissas da metodologia de planejamento descrita aqui é que a transição entre o esboço de planta baixa e a planta baixa preliminar ou de apresentação faz parte do processo de planejamento, e não é, portanto, um mero aperfeiçoamento gráfico. A fase de transição do processo será descrita primeiramente e em detalhes; a seguir, acrescentaremos alguns comentários sobre a qualidade do desenho e as técnicas de apresentação, por se tratarem do complemento natural do processo de planejamento.

O APERFEIÇOAMENTO DO ESBOÇO DE PLANTA BAIXA

Conforme descrevemos no Capítulo 6, o desenvolvimento do esboço de planta baixa pressupõe uma revisão e uma avaliação significativas durante o processo de elaboração da planta baixa. Pressupondo-se que isso foi feito, a fase final do projeto – o desenvolvimento da planta baixa preliminar "definitiva" – terá início.

Discutir questões relacionadas aos métodos de desenho se torna cada vez menos importante à medida que este texto progride. No caso de projetistas que trabalham com lápis ou caneta em papel manteiga durante o processo de esboços de planta baixa, é provável (mas não obrigatória) a utilização do mesmo método no processo de aperfeiçoamento. No caso de projetistas que começam trabalhando digitalmente ou adotam esse método durante o processo de esboços de planta baixa, é provável (mas, novamente, não obrigatório) que o processo de aperfeiçoamento prossiga em modo digital. O método de desenho utilizado não deve afetar os resultados do projeto de interiores. Sugerimos que os alunos pratiquem o desenho à mão livre e no computador até descobrir qual deles é o mais adequado para seu método de trabalho pessoal. A escolha de métodos de desenho à mão ou digitais para os desenhos da apresentação final tem outras implicações, que serão discutidas posteriormente neste capítulo.

Ao trabalhar no papel, prenda com fita adesiva a última versão do esboço de planta e, a seguir, prenda também com fita adesiva um papel manteiga de boa qualidade sobre ela (o papel deve ser de boa qualidade porque talvez seja preciso apagar bastante durante o processo de aperfeiçoamento). Trabalhe com diferentes tipos de minas de lápis (macias, médias e duras), de forma a expressar com mais facilidade a importância visual por meio do peso da linha; a linha que representa a abertura de uma porta, por exemplo, deve ter uma leitura diferente da de uma parede interna. A técnica básica de desenho varia de um estilo técnico e meticuloso, com linhas perfeitamente retas, até um estilo bastante livre, considerando-se, evidentemente, a importância da precisão dimensional razoável; uma parede de gesso cartonado convencional não deve ser confundida com uma parede de 20 cm com instalações hidrossanitárias embutidas. Lembre-se de que este é o processo de aperfeiçoamento da planta baixa e que o produto do desenho não será apresentado, exceto pela possibilidade de apresentação em sala de aula ou para os próprios projetistas do escritório para fins de crítica e discussão.

Ao utilizar o computador, copie a última versão do esboço de planta baixa e trabalhe com a cópia, para que o arquivo com a versão mais recente possa ser salvo. Dimensões precisas não são um problema quando se trabalha digitalmente; a precisão do computador é, no mínimo, um pouco de exagero neste ponto. Sem desviar o foco do processo de aperfeiçoamento, é importante fazer a revisão de olho no estilo que se deseja para o futuro desenho de apresentação. As decisões sobre elementos básicos de desenho, como tipo de linha, peso da linha (espessura), representação dos elementos cortados e aberturas de portas, entre outros, se mostram adequadas e economizam tempo neste estágio inicial de desenvolvimento da planta baixa. Diferentemente do trabalho feito à mão durante o processo de aperfeiçoamento, o produto do desenho digital costuma servir como base para a elaboração da planta baixa de apresentação.

Este capítulo inclui várias ilustrações de esboços de planta baixa aperfeiçoados por meio de diferentes técnicas de desenho. Independentemente do método de desenho utilizado, o processo de aperfeiçoamento permite que vejamos o esboço de planta baixa a partir de um novo ponto de vista, pois ele praticamente exige que os detalhes da planta baixa sejam examinados pela primeira vez dentro do processo de planejamento espacial. Não desperdice essa oportunidade. Ainda que, neste ponto, alterações significativas na planta baixa sejam contraprodutivas, as pequenas modificações (ou seja, aperfeiçoamentos, e não revisões), por outro lado, são possíveis e produtivas. Aproveite o novo ponto de vista e descubra aperfeiçoamentos que melhorem a solução sem que seja preciso repensar o leiaute básico da planta baixa. Esse processo não é muito diferente da técnica de edição final utilizada com materiais escritos, ao passar do rascunho para a versão definitiva. Os aperfeiçoamentos de planta baixa mais adequados neste ponto do processo são:

- O acréscimo de acessórios, como uma mesa de apoio ou luminária de piso
- A alteração de uma porta de armário, passando do tipo de correr para o biarticulado ou sanfonado
- O leve deslocamento de uma parede interna para, por exemplo, acomodar os móveis de maneira mais adequada ou melhorar o acesso
- O deslocamento de uma porta a fim de melhorar o acesso a um compartimento ou criar o espaço de parede necessário para um sistema de sinalização previsto
- A criação de um nicho para acomodar um armário embutido ou um elemento decorativo
- O aumento de um *shaft* para acomodar melhor as instalações hidrossanitárias

Quando não há pressão de tempo, o processo de aperfeiçoamento pode ocorrer de maneira lenta e metódica, mas, mesmo quando o prazo é apertado, ainda é possível fazer alterações pequenas e significativas. Conforme sugerimos anteriormente, o ideal, durante o processo de aprendizado, é evitar prazos extremamente exíguos para tirar o máximo proveito de cada etapa de planejamento. Recomendamos que você incorpore a fase de aperfeiçoamento à sua abordagem básica de projeto de interiores, pressupondo que ela passará a fazer parte de seu processo de planejamento de espaços.

A PLANTA BAIXA PRELIMINAR

À medida que o processo de aperfeiçoamento da planta baixa se aproxima do fim, o projetista está pronto para desenhar a planta baixa preliminar "definitiva", ou de apresentação. Esse desenho costuma ser o elemento fundamental ou central da apresentação de um projeto de arquitetura de interiores típico. Ao trabalhar com meios digitais, não se esqueça de tomar cuidado para não borrar a tinta úmida quando o material impresso estiver saindo do plotador. Ao trabalhar com o desenho à mão livre, porém, é preciso se preocupar com vários fatores. Comece pelo topo do desenho e vá descendo, evitando trabalhar sobre partes já finalizadas, o que facilita a manutenção de linhas de lápis limpas e precisas, ou evita que se toque em tinta úmida ou nas linhas da canetinha. Alguns projetistas têm dificuldades para traçar a lápis linhas limpas e precisas; se esse for o caso, tente usar um mata-borrão ou uma borracha mata-borrão em pó, ou cubra as partes finalizadas do desenho com papel manteiga simples enquanto completa o restante da folha. Assim, evita-se borrar as linhas com as mãos ou com instrumentos de desenho.

A QUALIDADE E AS TÉCNICAS DE DESENHO

A questão da qualidade do desenho precisa ser discutida. O produto final original do planejamento de espaços é uma planta baixa que só pode ser expressa em formato gráfico, o que torna a relação entre o projeto e a qualidade gráfica inevitável. A qualidade do projeto não é expressa em palavras, mas em uma linguagem de desenho única que é compreendida universalmente por projetistas, arquitetos, engenheiros, empreiteiros e outros profissionais envolvidos com a construção de ambientes. Consequentemente, o projetista deve estar familiarizado com essa linguagem; além disso, trabalhar com os exercícios recomendados neste livro deve ser visto como uma oportunidade de desenvolver simultaneamente a habilidade de desenho e um repertório de técnicas.

Desenhos de boa qualidade produzem plantas baixas legíveis e passam uma impressão positiva tanto para os críticos dentro da sala de aula como para os clientes de um escritório profissional. Lembre-se de que a planta baixa é, na verdade, um corte horizontal de uma edificação (em geral, considerada como passando à altura de 1,20 metro) e deve apresentar uma boa imagem da mesma edificação vista de cima, após a remoção (imaginária) da parte que fica acima da linha de corte. É preciso fazer linhas claras e consistentes, sendo que os pesos de linha devem expressar adequadamente a importância do elemento da edificação ou do móvel que foi desenhado. Em especial, os elementos arquitetônicos seccionados pela linha de corte do desenho (paredes internas e externas) devem ser traçados com a linha mais escura e mais grossa; os principais móveis e equipamentos (como os aparelhos hidrossanitários), com uma linha mediana; e os elementos menores da planta baixa, como aberturas de portas, tapetes, linhas de azulejos ou o desenho da madeira, com linhas mais finas e mais claras. Com o tempo, o projetista experiente desenvolve técnicas de desenho com uma ampla variedade de sutilezas gráficas, representando uma linguagem complexa e articulada capaz de competir com as peculiaridades e nuances da linguagem verbal.

Ao desenhar com lápis, as linhas com pesos variáveis são obtidas principalmente com uso de um grafite relativamente macio para as linhas mais escuras, de um grafite de dureza média para as linhas medianas e de um grafite relativamente duro para as linhas mais leves, embora a pressão exercida pela mão também influencie o peso da linha. É impossível recomendar tipos de mina específicos, já que o papel utilizado e a pressão exercida pela mão ao desenhar são variáveis desconhecidas. Em geral, ao utilizar minas convencionais sobre papel manteiga de boa qualidade, um grafite F ou HB costuma ser apropriado para as linhas mais escuras, o 2H ou 3H para as linhas medianas e o 4H ou 5H para as linhas leves.

As principais vantagens de utilizar tinta são a força e a clareza; a desvantagem é a falta de diferentes tons de cinza. Nesse caso, o peso da linha é controlado somente por sua espessura. Embora a prática convencional não recomende, nada impede a mistura de técnicas de desenho a lápis e à tinta. Tal combinação pode ser muito eficaz, principalmente quando o produto final precisa ser reproduzido. Da mesma forma, ainda que a prática desaconselhe, a combinação de desenhos feitos com esquadro ou impressos com o plotador e técnicas de desenho à mão livre costuma ser muito rica, especialmente quando as linhas traçadas com régua são usadas para os elementos arquitetônicos e as linhas feitas à mão livre, para móveis, equipamentos e outras notas gráficas, como indicações de material. Evidentemente, o desenvolvimento de habilidades de desenho exige a experimentação contínua ao longo de um período considerável.

Uma observação sobre os gabaritos de desenho: em plantas baixas, eles geralmente são usados para aberturas de porta, aparelhos hidrossanitários e móveis. Esses gabaritos são muito úteis em termos de economia de tempo de desenho, para móveis com formato peculiar (uma cadeira específica), equipamentos (uma bacia sanitária ou uma banheira) ou itens repetitivos (os assentos de um auditório). Apesar disso, os projetistas precisam ser seletivos ao utilizá-los e, em geral, optam por desenhar o item em vez de recorrer ao gabarito. Além de conferir consistência visual à qualidade da planta baixa, desenhar tais itens à mão evita a aparência amadora ou pouco sofisticada que frequentemente resulta do uso de gabaritos com formas simplificadas em demasia ou inadequadas, como um retângulo para representar o sofá ou móveis com formatos muito tradicionais em ambientes não convencionais. Não se esqueça de que as camas e a maioria dos móveis estofados têm quinas suaves ou arredondadas.

Ao desenhar no computador, todas as questões relacionadas à boa qualidade gráfica da planta baixa feita à mão livre também se aplicam aos desenhos feitos no CAD. Grande parte dos elementos gráficos, como pesos de linha e tons de cinza, faz parte das ferramentas do *software* e é fácil de controlar. Em vez de gabaritos, há bibliotecas genéricas, ou fornecidas por fabricantes, de símbolos e blocos que, em sua maioria, são graficamente adequados. Além disso, desenhos convencionais feitos no CAD podem ser enriquecidos por esboços ou imagens feitos à mão, bem como por outros *software*, como o Adobe Photoshop e o Adobe Illustrator.

As Figuras 7–1 e 7–2 mostram uma planta baixa preliminar refinada e completa (desenvolvida a partir do esboço de planta baixa apresentado na Figura 6–11) e representam uma abordagem básica e muito simplificada à etapa final do processo de planejamento inicial. Observe que o primeiro exemplo (7–1) usa uma técnica de representação convencional e foi feito no CAD, embora o mesmo resultado gráfico possa ser obtido facilmente por meio de uma técnica convencional de desenho à mão livre. O segundo exemplo (7–2) foi feito à mão livre, exceto pelo uso de gabaritos para as cadeiras do pequeno auditório e do escritório, aparelhos hidrossanitários e aberturas de portas; como foi desenhado originalmente na escala de 1:50, o aspecto característico do desenho à mão livre não é muito visível nesta imagem reduzida. Ainda que, cedo ou tarde, você tenha de se esforçar para obter um produto mais bem desenvolvido, essas técnicas de desenho são razoavelmente expressivas e, em geral, adequadas para muitos fins informais, incluindo apresentações em sala de aula e em ambientes profissionais. Muitas ocasiões requerem esse tipo de planta baixa simples, principalmente quando algo mais descritivo ou complexo seria inadequado.

Observe vários aspectos detalhados de ambos os desenhos:

- Cada desenho foi consistente ao utilizar apenas uma técnica. Outra abordagem muito útil é utilizar as linhas traçadas com régua da Figura 7–1 para os elementos arquitetônicos, e o estilo de desenho à mão livre da Figura 7–2 para os móveis e outros elementos não arquitetônicos.
- Os pesos ou espessuras de linha variam em relação ao uso e à importância da construção e dos móveis, conforme descrevemos anteriormente.
- A planta baixa foi aperfeiçoada após a revisão do esboço de planta baixa apresentado na Figura 6–11. O toalete masculino ficou um pouco menor, a porta do banheiro do apartamento para hóspedes foi deslocada para permitir o uso mais confortável do espaço e algumas luminárias de mesa e de piso foram acrescentadas.
- Com a exceção de alguns itens padronizados, os móveis e equipamentos das plantas baixas feitas à mão (Figuras 7–2 e 7–4) foram desenhados sem o uso de gabaritos.
- A meia-parede atrás do arquivo de pastas suspensas da recepção foi engrossada para acomodar a profundidade real do móvel.
- As posições das mesas de reunião dentro do auditório são mostradas por linhas tracejadas, indicando que as diferentes exigências do programa de necessidades foram atendidas.
- O espaço de armazenamento para as mesas e cadeiras do auditório foi aprimorado.
- Os nomes dos compartimentos foram colocados em negrito e sublinhados em cada ambiente, de forma a identificar todos os espaços com clareza.
- Várias anotações com fontes pequenas foram acrescentadas para esclarecer o uso do espaço e de seus móveis e acessórios. Alguns projetistas acreditam que tais anotações são desnecessárias em desenhos preliminares pois prejudicariam a simplicidade visual da apresentação. Outros projetistas se opõem a esta ideia, afirmando que a linguagem da planta baixa não fica completa sem elas e

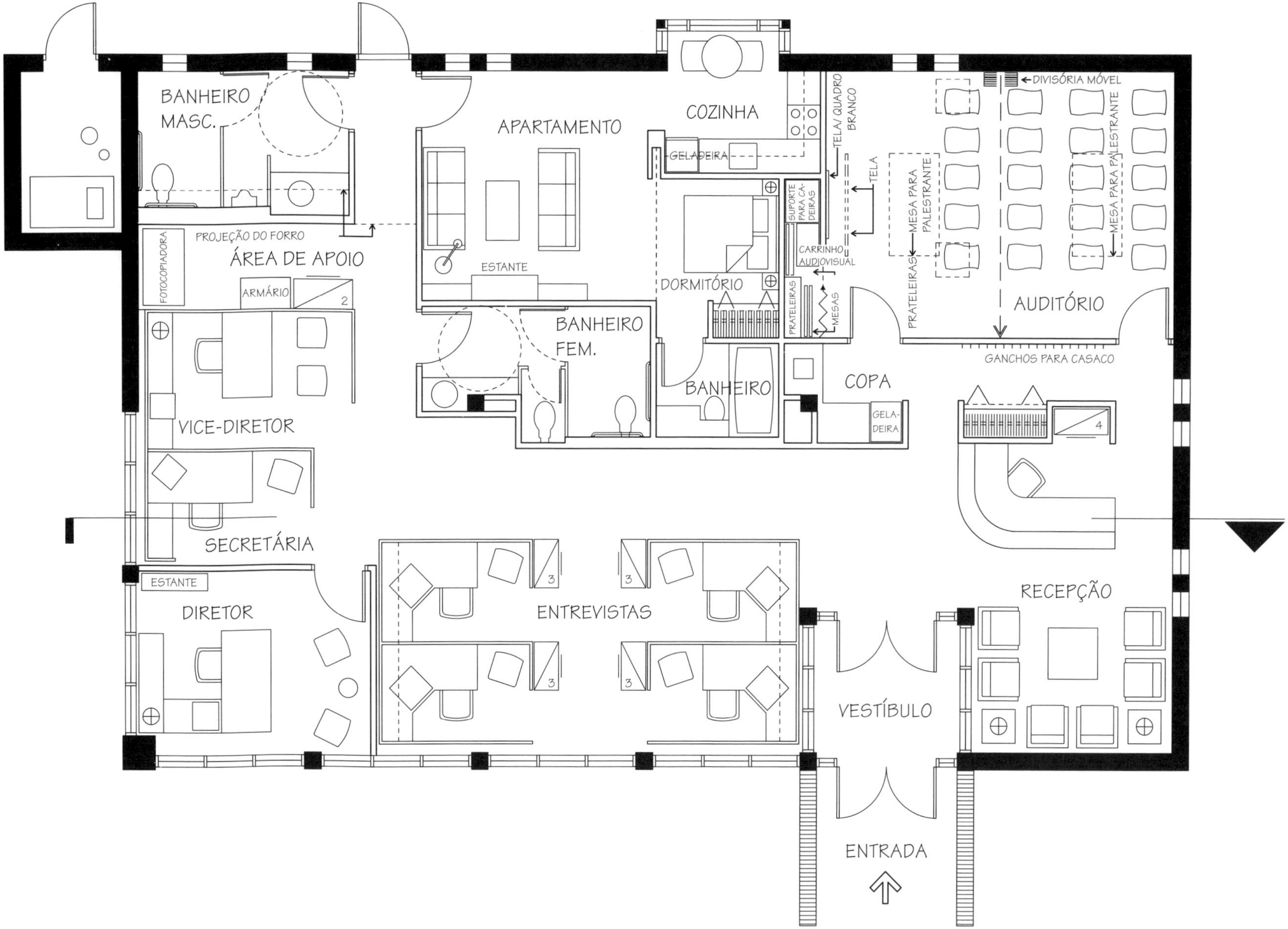

FIGURA 7–1 TÉCNICA DE APRESENTAÇÃO BÁSICA – DESENHO GERADO EM COMPUTADOR.

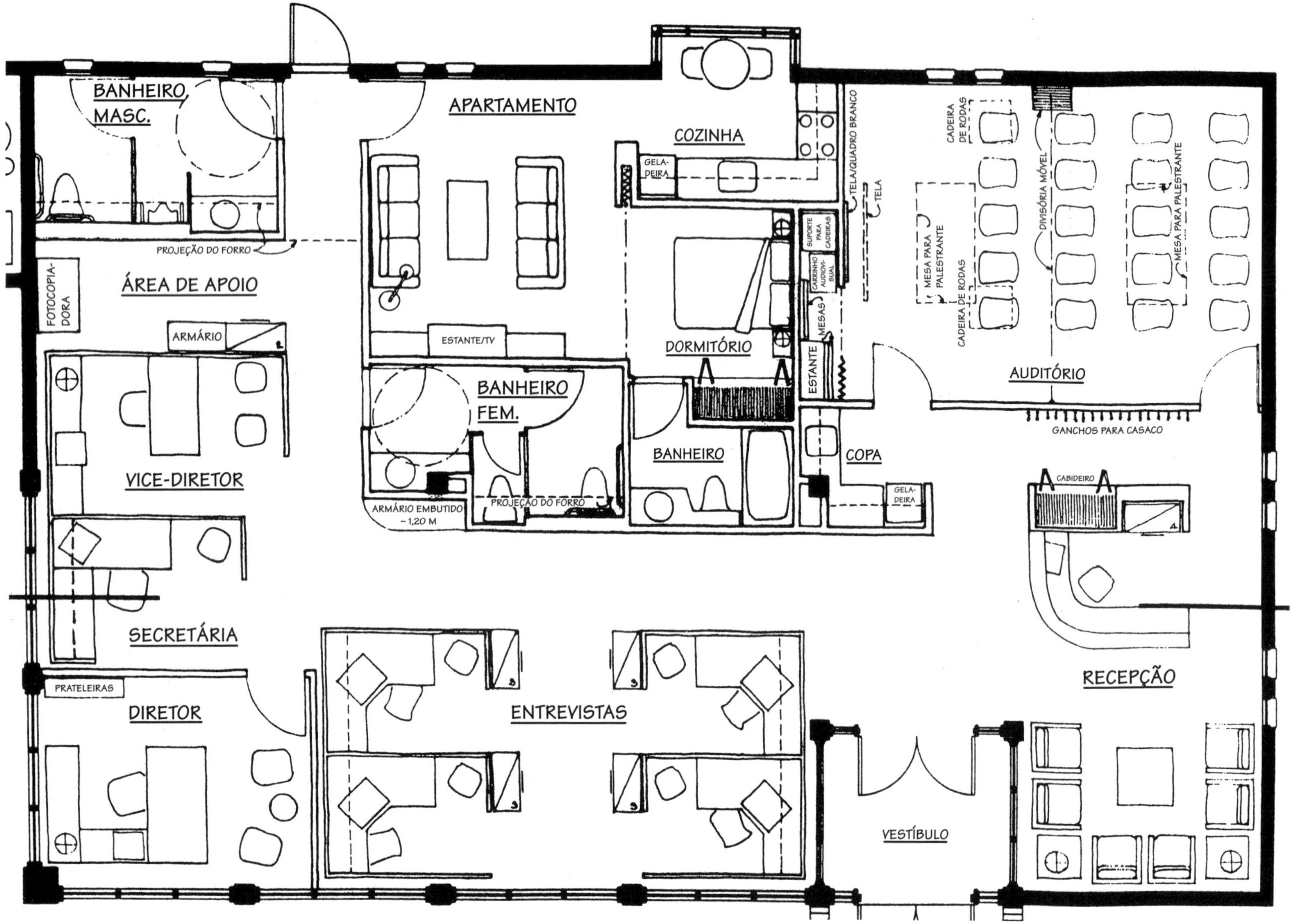

FIGURA 7–2 TÉCNICA DE APRESENTAÇÃO BÁSICA – DESENHO À MÃO LIVRE.

que é preciso complementá-la com observações verbais. Essa questão pode ser solucionada pelo próprio projetista, seja como regra generalizada ou caso a caso. A abordagem apresentada aqui defende o uso limitado de notas.

Embora adequada e apropriada para muitos fins de sala de aula e profissionais, a abordagem simples mostrada nas Figuras 7–1 e 7–2 está muito distante da linguagem gráfica mais elaborada disponível. O ideal é buscar um desenho que seja informativo e legível, capaz de transmitir uma impressão mais positiva das habilidades profissionais do projetista para seus críticos, jurados, clientes ou outros indivíduos que estejam avaliando ou julgando seu trabalho. A apresentação que ultrapassa esse nível de simplicidade pode ser utilizada de diferentes maneiras, tanto na sala de aula como em ambientes profissionais. Não é difícil nem demorado acrescentar os elementos mostrados nas Figuras 7–3 e 7–4, que aumentam o grau de legibilidade e profissionalismo de modo significativo. Observe os elementos acrescentados:

- As paredes foram preenchidas em tom, com base em uma técnica conhecida como "poché" (preenchimento). Na planta baixa feita em computador (Figura 7–3), esse processo foi feito com facilidade, pois, em geral, há muitas variações de preenchimento disponíveis e é possível escolher entre tons sólidos de várias cores (incluindo uma escala de cinza completa), bem como entre uma ampla variedade de texturas e padrões. Observe que as paredes externas e internas foram preenchidas em tom escuro, enquanto as divisórias leves, de meia-altura (postos de trabalho) fora hachuradas; isso as diferencia das paredes e sugere sua natureza móvel e menos permanente. Na planta baixa feita à mão (Figura 7–4), a técnica de preenchimento foi aplicada com um lápis preto, ou melhor, com um lápis de mina dura, usando um tom preto, cinza ou neutro. (Ocasionalmente, a situação exige preenchimentos distintos ou até coloridos, mas, na maioria dos casos, as cores tiram o foco do conteúdo do desenho.) O preenchimento pode ser feito pelo verso ou reverso do papel manteiga; sempre que o papel manteiga for o meio de apresentação final, faça o preenchimento pelo verso para obter tons mais homogêneos. Quando se pretende imprimir o desenho em papel manteiga para fins de apresentação (como no caso do papel vegetal), a cor e o lado não fazem diferença. O tom pode variar de muito claro a escuro, dependendo da pressão com a qual o preenchimento é aplicado; para a maioria dos casos, recomendamos um tom intermediário. Canetinhas com ponta quadrada ou chanfrada costumam ser usadas no preenchimento da apresentação, mas lembre-se de que seus traços (e os traços feitos por outros instrumentos com tinta) não podem ser apagados.
- Os pisos cerâmicos são representados nos espaços de cozinhas, banheiros e toaletes, identificando-os de maneira gráfica. Na maioria dos casos, uma grelha de peças com 20 a 30 cm é adequada para as cozinhas, enquanto uma grelha de peças com 7,5 a 15 cm é adequada para os banheiros e toaletes. Use uma linha muito fina para esse fim.
- A representação dos veios da madeira ocorre em móveis embutidos e convencionais, de forma a distinguir o plano do item do plano do piso abaixo. Essas linhas devem ser as mais claras do desenho.
- Os tapetes, mostrados na área da recepção e na sala de estar do apartamento para hóspedes, refletem apropriadamente a escala e os detalhes. Mais uma vez, as linhas devem ser muito finas.
- Linhas tracejadas foram desenhadas e *identificadas* para indicar os tetos rebaixados no pé-direito de resto uniforme, conforme se pode visualizar nos banheiros masculino e feminino e no corredor entre o banheiro masculino e o apartamento para hóspedes. Use uma linha fina ou média para esse fim.
- Notas adicionais conseguem descrever e esclarecer elementos detalhados da planta baixa. Conforme observamos anteriormente, às vezes é possível exagerar essas notas. Tome suas decisões de acordo com as circunstâncias. Não se esqueça de que, em muitas situações de sala de aula e profissionais, o desenho ficará exposto após a apresentação; nesses casos, não será possível explicar o desenho ou seus detalhes para o professor ou cliente.

Ao apresentar um projeto, a seleção e a aplicação dos métodos e das técnicas de reprodução são fatores muito importantes. A diversidade de técnicas digitais disponíveis é enorme e está em constante evolução, incluindo desde imagens coloridas que utilizam vários tipos de *software* até o PowerPoint e visitas virtuais tridimensionais. Apesar da extraordinária variedade de ferramentas eletrônicas desenvolvidas recentemente, a apresentação feita à mão ainda tem muito valor. Algumas firmas de arquitetura que já adotaram o CAD continuam utilizando o trabalho manual na apresentação de projetos preliminares importantes, pois acreditam que, diferentemente da maioria dos desenhos gerados em CAD (que tem uma aparência tipicamente mecânica), os desenhos "tocados por mãos humanas" passam uma impressão mais positiva para a maior parte dos clientes. Isso se aplica tanto aos desenhos de planta baixa quanto aos croquis de perspectiva.

FIGURA 7–3 TÉCNICA DE APRESENTAÇÃO APRIMORADA – DESENHO GERADO EM COMPUTADOR.

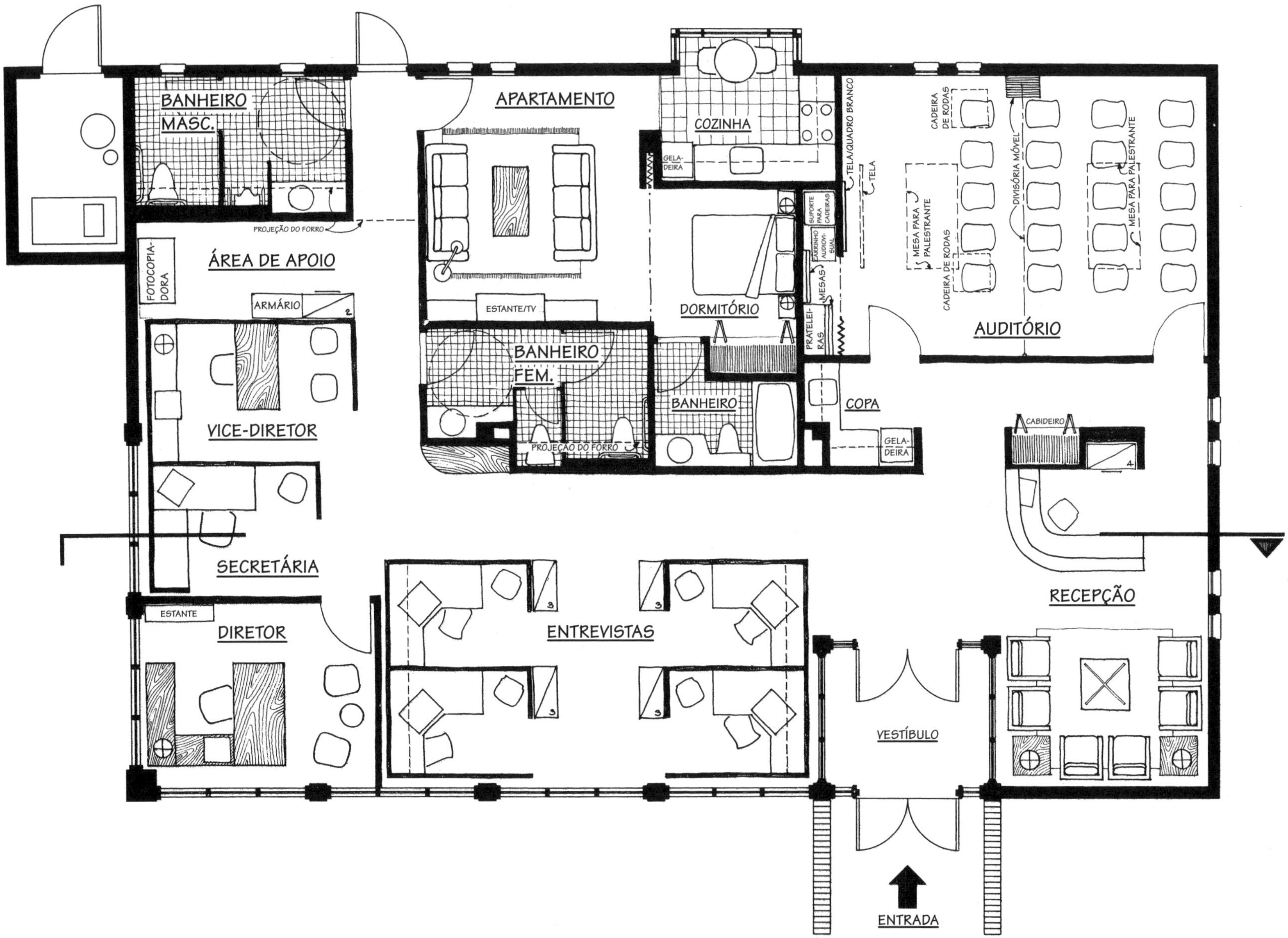

FIGURA 7–4 TÉCNICA DE APRESENTAÇÃO APRIMORADA – DESENHO À MÃO LIVRE.

Por várias razões, os desenhos feitos à mão são copiados antes de serem utilizados nas apresentações finais. Os desenhos originais costumam ser perecíveis, fazendo com que o uso de cópias seja mais prático. Com frequência, é necessário utilizar mais de um conjunto de desenhos na apresentação. Não raro, os detalhes, as notas e as cores são excluídos dos desenhos originais para que suas cópias possam receber diferentes elementos adicionais, como códigos de cores, um cronograma de execução ou um croqui de perspectiva (entre vários outros), o que confere a cada cópia um foco específico. No caso de desenhos feitos à mão, as cores costumam ser aplicadas às cópias, e não ao original, principalmente para permitir que o projetista experimente tons e matizes. Por essas razões, diversas técnicas de reprodução em diferentes papéis ou filmes, desde técnicas heliográficas baratas até processos digitais e fotográficos dispendiosos, passaram a fazer parte do repertório de apresentação do projetista. É preciso encorajar os alunos, dentro de seus limites financeiros, a aprender e experimentar técnicas adicionais e úteis de apresentação.

Qual é a duração do processo de aperfeiçoamento da planta baixa e elaboração da apresentação? A resposta depende de muitos fatores, como o tamanho do projeto, a complexidade da apresentação, o prazo de entrega e o jeito de trabalhar e produzir de cada indivíduo. Conforme sugerimos no Capítulo 6, não vale a pena se apressar durante o aprendizado. Se possível, reserve algum tempo para se dedicar à última fase do processo de planejamento espacial com tranquilidade e deliberação. É verdade que tanto estudantes de arquitetura como projetistas profissionais deixam as decisões e a finalização do projeto para a última hora, mas não trataremos desse fato aqui. No entanto, as pressões impostas pelo mundo real e aquelas impostas pelo próprio projetista são igualmente rigorosas; não raro, o trabalho essencial do consultor chega com dias ou semanas de atraso, fazendo com que o projeto seja finalizado de maneira apressada, ou o cliente exige um prazo de entrega absurdamente curto devido a pressões profissionais externas. Todos os projetistas devem aprender a trabalhar com rapidez e eficiência, e, às vezes, a uma velocidade inacreditável. Por ora, enquanto aprende a aprimorar e apresentar a planta baixa, leve o tempo que for necessário para realizar as tarefas cuidadosamente.

É importante praticar para saber lidar com situações profissionais de urgência; os exercícios de planejamento espacial de um dia possibilitam uma excelente experiência de aprendizado. O exame do National Council for Interior Design Qualification (NCIDQ), atualmente exigido para o ingresso no mundo profissional e obtenção da maioria das licenças profissionais nos Estados Unidos, se tornou uma realidade para a maior parte dos arquitetos de interiores. O tempo para lidar com a parte de planejamento espacial do exame é exíguo; além disso, é preciso prestar muitos exames práticos antes da prova propriamente dita.

Mais uma vez, é preciso tratar das questões de avaliação da planta baixa. Isso se aplica tanto à sala de aula como a meios profissionais, ainda que os métodos sejam muito diferentes. Esta planta baixa é boa? Ela funciona bem? O projetista talvez já esteja muito afastado da análise do problema original quando finaliza a apresentação da planta baixa, mas vale a pena voltar para a matriz de critérios e fazer uma última análise autocrítica dos resultados do planejamento espacial. Ele precisa identificar as deficiências da planta baixa antes que outra pessoa chame a atenção para elas. Com exceção da análise autocrítica, os processos de sala de aula e prática profissional são bastante distintos. Às vezes é difícil ouvir críticas, mas os alunos devem aproveitar as oportunidades de aprendizado decorrentes de críticas individuais ou em sala de aula, lembrando-se de que é possível aprender tanto, ou mais, por meio da análise crítica de trabalhos de terceiros. Na maioria dos casos, os projetos dos alunos chegam ao fim após a apresentação dos desenhos preliminares definitivos. O processo profissional é fundamentalmente diferente, uma vez que os projetos de verdade vão além da fase de desenho e incluem a fabricação e a instalação dos móveis; logo, a apresentação dos desenhos preliminares definitivos para o cliente tem consequências muito diferentes. Não importa se o projeto será apresentado para um indivíduo ou um grupo de indivíduos não profissionais (como um comitê de obras ou um conselho diretor) ou para outros profissionais (como um projetista funcionário da empresa cliente ou um gerente das instalações); os resultados da apresentação sempre exigem trabalho posterior. No mundo real, o projetista dificilmente sairá de uma primeira apresentação sem a necessidade de fazer revisões (às vezes, muitas revisões). Uma das principais vantagens de utilizar o CAD é a facilidade relativa para se fazer revisões, diferentemente do processo geralmente trabalhoso de revisar uma apresentação feita à mão. Além disso, no meio profissional, os documentos preliminares feitos no CAD costumam servir como base para o projeto executivo posterior. Aprender a lidar com clientes é uma habilidade que, em geral, o projetista adquire após a educação formal; ainda assim, os alunos devem ter alguma noção daquilo que o projetista enfrenta ao se relacionar com os clientes, e também da relevância desse relacionamento para a avaliação e a revisão das soluções de planejamento espacial.

EXERCÍCIO 7–1

Para dar início à última fase do processo de planejamento espacial, use três esboços de planta baixa dos exercícios de projeto do Grupo 1, recomendados no Capítulo 6, e aplique os passos específicos de aperfeiçoamento e apresentação a cada um deles. Se julgar necessário, faça mais exercícios do Grupo 1, até se familiarizar com a resolução completa dos problemas de planejamento. A cada projeto, é preciso incorporar algum tipo de análise crítica individual ou em sala de aula, utilizando as críticas construtivas para melhorar as habilidades em todos os passos do processo. Recomendamos que você elabore uma planta baixa inteiramente à mão, outra inteiramente no CAD e uma terceira que misture o desenho à mão e no CAD ou faça uma transição do desenho à mão para o CAD.

EXERCÍCIO 7–2

Agora, passe para os exercícios de projeto do Grupo 2, usando a matriz de critérios e o organograma das atividades desenvolvidos nos Capítulos 1 e 2. Primeiramente, revise o desenvolvimento do esboço de planta baixa com cada combinação de programa de necessidades e espaço de intervenção; a seguir, passe para a fase de aperfeiçoamento e apresentação, fazendo com que essa última etapa do planejamento de espaços se torne uma rotina. Durante este exercício, experimente técnicas de desenho e apresentação para começar a desenvolver um estilo pessoal; mais uma vez, faça desenhos à mão e no CAD. O número de exercícios realizados antes de passar para o grupo final (Grupo 3) é uma questão individual – o objetivo principal é se familiarizar com os problemas de tal escala. As críticas são importantíssimas para o processo de aprendizado e devem fazer parte de todos os exercícios nas fases de estudos preliminares, diagramação e passagem entre as etapas de esboço de planta baixa, bem como na finalização deste exercício.

EXERCÍCIO 7–3

Finalmente, recomece e passe a trabalhar com os exercícios do Grupo 3, que apresentam o maior desafio de projeto deste texto. Seria enganoso sugerir que o domínio dos exercícios de planejamento para 400 m^2 prepara o aluno para todos os outros desafios de planejamento de espaços que ele possa encontrar. Um espaço de 2 mil m^2 provavelmente trará problemas que exigirão o aperfeiçoamento das habilidades do projetista. Espaços internos especializados com equipamentos ou processos operacionais peculiares necessitarão de pesquisa e conhecimentos específicos não contemplados por estes exercícios. Além disso, a singularidade dos espaços reais e dos problemas do cliente produzirá novos desafios. Contudo, esses novos desafios não requerem uma metodologia ou um processo de planejamento fundamentalmente novo ou diferente de tudo o que foi aprendido aqui.

Neste momento, é preciso fazer alguns comentários finais sobre as habilidades de desenho e apresentação. O processo de aprendizado descrito neste texto requer muitas horas na prancheta ou em frente à tela do computador. Caso suas habilidades de apresentação não se encontrem em um nível satisfatório, seria uma pena perder essa oportunidade de aprimorá-las. O desenvolvimento de tais habilidades inclui a questão do talento pessoal. Alguns projetistas têm habilidades inatas de representação e desenho à mão livre, enquanto outros precisam se esforçar muito para obter resultados parecidos. Da mesma forma, alguns arquitetos têm uma afinidade pessoal com o computador, ao passo que outros terão de enfrentar muitas dificuldades para adquirir uma habilidade de mesmo nível. Seja qual for o talento pessoal, o desenvolvimento de habilidades de apresentação com qualidade profissional geralmente é um processo demorado, que exige a prática contínua de cada aspecto detalhado da apresentação de projeto.

O processo de desenvolvimento da habilidade de desenhar depende, principalmente, da imitação. Sempre que encontrar uma planta baixa que lhe agrade, experimente suas técnicas – não uma, mas várias vezes. É possível que ela envolva técnicas que ultrapassam as convenções de desenhos de planta baixa, incluindo fotografia, uma variedade de *software* gráficos ou técnicas de fotocópia ou reprodução digital. Os resultados obtidos provavelmente serão diferentes dos originais, misturando técnicas do original e outras adquiridas por você anteriormente. Ao fim de cada processo de imitação, você estará um pouco mais "afiado". Para encontrar plantas baixas de qualidade, consulte revistas mensais de projeto de arquitetura de interiores, livros relacionados ao projeto e à arquitetura de interiores, e o trabalho de colegas, outros projetistas e arquitetos. A fim de demonstrar outras técnicas de elaboração de planta baixa preliminar, as Figuras 7–5A (feita à mão) e 7–5B (feita no CAD) exibem desenhos de qualidade feitos por outros projetistas.

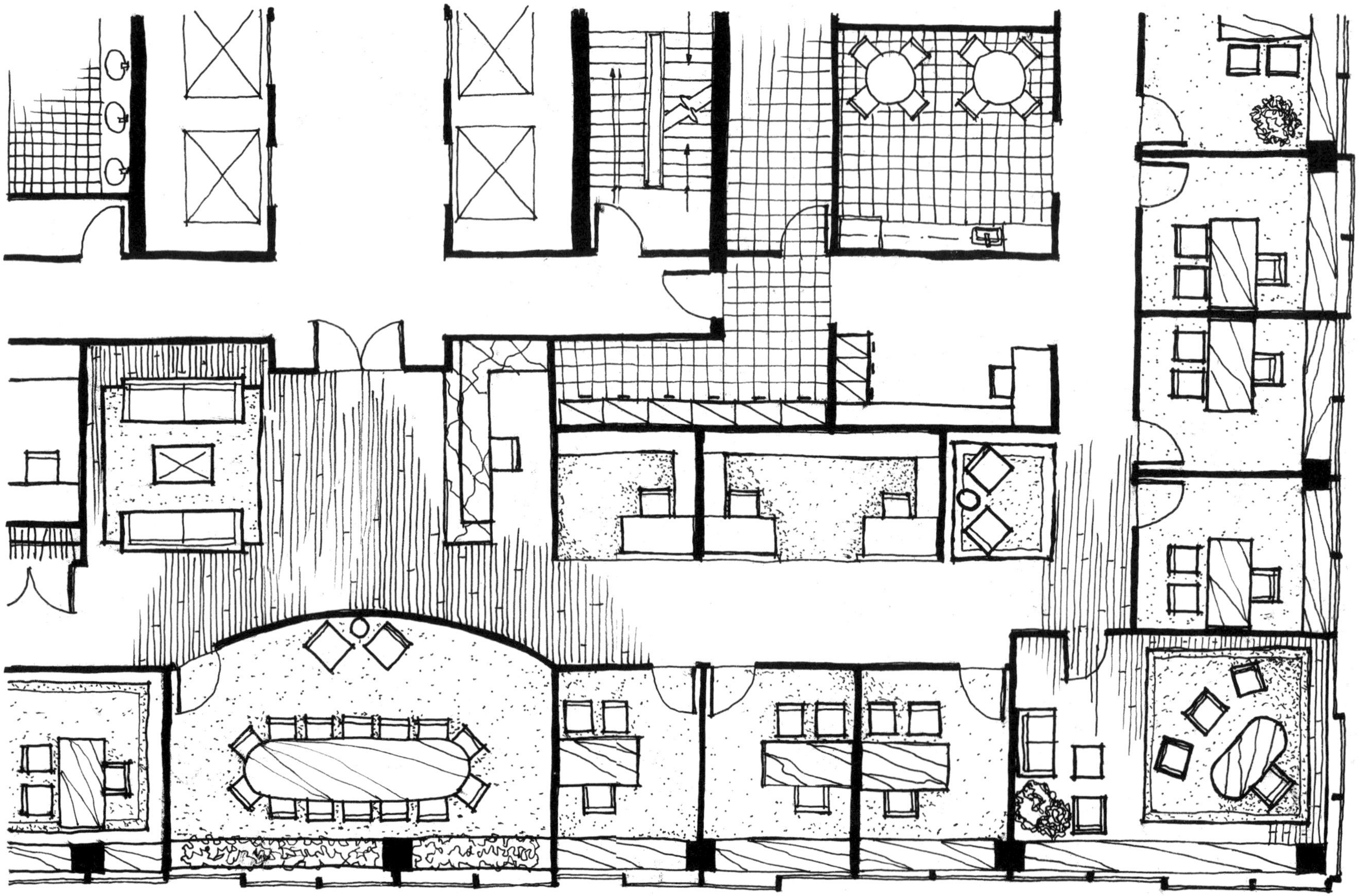

FIGURA 7–5A TÉCNICA DE APRESENTAÇÃO ADICIONAL.

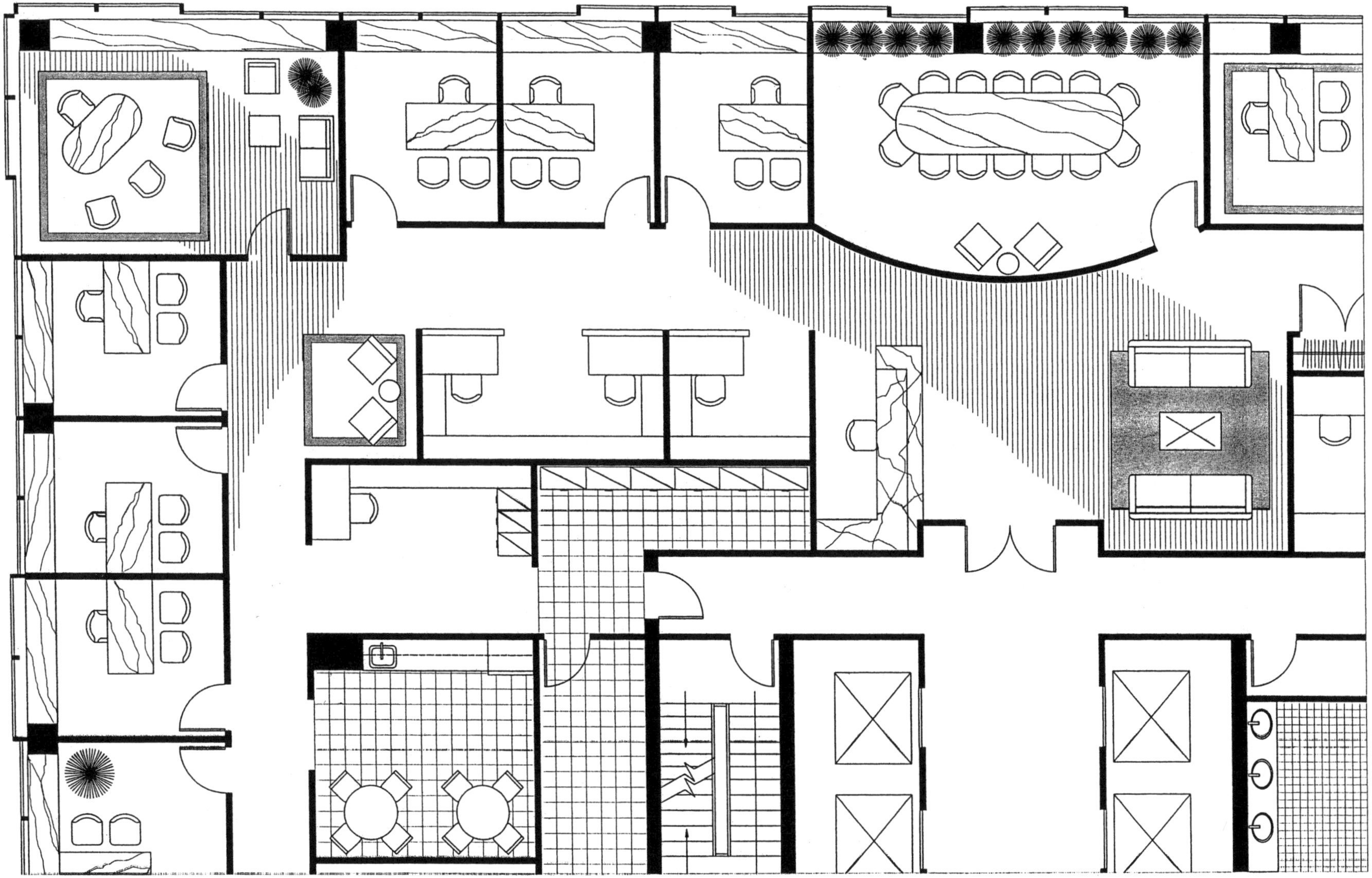

FIGURA 7–5B CONTINUAÇÃO.

Não discutimos, neste capítulo, o uso de técnicas de apresentação com simulação tridimensional (perspectivas renderizadas por computador, visitas virtuais, etc.). Isso não significa que tais técnicas não sejam importantes; o fato é que elas servem como uma ferramenta de venda, e não de projeto. O desenvolvimento de habilidades de simulação tridimensional para apresentação de projeto é um processo complexo e demorado, a respeito do qual muitos textos já foram escritos. É preciso encorajar essas habilidades junto a todos os estudantes de arquitetura, ainda que, essencialmente, elas não estejam associadas ao desenvolvimento das habilidades de planejamento espacial.

Leitura recomendada

5*, 17*, 19*

As obras seguidas de asteriscos fazem parte da leitura recomendada em outros capítulos.

Capítulo 8 O DESENVOLVIMENTO DE HABILIDADES ALÉM DO NÍVEL BÁSICO

De um ponto de vista didático, os exercícios de planejamento de espaços de 400 m² caracterizam um marco importante. Embora os problemas de planejamento de espaços internos de maior porte sejam mais difíceis e levem mais tempo para serem solucionados, os métodos e as técnicas para sua resolução, apresentados neste livro, são fundamentais e se mostrarão úteis à medida que as exigências de projeto se tornam maiores em escala e mais complexas dentro do programa de necessidades. Depois de dominar uma abordagem básica para a resolução desse tipo de problema, a experiência prática será a melhor maneira de desenvolver suas habilidades para que você se sinta à vontade ao lidar com espaços maiores e mais complexos. Este capítulo final visa a fornecer ideias e diretrizes básicas para aprimorar as habilidades além do nível básico exigido pelos exercícios com os programas de necessidades e as plantas baixas de edificações propostos aqui.

AS IMPLICAÇÕES FUNDAMENTAIS

A fim de compreender a escala de espaços com 400 m² da perspectiva adequada, a área de piso útil do pavimento-tipo da maioria dos novos edifícios de escritórios altos ou médios varia de 150 a 250 m². Em geral, as firmas comerciais ou profissionais convencionais exigem 12,5 a 25 m² por pessoa para acomodar seus funcionários; as variáveis que determinam essa área de piso média são as necessidades funcionais dos trabalhadores, o número de visitantes externos, a quantidade de espaço necessário para os equipamentos e o grau de espaçamento necessário. Os exercícios com programas de necessidades e plantas baixas de edificações fornecidos neste livro lidam, propositalmente, com as funções típicas ou comuns, e não envolvem equipamentos ou instalações prediais especializados.

Não raro, nos deparamos com edificações relativamente grandes que, apesar de acomodar muitas pessoas, desempenham apenas algumas funções simples. Esse tipo de projeto de interiores geralmente não é mais difícil, nem leva mais tempo, do que projetos muito menores, mas relativamente complexos. Em geral, o planejamento espacial para usos mais amplos é mais complexo e difícil; contudo, é preciso compreender que a complexidade ou a singularidade do programa de necessidades costuma ter, em termos de resolução do problema, um impacto igual ou maior do que aquele decorrente do tamanho.

Em geral, espaços maiores servem a um número maior de funções, sendo que as relações interfuncionais ficam muito mais complexas. A complexidade aumenta quando há muitos funcionários e visitantes externos, principalmente se esses visitantes externos precisam ficar isolados em determinadas áreas. Com frequência, é preciso acomodar processos com fluxos de trabalho específicos, o que exige adjacências espaciais exatas entre funções e departamentos. É interessante observar que, com a utilização cada vez mais generalizada do arquivamento e da busca de documentos em computador, o uso de papéis está perdendo a importância. Para determinados usuários, a acomodação de equipamentos grandes e de posicionamento permanente é tão importante quanto a acomodação de pessoas, não apenas em termos de espaço ocupado, mas também pela necessidade de proximidade com as instalações mecânicas e elétricas.

Equipamentos muito especializados apresentam desafios de planejamento especiais; isso ocorre, por exemplo, em estúdios de televisão, locais para tratamento médico especializado e laboratórios científicos. Além do fato de que suas funções detalhadas fogem à experiência da maioria das pessoas, tais espaços frequentemente requerem o uso de equipamentos especializados; as questões de função e equipamento costumam exigir muita pesquisa antes e durante a elaboração dos leiautes. Hospitais de grande porte são, provavelmente, as edificações mais difíceis e complexas de se projetar. Eles incorporam todos os elementos que contribuem para tornar o planejamento de espaços internos complexo e potencialmente problemático: inúmeros funcionários e visitantes, a separação entre estes, muitas funções distintas, processos funcionais que exigem adjacências específicas e uma ampla variedade de equipamentos de grande porte que precisam ocupar uma posição específica em relação às instalações mecânicas e elétricas. Por essas razões, os hospitais sempre são planejados com o auxílio de consultores especializados. A maioria das funções especializadas demanda a participação de, no mínimo, um consultor, e, com frequência, de vários. Os comentários sobre o uso de consultores, feitos nos parágrafos iniciais do Capítulo 4, também se aplicam ao planejamento de edificações e instalações especializadas. Afastar-se da prática de projeto convencional e se aproximar das instalações especializadas é o caminho para se construir uma carreira profissional interessante e cheia de desafios.

A fim de aprender a planejar espaços maiores e mais complexos, é preciso ter experiência com projetos reais. Conforme ressaltamos anteriormente, não há como simular as peculiaridades e as excentricidades de projetos reais em exercícios de planejamento. Teríamos de documentar estudos de caso de maneira extensiva e detalhada para começar a explicar as muitas variáveis que o projetista encontrará com projetos inclusive de tamanho intermediário. Edificações preexistentes podem apresentar sistemas inusitados de piso e teto, portas com detalhes peculiares ou sistemas de climatização particularmente inflexíveis. As normas impostas pelo plano diretor e pelo código de edificações costumam limitar as opções de projeto. Mesmo se não considerarmos os problemas decorrentes da comunicação pessoal com o cliente ou aqueles que resultam da falta de compreensão do cliente perante o processo de projeto, geralmente é difícil identificar, entender e analisar as variáveis e a singularidade dos procedimentos operacionais de cada cliente. O ideal é que você consiga aprender de modo progressivo para então projetar equipamentos cada vez maiores e mais complexos. Assim, será possível adaptar e modificar as técnicas e os métodos básicos de planejamento apresentados neste livro, chegando ao ponto de desenvolver um repertório próprio de metodologias que seja capaz de atender aos diferentes desafios e oportunidades enfrentados pelos arquitetos de interiores.

OS PROGRAMAS DE NECESSIDADES DENTRO DE OUTROS PROGRAMAS DE NECESSIDADES

Quando nos deparamos com os problemas associados ao projeto de uma edificação para acomodar muitas pessoas que executam uma ampla variedade de funções, não é prático considerar cada indivíduo e cada tarefa logo no início do processo de planejamento. Diz-se que não é possível ver a floresta devido às árvores, e tal analogia se aplica muito bem a essa situação. A fim de solucionar problemas complexos e de grande porte, é importante, primeiramente, dividir o problema em partes fáceis de administrar.

Caso um projeto específico exija a acomodação de 156 pessoas em 14 departamentos em um pavimento de edifício de escritórios com 2.350 m², comece planejando os departamentos, e não os escritórios ou postos de trabalho individuais. Os 14 departamentos podem e devem ser manipulados em diagramas de relações e, a seguir, em organogramas – exatamente como a manipulação de compartimentos é feita durante o planejamento de edificações menores. Faça uma matriz de critérios para as necessidades e inter-relações entre departamentos, pois ela servirá como uma ferramenta de análise distinta; as questões de adjacência, áreas de piso necessárias, rotas de circulação, processos de trabalho, privacidade e acústica, entre outras, se aplicam aos departamentos assim como a compartimentos e espaços individuais. A Figura 8–1 mostra um diagrama de relações e um organograma para a distribuição de departamentos. Diagramas do gênero são muito parecidos com diagramas de zoneamento, nos quais uma zona é atribuída a cada função departamental. No caso de equipamentos de grande porte, um "conceito de zoneamento" proposital pode ser um passo muito útil.

Com frequência, é preciso acomodar uma organização em vários pavimentos dentro da mesma edificação. Nesses casos, um organograma vertical é ideal para identificar graficamente as funções e/ou departamentos que devem ser localizados em cada pavimento, conforme ilustrado na Figura 8–2. O uso de pavimentos múltiplos para uma empresa não está relacionado ao tamanho da organização envolvida; muitas organizações relativamente pequenas ocupam casas urbanas

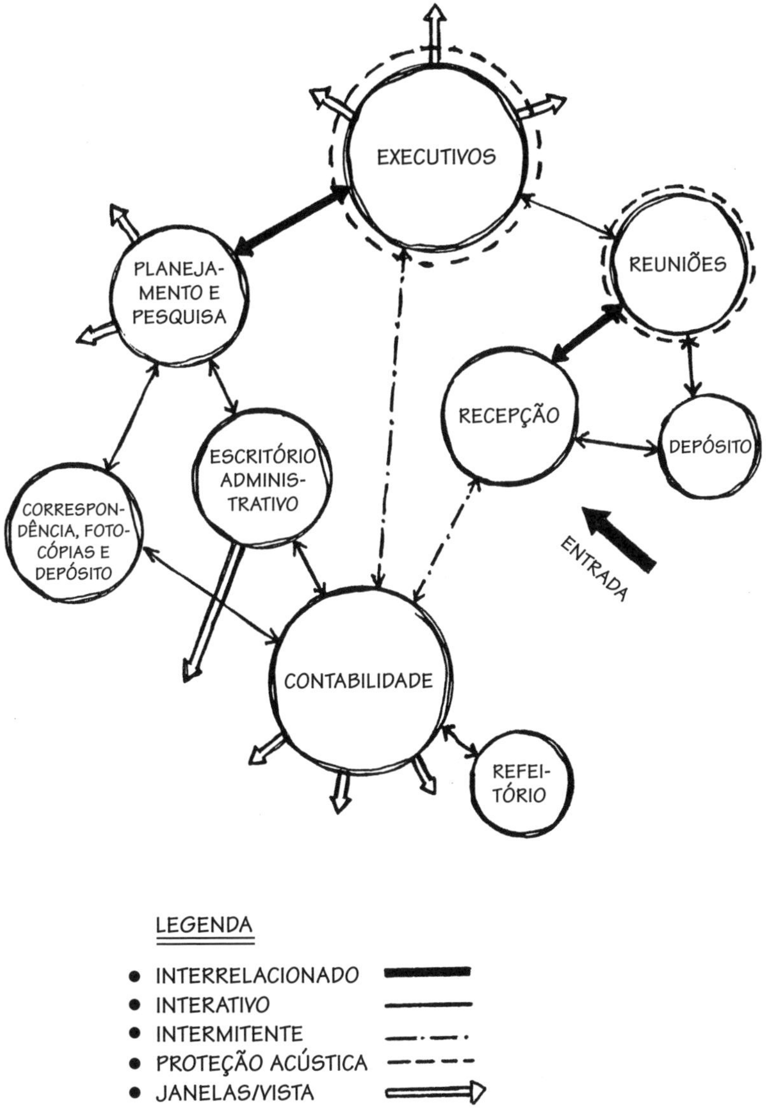

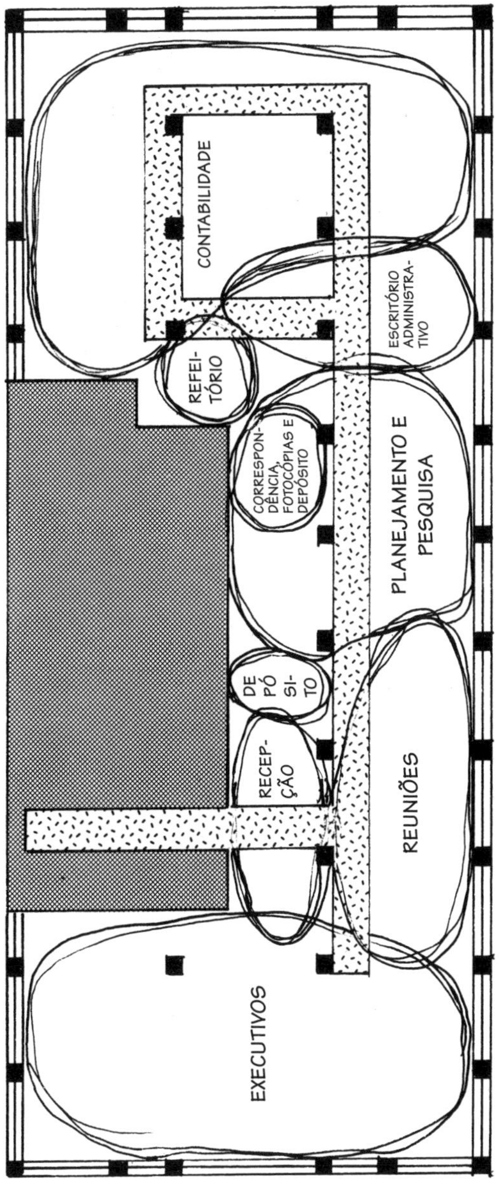

FIGURA 8–1 RELAÇÕES ENTRE DEPARTAMENTOS E ORGANOGRAMAS.

tradicionais ou prédios comerciais mais antigos, que são menores e apresentam muitos pavimentos. Antes de iniciar o projeto dos pavimentos individuais, é necessário determinar as funções que ocuparão cada pavimento. Precisamos ressaltar que o organograma vertical às vezes é enganador em termos gráficos, uma vez que os círculos não indicam o tamanho de cada função de maneira proporcional; as proporções corretas só serão visualizadas mediante o uso de um organograma convencional para cada pavimento. Para compensar essa deficiência, os organogramas verticais devem incluir a área de piso dos ambientes, conforme ilustrado no exemplo.

Em geral, os problemas de planejamento em espaços grandes são muito diferentes entre si; apesar de algumas semelhanças, é difícil encontrar dois exatamente iguais. À medida que os problemas crescem e ficam mais complexos, é preciso elaborar ou conceber, com frequência, novas técnicas de resolução de problemas. Lembre-se de que, na maioria dos casos, é muito útil usar a técnica básica e dividir um problema grande em partes menores e mais fáceis de trabalhar. De certa forma, esse processo exige que desenvolvamos "programas de necessidades dentro de outros programas de necessidades". Ainda que, em algum momento, seja necessário analisar e acomodar cada pessoa e cada tarefa, é muito importante estudar separadamente as relações entre departamentos ou zonas.

AS PLANTAS LIVRES E OS MÓVEIS MODULADOS

É difícil encontrar um edifício de escritórios de uma empresa ou instituição que não utilize móveis modulados. Para fins de definição, os móveis modulados podem ser descritos como uma combinação de painéis divisórios, superfícies de trabalho, armários e dutos para fiação, que é integrada em uma variedade de configurações de forma a acomodar a maioria das exigências funcionais de um escritório. Uma vez que são relativamente pequenos no tamanho, os problemas de projeto de interiores apresentados neste texto não se relacionam significativamente com os principais usos de móveis modulados.

Embora os móveis modulados costumem ser usados em escritórios pequenos para somente dois ou três postos de trabalho, sua função principal é articular espacialmente as áreas que acomodam alguns ou muitos postos de trabalho. Além de suas características de organização espacial, eles são adequados para solucionar os problemas complexos com a fiação nos escritórios eletrônicos atuais, oferecendo aos usuários uma certa flexibilidade. Tal flexibilidade permite que reconfiguremos os postos de trabalho a fim de alterar as necessidades funcionais, o que é muito mais barato do que demolir paredes internas antigas para construir novas. Além das vantagens práticas, os defensores dos móveis modulados afirmam que as plantas livres trazem benefícios significativos em termos humanos e pessoais, já que encorajam a interação entre as pessoas que trabalham no mesmo local.

Há três grandes problemas de planejamento de escritórios que não são solucionados adequadamente pelos móveis modulados:

1. Um alto grau de controle acústico e privacidade
2. A segurança e a confidencialidade de documentos
3. A imagem convencional de prestígio ou status que é transmitida pelo escritório particular

Evidentemente, é difícil imaginar que as necessidades de privacidade acústica de um escritório de advocacia, de uma sala para exames médicos ou de uma sala de reuniões de executivos possam ser atendidas por móveis modulados. Escritórios que trabalham com folhas de pagamento, com a gestão de documentos pessoais ou com a pesquisa e o desenvolvimento de funcionários, para citar apenas alguns exemplos, exigem um grau de confidencialidade e segurança que não é oferecido pelos móveis modulados. Não importa qual seja o espaço alocado – poucos executivos importantes se contentam com a privacidade, a imagem e o status conferido pelo uso de móveis modulados. Por essas razões, a maioria dos escritórios combina móveis modulados e paredes internas convencionais para solucionar as necessidades de planejamento espacial.

Grande parte do trabalho profissional de arquitetos de interiores costuma estar relacionado a outros tipos de edificação, como na indústria hoteleira ou em equipamentos de saúde. Nesses casos, talvez não seja tão importante aprender a projetar usando móveis modulados. No entanto, a maioria dos projetistas que trabalha com ambientes não habitacionais precisa saber como planejar e projetar utilizando módulos. Na verdade, planejar e projetar usando móveis modulados é um processo que se parece mais com o planejamento de espaços do que com o leiaute de ambientes ou o projeto com móveis convencionais.

O ideal é começar com espaços e números de postos de trabalho relativamente pequenos, aumentando os tamanhos e as quantidades gradualmente até chegar a escritórios grandes que incluem muitas outras funções, como áreas de reunião informais ou áreas de arquivamento e armazenagem. Como diferentes móveis modulados são fabricados atualmente, aprender a planejar utilizando-os é uma tarefa cansativa e complicada. Embora, semelhantes entre si, cada sistema possui modulações, conexões de painéis ou potenciais de configuração próprios, fazendo com que as generalizações de projeto sejam indefinidas para os inexperientes.

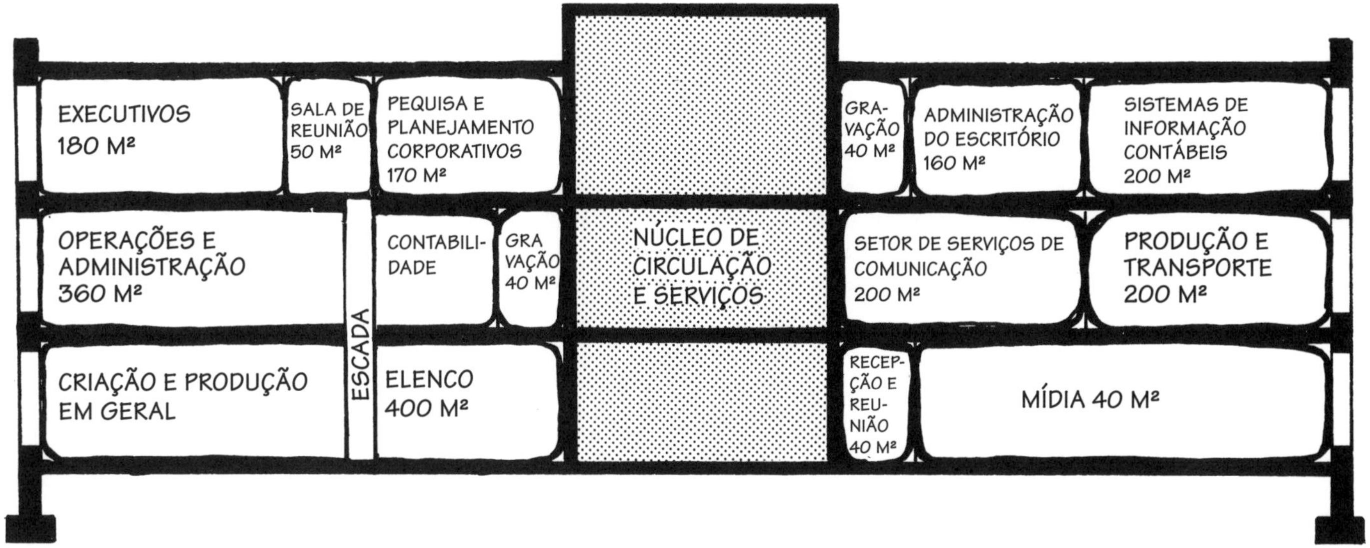

FIGURA 8–2 *ORGANOGRAMA VERTICAL.*

É impossível projetar com móveis modulados sem conhecer as dimensões, os detalhes e as configurações dos módulos específicos. Depois de trabalhar detalhadamente com vários módulos ao longo de um período considerável, é possível projetar espaços de maneira generalizada sem optar pelos móveis modulados de um determinado fabricante; ainda assim, o projeto definitivo deve ser feito após a escolha dos módulos específicos. As implicações são claras: somente depois de muitos projetos e da investigação e do planejamento detalhados com vários móveis modulados, o projetista terá condições de manipular os módulos com facilidade e confiança dentro de um espaço, sabendo que o sistema como um todo funcionará bem na planta baixa final.

Os fabricantes de móveis modulados desejam que os projetistas se familiarizem com seus produtos. Muitos deles oferecem manuais e/ou palestras de planejamento sobre o uso de seus módulos, com a finalidade de encorajar os arquitetos a aprender a utilizá-los. Essas ferramentas de projeto podem ser muito úteis, especialmente para os inexperientes. Além disso, a maioria dos fabricantes oferece acesso (seja em disco ou online) à biblioteca de blocos para desenho em CAD, facilitando o planejamento de acordo com seus módulos. Entre em contato com os fabricantes ou com seus representantes e obtenha muitas informações importantes para o planejamento.

O EDIFÍCIO DE ESCRITÓRIOS OCUPADO POR VÁRIAS EMPRESAS

O planejamento e o projeto de escritórios de grande porte são corriqueiros para a maioria dos profissionais da arquitetura de interiores. A maior parte desse trabalho é realizada em edificações com vários condôminos, cujas salas foram construídas para aluguel ou venda, em ambientes que vão de condomínios profissionais nos subúrbios a torres nos centros das cidades. Apesar do grande envolvimento profissional dos arquitetos com tais edificações, este texto e seus exercícios de planejamento não trataram muito desses tipos de interiores, pelas mesmas razões que justificam a brevidade da discussão referente aos móveis modulados. Todos os projetistas que pretendem trabalhar com o projeto de escritórios devem estar extremamente familiarizados com os edifícios ocupados por várias empresas, desde as configurações da planta baixa geral até os detalhes da construção, incluindo os sistemas de climatização e as instalações hidrossanitárias.

Algumas edificações são projetadas e construídas com pouca folga para alterações posteriores. Hotéis, hospitais e a maioria das edificações institucionais fazem parte da categoria de edifícios com interiores relativamente fixos; o mesmo ocorre com alguns prédios que se destinam a usos comerciais específicos. Essas edificações geralmente impõem muitas limitações ao processo de planejamento para novos usos internos, uma vez que muitos elementos são relativamente fixos, além de caros para adaptar ou deslocar.

Os edifícios de escritórios com vários condôminos são o oposto das edificações de uso fixo. Dentro dos limites das técnicas de construção econômicas, eles são projetados para oferecer o máximo de flexibilidade e adaptabilidade, de forma a acomodar, com o passar do tempo e dos inquilinos, a variedade mais ampla possível de funções e usuários.

Por essas razões, sistemas com componentes padronizados e modulados são usados nos forros, nas paredes externas e janelas, no sistema de iluminação, na distribuição elétrica e no sistema de climatização. (A única exceção é o uso frequente de paredes de gesso cartonado com montantes de aço, devido ao baixo custo e à facilidade para demolir.) Aprender a trabalhar com esse tipo peculiar de edificação é essencial para a compreensão significativa do planejamento e do projeto de escritórios. O aprendizado deve incluir exigências específicas impostas pelos códigos de edificação quanto às saídas de emergência e à compartimentação para o controle de incêndios, além das questões econômicas e práticas dos contratos de aluguel por parte das construtoras e imobiliárias das edificações.

Nos edifícios com vários condôminos, o planejamento de espaços costuma ser dividido em duas etapas. A primeira estabelece uma planta baixa geral do espaço, ou uma planta de viabilidade, a fim de confirmar a adequação do local para o inquilino e convencê-lo a fechar o negócio; essa fase também é chamada de planejamento de inquilinos. A segunda etapa inclui o aperfeiçoamento da planta baixa geral do espaço e a finalização do processo de projeto até os últimos detalhes. Algumas firmas e departamentos de projeto se especializam na primeira etapa, o planejamento espacial geral; tais firmas ou departamentos costumam ser excelentes locais para o desenvolvimento de habilidades profissionais de planejamento de espaços.

AS AMPLIAÇÕES FUTURAS

Em geral, projetar tendo em mente as ampliações futuras é um fator significativo na maioria dos problemas de planejamento de espaços, independentemente de seu tamanho. Não tratamos dessa questão até o momento porque ela envolve muitas conjunturas ou elementos indeterminados; além disso, é difícil especificá-la nos exercícios com programas de necessidades pré-elaborados, que fazem parte deste livro. O ideal é que ela seja um fator fundamental do planejamento desde as fases iniciais de coleta e análise de dados, sendo incluída como um elemento na matriz de critérios (vide Figura 1–7A) e em outras partes dos estudos preliminares, como os diagramas de relações.

Apesar de sua importância, muitos clientes encontram dificuldades para lidar com o planejamento futuro, chegando ao ponto de evitar discuti-lo em termos concretos. Isso é compreensível, já que não sabemos o que o futuro nos reserva. Também é relevante o fato de que o planejamento futuro costuma implicar importantes investimentos financeiros.

Quando o cliente consegue identificar, quantificar, localizar e situar um período de tempo para crescimento ou alterações futuras (alugando outra sala, reservando parte do terreno para ampliações posteriores, etc.), o problema de planejamento espacial geralmente não é muito complicado. Muitas vezes, porém, os clientes estão concentrados nos problemas atuais e não se interessam nem se mostram sensíveis à necessidade de prever futuras exigências de planejamento espacial.

Apesar do desconforto associado à especificação de necessidades para um futuro incerto, a maioria dos clientes é mais bem atendida quando o projetista é assertivo e exige diretrizes articuladas referentes ao futuro da organização. Ainda que as informações sobre o futuro contidas no programa de necessidades sejam um tanto vagas, uma ideia generalizada em relação às funções que provavelmente mudarão ou crescerão permite que o projetista distribua as unidades funcionais de maneira a facilitar ao máximo as alterações posteriores. Além das questões de planejamento espacial, muitos projetistas acreditam que elaborar um programa de necessidades visando ao futuro ajuda a estabelecer uma relação duradoura com o cliente.

Devemos ressaltar que planejar para necessidades futuras é importante (e difícil) tanto em organizações pequenas quanto em grandes; o provável é que seja ainda mais difícil no caso de organizações relativamente novas, independentemente do tamanho. Em geral, não há soluções fáceis para essas questões, já que a dificuldade está em tomar decisões econômicas, e não de leiaute. Mais uma vez, a experiência com projetos reais é o melhor modo de aprendizado; os projetistas que já trabalharam questões de planejamento futuro com alguns clientes podem ajudar os demais nesta área especial de tomada de decisões.

O PLANEJAMENTO DE NOVAS EDIFICAÇÕES

Projetar uma edificação nova é muito semelhante a projetar um interior novo para uma edificação preexistente. Apesar das semelhanças, o projeto de uma nova edificação engloba várias considerações importantes e complexas que não fazem parte do processo de planejamento de espaços internos. Sem tentar listar os inúmeros detalhes associados a cada consideração, é preciso dizer que elementos, como o terreno, a forma e a imagem externos, a estrutura da edificação e a distribuição dos sistemas básicos de climatização, exigem um conhecimento e uma especialização que não fazem parte do projeto de planejamento de espaços internos típicos.

São muitas as razões para se fazer essa separação tanto no treinamento como na prática de arquitetos e arquitetos de interiores, incluindo a magnitude e a complexidade da tarefa do arquiteto. Raramente nos deparamos com a integração fundamental dos processos de projeto de edificação e projeto de interiores. Como firmas de arquitetura geralmente se encarregam do projeto da edificação, o arquiteto de interiores costuma se unir ao processo em um momento muito avançado da fase de planejamento, o que relega sua especialização em espaços e detalhes interiores a um plano secundário e o impede de participar do projeto da edificação como um todo – algo que seria muito mais útil em termos funcionais.

O bom planejamento de espaços internos exige que o projetista preste muita atenção aos detalhes, tanto durante o desenvolvimento do programa de necessidades como no processo de planejamento físico propriamente dito. A tarefa de projetar edificações se tornou mais complexa e é provável que a maioria dos arquitetos não tenha condições de se dedicar ao desenvolvimento de habilidades avançadas de planejamento de espaços internos. Da mesma forma, o projeto de interiores se tornou mais difícil, e é igualmente improvável que a maioria dos arquitetos de interiores obtenha uma especialização arquitetônica. O ideal é que ocorra uma colaboração mais produtiva entre as duas especializações interdependentes, tanto na teoria como na prática, no que diz respeito à criação de um ambiente construído.

Essa colaboração exige um maior conhecimento e uma melhor compreensão dos programas de necessidades e sistemas de interiores, bem como dos móveis e materiais de interiores, por parte dos arquitetos, além de um maior conhecimento e uma melhor compreensão do sítio, das estruturas e dos sistemas de climatização por parte dos arquitetos de interiores. Sem dúvida, o resultado será um aumento na qualidade das edificações.

A abordagem interdisciplinar deve ir além da interação entre arquitetos e arquitetos de interiores. A maioria dos profissionais envolvidos com projetos tem preocupações genéricas com questões ambientais, que vão desde o uso inteligente dos recursos naturais do planeta até os componentes detalhados que determinam a qualidade diária da vida contemporânea. Para se fazer um esforço significativo e implantar essas preocupações, é preciso que haja uma visão global bem informada, além do desejo de que todas as disciplinas de projeto trabalhem juntas. Esse tipo de colaboração profissional interdisciplinar contribui para a criação de um ambiente construído mais sustentável.

UMA ÚLTIMA OBSERVAÇÃO

O domínio profissional do planejamento de espaços internos é um grande desafio. Embora seja preciso se dedicar muito, os benefícios são proporcionais. Dessa forma, o projetista estará preparado para lidar com todos os tipos de projeto de interior; além disso, suas habilidades de resolução de problemas, seja em termos de organização, análise ou síntese, serão ferramentas adaptáveis e úteis para uma profissão e um mundo em constante evolução.

FUNDAMENTOS DE PROJETO DE ESCADAS

SEÇÃO I

O PROJETO DE ESCADAS

Fazer um bom projeto de escada não é uma tarefa simples e, para aprendê-la, não basta usar livros de consulta. Para a maioria dos projetistas experientes, o processo de aprendizado se deu com a supervisão de outro colega, seja um professor ou um profissional com experiência na área, que os ajudou a corrigir erros ou equívocos de julgamento. Este capítulo orientará o projetista inexperiente durante as fases iniciais do projeto de escadas.

O principal objetivo de uma escada é conectar áreas de passagem de pedestres localizadas em níveis diferentes. Dependendo das circunstâncias, essa tarefa pode ser muito simples ou bastante complexa. A dificuldade aumenta quando a escada cobre mais de dois níveis, sendo que a tarefa fica ainda mais difícil no caso de escadas "monumentais" ou "escultóricas", ou escadas de inserção em edificações com configuração irregular e/ou complexa. Para a maior parte das pessoas, usar escadas faz parte do cotidiano; na maioria dos casos, a escada é considerada algo banal e não recebe atenção. Contudo, quando nos deparamos com escadas cujo projeto é inadequado, a experiência é no mínimo desconfortável e, na pior das hipóteses, perigosa. Por outro lado, sempre que encontramos uma escada cujo projeto é particularmente bom, sentimos que o projetista proporcionou um momento de grande prazer para os usuários.

Ao utilizar este guia, é preciso considerar as três questões a seguir:

- Há diferenças fundamentais entre se projetar escadas dentro de edificações preexistentes e dentro de uma nova estrutura que ainda está sendo projetada; este guia tratará de ambos os casos.
- De forma a projetar escadas realistas e adequadas, é essencial conhecer os códigos e padrões de construção para atender a usuários com deficiência física.
- A terminologia associada às escadas pode gerar confusões ou equívocos em questões de projeto ou construção. Um breve glossário com termos relacionados ao projeto de escadas é fornecido na página 227.

Este guia não é apenas para ser lido – utilize-o ao fazer os Exercícios para Desenvolvimento de Habilidades disponível online. Assim, você ampliará seus conhecimentos de projeto e também sua inspiração. À medida que desenvolve as habilidades de projeto de escadas, é inevitável que o projetista passe a apreciar ainda mais as sutilezas e as nuances do projeto de escadas, e que sinta prazer ao encontrar, por acaso, uma boa escada.

A FUNÇÃO, O OBJETIVO E A HISTÓRIA

Além do objetivo óbvio, que é permitir a passagem de pessoas de um nível para outro, as escadas atendem a diferentes funções, que incluem:

Terrenos com Declives As mudanças de nível, que vão desde desníveis suaves até sítios muito acidentados, exigem o uso de escadas e rampas, conforme mostram as fotografias de mudanças de níveis em jardins, vencidos por degraus baixos (Figura S1–1), e trilhas curvas em colinas, que combinam rampas, rampas com degraus e degraus (Figura S1–2). Às vezes, em terrenos acidentados, o acesso à edificação ocorre em níveis diferentes que, então, são conectados por uma escada interna, conforme mostra o desenho em corte (Figura S1–3). Sítios especiais tiram proveito dos declives, conforme mostra a fotografia das arquibancadas de um antigo teatro romano ao ar livre (Figura S1–4).

Questões Culturais Há séculos atrás, escadas de alvenaria e escadas de mão eram usadas como principal instrumento de defesa para repelir agressores, restringindo a passagem a uma entrada em fila indiana, conforme mostram as fotografias de acessos com escada em assentamentos indígenas no Sudoeste dos Estados Unidos (Figura S1–5), sem falar nas escadas estreitas dos castelos medievais europeus. O rápido crescimento dos centros urbanos na Idade Média levou ao surgimento de edificações maiores, e as limitações espaciais fizeram com que tais edificações crescessem para cima, e não para os lados. O uso de escadas passou a predominar à medida que as tecnologias de construção ficaram mais sofisticadas, fazendo com que o projeto de escadas se aperfeiçoasse em variedade e complexidade, conforme mostra o exemplo datado do século XVII (Figura S1–6). Até o advento do elevador, na segunda metade do século XIX, as escadas eram o único meio de acesso vertical em edificações de múltiplos pavimentos. Também é importante observar que o impacto cada vez maior da industrialização e da urbanização passou a exigir prédios maiores e mais altos.

Questões Humanas e Sociais As questões humanas e sociais determinam nossa maneira de projetar e utilizar escadas. Em muitas edificações tradicionais, uma grande escada monumental é a peça central da composição, levando a eventos ou cerimônias de prestígio no pavimento de cima e também permitindo uma entrada extraordinária ou teatral perante a plateia que aguarda (Figura S1–7). Pavimentos múltiplos possibilitam a separação e/ou a compartimentação de funções dentro da edificação, de forma a atender às necessidades de privacidade, confidencialidade ou segurança. Com exceção das funções públicas, que usam principalmente o pavimento de entrada, é mais fácil obter privacidade e segurança nos outros pavimentos, seja abaixo ou acima. Tradicionalmente, colocamos os dormitórios nos segundo e terceiro pavimentos das residências, criando um setor mais reservado para dormir e ter privacidade. Além das questões práticas de ordem humana e social, há o desejo – essencialmente universal – de ocupar uma posição de status

FIGURA S1–1 Escada de jardim com degraus baixos.

FIGURA S1–2 Rampa de jardim escalonada.

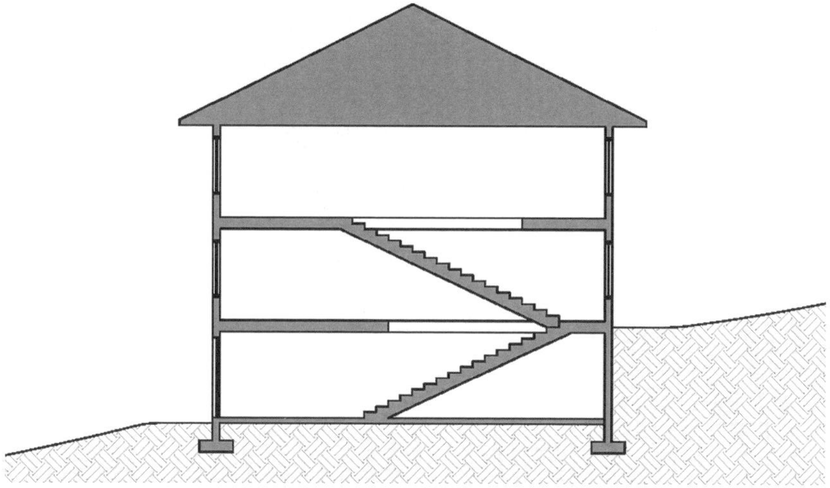

FIGURA S1–3 Implantação adequada a um terreno em declive.

FIGURA S1–4 Teatro do Império Romano, tirando partido do terreno em aclive.

FIGURA S1–5 Escadas de mão de acesso a um vilarejo escavado na rocha típico dos índios do sudeste dos Estados Unidos.

FIGURA S1–6 Blois Chateau – uma famosa escada de caracol do século XVI.

FIGURA S1–7 A Ópera de Paris de Charles Garnier – uma famosa escada monumental do século XIX.

FIGURA S1–8 Escada em um apartamento de cobertura contemporâneo.

FIGURA S1–9 Museu do Louvre, Paris – inserção feita no século XX (Arquiteto I. M. Pei).

FIGURA S1–10 Terminal TWA, Aeroporto JFK, Nova York (Arquiteto Eero Saarinen).

FIGURA S1–11 Edifício do KPMS, escada do pátio, Munique, Alemanha.

ou controle; o glamour associado a morar em um apartamento de cobertura certamente é consequência de tal desejo (Figura S1–8).

Questões Estéticas Para compreender a função das escadas em nossas edificações, não subestime as questões estéticas. Mesmo em seu formato mais simples, as escadas são elementos visuais dinâmicos em qualquer espaço interno. O mero fato de não estarem integradas estruturalmente aos elementos perpendiculares convencionais da edificação, introduzindo planos em ângulo ligeiramente agudos, confere a elas uma presença única. Além das escadas com configurações convencionais, temos escadas helicoidais impressionantes (Figura S1–9), escadas com detalhamento especial (Figura S1–10), escadas com estruturas acrobáticas (Figura S1–11) e escadas extremamente excêntricas. As escadas oferecem oportunidades únicas para que o projetista faça uma declaração estética singular sobre a personalidade e o objetivo da edificação.

As escadas na história

Sabemos, de maneira genérica, que é importante que o projetista conheça e compreenda a história das edificações e de seus componentes internos. Devido

FIGURA S1-12 Escada rudimentar feita de pedra debastada.

FIGURA S1-13 Ruínas da era romana no Marrocos.

FIGURA S1-14 Centro Pompidou, Paris – escada rolante externa (Arquiteto Renzo Piano).

às limitações impostas sobre este manual relativamente breve, não iniciaremos um discurso significativo sobre a história das escadas e do projeto de escadas. Há vários textos de qualidade sobre o assunto, indicados na lista de leituras recomendadas da página 231. De uma perspectiva exclusivamente visual, o desenvolvimento contínuo do projeto de escadas pode ser observado na série de fotografias das Figuras S1–12 a S1–14, que inclui desde escadas muito rudimentares feitas de pedra desbastada, típicas de muitas culturas antigas, até a sofisticação tecnológica que se tornou possível devido às novas tecnologias da construção.

Apesar do uso universal de elevadores e escadas rolantes nas edificações modernas de múltiplos pavimentos, as escadas continuarão sendo um componente fundamental de nossos prédios, já que são: (1) o principal meio de circulação vertical em edifícios pequenos e de pouca altura; (2) parte das rotas de fuga que levam às saídas de emergência em todas as edificações de múltiplos pavimentos; e (3) um elemento escultórico significativo em muitas edificações, sejam elas grandes ou pequenas.

O comportamento humano nas escadas

Compreender o comportamento humano nas escadas pode trazer informações importantes sobre as sutilezas que fazem parte de seu projeto. Surpreendentemente, nosso comportamento em escadas tem sido pouco pesquisado. Em termos de escadas, as duas principais áreas de pesquisa estão focadas nos seguintes fatores: (1) as rotas que as pessoas escolhem e (2) a reação à escada e ao entorno. A maior parte dos estudos foi realizada em situações de volume de tráfego intenso, como estações de metrô e percursos em terminais de transporte. Contudo, essas situações estão longe de ser típicas e, evidentemente, não tratam de preocupações básicas do projeto de escadas. Quando o projetista se depara com projetos de escadas que envolvem tais fatores de complexidade, talvez seja necessário consultar os dados fornecidos por pesquisas relacionadas.

Há dois fatos fundamentais sobre o comportamento humano em escadas:

- O comportamento humano em escadas é consistente e previsível, independentemente de sexo, raça ou idade.

- Nos Estados Unidos, as pessoas se posicionam no lado direito da escada tanto para subir como para descer. Na maioria das vezes, essa convenção não é seguida quando a pessoa deseja ultrapassar outra que anda mais devagar ou quando não há corrimão na direita.

Além desses dois fatos fundamentais, é preciso observar que, apesar da convenção de manter-se à direita, sempre que o choque entre pessoas parece iminente (como costuma ocorrer quando há algum usuário muito lento ou apressado), a maioria das pessoas consegue girar, se agachar, se inclinar ou virar rapidamente – nos últimos milissegundos – de forma a evitar o impacto ou, na pior das hipóteses, um acidente.

As escadas mais simples, como a escada reta básica, oferecem menos oportunidade para conflitos, acidentes, colisões ou desconforto. À medida que o modelo da escada se torna mais complexo, surgem mais oportunidades para tais tipos de conflitos. As escadas em U têm mais potencial de conflito do que as escadas retas, sendo que as escadas em ziguezague ou com outras configurações complexas são mais problemáticas do que as escadas em U. As escadas em caracol ou helicoidais são, de todas, as mais propensas a acidentes; ainda assim, elas não resultam em problemas incomuns ou singulares quando atendem aos códigos de edificações.

Os corrimãos influenciam a maneira como as pessoas utilizam as escadas. A maioria das pessoas os utiliza em pelo menos parte do percurso, principalmente ao descer os primeiros degraus. O exemplo clássico trata das escadas que têm uma parede sem corrimão em uma das laterais e um corrimão na lateral aberta da escada. Sempre que o corrimão fica à esquerda de quem desce, a maioria das pessoas quebra a convenção e desce pela esquerda, de forma a utilizar o corrimão.

Em geral, entender como as pessoas utilizam as escadas traz informações básicas importantíssimas para se abordar um problema de projeto de escada; contudo, é preciso lembrar que a resposta das pessoas à escada é a principal responsabilidade do projetista.

Quedas e acidentes em escadas

É impossível utilizar escadas sem correr algum risco e as consequências de um acidente podem ser sérias. Há várias estatísticas sobre acidentes em escadas, mas alguns dados numéricos básicos já bastam para os fins do projetista de escadas. Nos Estados Unidos, ocorrem mais de 12 mil mortes por ano devido a quedas de um nível a outro, além de mais de 12 milhões de ferimentos por ano – graves o bastante para exigir um dia de repouso ou cuidados médicos. Os ferimentos ocorridos em escadas resultam em mais de um milhão de casos que exigem tratamentos emergenciais por ano, e mais de 50 mil casos requerem internação hospitalar. Em termos econômicos, as quedas em escadas de locais de trabalho nos Estados Unidos estão entre as principais causas de pedidos de indenização e horas de trabalho perdidas.

É preciso observar alguns fatores fundamentais sobre acidentes em escadas:

- Uma vez que o esforço para se levantar o pé é proporcional à altura, quanto mais alto for o degrau, maior a probabilidade de tropeções.
- O comportamento do usuário, que pode estar com pressa, correndo, andando devagar, carregando coisas ou não prestando atenção, está entre as principais causas de acidentes em escadas.
- O projeto da escada e os fatores da construção, como o uso de apenas um degrau, pisos estreitos, irregularidades dimensionais, iluminação inadequada, falta de corrimão ou o emprego de materiais escorregadios, estão entre as causas mais significativas de acidentes em escadas.
- A idade é um fator particularmente significativo. Os idosos são mais propensos a sofrerem acidentes em escadas; 75% dos indivíduos que falecem em decorrência de quedas de escadas têm mais de 65 anos, e 84% dos indivíduos que morrem após cair de escadas em casa têm mais de 65 anos.
- O gelo, a neve e a água aumentam desproporcionalmente o número de quedas em escadas externas, especialmente nos climas mais frios.

A qualidade do projeto

As escadas podem ser bonitas, interessantes, ousadas e são capazes de inspirar os projetistas a criar algo único e extraordinário. Alguns dos livros incluídos nas leituras recomendadas (página 231) são principalmente coletâneas de fotografias, e parte deles também contém desenhos detalhados sobre a construção das escadas em questão. Os aspectos estéticos das escadas englobam os detalhes da construção e o formato geral. Se possível, experimente as escadas que você considera particularmente atraentes, subindo e descendo seus lanços com a finalidade de sentir seu conforto e suas características táteis, além de examinar os materiais e os meios de construção. Além disso, utilize os vários exemplos de boas construções já publicados, pois eles o ajudarão a criar escadas extraordinárias.

SEÇÃO 2

OS CÓDIGOS, AS DIMENSÕES E AS CONFIGURAÇÕES

Os códigos de edificações controlam grande parte das exigências de tamanho relacionadas às escadas. Além disso, nos Estados Unidos, parte das exigências de tamanho é controlada pela Americans with Disabilities Act (Lei para os Norte-Americanos com Necessidades Especiais – ADA). Em vez de repetir todas as exigências detalhadas do International Building Code (Código de Edificações dos Estados Unidos – IBC) para escadas no capítulo dedicado às Saídas de Emergência, trataremos de suas questões mais críticas nesta seção, deixando a aplicação para os estudos de caso da Seção 3.

As proporções dos degraus

Não existe uma relação perfeita entre a altura (o espelho) e a largura (o piso) dos degraus de uma escada. Nos Estados Unidos, o IBC estipula as dimensões máximas e mínimas para edificações habitacionais e não habitacionais, conforme descrevemos na Figura S2–1.

A segurança física e o conforto sempre são questões importantes quando se trata do projeto de escadas. Considerando-se que as proporções detalhadas dos de-

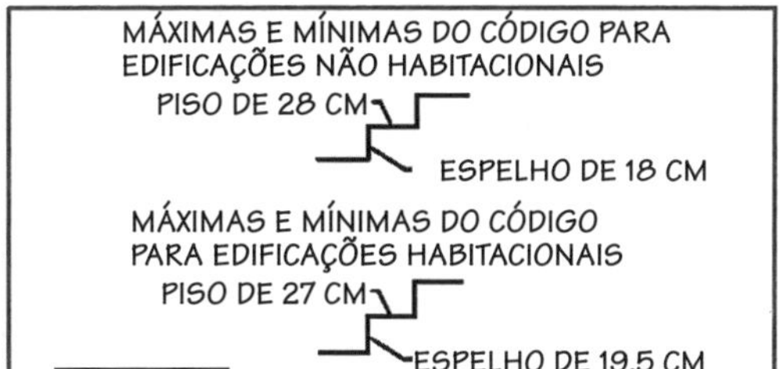

FIGURA S2–1

graus tenham sido atendidas, quanto mais baixo for o degrau, mais segura e confortável será a escada. Já foram publicadas diversas tabelas e planilhas que listam as dimensões estipuladas para os espelhos e pisos dos degraus, variando muito pouco entre si. A planilha de proporções dos degraus da Figura S2–2 é recomendada aqui, e será usada nos exemplos dos estudos de caso das Seções 3 e 4.

Observe que, ao aplicar a Lei de Blondel a fim de obter espelhos e pisos de bom tamanho – dois espelhos e um degrau são iguais a 64 (2h + b = 64 cm) – os resultados ficam entre 63,5 e 64,5 para todos os degraus com altura entre 14,5 cm e 21,5 cm. Ainda que o código não determine a altura mínima, degraus com menos de 12,5 cm não são práticos na maioria das situações de interiores, devido, em geral, ao fato do comprimento total da escada (o vão) ficar excessivo.

PROPORÇÕES DOS DEGRAUS DE ESCADAS

ALTURA (h) ou espelho	LARGURA (b) ou piso	2h + b
12,5	41	66
13,5	39	66
14,0	37,5	65,5
14,5	35,5	64,5
15,0	34,5	64,5
16,0	32,5	64,5
16,5	31,5	64,5
17,0	30,5	64,5
17,5	28,5	63,5

PROPORÇÕES DOS DEGRAUS DE ESCADAS

ALTURA (h) ou espelho	LARGURA (b) ou piso	2h + b
18,5	26,5	63,5
19,0	25,5	63,5
19,5	24,5	63,5
20,0	23,5	63,5
21,0	21,5	63,5
21,5	21,0	64,0
22,0	21,0	65,0
22,5	21,0	66,0

FIGURA: S2–2 Planilha das proporções dos degraus de escadas.

Vários fatores adicionais influenciam a tomada de decisões de projeto no que se refere às dimensões de espelhos e pisos de degraus:

- Ainda que sejam mais seguros e confortáveis para a maioria dos usuários, os espelhos menores (de 14,5 a 17 cm) são particularmente importantes em edificações com um número grande ou predominante de usuários idosos.

- O *vão* geralmente é um fator crítico para o projeto de escadas. Embora costumem ser mais indicados, os espelhos menores exigem pisos mais profundos, o que resulta em escadas mais longas. Quando há espaço disponível, o comprimento da escada não é um problema. No entanto, quando o espaço é limitado, o projetista é obrigado a usar espelhos de altura máxima determinada, de forma a encaixar a escada na área disponível. O quadro a seguir contém um exemplo:

> Em uma edificação não habitacional com 300 cm de altura de laje a laje, a escada que atende às exigências do Código de Edificações dos Estados Unidos em termos de espelho e piso resultaria em 17 degraus de 17,65 cm (448 cm divididos por 17 = 17,65 cm) e 16 pisos de 17,65 cm, o que criaria um vão de 448 cm (11 x 16 cm). Caso se deseje espelhos mais baixos, mas ainda razoáveis, seria criada uma escada de 20 degraus de 15 cm cada (300 cm divididos por 20 = 15 cm), além de pisos de 35 cm, o que geraria uma escada com 665 cm de extensão (19 x 35 cm). A diferença de extensão do vão poderia ser o fator determinante a fim de estabelecer as dimensões de espelho e piso, caso o espaço disponível para a escada seja limitado. Veja a Figura S2–3.

- O Código de Edificações dos Estados Unidos recomenda *focinhos (ou bocéis)* para todas as escadas internas, uma vez que eles aumentam a área de apoio do pé para cada passo dado. Os focinhos não afetam o tamanho dos espelhos e pisos, pois sua extensão é ignorada ao considerar essas dimensões, conforme mostramos na Figura S2–4. Em geral, o focinho varia entre dois e três centímetros.

- O Código de Edificações dos Estados Unidos permite mudanças de piso *com apenas um degrau*, embora elas não sejam percebidas facilmente pelos indivíduos que se aproximam do local, independentemente da direção, podendo resultar em tropeções ou quedas. Para elevações ou mudanças de nível com menos de 30 cm, recomenda-se o uso de rampas. A boa prática determina que os vãos tenham, no mínimo, três degraus, conforme mostramos na Figura S2–5.

- As dimensões de *espelhos e pisos* devem permanecer constantes em uma escada – não somente no mesmo vão, mas nos vãos de escadas contíguas. Ainda que o código de edificações permita variações de até 1,0 cm nas dimensões de espelhos ou pisos em um mesmo lanço, alterações de poucos milímetros no espelho, ou de 0,5 cm em um piso de degrau, costumam ser sentidas pelos usuários, podendo causar acidentes repetitivamente.

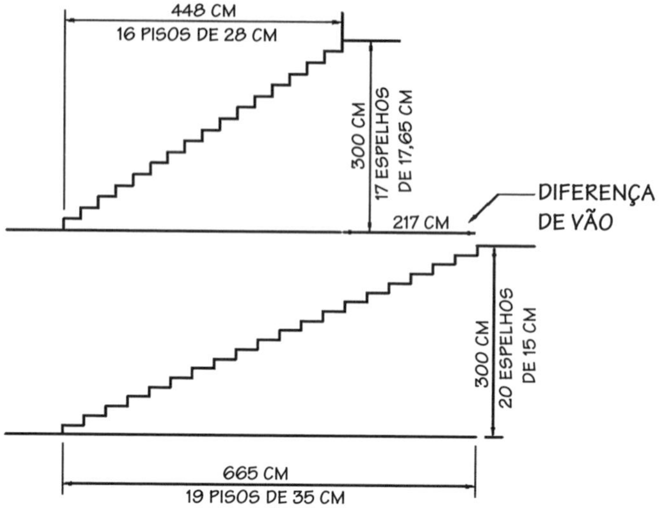

DIFERENÇA DE VÃO
FIGURA S2–3

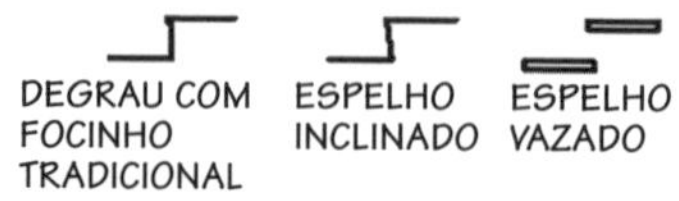

TIPOS DE ESPELHO
FIGURA S2–4

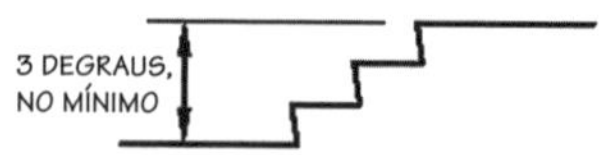

ESCADA MÍNIMA: 3 DEGRAUS
FIGURA S2–5

- O *uso de números decimais*, em vez de frações, é comum quando se trata de alturas de espelhos. Com frequência, especialmente no caso de escadas novas dentro de edificações preexistentes, não se consegue dividir o desnível vencido em um número inteiro de degraus. No caso de escadas construídas *in loco*, e também no caso das pré-fabricadas, os construtores experientes conseguem fazer espelhos com a mesma altura, seja qual for a dimensão exata. As dimensões dos pisos não são tão sensíveis ergonomicamente, mas há como arredondá-las de maneira conveniente.

- As *escadas curvas* apresentam condições específicas em termos de dimensões de espelho e piso, já que a profundidade do piso varia de acordo com sua largura. O processo para estabelecer as dimensões de espelhos de escadas curvas é muito semelhante àquele utilizado nas escadas que não são curvas. O Código de Edificações dos Estados Unidos faz exigências muito específicas para a largura dos pisos de escadas curvas, que são descritas no Estudo de Caso 3 (página 163).

- Não é permitido o uso de *degraus ingrauxidos (em leque)* em escadas de incêndio obrigatórias. Os pisos em forma de fatia de pizza da escada de caracol convencional, assim como os pisos triangulares dos degraus ingrauxidos usados em vez de um patamar, só devem ser utilizados em situações ou locais de uso privativo, secundários e/ou de pouca utilização. A Figura S2–6 mostra escadas com degraus ingrauxidos de uso não obrigatório, incluindo algumas exigências de tamanho. Observe que a altura máxima do espelho para escadas de caracol é 24 cm, e que a largura mínima do piso, medida a partir do mastro central, é 75 cm.

- As *escadas externas* também são especiais em termos de dimensões de espelho e piso, já que as pessoas andam de um jeito no interior e de outro jeito quando estão ao ar livre; além disso, os riscos representados pelo acúmulo de água, neve e gelo nos degraus requerem dimensões diferentes. Para obter mais informações sobre as escadas externas, consulte a página 150, ainda nesta seção.

A largura da escada

As *escadas residenciais* devem ter, no mínimo, 90 cm de largura. Ainda que essa medida seja encontrada em muitas residências, um acréscimo de 10 a 15 cm cria escadas muito mais bonitas. Larguras de 1,20 a 1,50 m costumam ser adequadas para residências muito grandes, nas quais se deseja criar um ambiente de luxo.

As *escadas de edificações públicas* devem ter, no mínimo, 110 cm de largura, já que uma medida mais estreita não permitiria que um adulto ultrapassasse outro de modo confortável. Novamente, um acréscimo de 10 a 15 cm transforma a percepção de conforto do usuário de maneira surpreendente; escadas ainda mais amplas, com até 1,50 m de largura, facilitam o trânsito nas duas direções. Edificações com taxas de ocupação muito altas, como teatros, auditórios e prédios com salas de aula, costumam exigir escadas mais largas; sua largura se baseia nas exigências de ocupação e deve ser calculada por meio dos padrões de ocupação do código de edificações. Observe que escadas com menos de 110 cm de largura são permitidas em situações especiais (mas não em saídas de emergência).

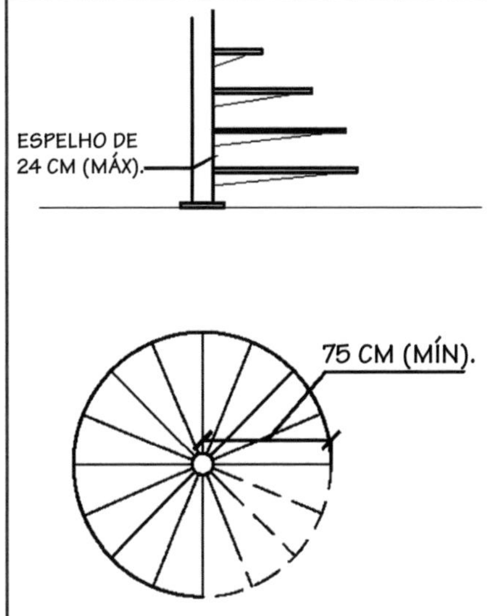

ESCADA DE CARACOL
FIGURA S2–6

As *escadas com mais de 1,50 m de largura* exigem um corrimão central, além dos dois que são instalados nas laterais. Para muitos usuários, escadas demasiadamente grandes são desagradáveis devido às trepidações; isso se aplica especialmente aos usuários enfermos ou idosos, que se sentem mais confortáveis quando há um corrimão por perto. A Figura S2–8 traz um diagrama de planta baixa que esclarece os detalhes dessa exigência.

Não há relação entre a configuração ou o formato da escada e sua largura. Tudo o que se aplica à largura de escadas retas também se aplica à largura de escadas em L, em U ou curvas, incluindo as questões do código de edificações, de ergonomia ou de comportamento humano.

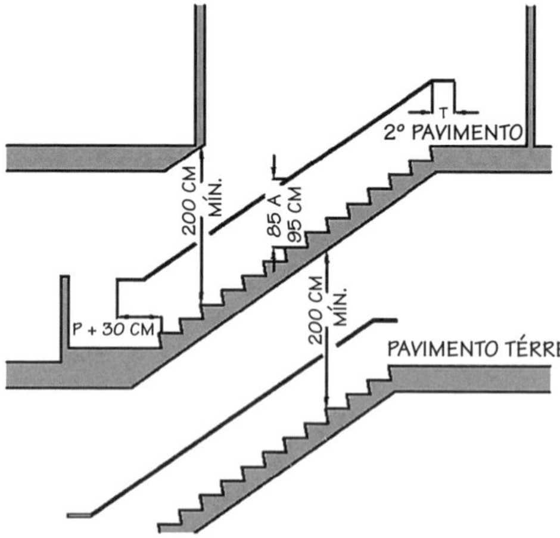

ALTURA MÍNIMA NECESSÁRIA PARA O PÉ-DIREITO E O CORRIMÃO
FIGURA S2–7

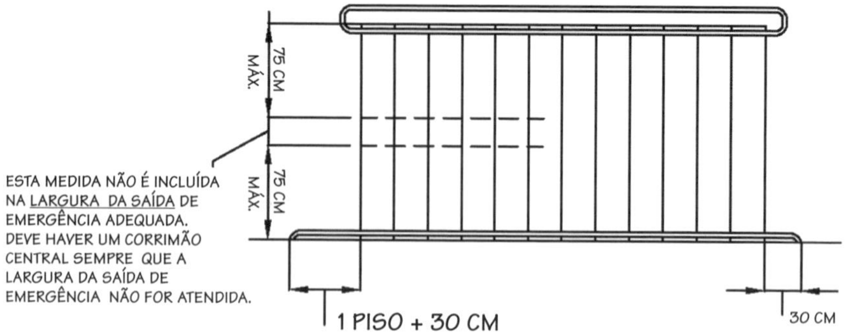

EXIGÊNCIAS DO CÓDIGO DE EDIFICAÇÕES DOS ESTADOS UNIDOS PARA CORRIMÃOS CENTRAIS
FIGURA S2–8

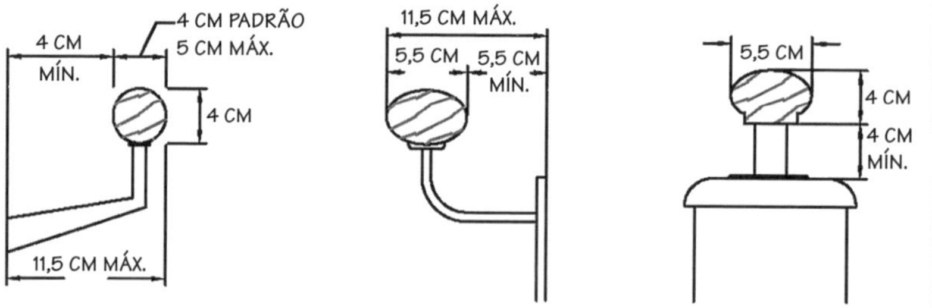

TIPOS DE CORRIMÃO
FIGURA S2–9

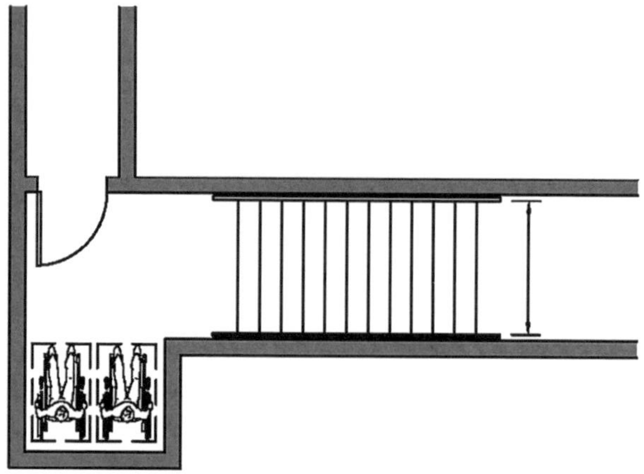

ÁREA DE REFÚGIO TÍPICA
FIGURA S2–10

O pé-direito

As escadas devem ter um pé-direito mínimo de 2,00 m em qualquer ponto, conforme mostramos na Figura S2–7.

Os corrimãos

Deve haver corrimãos nos dois lados de uma escada. A altura do corrimão deve ser de 85 a 95 cm em relação ao focinho do degrau. Eles devem avançar 30 cm em relação ao último degrau (no alto da escada) e, no degrau mais baixo, avançar com a profundidade de um piso mais 30 cm. Quando não seguem até o outro nível, os corrimãos têm de terminar contra a parede ou a superfície do percurso. Esses prolongamentos não são necessários quando os corrimãos avançam entre os lanços ou em escadas residenciais, nas quais é possível usar pilares de corrimão. A Figura S2–8 mostra os detalhes de tais dimensões.

Somente as partes da escada que estão a menos de 75 cm do corrimão são incluídas na largura necessária para a capacidade de saída de emergência (largura efetiva), conforme calculamos por meio da carga de ocupação. Na prática, isso significa que escadas com larguras superiores a 1,50 m entre os corrimãos devem ter um corrimão intermediário. Veja a Figura S2–9.

Os corrimãos devem ser fáceis de segurar. Seu diâmetro mínimo é de 3 cm (1 ¼ in) e são permitidos formatos não circulares. O diâmetro total deve ficar entre 10 e 15 cm. A distância mínima em relação à parede é de 4 cm, enquanto o afastamento máximo em relação à parede é de 11,5 cm. Não são permitidas bordas pontiagudas, sendo que o raio mínimo da borda é de 0,3 cm. Veja a Figura S2–9.

As escadas enclausuradas

As escadas enclausuradas, também chamadas de escadas protegidas, raramente são encontradas em residências, já que, nesse contexto, seu uso não é obrigatório. O fechamento das escadas é comum em edificações não habitacionais, principalmente para criar uma rota de fuga segura e livre de fumaça e gases nocivos em caso de incêndio ou outras emergências; além disso, ele limita o acesso à edificação, oferecendo mais segurança patrimonial. Em geral, as paredes e portas de fechamento da caixa de escada precisam ter uma ou duas horas de resistência ao fogo – o que é determinado pela altura e pelo tipo de ocupação do prédio. O Código de Edificações dos Estados Unidos faz várias exigências específicas em relação aos detalhes das escadas enclausuradas, que serão discutidas e desenvolvidas no Estudo de Caso 2 (página 159).

Os materiais

Os códigos de edificações são fundamentais para selecionar os materiais utilizados na construção de escadas. Eles tratam das questões de combustibilidade e/ou de resistência ao fogo dos materiais usados na estrutura da escada e/ou nas paredes de fechamento da caixa de escada; além disso, o coeficiente de fricção dos materiais dos pisos dos degraus também é importante. As questões associadas à seleção de materiais para a construção da escada e seus acabamentos são discutidas na página 146, ainda nesta seção.

A iluminação

Um projeto adequado de iluminação elétrica é necessário para garantir a utilização segura das escadas, especialmente porque elas são propensas a acidentes. Não há uma abordagem ideal ou mais indicada para tal iluminação, mas é preciso tomar cuidado: evite sombras que possam obscurecer as bordas frontais dos degraus. A iluminação pendente costuma funcionar, já que minimiza as sombras. As fontes de iluminação nos patamares ajudam na subida, mas, na descida, projetam sombras sobre os degraus. As luminárias de parede, por sua vez, são eficazes desde que instaladas alto o bastante para que os usuários não esbarrem nelas. Além disso, existem técnicas especializadas de iluminação, como as fontes lineares que são instaladas na parte inferior de corrimãos ou em alguns pisos de degraus. Os códigos de edificações exigem que a iluminação de emergência forneça uma visibilidade mínima (uma vela-pé) durante blecautes.

A lei para os norte-americanos com necessidades especiais (ADA)

A Lei para os Norte-Americanos com Necessidades Especiais (Americans with Disabilities Act) inclui normas específicas que estão relacionadas ao projeto de escadas. Em geral, elas não se afastam muito das normas estipuladas pelos códigos de edificações. Uma vez que os portadores de deficiências físicas significativas não conseguem usar escadas sem auxílio pessoal e os elevadores convencionais não funcionam em caso de incêndio ou outras situações de emergência, deve haver uma área de refúgio perto das escadas para cada 200 usuários e em cada pavimento. As áreas de refúgio costumam ser feitas dentro das escadas enclausuradas, fornecendo espaços de 75 cm x 120 cm para cadeiras de rodas, conforme o número determinado pela ocupação do prédio. Embora as condições específicas variem na planta baixa, o leiaute mostrado na Figura S2–10 (página ao lado) é encontrado na maioria das edificações.

Além da exigência de áreas de refúgio, as escadas de uso público devem ter uma largura mínima de 120 cm entre os corrimãos nas edificações não dotadas de sistemas de chuveiro automático (*sprinklers*).

Outras questões relacionadas ao código

Os códigos de edificações fazem mais duas exigências que se referem às escadas e são fundamentais para que qualquer edificação se torne segura. Embora não estejam diretamente relacionadas ao projeto de escadas, elas estão intimamente associadas ao processo de projeto:

- O princípio básico das saídas de emergência é que deve haver pelo menos duas rotas de fuga diferentes no pavimento térreo, capazes de levar os usuários da parte interna até a parte externa da edificação. A razão para isso é que, se uma das rotas estiver bloqueada ou ameaçada, a outra estará disponível. Essa regra apresenta exceções em situações que envolvem um número relativamente pequeno de usuários, mas o projetista deve partir do conceito básico que determina o fornecimento de duas rotas de fuga em todos os espaços públicos para situações de emergência. A aplicação deste princípio será aprofundada no Estudo de Caso 2, Seção 3, página 159.

- O Código de Edificações dos Estados Unidos limita a distância de deslocamento até uma escada de incêndio obrigatória. Em edificações extremamente altas, talvez seja necessária a construção de mais de duas escadas de incêndio obrigatórias – não por causa da carga de ocupação, mas devido à distância de deslocamento excessiva. Na maioria dos casos, a distância de deslocamento máxima admissível até uma saída de emergência é de 60 metros sem sistema de chuveiros automáticos (*sprinklers*), e de 75 a 90 m quando há tal sistema. Essas normas são bastante complexas, e o ideal é consultar as tabelas do código para determinar as aplicações específicas. O projetista deve estar ciente da necessidade de atender às exigências referentes à distância de deslocamento, consultando o código quando for preciso.

Esta seção não tratou de muitos detalhes dos códigos que dizem respeito às escadas. Embora parte dos detalhes seja abordada pelos estudos de casos, os códigos relacionados às escadas são numerosos e complexos. Para aqueles que não têm experiência em tais complexidades, recomendamos o estudo dos detalhes do código que se aplicam às cargas de ocupação e às saídas de emergência.

Informações adicionais relacionadas à construção de escadas em geral estão disponíveis no suplemento online deste livro no site www.bookman.com.br que complementa este Guia.

Os materiais de construção de escadas

Inúmeros materiais podem ser utilizados em pisos de escadas. Todos os materiais básicos listados são adequados para os pisos, embora isso dependa do contexto da escada a seguir:

- ***Madeira*** – incluindo produtos de madeira composta e bambu; a madeira pode fazer parte da estrutura da escada ou ser aplicada ao contrapiso. O acabamento aplicado à madeira influencia as características de segurança e manutenção da escada.
- ***Concreto*** – polido ou texturizado, com acabamento rugoso; faixas antiderrapantes costumam ser criadas no concreto.
- ***Placas ou rolos de material flexível*** – as características variam de acordo com o produto, como borracha, vinil e compostos vinílicos.
- ***Cerâmica*** – não vitrificada e/ou texturizada com acabamento rugoso.
- ***Carpete*** – sua espessura, rugosidade e composição são fatores importantes para determinar a segurança oferecida pela escada.
- ***Pedra*** – os acabamentos variam de pedras polidas (e escorregadia) até as extremamente texturizadas; algumas duram séculos.
- ***Granitina*** – polida ou texturizada com acabamento rugoso; podem apresentar faixas antiderrapantes.
- ***Vidro*** – temperado e com a espessura adequada, além de acabamento rugoso.
- ***Aço*** – disponível em acabamentos lisos, texturizados, estampados e perfurados; em geral é utilizado em escadas externas.
- ***Outros produtos*** – como tintas epóxi e ligas metálicas com acabamentos texturizados.

Três fatores preponderantes estão envolvidos na seleção de materiais e acabamentos para os pisos: (1) a adequação ao contexto da escada e/ou ao uso previsto, (2) a segurança e (3) a manutenção e a sustentabilidade. Todos os fatores devem ser considerados durante o processo de seleção, incluindo os conflitos e as concessões inevitáveis.

A adequação da escada ao contexto ou ao uso previsto

Em primeiro lugar está a questão da frequência de uso; há uma grande diferença entre escadas residenciais convencionais e escadas de edificações públicas onde o trânsito de pessoas é muito intenso, como em uma escola de ensino médio ou na entrada de uma estação de metrô. Deixando de lado as questões específicas das escadas externas, determine se os degraus estarão sujeitos a condições de umidade, como ocorre em serviços de alimentação e laboratórios científicos, ou a outras condições que possam oferecer riscos significativos à segurança física. O ruído de passos fica mais alto sobre superfícies rígidas, mas é reduzido pelo carpete; logo, sempre que as características acústicas forem importantes, utilize superfícies macias. Com exceção das escadas de serviço, como as escadas de incêndio obrigatórias, nas quais a aparência não é fundamental, as características estéticas (incluindo a cor, a textura e o padrão) geralmente importam. Cada contexto de escada apresenta um conjunto diferente de critérios para a seleção do material e do acabamento.

A segurança

Uma vez que as escadas são propensas a acidentes graves causados por escorregões, tropeções e quedas, é muito importante que os fatores de segurança estejam entre as principais considerações ao selecionar os materiais para os pisos dos degraus e os patamares. As três principais agências de testagem ou regulação norte-americanas (a ANSI, a ASTM e a ADA) têm normas e recomendações para a resistência da escada e dos pisos em geral a escorregões. Um valor superior a 0,5, também conhecido como "coeficiente de fricção", geralmente é aceito para a maioria dos pisos. Níveis mais altos, que vão de 0,6 a 0,8, tornam o uso de escadas ainda mais seguro. Todas as superfícies de piso ficam mais perigosas quando estão úmidas, mas as placas ou rolos de material flexível apresentam uma diferença muito maior entre o seco (considerado "muito bom") e o úmido (considerado "muito ruim"). Os diferentes acabamentos aplicados à madeira também influenciam a resistência dos pisos aos escorregões. Surpreendentemente, o Código de Edificações dos Estados Unidos não estabelece uma norma específica para os materiais ou acabamentos dos pisos de escadas; ainda assim, a segurança deve estar entre os principais critérios ao fazer a seleção.

A manutenção e a sustentabilidade

As superfícies dos pisos de escada estão sujeitas a um nível muito mais alto de desgaste e deterioração do que as superfícies dos pisos em geral, o que se deve à maneira como os pés geralmente tocam os degraus. É muito importante selecionar materiais capazes de suportar tal deterioração. Além disso, os projetistas são responsáveis por escolher materiais que sejam relativamente fáceis de limpar e conservar. Alguns materiais, como a maioria das pedras, podem durar séculos;

há materiais, como a madeira, que duram décadas, mas exigem uma recuperação periódica; e há outros, como os carpetes e pisos flexíveis, que não podem ser recuperados e precisam ser substituídos após um período determinado. Todos esses fatores são de grande importância para os proprietários das edificações, que precisam conviver com elas por anos após perder o contato com o arquiteto. Além das questões de manutenção diária e de longo prazo, há as preocupações de sustentabilidade global que são de responsabilidade do projetista; tais considerações incluem os processos utilizados na construção, o consumo de energia, a emissão de gases e o uso de materiais sob o risco de extinção (como algumas madeiras).

Finalmente, é preciso selecionar os materiais para os espelhos dos degraus. Os materiais dos espelhos, diferentemente dos materiais dos pisos, afetam pouco a segurança ou o desgaste e a deterioração da escada, o que torna os critérios de seleção muito menos complexos. Em geral, o mesmo material é usado tanto nos espelhos como nos pisos. Às vezes, a superfície do espelho é revestida de material decorativo, como azulejos coloridos, figurativos ou estampados. Deve haver uma compatibilidade razoável entre os materiais do espelho e do piso, ainda que isso raramente seja um problema.

Os corrimãos

Grande parte das informações sobre corrimãos, tanto em formato escrito como gráfico, se encontra nas Seções 3 e 4, incluindo a necessidade da segurança física e psicológica transmitida por eles. Os materiais utilizados nos corrimãos são muito importantes devido ao contato tátil que se tem com eles. A maioria das madeiras e plásticos é confortável, assim como a maior parte dos metais – embora segurar um corrimão de metal em um dia muito frio possa ser bastante desagradável, a menos que ele tenha sido revestido com um material de baixa condutibilidade térmica. Em geral, os projetistas devem considerar o contato tátil direto com os corrimãos, evitando, assim, as obstruções ao toque que às vezes resultam do uso de ferragens ou outros elementos mal selecionados para os apoios.

As soluções de projeto para a sustentação dos corrimãos variam muito entre si, desde os sistemas mais simples com guarda-corpos de alvenaria rematados com uma tábua de madeira até elementos extremamente complexos que são fabricados sob encomenda. Algumas soluções básicas são ilustradas nos desenhos desta seção, e também nos desenhos adicionais das Seções 3 e 4. Dentre as publicações que fazem parte da Lista de Leituras Recomendadas no final do livro, várias trazem fotografias de soluções de desenho de corrimãos; algumas delas também detalham as técnicas de construção em imagens.

As configurações de escadas

As 14 configurações de escadas mostradas a seguir representam os leiautes de planejamento mais básicos que geralmente são considerados durante a primeira etapa do processo de projeto de escadas (Figuras S2–11 e S2–12). É possível alterar essas ideias básicas de planejamento de maneira infinita, o que inclui várias estratégias complexas que talvez sejam adequadas para condições de projeto específicas. As configurações básicas são apresentadas no intuito de ilustrar possíveis pontos de partida para as soluções de projeto de escadas.

As rampas

Com frequência, o uso de rampas é uma alternativa viável ao uso de escadas. Sempre que não há elevadores, o Código de Edificações dos Estados Unidos exige que haja rampas em todas as mudanças de nível de edifícios públicos, a fim de permitir o acesso de pessoas com deficiências físicas.

A maioria das pessoas usa rampas frequentemente, tanto na forma de passeios públicos íngremes (na cidade de San Francisco, por exemplo) ou como rampas de acesso a edificações em terrenos com declividade. As rampas, tanto internas como externas, têm sido muito usadas desde a aprovação da Lei para os Norte-Americanos com Necessidades Especiais, no início da década de 1990. Em geral, elas são mais seguras do que as escadas para todos os usuários, exceto quando há gelo ou neve sobre as rampas externas. As rampas externas são muito mais comuns do que as internas, principalmente porque costuma haver mais espaço externo disponível para o vão adicional necessário para elas, opondo-se ao espaço ocupado por uma escada interna com dimensões razoáveis (ou mesmo comuns) de pisos e espelhos.

As exigências do código em termos de rampas são relativamente mais simples e de fácil aplicação. As questões críticas são as seguintes:

- A inclinação máxima de uma rampa é 8%.
- A largura mínima de uma rampa é 1,10 m.
- O comprimento máximo ininterrupto de uma rampa é 10 m; quando as rampas precisam ser mais compridas, deve-se colocar patamares de 1,10 m, no mínimo.
- Deve haver corrimãos em ambos os lados da rampa; a altura do corrimão deve ficar entre 85 e 95 cm.

FIGURA S2–11

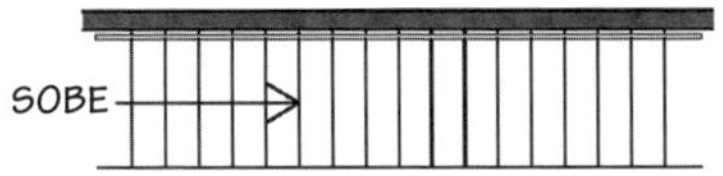

ESCADA DE LANÇO RETO

ALTURA TOTAL = 302,5 CM = 17 DEGRAUS COM H= 17,8 CM
COMPRIMENTO = 16 PISOS DE 28 CM = 448 CM DE VÃO

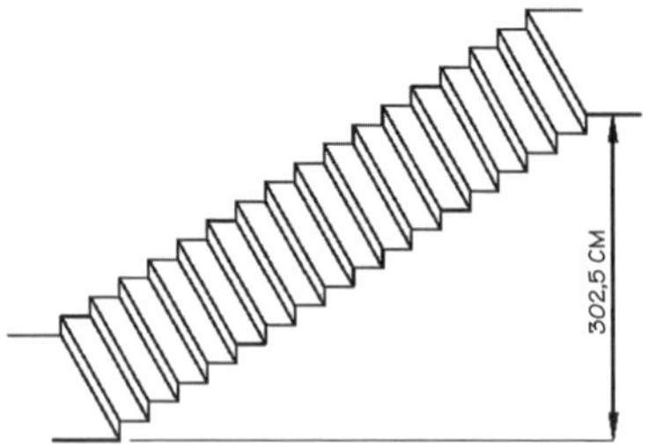

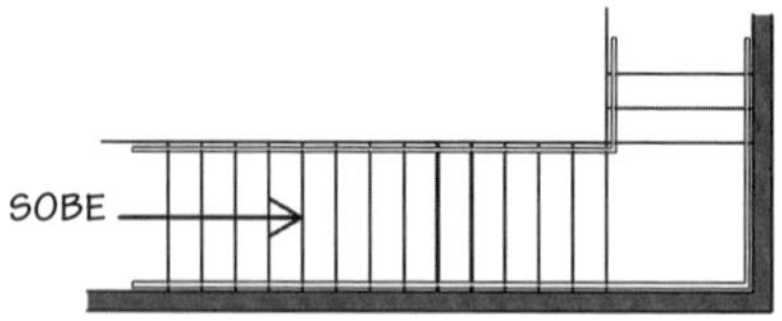

ESCADA EM "L" ASSIMÉTRICA

ALTURA TOTAL = 302,5 CM = 14 ESPELHOS/ 13 PISOS = 363,5 CM DE VÃO
3 ESPELHOS/ 2 PISOS = 56 CM DE VÃO

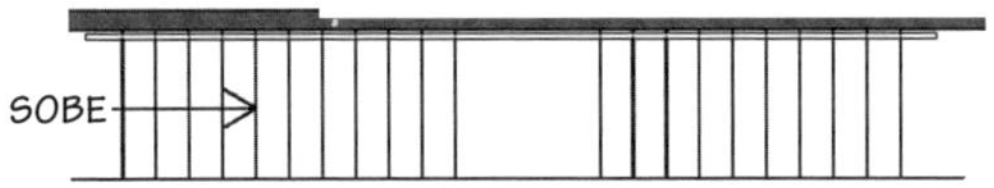

ESCADA RETA COM PATAMAR INTERMEDIÁRIO

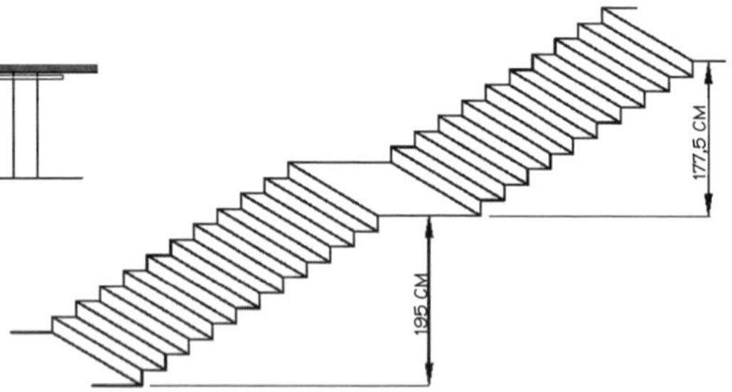

ALTURA TOTAL = 373,5 CM = 21 DEGRAUS COM H= 17,8 CM
COMPRIMENTO = 19 PISOS DE 28 CM + 120 CM DO PATAMAR = 652 CM DE VÃO

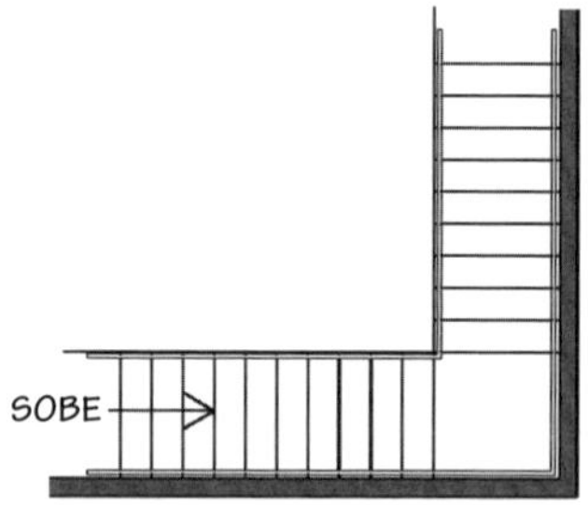

ESCADA EM "L" SIMÉTRICA

ALTURA TOTAL = 373,5 CM = 11 ESPELHOS/ 10 PISOS = 279,5 CM DE VÃO
10 ESPELHOS/ 9 PISOS = 251,5 CM DE VÃO

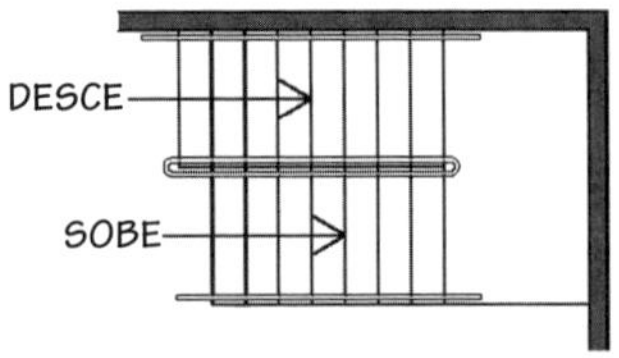

ESCADA EM "U"

ALTURA TOTAL = 302,5 CM = 9 ESPELHOS/ 8 PISOS = 223,5 CM
COMPRIMENTO = 8 ESPELHOS/7 PISOS DE 28 CM = 196 CM + PATAMAR

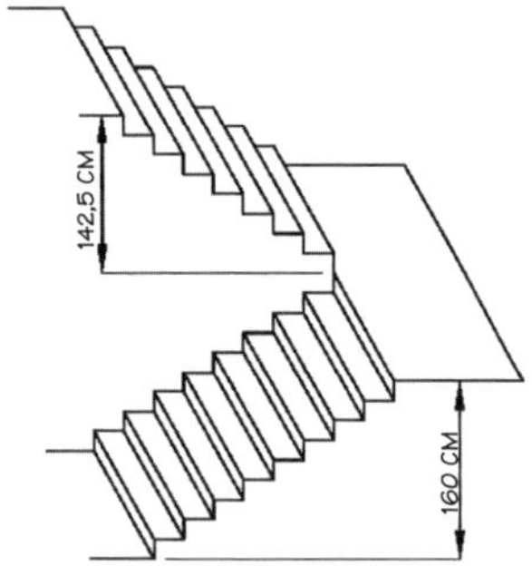

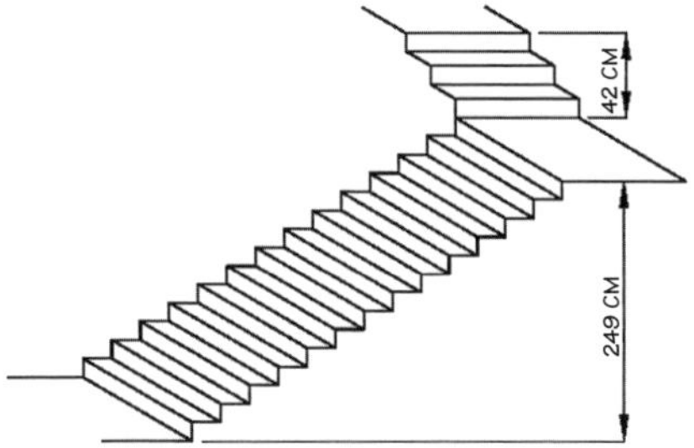

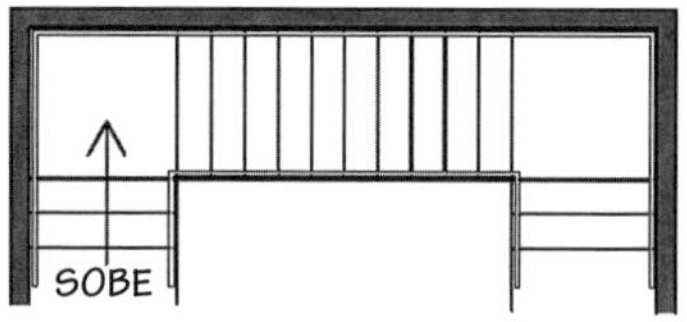

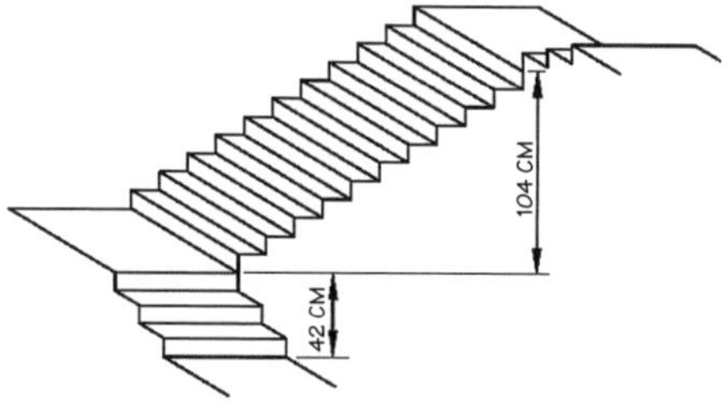

ESCADA EM "L" DUPLA

ALTURA TOTAL = 302,5 CM
11 DEGRAUS E 10 PISOS, H= 279, 5 CM
3 DEGRAUS/ 2 PISOS = 59 CM

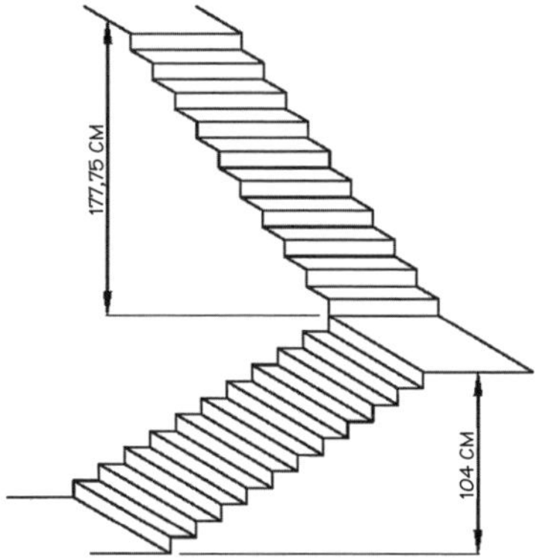

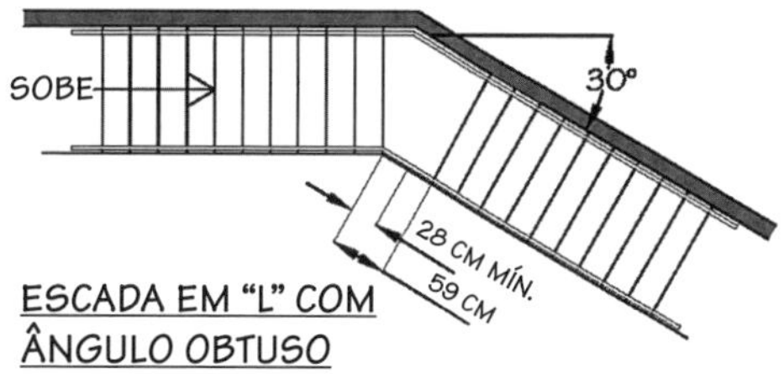

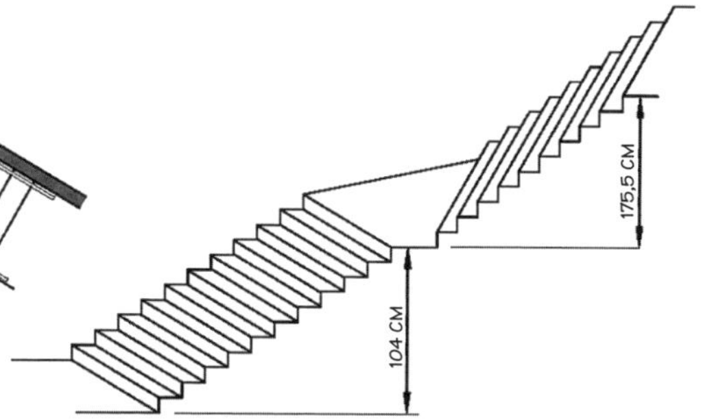

ESCADA EM "L" COM ÂNGULO OBTUSO

ALTURA TOTAL = 373,5 CM
11 DEGRAUS E 10 PISOS, H= 279, 5 CM
10 DEGRAUS/ 9 PISOS = 251,5 CM

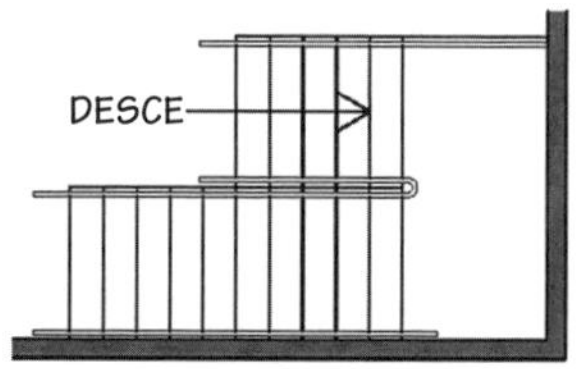

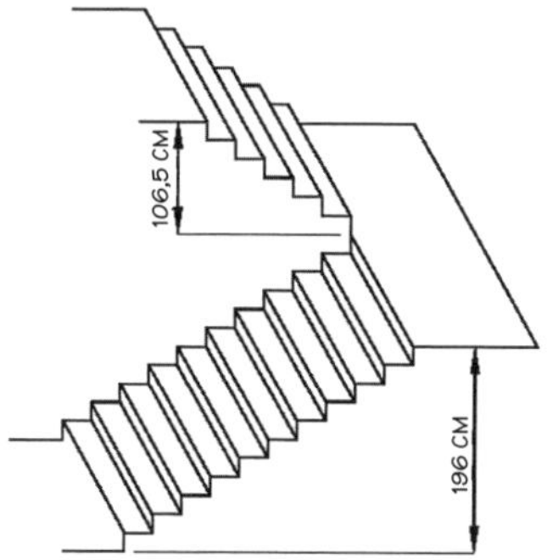

ESCADA EM "U" ASSIMÉTRICA

ALTURA TOTAL = 302,5 CM
11 DEGRAUS E 10 PISOS, H= 279, 5 CM
6 DEGRAUS/ 5 PISOS = 140 CM

FIGURA S2–11

FIGURA S2 - 12

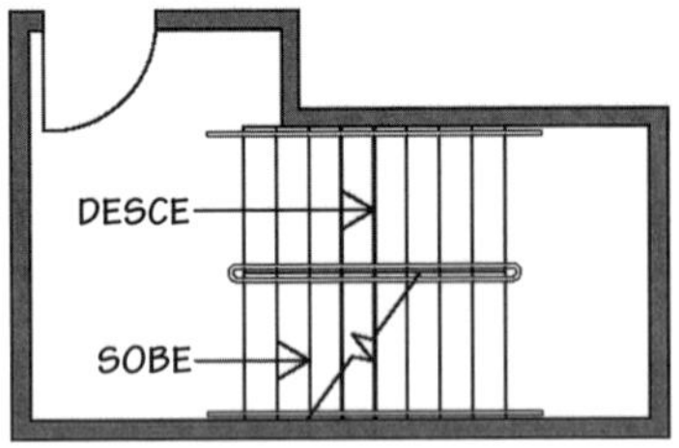

ESCADA EM U COM DOIS PATAMARES

ALTURA TOTAL = 480 CM
COMPRIMENTO = 9 DEGRAUS E 8 PISOS H= 223, 5 CM

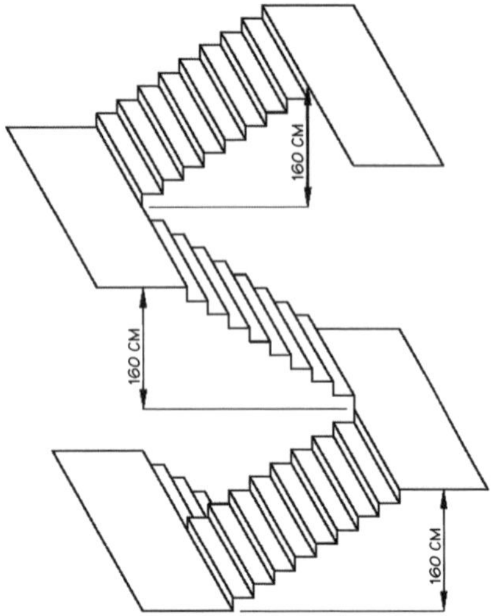

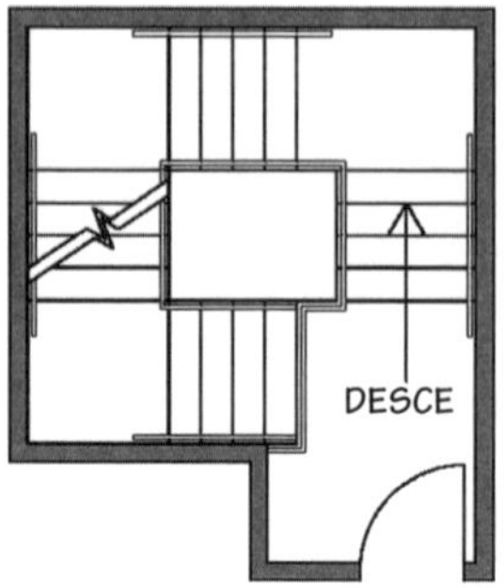

ESCADA QUADRADA

ALTURA TOTAL = 355,5 CM
20 DEGRAUS COM H= 17, 8 CM
4x4 PISOS DE 28 CM = 448CM
+ 4 PATAMARES

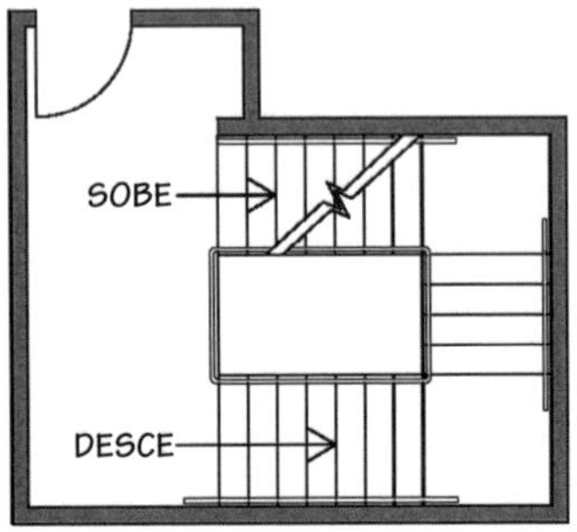

ESCADA EM U

ALTURA TOTAL = 373 CM
21 DEGRAUS COM H= 17, 8 CM
COMPRIMENTO= 18 PISOS DE 28 CM = 504 CM
+ 2 PATAMARES

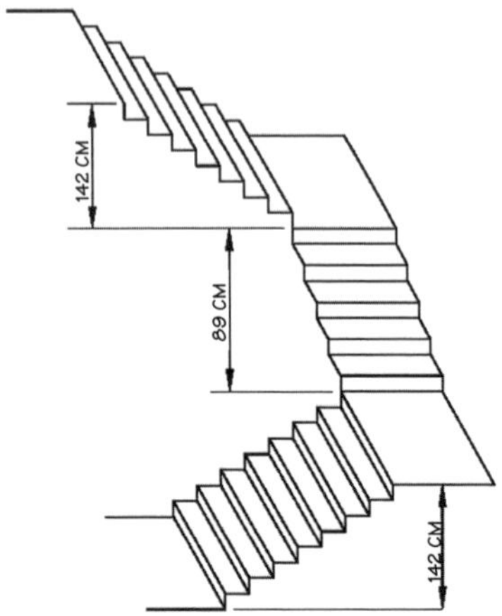

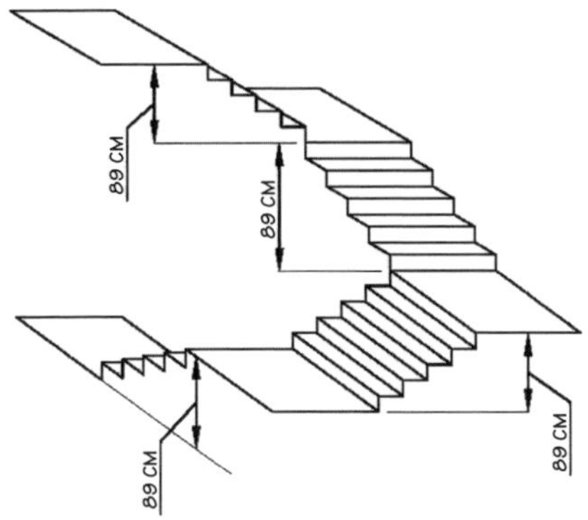

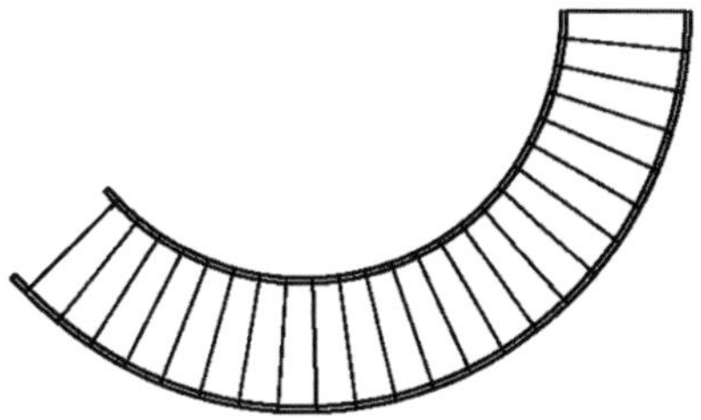

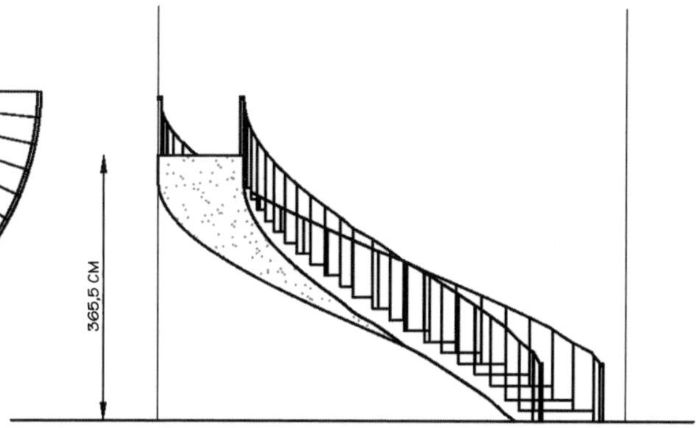

ESCADA CURVA

ALTURA TOTAL = 365,5 CM = 24 DEGRAUS COM H= 15,2 CM
23 PISOS DE 25,5 CM NO DIÂMETRO INTERNO, 30,5 CM NO RAIO DE 244 CM E 37,5 CM NO DIÂMETRO EXTERNO

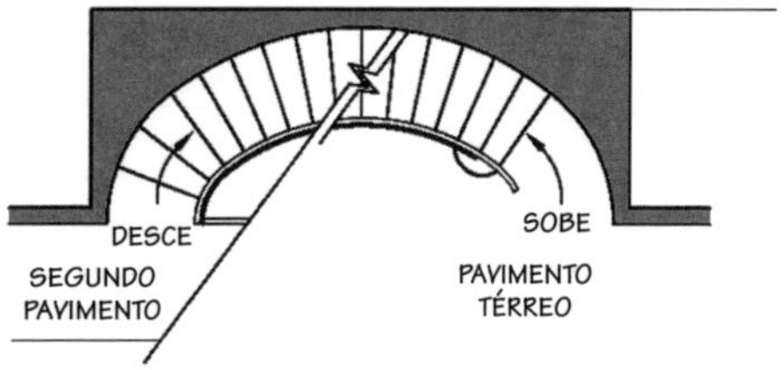

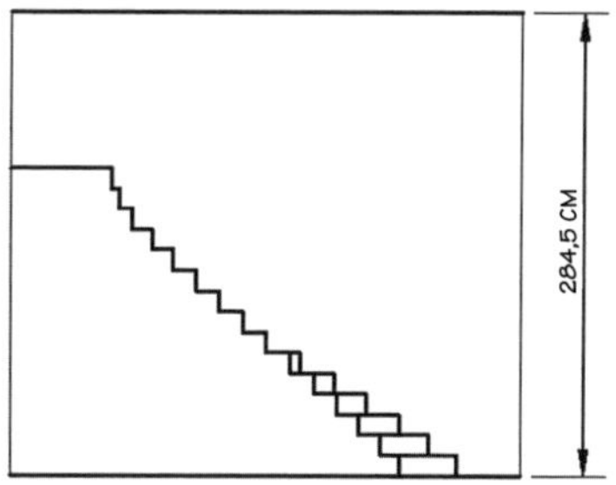

ESCADA ELÍPTICA

ALTURA TOTAL = 284,5 CM = 16 DEGRAUS COM H= 17,8 CM
15 PISOS DE 28 CM NO DIÂMETRO INTERNO E 30,5 CM NO DIÂMETRO EXTERNO

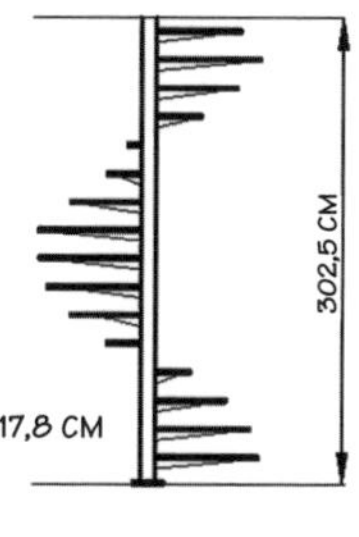

ESCADA DE CARACOL

ALTURA TOTAL = 302,5 CM = 17 DEGRAUS COM H = 17,8 CM
180 CM NO DIÂMETRO EXTERNO

FIGURA S2 - 12

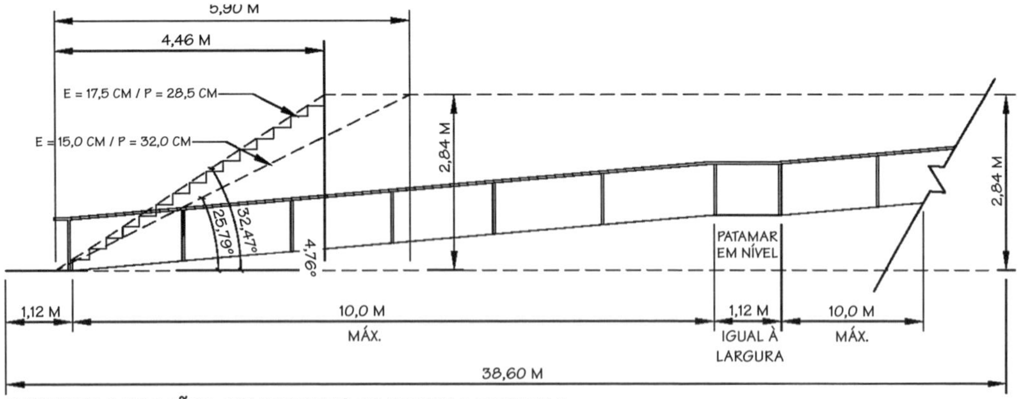

DIFERENÇAS NOS VÃOS, COMPARANDO-SE ESCADAS E RAMPAS
E USANDO UMA RAMPA COM INCLINAÇÃO MÁXIMA DE 8 %
ESCALA: 1:100
FIGURA S2–13

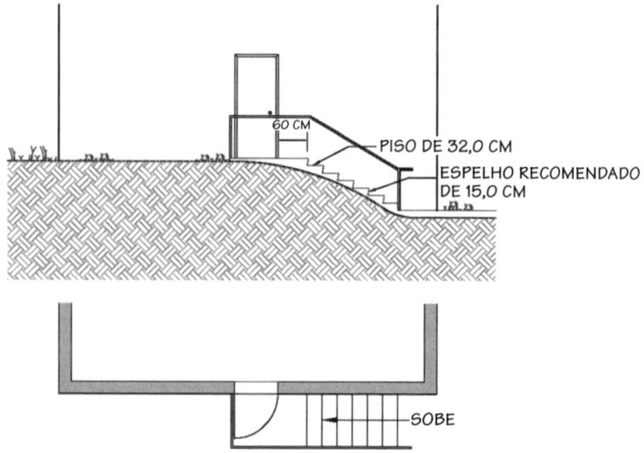

ESCADAS EXTERNAS JUNTO A UMA EDIFICAÇÃO
ESCALA APROXIMADA: 1:75
FIGURA S2–14

A Figura S2–13 ilustra as exigências básicas de tamanho e também faz uma comparação gráfica entre o comprimento de uma rampa e o comprimento de uma escada com altura total de 2,84 m. A imagem mostra com clareza por que as rampas não costumam ser utilizadas em ambientes internos.

Os materiais utilizados nas superfícies das rampas internas devem ser antiderrapantes. Ao contrário das escadas, nas quais pisos com carpete são utilizados de maneira frequente e adequada, a aplicação de carpete em rampas dificulta o deslocamento das cadeiras de rodas – exceto quando o carpete tem fios de alta densidade e baixa altura. Apesar disso, existem muitos materiais adequados e antiderrapantes que podem ser aplicados às rampas, incluindo superfícies relativamente macias, como pisos elásticos, de dureza média, como madeira, ou bastante rígidas, como concreto e pedra decorativa natural (sem polimento).

Os materiais para os pisos de rampas externas precisam lidar com as questões de água, neve e gelo durante os eventos climáticos; além disso, é necessário considerar a manutenção causada pelo desgaste. Novamente, há uma ampla variedade de materiais adequados, que vão desde produtos de forração (geralmente com fios de alta densidade e baixa altura) até madeira composta natural, concreto e pedra sem polimento.

Ainda que a segurança humana deva estar entre os principais critérios para selecionar o material do piso da rampa, não se pode subestimar as questões da sustentabilidade e da experiência tátil do usuário. O projetista precisa considerar todos os aspectos do toque, lembrando-se de que o usuário pode estar descalço em alguns casos ou usando calçados com sola fina e macia ou botas pesadas. Qual é a sensação tátil? A experiência é agradável ou desagradável?

As escadas externas

As exigências do código em termos de escada se aplicam aos modelos tanto internos como externos. Nenhuma exigência se aplica especificamente às escadas externas. Ainda assim, vários fatores relacionados às escadas externas sugerem que é preciso ter muito cuidado ao lidar com as características de seu projeto e suas dimensões. O primeiro fator é o clima. A água, a neve e o gelo acumulados nos pisos dos degraus os tornam mais propensos a causar escorregões e quedas. Mesmo em climas quentes, os degraus molhados representam um risco para os usuários. O segundo fator é o passo das pessoas, que, nos ambientes externos, costuma ser mais longo do que nos internos. A transição entre a caminhada e o uso da escada faz com que os pisos mais profundos sejam mais indicados para as escadas externas, seja na subida ou na descida; esses pisos mais profundos, por sua vez, exigem espelhos mais baixos. Embora o Código de Edificações dos Estados Unidos não faça distinção, os espelhos de escadas externas não devem ter mais de 15 cm, estando acompanhados por pisos de 32 cm. Espelhos ainda mais baixos, tanto de 14 cm (com pisos de 37,5 cm) como de 12,5 cm (com pisos de 41 cm), criam escadas mais seguras e confortáveis. Os espelhos com menos de 12,5 cm criam um tipo de rampa escalonada, ou seja, uma combinação peculiar de escada e rampa que é descrita a seguir.

As escadas externas se dividem em três categorias genéricas:

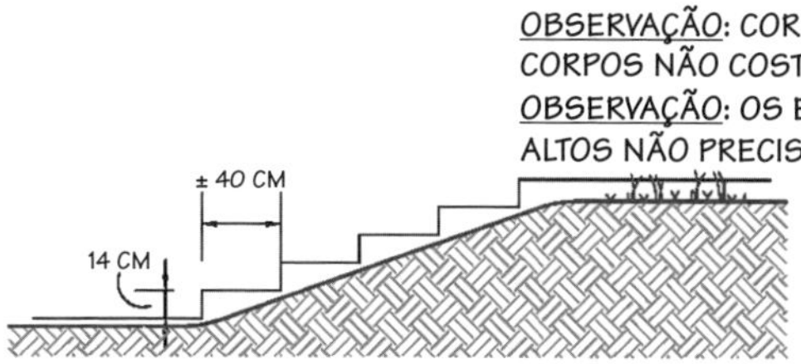

ESCADAS DE JARDIM
ESCALA: 1:50
FIGURA S2–15

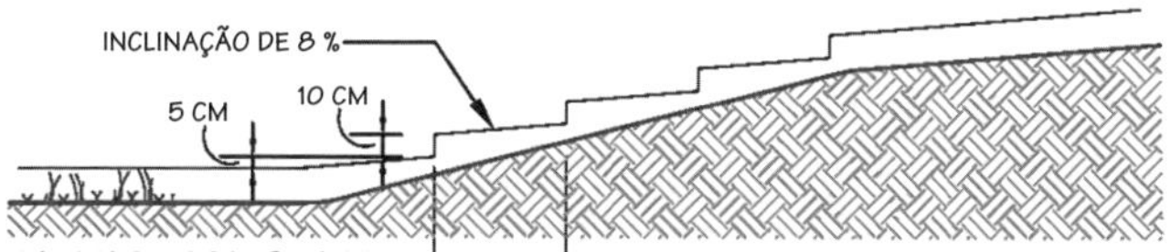

RAMPAS ESCALONADAS
ESCALA: 1:50
FIGURA S2–16

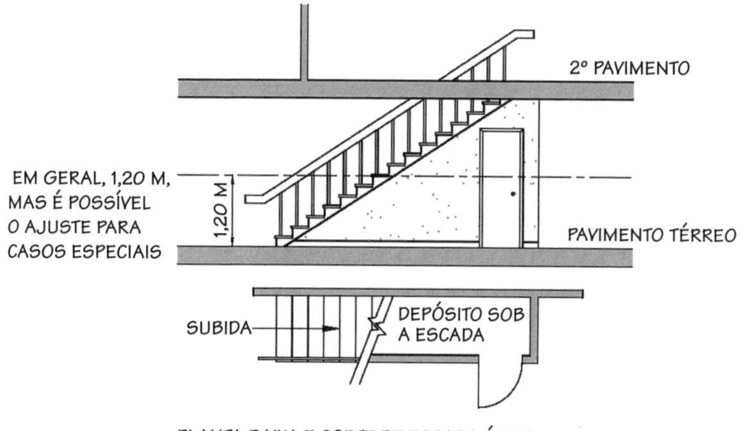

PLANTA BAIXA E CORTE DE ESCADA ÚNICA UTILIZANDO UMA LINHA DE INTERRUPÇÃO
FIGURA S2–17

1. As escadas que estão diretamente conectadas a uma edificação (Figura S2–14).
2. As escadas de jardim, que fazem parte do tratamento paisagístico e costumam estar afastadas das edificações (Figura S2–15).
3. As rampas de jardim escalonadas, que são um híbrido de escada com rampa. Elas são descritas e dimensionadas na Figura S2–16.

A seleção de materiais para os pisos de escadas externas envolve as mesmas questões da seleção de materiais para as rampas externas, sendo que a mesma variedade de materiais e produtos é adequada. É preciso prestar atenção nas questões de segurança física e conforto humano, considerando, também, a sensação tátil sob os pés.

No caso de escadas externas junto a edificações, como o modelo que é mostrado na Figura S2–14, são necessários guarda-corpos que apresentem as mesmas relações dimensionais aplicadas às escadas internas. A única exceção é a escada externa cuja declividade acompanha o nível do solo, o que protege contra acidentes sérios caso uma criança pequena venha a cair por entre os balaústres; pode-se ignorar a norma que limita as aberturas de sustentação do guarda-corpo a uma esfera de 10 cm. As características táteis dos materiais dos corrimãos internos serão discutidas posteriormente, ainda nesta seção e na Seção 4. No caso de corrimãos externos em climas temperados, é melhor evitar o uso de metais, de forma a eliminar a sensação desagradável de segurar um corrimão muito frio em dias de inverno.

Com frequência, as demais escadas externas não apresentam corrimãos, já que, em geral, têm vãos pequenos; além disso, degraus com espelhos muito baixos não exigem a instalação de corrimãos para garantir a segurança dos usuários. Ademais, esses casos não estão sujeitos às normas do código de edificações. Ainda assim, a colocação de corrimãos nunca será um exagero, e eles são muito bem recebidos pelos usuários mais idosos.

Além das condições básicas de rampas e escadas externas que apresentamos aqui, existem muitos outros conceitos e configurações de projeto menos convencionais ou mais ousados que devem ser explorados quando se enfrenta desafios de projeto semelhantes. É possível encontrar inúmeras soluções criativas no passado, como a famosa escada da Piazza di Spagna, em Roma, e a do Museu Guggenheim, projetada por Frank Lloyd Wright em Nova York.

Os fundamentos do desenho de escadas

É importante lembrar que o produto do trabalho do projetista, ou seja, seus desenhos, costuma ser uma simulação em pequena escala de elementos ou espaços tridimensionais que serão construídos por terceiros. Esses desenhos constituem a principal ferramenta de comunicação entre o projetista e o construtor. As convenções dessa ferramenta – ou sua linguagem – devem ser muito bem compreendidas para que o produto acabado reflita as intenções originais. Em resumo, foram estabelecidas convenções para se desenhar escadas, e os projetistas devem conhecê-las e utilizá-las adequadamente para que o projeto da escada seja entendido e executado da maneira correta.

Em geral, projetistas e construtores entendem a planta baixa. Em sua maioria, os elementos contidos nas plantas baixas ficam no plano do piso ou são elevados (em vista), como mesas, balcões ou escrivaninhas. Contudo, as escadas são utilizadas para subir e/ou descer e, se as convenções de representação gráfica não forem seguidas de maneira cuidadosa, o projeto talvez não seja compreendido e, consequentemente, não será construído de forma correta. Assim, é necessário utilizar linhas de interrupção. Para explicar seu funcionamento, as figuras a seguir mostram os principais usos das linhas de interrupção em relação ao desenho de escadas.

A Figura S2–17 mostra um uso habitacional bastante comum, no qual uma escada reta conecta o pavimento térreo e o segundo pavimento de uma casa e no qual um depósito foi criado embaixo da escada para aproveitar o espaço residual. O corte mostra a escada e o corrimão, além da porta do depósito. Há uma linha tracejada à altura de 1,20 m em relação ao piso térreo (que geralmente não faz parte dos desenhos de construção, mas foi incluída aqui para fins elucidativos), indicando que a planta baixa só pode mostrar os elementos que ficam abaixo dela. (A altura de 1,20 m da linha de corte é uma convenção de representação gráfica, mas os projetistas podem elevá-la ou abaixá-la caso isso facilite a compreensão da planta baixa, e desde que a alteração possa ser observada com clareza nos desenhos.) A parte da escada que está acima da linha de 1,20 m de altura não será vista no desenho da planta baixa. A linha de interrupção é usada para extrair visualmente a parte da escada que está acima de 1,20 m. Nas plantas baixas, as linhas de interrupção costumam ser traçadas inclinadas (e não paralelas ou perpendiculares à edificação geralmente ortogonal), o que evita que sejam confundidas com as linhas ortogonais dos elementos reais. Depois da linha de interrupção, o desenho mostra a parede sob a escada, incluindo a porta do depósito. Note que foi usada uma linha de interrupção dupla para indicar a transição entre aquilo que está acima e aquilo que está abaixo da linha de corte. Observe também que as linhas das paredes da escada não são linhas de interrupção, pois elas são contínuas e permanecem igual tanto acima como abaixo da linha de corte.

A Figura S2–18 mostra outra situação habitacional comum, na qual há duas escadas retas, uma diretamente sobre a outra. Uma escada conecta o pavimento térreo ao segundo pavimento, enquanto a outra conecta o pavimento térreo ao porão. O corte mostra ambas as escadas e seus guarda-corpos, além do guarda-corpos adicional que evita que alguém caia na caixa de escada aberta. Uma linha de corte tracejada foi desenhada à altura de 1,20 m em relação ao piso térreo, indicando tudo o que pode ser visto abaixo dela. Uma linha de interrupção dupla foi usada para separar as escadas de subida e descida, incluindo seus corrimãos; contudo, as linhas da caixa de escada e do guarda-corpo horizontal do pavimento térreo não foram quebradas, pois são contínuas e permanecem iguais tanto acima como abaixo da linha de corte.

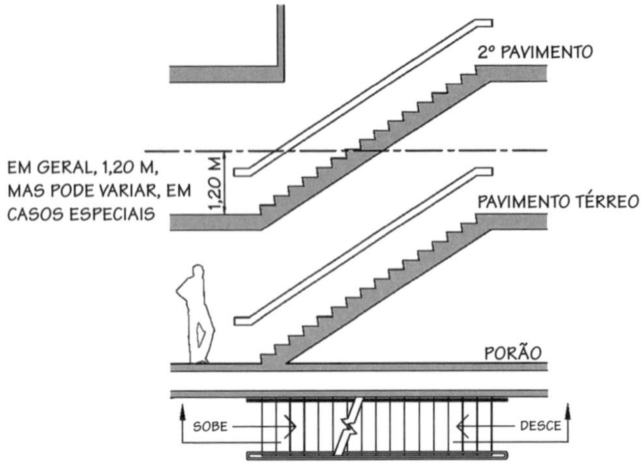

PLANTA BAIXA E CORTE DE ESCADA SOBRE ESCADA USANDO LINHAS DE INTERRUPÇÃO
FIGURA S2 18

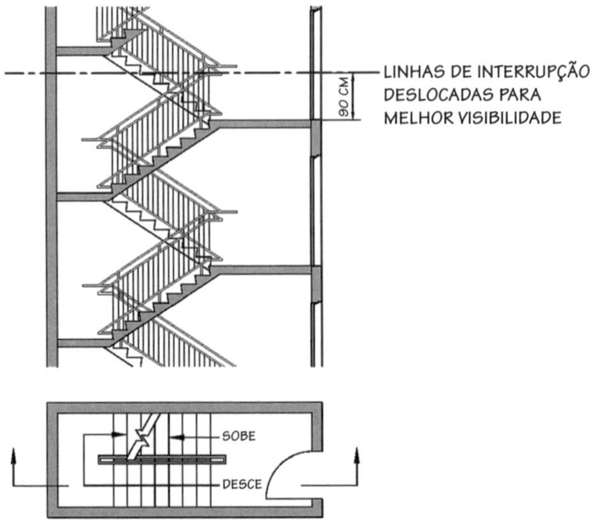

PLANTA BAIXA E CORTE DE ESCADAS TÍPICAS COM PATAMARES INTERMEDIÁRIOS USANDO LINHAS DE INTERRUPÇÃO
FIGURA S2–19

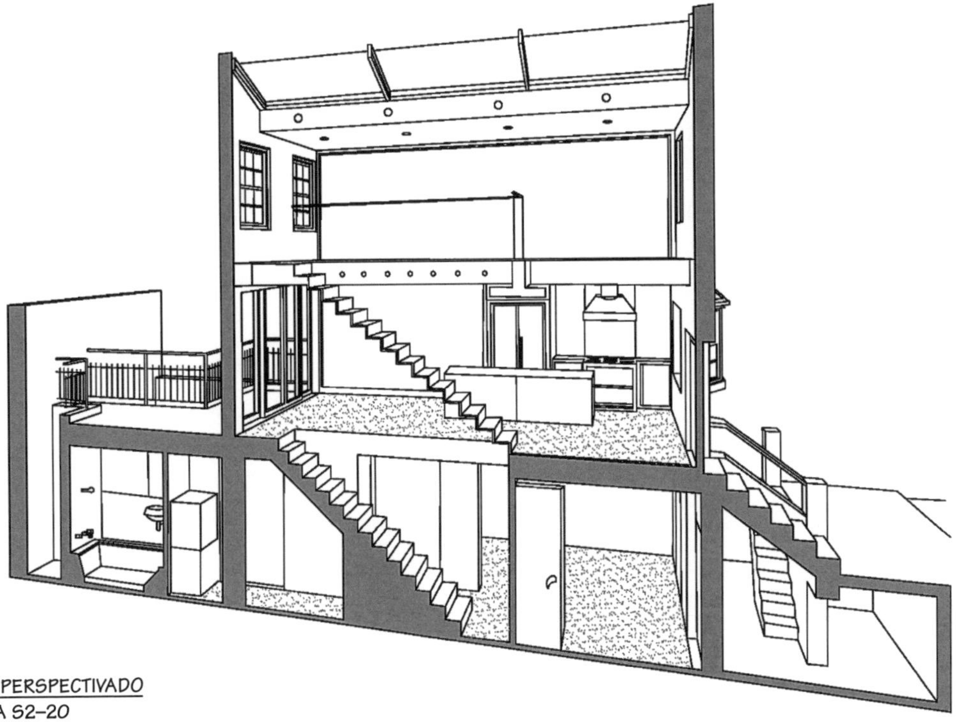

CORTE PERSPECTIVADO
FIGURA S2–20

A Figura S2–19 mostra uma escada de incêndio convencional de uma torre de escritórios, que é feita de concreto e tem patamares intermediários entre todos os pavimentos. Com exceção dos pavimentos térreo e de cobertura, as plantas baixas são idênticas entre si. O corte mostra a escada entre dois pavimentos tipo. Quando entram na escada do décimo quinto pavimento a partir do corredor principal da edificação, os usuários podem subir até o décimo sexto pavimento ou descer, pelo outro lado da escada, até o décimo quarto. A linha tracejada de corte da planta baixa está a 1,20 m acima da linha do décimo quinto pavimento, o que permite que os primeiros degraus do lanço de subida sejam mostrados antes da interrupção representada pela linha de interrupção. O desenho em planta baixa da metade superior do lanço de descida está completo, assim como o patamar intermediário; a partir daquele ponto, é possível visualizar a metade inferior do lanço de descida até que ele seja interrompido pela linha de interrupção do lanço de subida acima, no qual uma segunda linha de interrupção é utilizada para diferenciar os lanços de subida e descida. Observe que as linhas de interrupção incluem os corrimãos, mas não as paredes de alvenaria da caixa de escada.

A Figura S2–20 mostra um corte perspectivado, ou seja, um tipo de desenho que descreve, de maneira eficaz, as características tridimensionais de uma escada (ou escadas) em um contexto mais amplo. Essa estratégia de desenho consiste em fazer um corte da escada e do restante do prédio, olhando, então, para o interior da edificação depois do plano vertical do corte em questão. A clareza dessa estratégia de desenho é muito útil para a visualização do próprio projetista, e também faz dela uma excelente ferramenta de apresentação a fim de que os outros possam compreender as implicações tridimensionais do projeto de escada.

Existem projetos de escadas especiais nos quais as convenções de representação gráfica nem sempre se aplicam ao pé da letra. O ideal é que o projetista utilize tais convenções sempre que possível, mas que ele também desenvolva outras de maneira sensata – lembrando-se de que o desenho precisa falar por si só quando o projetista não estiver presente para explicar as características especiais da escada.

UMA BREVE REVISÃO DOS FATORES BÁSICOS ENVOLVIDOS AO SE TOMAR AS DECISÕES DE PROJETO DE ESCADAS

OS FATORES DO TERRENO

- Em prédios novos: o tipo de edificação, o tipo de ocupação proposto e os usuários (público em geral e/ou grupos específicos).
- Em prédios preexistentes: o histórico e o contexto da edificação (sua idade e propósito), além do novo uso e dos novos usuários previstos (público em geral e/ou grupos específicos).
- As expectativas do projeto (utilitário, monumental ou um meio-termo entre ambos).
- O sistema estrutural preexistente e seu grau de flexibilidade.

AS ALTURAS ENTRE PISOS

- É possível utilizar uma escada reta simples?
- A escada precisa de um ou mais patamares intermediários?
- A edificação tem mais de dois pavimentos?

AS CONDIÇÕES DA PLANTA BAIXA

- A área de piso é limitada, exigindo dimensões exíguas, ou é possível planejar a escada visando-se mais espaço?
- A planta baixa é fixa ou pode ser alterada?
- A direção do fluxo ou circulação de pedestres e das saídas de emergência precisa ser considerada durante o planejamento da escada?
- As possíveis configurações da escada.

AS PROPORÇÕES DOS DEGRAUS

- As considerações do código de edificações.
- As considerações de segurança e conforto.
- As implicações do vão e da área de piso limitada.

AS CONSIDERAÇÕES DO CÓDIGO DE EDIFICAÇÕES

- A implantação da escada em termos de saída de emergência.
- As exigências referentes à largura da escada.
- A necessidade de enclausuramento (tipo, dimensões, índice de proteção contra incêndio).

A SEGURANÇA FÍSICA

- As medidas de precaução contra tropeções, quedas, etc.
- A altura livre (o pé-direito).

O FATOR PREPONDERANTE: O CONFORTO HUMANO

- A escada atende aos usuários de maneira adequada? Ela foi bem integrada ao contexto e aos seus fins, permitindo que os usuários se sintam confortáveis com sua presença?

SEÇÃO 3

ESTUDOS DE CASO DE PROJETOS DE ESCADA – 1ª ETAPA

Os estudos de caso a seguir foram elaborados para guiar o leitor ou estudante de arquitetura em um processo interativo que levará a soluções bem-sucedidas no projeto de escadas. As seções anteriores examinaram os diversos fatores que devem ser considerados durante um projeto; esta seção organiza e prioriza tais fatores em um formato prático e usa os estudos de caso como demonstrações do processo de projeto. Os estudos de caso devem ser usados na ordem apresentada, pois iniciam com um exemplo muito singelo e gradualmente se tornam mais complexos.

Nesta seção, os estudos de caso se destinam principalmente ao planejamento e ao projeto geral de escadas, e não abordam os aspectos construtivos, o desenho de corrimãos, os materiais ou os detalhes de arquitetura, embora todas estas questões sejam importantes. Os estudos de caso desta seção serão novamente utilizados na Seção 4, em que os principais detalhes do bom projeto de escadas serão explorados e explicados.

1 ESTUDO DE CASO

O ambiente é uma casa em fita simples e contemporânea, que ainda está na fase de projeto. Ela é uma dentre muitas casas urbanas idênticas que fazem parte de um "condomínio planejado" de larga escala. A residência tem a largura de 6,60 metros de eixo a eixo de suas paredes-meias, 13,20 metros de comprimento (mais as projeções das sacadas em ambas as extremidades) e dois pavimentos, além de um porão ainda não projetado, conforme mostrado nas plantas baixas e nos cortes da Figura S3–1. A altura de piso a piso é de 2,80 metros, e o entrepiso tem altura total de 35 cm, resultando em um pé-direito de 2,45 cm, que precisa acomodar paredes internas de painel de gesso cartonado padronizadas de 2,44 m. Tudo isso contribui para tornar a construção mais econômica.

Em casas em fita, a solução de projeto de escadas mais comum consiste no uso de uma escada reta adjacente a uma das paredes-meias. Uma planta baixa desse tipo está disponível nas figuras do Estudo de Caso. Considerando-se que a altura de piso a piso é de 2,80 m, o Código de Edificações (dos Estados Unidos) permite cinco combinações de espelho e piso que parecem relativamente adequadas:

- **15 espelhos** de 18,5 cm com pisos de 27,5 cm (14 x 27,5 cm = 385 cm de vão de escada)
- **16 espelhos** de 17,5 cm com pisos de 29 cm (15 x 29 cm = 435 cm de vão de escada)
- **17 espelhos** de 16,5 cm com pisos de 32 cm (16 x 32 cm = 512 cm de vão de escada)
- **18 espelhos** de 15,5 cm com pisos de 34,5 cm (17 x 34,5 cm = 586,5 cm de vão de escada)
- **19 espelhos** de 14,75 cm com pisos de 35,5 cm (18 x 35,5 cm = 640 cm de vão de escada)

Observe que, como há uma diferença de apenas 3,75 cm entre o espelho mais alto (18,5 cm) e o mais baixo (14,75 cm), ocorre uma variação de 255 cm entre os vãos. Note também que, como o Código de Edificações exige uma altura livre mínima de 2,05 m na escada, além de um pé-direito de 2,45 m, no máximo dois espelhos (ou um piso) podem ser cobertos pelo teto acima, independentemente da altura do espelho selecionado. A Figura S3–1 traz um croqui perspectivado que permite compreender melhor a questão da altura livre mínima.

FIGURA S3–1

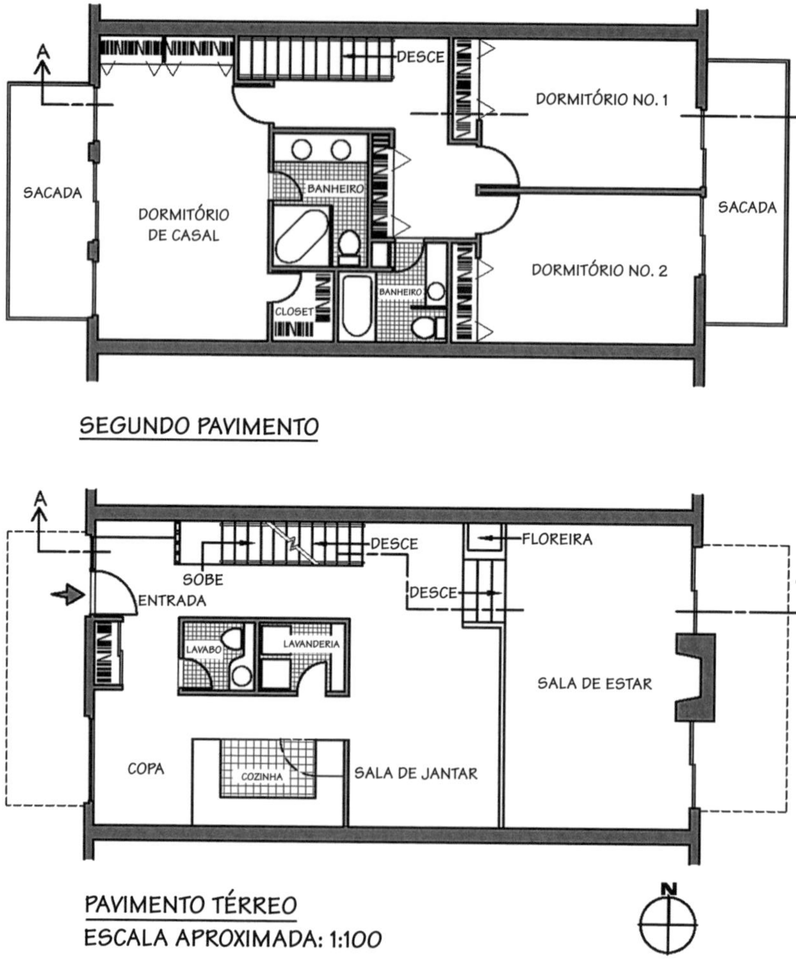

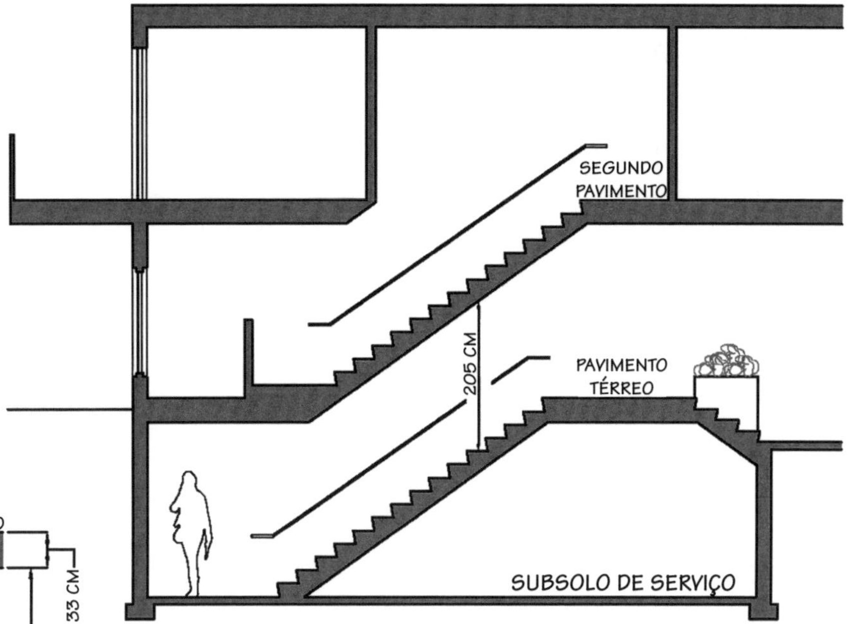

CORTE TRANSVERSAL AA

ESCALA: 1:100

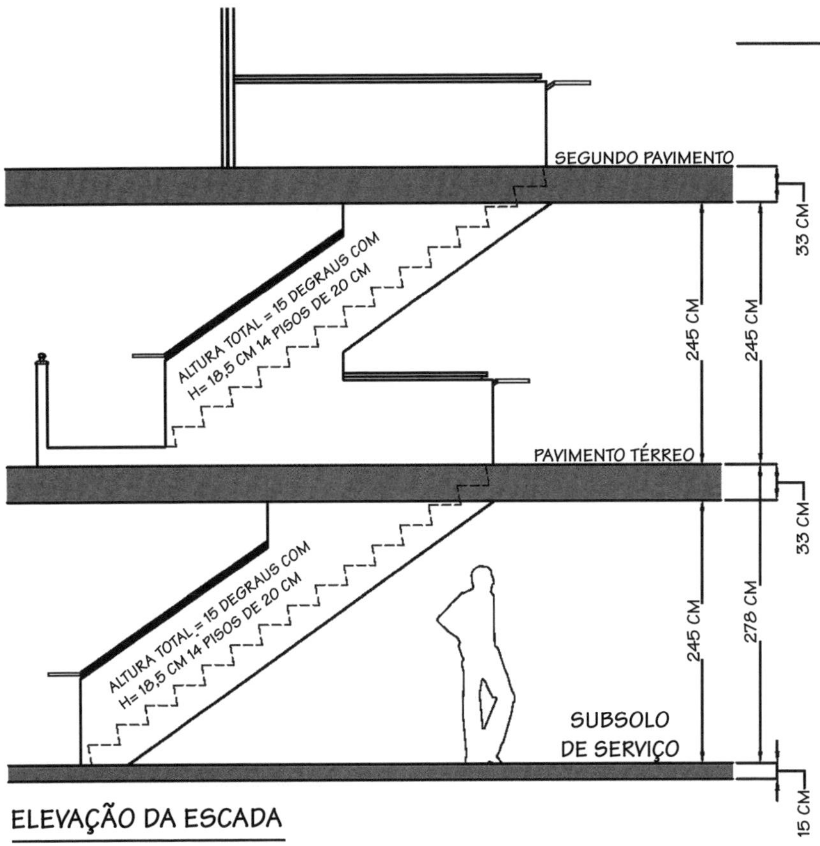

ELEVAÇÃO DA ESCADA

ESCALA APROXIMADA: 1:75

FIGURA S3-1

1 ESTUDO DE CASO

Ainda falta discutir uma última questão dimensional importante: a largura da escada. O código de edificações usado exige uma largura mínima de 90 cm, o que é bastante comum em residências contemporâneas e, em geral, considero aceitável. Embora seja possível acrescentar alguns centímetros para tornar a escada mais ampla (usando, digamos, uma escada com 100 cm de largura), optou-se, neste caso, por uma escada de 90 cm de largura. Quando o projeto da escada estiver pronto, podemos reexaminar a largura para determinar se seu alargamento não teria um efeito negativo sobre outros aspectos do planejamento espacial – especialmente no segundo pavimento, onde as dimensões dos dormitórios e dos banheiros são críticas e poucos centímetros fazem muita diferença.

Da mesma forma, já que as casas em fita têm áreas limitadas, a escolha das dimensões dos pisos e espelhos da escada deve ser adequada ao tamanho da residência. Espelhos baixos e pisos profundos afetam de maneira negativa o projeto total, uma vez que criam vãos de escada excessivos. Para uma primeira tentativa, a combinação de degraus com espelho de 18,5 cm e piso de 27,5 cm parece adequada, pois resulta em uma escada com 15 espelhos e 14 pisos, e em um vão de 385 cm. A Figura S3–1 mostra o corte e a planta baixa dessa combinação de espelho e piso. Observe que a configuração do dormitório de casal não pode ser completamente retangular, devido à necessidade de um pé-direito mínimo quando se começa a subir a escada. Note também que se decidiu deixar a escada do porão aberta, separando-a da sala de jantar por um gradil, em vez de fechá-la com porta e parede.

Durante o projeto, decidiu-se baixar o piso da sala de estar em aproximadamente 62 cm para dar a ela um pé-direito maior, o que criou um espaço mais amplo, mas integrado visualmente à sala de jantar. O pequeno lanço de escada, que vai da sala de jantar ao piso rebaixado da sala de estar, possui um degrau com dimensões diferentes daquelas encontradas nas escadas que levam ao segundo pavimento e ao porão. Caso tivéssemos utilizado os espelhos de 18,5 cm dos degraus das duas escadas principais, três degraus resultariam em uma mudança de nível de 55,5 cm, ao passo que quatro degraus criariam uma mudança de nível de 74 cm. Uma vez que o pequeno lanço de escadas que termina na sala de estar está significativamente separado das duas escadas principais, é possível alterar as proporções dos degraus sem causar desconforto ou provocar tropeções e quedas por parte dos usuários. Os quatro espelhos de 15,5 cm com pisos de 34,5 cm criam uma mudança de nível de 62 cm, resultando em uma transição mais confortável e charmosa até a sala de estar.

Para mais estudos de caso com escadas de madeira para uso residencial, consulte o suplemento deste livro no site www.bookman.com.br – Estudo de Caso 1A (Figura CW–4).

2 ESTUDO DE CASO

Independentemente da situação, as escadas de incêndio obrigatórias nos Estados Unidos devem atender às exigências do Código de Edificações dos Estados Unidos e da Lei para os Norte-Americanos com Necessidades Especiais (ADA). As questões do código, descritas em detalhe na Seção 2, serão relembradas de forma resumida, já que o Estudo de Caso 2 se concentra em escadas de incêndio enclausuradas:

Proporções dos Degraus	Largura da Escada
Pé-Direito	Corrimãos
Caixas de Escada	Exigências da ADA
Duas Saídas de Emergência	Áreas de refúgio

As alturas de laje a laje em prédios de múltiplos pavimentos variam muito entre si, indo desde 2,60 m (como ocorre em apartamentos ou hotéis que têm lajes de concreto com painéis pré-moldados mas não têm forro) até 3,60 ou 4,0 m (em edifícios altos de escritórios ocupados por várias empresas, que têm vãos estruturais grandes e plenos profundos).

Com exceção de residências e edifícios de apartamentos muito pequenos, a maioria das edificações de múltiplos pavimentos utiliza as escadas enclausuradas exigidas pelos códigos de edificações. Na maior parte dos casos, principalmente em edificações com mais de três pavimentos, os elevadores são o principal volume de transporte vertical, uma vez que as escadas de incêndio obrigatórias são usadas quase que exclusivamente como saída de emergência. Essas escadas têm características essencialmente utilitárias, foram projetadas para atender às exigências mínimas do código e, em geral, não possuem preocupação estética. Ainda assim, algumas escadas de incêndio também são usadas para o deslocamento pessoal diário entre os pavimentos; nesse caso, o projeto recebe muito mais atenção a fim de que seus usuários tenham uma experiência cotidiana agradável, conforme bem demonstra o Estudo de Caso 2A, disponível no suplemento online deste livro (Figura CW– 5) (www.bookman.com.br).

A edificação escolhida é um edifício de escritórios suburbano de seis pavimentos e com vários inquilinos, que tem 3,15 metros de altura entre pisos e escadas de incêndio de caráter utilitário. Uma vez que o edifício abriga uma agência bancária grande no pavimento térreo, além de alguns estabelecimentos varejistas pequenos, a altura entre a laje do piso térreo e a do segundo pavimento é de 4,20 m. A Figura S3–2.1 mostra uma planta baixa do pavimento tipo e um corte longitudinal.

A grande maioria das escadas de incêndio utiliza o espelho de degrau com a altura máxima permitida pelo código; neste caso, será usado um espelho de 17,5 cm (315 cm divididos por 18 = 17,5 cm) e um piso de 28 cm. O código determina que a largura mínima da escada e dos patamares é de 1,1 m, o que resulta na configuração de escada de incêndio mostrada na planta baixa e nos cortes da Figura S3–2.1.

A escada de incêndio convencional em U é muito utilizada, já que aproveita o espaço de maneira especialmente compacta e econômica. Além disso, ela se repete de modo conveniente em todos os pavimentos, resultando em um planejamento fácil e simples com uma porta de entrada que está sempre na mesma posição, seja qual for o pavimento. Observe que a porta fica recuada; isso não é exigido pelo código, mas cria condições mais seguras e confortáveis. Dificilmente o indivíduo que está descendo a escada será atingido pela porta aberta por outro; isso é particularmente preocupante em casos de emergência, quando os usuários correm para sair da edificação. O código permite que a porta abra para o patamar desde que a largura obrigatória da escada não seja reduzida além da metade (55 cm), conforme mostra a Figura S3–2.1. Apesar disso, e principalmente quando a escada de incêndio é utilizada para deslocamento diário (e não apenas em casos de emergência), a porta recuada é a solução de projeto ideal.

FIGURA S3–2.1

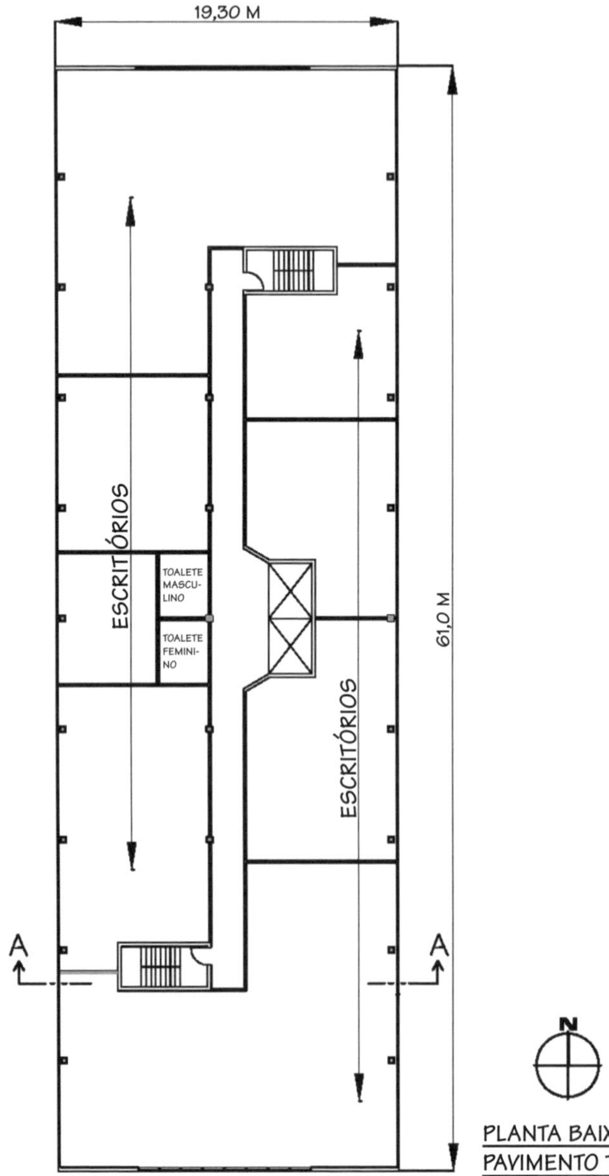

PLANTA BAIXA DO PAVIMENTO TIPO
ESCALA APROXIMADA: 1:400

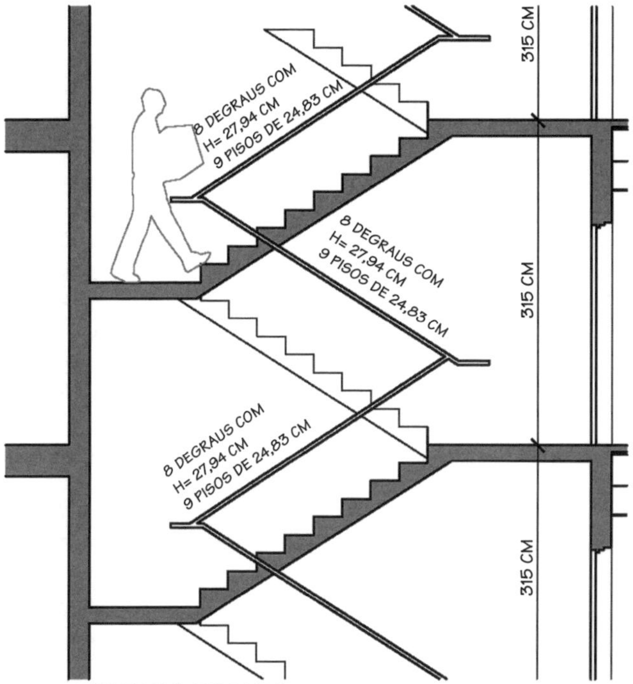

CORTE DA ESCADA
ESCALA APROXIMADA: 1:75

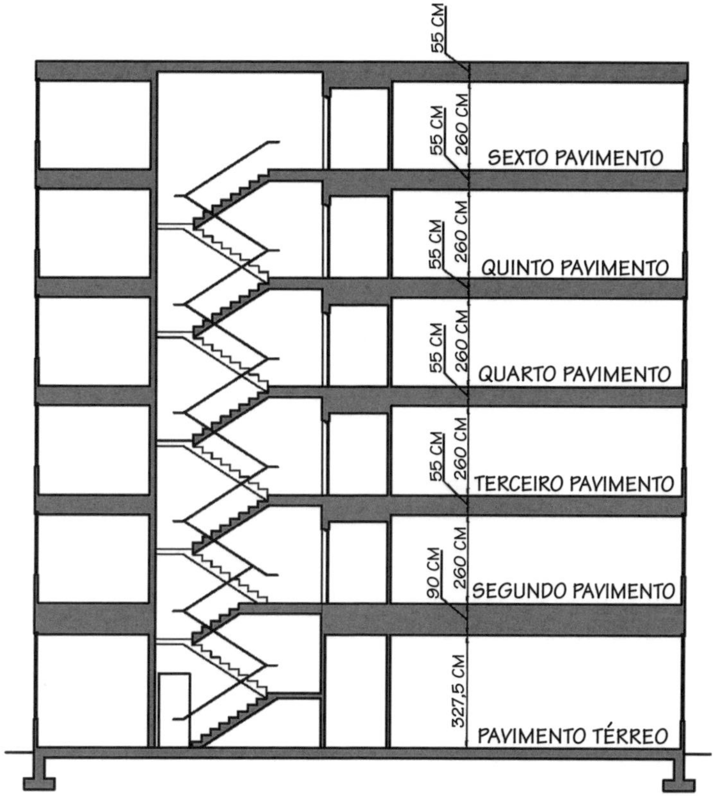

CORTE DO EDIFÍCIO
ESCALA APROXIMADA: 1:200

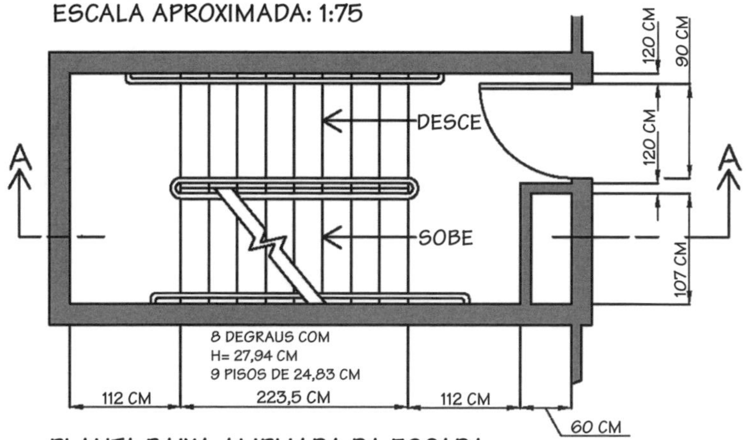

PLANTA BAIXA AMPLIADA DA ESCADA
ESCALA APROXIMADA: 1:75

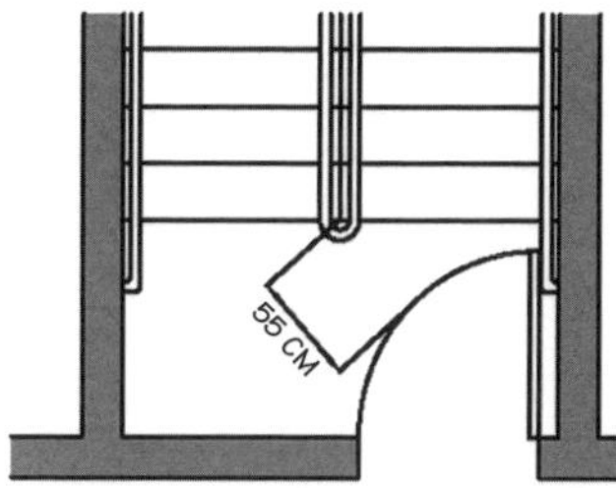

DETALHE: ABERTURA DA PORTA
ESCALA APROXIMADA: 1:75

FIGURA S3-2.1

ESTUDO DE CASO 2

ESTRATÉGIAS PARA FAZER COM QUE AS ESCADAS DE INCÊNDIO DESCARREGUEM OS USUÁRIOS DIRETAMENTE NA ENTRADA

FIGURA S3–2.2

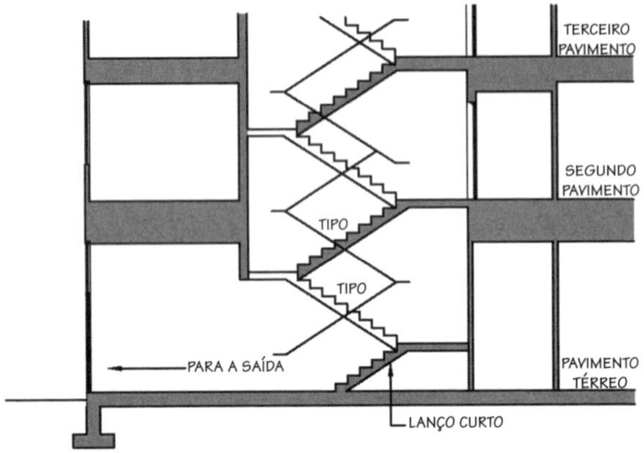

EXEMPLO NO. 1
ESCALA APROXIMADA: 1:100

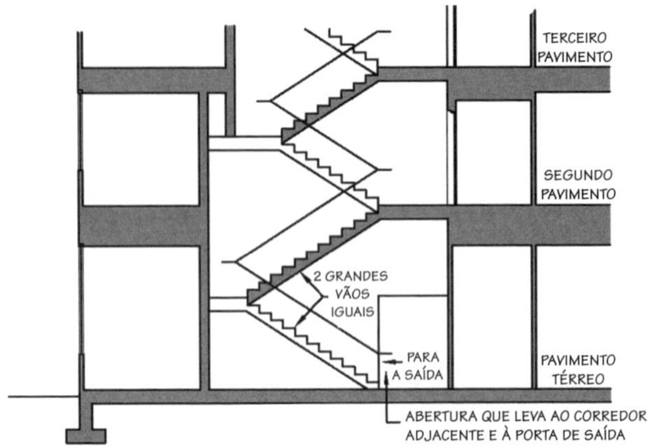

EXEMPLO NO. 2
ESCALA APROXIMADA: 1:100

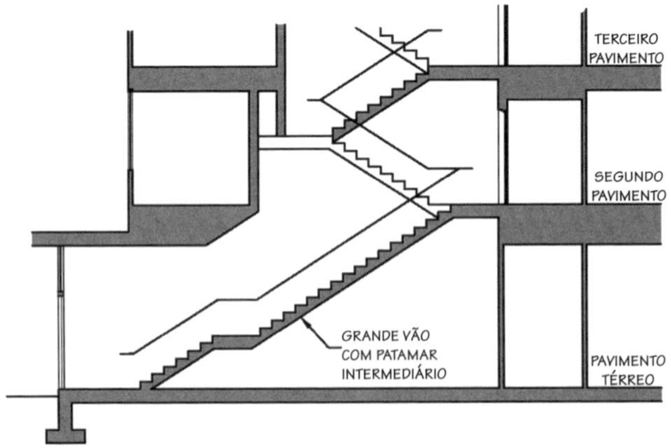

EXEMPLO NO. 3
ESCALA APROXIMADA: 1:100

Antes de deixar de lado as escadas de incêndio obrigatórias, precisamos descrever uma condição de projeto de escadas que está longe de ser incomum e, às vezes, se mostra problemática. O código de edificações, cuja preocupação principal é a segurança humana, exige que as escadas de incêndio descarreguem os usuários da edificação diretamente no exterior. Em outras palavras, as escadas não podem descarregar os usuários em outra parte da edificação, como em um corredor do pavimento térreo. As escadas de incêndio costumam ser acessadas a partir de um corredor interno em todos os pavimentos, conforme mostram os cortes longitudinais do Estudo de Caso 2 (Figura S3–2.1). Se houver espaço disponível, é possível fornecer, no pavimento térreo, um corredor adjacente que leve diretamente ao exterior. Quando não há espaço suficiente, pode-se criar uma escada com três lanços e dois patamares intermediários. Uma escada reta com patamar intermediário é outra solução viável. Essas três soluções atendem às exigências do código e são ilustradas pela Figura S3–2.2.

O edifício de escritórios de seis pavimentos que contextualizou os três exemplos não é um caso particularmente complicado. Contudo, muitos edifícios são bastante complexos, principalmente no caso de terrenos e/ou edificações urbanas difíceis de trabalhar; nesses casos, os métodos usados para descarregar os usuários no exterior podem se tornar extremamente difíceis. Apesar das possíveis dificuldades, deve-se sempre considerar o conceito das saídas de emergência.

Para mais estudos de caso com escadas de incêndio obrigatórias projetadas para uso diário, consulte o Estudo de Caso 2A no suplemento online deste livro (www.bookman.com.br); ele mostra fotografias de escadas de incêndio de uso diário, que foram bem projetadas e estão em conformidade com o Código de Edificações dos Estados Unidos (Figura CW–5).

3 ESTUDO DE CASO

O contexto do Estudo de Caso 3 é o saguão de um hotel-butique com mezanino que funciona como bar e salão de estar, conforme mostra a planta baixa e o corte esquemático da Figura S3–3.1.

Apesar do tamanho relativamente pequeno, o projeto pretende criar um espaço especial, que seja charmoso e razoavelmente marcante, no qual a escada que leva ao segundo pavimento será o elemento escultórico central. A altura de laje a laje é de 3,60 m. Como se deseja criar um ambiente charmoso, foi escolhido um espelho de degrau ergonômico, com 15 cm, gerando uma escada com 24 espelhos (24 espelhos x 15 cm = 3,60 m). Uma escada curva escultórica levando ao segundo pavimento produz o efeito espacial desejado. Para uma escada curva que faça parte do sistema de saída de emergência da edificação, o Código de Edificações dos Estados Unidos faz as seguintes exigências:

- A largura mínima da escada é de 110 cm.
- O raio menor deve ter, no mínimo, o dobro da largura da escada (220 cm).
- A largura mínima dos pisos dos degraus é de 25 cm na extremidade menor, e de 28 cm a uma distância de 30 cm de sua extremidade menor.

Para que a escada tenha dimensões um pouco mais generosas, optou-se pela largura de 1,20 m, o que produz um raio externo mínimo de 3,60 m. Conforme mostra o croqui em larga escala da Figura S3–3.1, um piso com 25 cm de largura no raio interno (2,44 m) gera uma largura de 28,5 cm à distância de 30 cm de sua extremidade menor e uma largura de 38 cm em sua extremidade maior.

A planta baixa e o corte da Figura S3–3.1 mostram a solução de projeto escolhida. A escada curva se ajusta confortavelmente dentro do espaço e ajuda a articular em termos visuais os elementos funcionais da entrada, da recepção, da portaria, da área do elevador e o vestíbulo que leva ao bar e ao salão de estar acima. Os detalhes do elemento escultórico são cruciais para seu sucesso; o processo será descrito na Seção 4.

Vários saguões abertos apresentam escadas curvas escultóricas que fazem muito sucesso, e que podem estimular a criatividade do projetista sempre que ele se depara com problemas de projeto semelhantes.

É frequente a necessidade e/ou o desejo de criar escadas abertas e monumentais na entrada de muitos prédios de uso público. Elas têm finalidades variadas e, em geral, são pouco utilizadas, visto que há elevadores nas proximidades e a maioria das pessoas opta por eles. Tais escadas são comuns em muitas edificações antigas e/ou históricas que foram construídas antes da invenção ou da popularização do elevador. Essa tradição de projeto ainda está em voga, em grande parte porque o valor escultórico de tais escadas costuma simbolizar a importância do ambiente. Além disso, elas permitem que os arquitetos e projetistas deem grande importância à entrada da edificação. As entradas, aliás, já são espaços simbólicos por si só, uma vez que conferem ambiência ao prédio e contextualizam o que se fará nos demais espaços.

Os edifícios de múltiplos pavimentos exigem caixas de escada que tenham saídas diretas para o exterior. Contudo, os códigos de edificações permitem um lanço aberto, geralmente entre o segundo pavimento e o pavimento de entrada, desde que a escada termine perto da entrada da edificação. O advento da sofisticada tecnologia de combate a incêndio, ao longo das últimas décadas, possibilita uma maior abertura dos espaços no interior das edificações, como em átrios de hotéis e shoppings, mezaninos com configurações internas ousadas, balcões e passarelas em balanço e mudanças de nível complexas. Apesar disso, a escada de saguão monumental, cerimonial ou escultórica ainda é muito usada como ferramenta de projeto. O Estudo de Caso 3 está centrado em uma escada escultórica relativamente simples para dois pavimentos; as escadas complexas para pavimentos múltiplos serão trabalhadas apenas no Estudo de Caso 4.

As escadas curvas, curvilíneas ou helicoidais (os três termos estão corretos) fazem parte do patrimônio arquitetônico há muitos séculos. A graça e a força escultórica naturais desse tipo de escada são imensas, principalmente em edifícios de resto retangulares e/ou ortogonais. É possível fazer com que a geometria das escadas curvas permaneça simples, embora alguns modelos mais ousados apresentem configurações geométricas bastante complexas que demandam cálculos difíceis. A escada curva trabalhada no Estudo de Caso 3 não é complexa demais e apresenta, de maneira apropriada, o projeto dessas escadas tão elegantes.

Para mais estudos de caso com escadas curvas, veja a escada elíptica do Estudo de Caso 3A no suplemento online deste livro (www.bookman.com.br) (Figura CW–6).

3 ESTUDO DE CASO

FIGURA S3-3.1

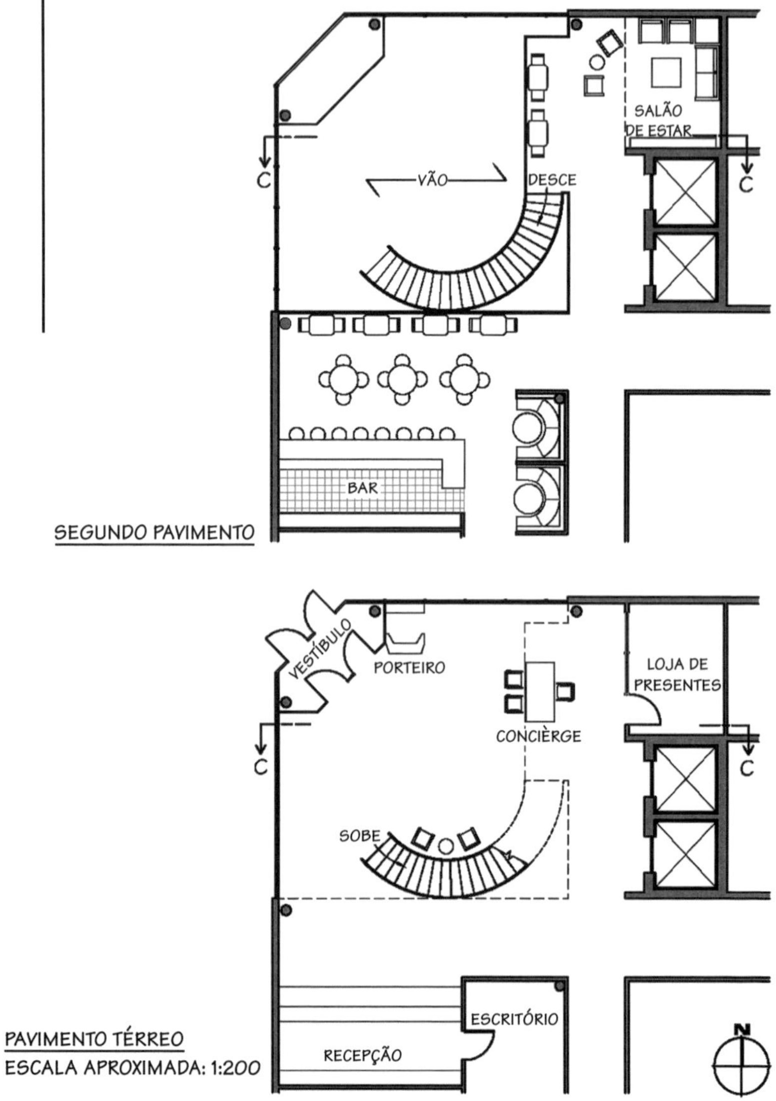

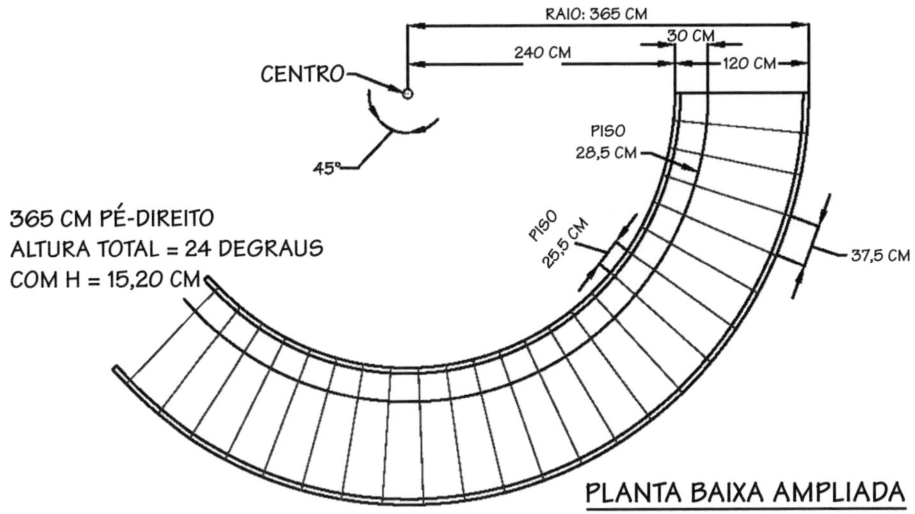

PLANTA BAIXA AMPLIADA DA ESCADA
ESCALA: 1:50

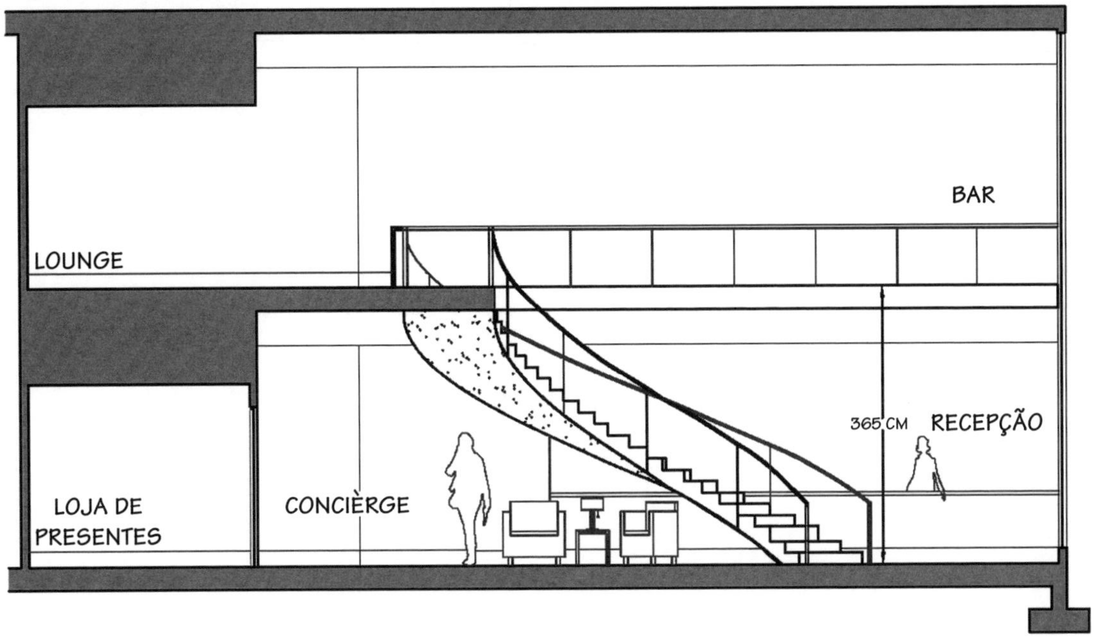

CORTE TRANSVERSAL AA
ESCALA: 1:100

FIGURA S3-3.1

Com a finalidade de criar espaços mais abertos e dinâmicos, adequados ao estilo de vida atual, a proposta de renovação do prédio pede a remoção do segundo pavimento original e de partes do pavimento térreo e do terceiro pavimento, incluindo todas as escadas originais. O resultado é uma edificação de seis pavimentos com espaços de estar e lazer com pé-direito alto voltados para o jardim dos fundos, conforme mostram as plantas baixas e cortes revisados da Figura S3–4. Novos níveis de pavimentos foram definidos, incluindo o porão original (nível B) que virou uma sala de estar familiar, o pavimento térreo original (nível 1F) que foi transformado em vestíbulo e biblioteca, os pavimentos recém criados 1R (sala de estar) e 2F (dormitório de casal), o terceiro pavimento original (nível 2R) que passou a ser um dormitório para hóspedes, e o quarto pavimento original (nível 3), que recebeu dormitórios para hóspedes ou empregados e um gabinete com iluminação abundante. A nova escada central deve ter espelhos de degraus com altura confortável, o que é adequado para o luxo relativo da residência, sendo que essa altura precisa ser consistente em todas as escadas.

As duas dimensões de laje a laje inalteradas vão da entrada (nível 1F) ao porão (nível B), com 2,45 m, e do dormitório para hóspedes de fundos (nível 2R) até o gabinete (nível 3), com 2,75 m. A ligação entre o pavimento de entrada e o porão pode ser obtida com 15 espelhos de 14,5 cm cada (217,5 cm divididos por 15), enquanto a ligação entre o pavimento do dormitório para hóspedes de fundos (2R) e o gabinete (nível 3) é conseguida com 17 espelhos de 16,5 cm cada (280 cm divididos por 17). Para conectar a entrada (nível 1F) ao dormitório para hóspedes nos fundos (nível 2R), a distância vertical de 595 cm é vencida por 36 degraus com espelhos de 16,5 cm cada (595 cm divididos por 36); os níveis 1R e 2F são estabelecidos de acordo com o número desejado de degraus entre eles. O nível 1R fica 11 degraus acima do nível 1F (aproximadamente 180 cm); o nível 2F fica 14 degraus acima do nível 1R (aproximadamente 230 cm); e o nível 2R fica 11 degraus acima do nível 2F (aproximadamente 180 cm). Uma vez que todos os espelhos têm praticamente a mesma altura (aproximadamente 16,5 cm), foi selecionado um piso com profundidade de 30,5 cm; além disso, uma nova largura de escada (105 cm) foi usada em todos os níveis da escada em U contígua. Por meio desta proposta de renovação, criou-se uma habitação muito diferente, com qualidades espaciais mais dinâmicas.

As manipulações aritméticas necessárias para criar novos níveis de pavimentos podem ser complexas e maçantes, mas o trabalho tedioso é compensado pela produção de espaços possivelmente interessantes, conectados por escadas que contribuem para o seu dinamismo.

Para mais estudos de casos com escadas que atendem a níveis de pavimentos intermediários, consulte os Estudos de Caso 4A e 4B no suplemento online deste livro (www.bookman.com.br) (Figuras CW–7 e CW–8).

4 ESTUDO DE CASO

Até agora, os estudos de caso trataram principalmente de escadas entre dois pavimentos com pés-direitos altos. Ainda que a maioria das escadas seja projetada para ambientes do gênero, não raro elas precisam atender a níveis de piso intermediários. As casas “com níveis desencontrados”, típicas da década de 1950, buscavam criar pisos intermediários para diferentes setores da habitação. Os terrenos em declive geralmente resultam em soluções de projeto com níveis de piso desencontrados. Ocasionalmente, durante a renovação de edificações mais antigas (principalmente aquelas com pés-direitos baixos ou limitados), é preciso ajustar os níveis de piso para abrir os espaços. Além disso, às vezes é necessário unir duas edificações adjacentes com níveis de piso desencontrados.

As edificações com pisos intermediários possibilitam a criação de espaços e vistas interessantes. Costumam também apresentar problemas de projeto de escadas complexos e difíceis de solucionar. Uma vez que interiores com pisos intermediários não constituem uma regra, é impossível mostrar uma condição ou condições típicas; em geral, tratam-se de casos especiais que estão diretamente relacionados a condições ou ambientes específicos. O estudo de caso mostrado aqui ilustra um dentre os vários casos de pisos desencontrados que o projetista pode vir a encontrar.

Este estudo de caso inclui um pequeno edifício habitacional sem recuos laterais construído na Gold Coast, a área residencial mais luxuosa de Chicago no início do século XX. Embora costumem ser grandes e imponentes, esses edifícios dificilmente se adaptam ao estilo de vida contemporâneo sem antes passarem por renovações significativas. Como ocorreu com muitas habitações urbanas semelhantes, este edifício foi submetido a reformas consideráveis, incluindo sua transformação em seis pequenos apartamentos durante a década de 1940. Ainda que o exterior original esteja praticamente intacto, a maioria dos detalhes de arquitetura internos originais se perdeu.

FIGURA S3-4

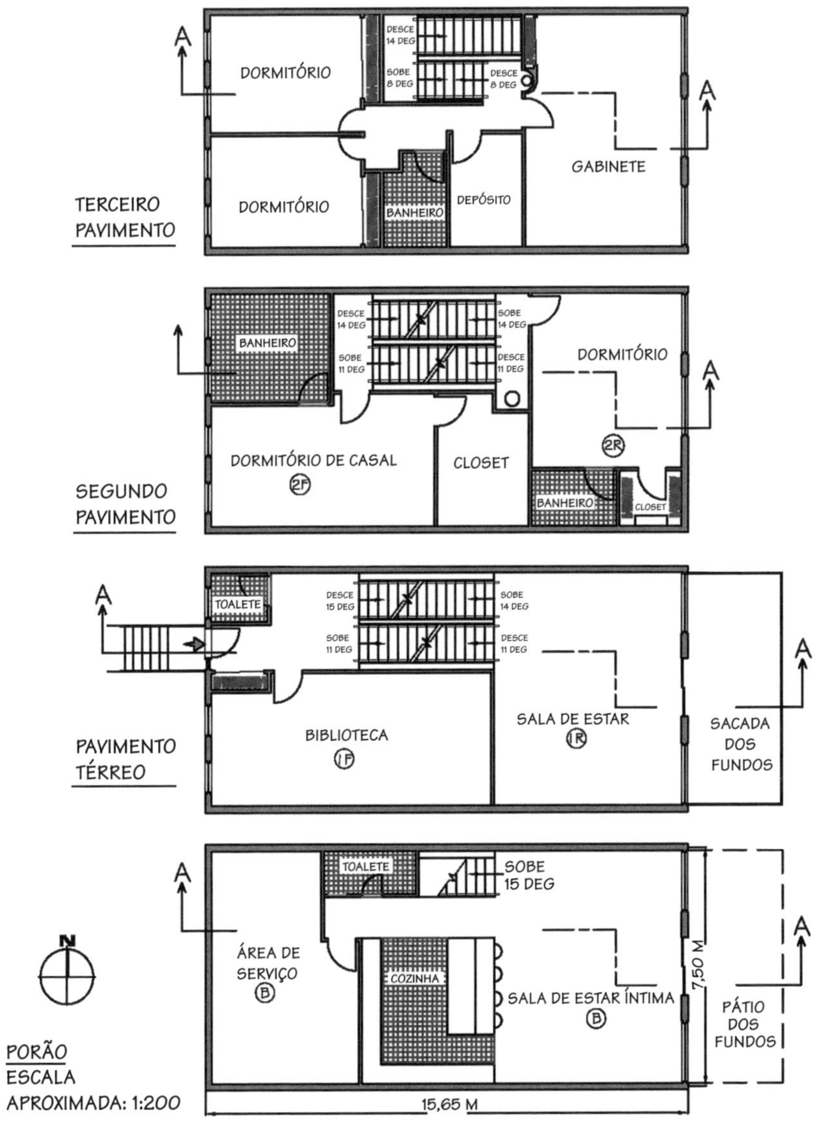

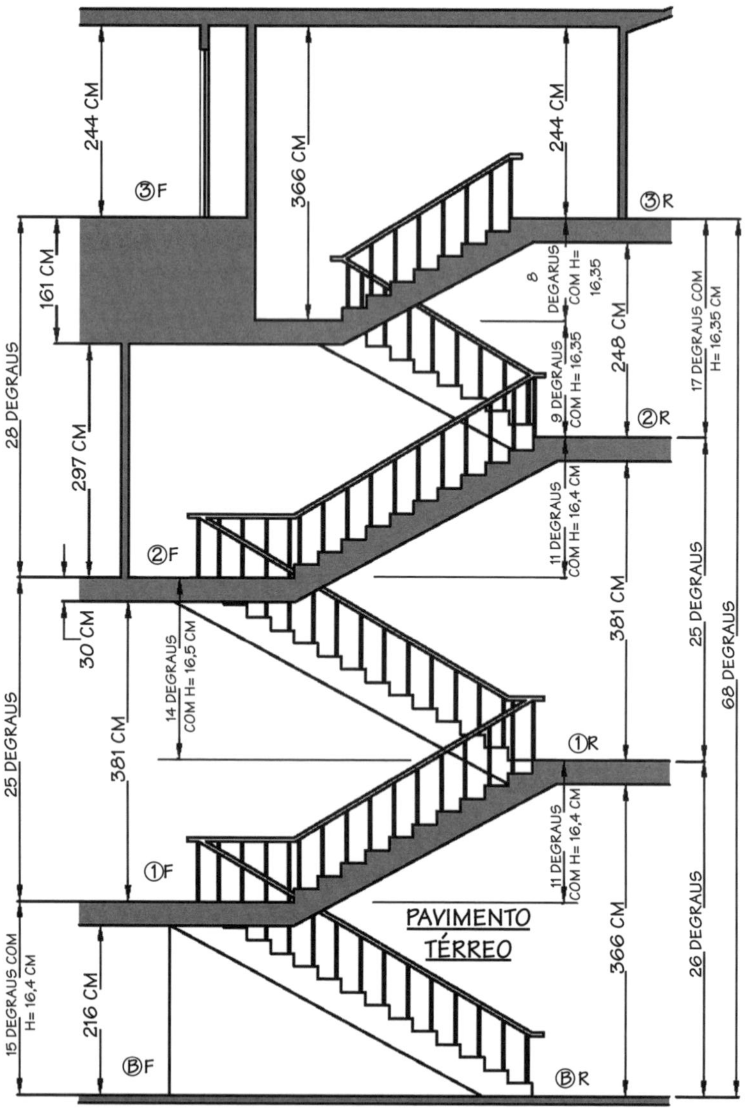

CORTE DA ESCADA AA
ESCALA APROXIMADA: 1:100

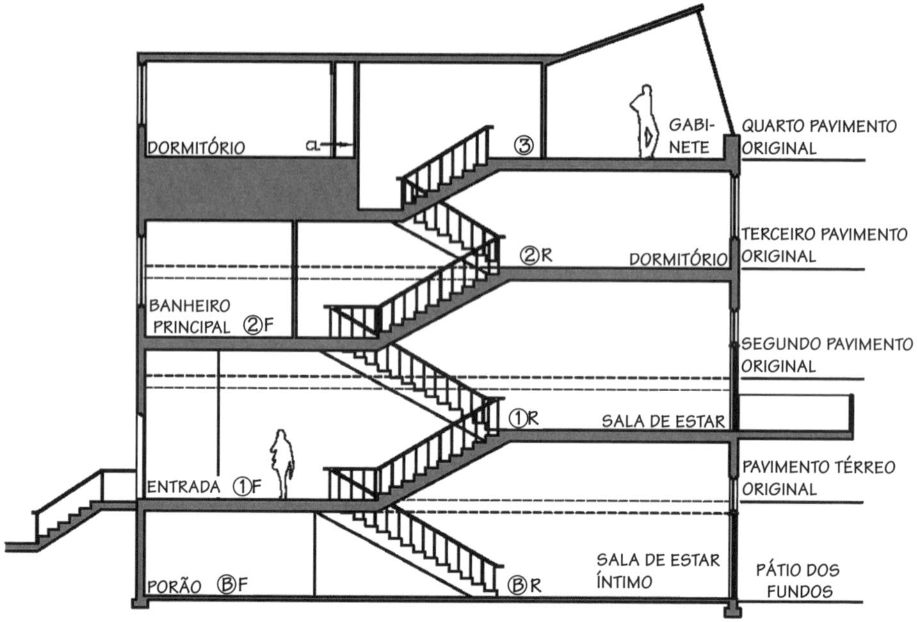

CORTE TRANSVERSAL AA
ESCALA APROXIMADA: 1:200

FIGURA S3-4

4 ESTUDO DE CASO

SEÇÃO 4

ESTUDOS DE CASO DE PROJETOS DE ESCADA – 2ª ETAPA

Os estudos de caso da Seção 3 trataram exclusivamente do planejamento espacial de escadas, sem se preocupar com a construção ou com os detalhes de arquitetura. Ainda que elementos detalhados das escadas (como os corrimãos e bocéis) tenham aparecido nas plantas baixas e nos cortes em pequena escala dos estudos de caso da Seção 3, não abordamos as questões mais específicas que dizem respeito às dimensões, às configurações e aos materiais. Os estudos de caso desta seção contemplarão os fundamentos de tais detalhes, apresentando estudos que envolvem a construção em madeira, aço e concreto. Os detalhes das escadas permitem variações infinitas. Várias publicações trazem fotografias; outras, por sua vez, incluem os desenhos detalhados de soluções de projeto de escadas extremamente customizadas (veja a lista de leituras recomendadas na página 231). Contudo, preste atenção: muitas escadas fotografadas não atendem às exigências do Código de Edificações dos Estados Unidos (IBC) – algumas vezes, porque elas são anteriores ao código e, em outras, porque as exigências do código não se aplicavam ou foram ignoradas. Os detalhes das escadas apresentadas nesta seção são convencionais por natureza e buscam ajudar os leitores a desenvolver soluções de projeto mais arrojadas no futuro.

Por questões de continuidade, o Estudo de Caso 5 está relacionado especificamente à escada de madeira convencional apresentada no Estudo de Caso 1 na Seção 3; o Estudo de Caso 6 está relacionado com a escada de aço enclausurada mostrada no Estudo de Caso 2; e o Estudo de Caso 7 está relacionado com a escada de concreto circular mostrada no Estudo de Caso 3. Além das publicações que fazem parte das leituras recomendadas no final deste livro, muitas informações úteis sobre os materiais e os detalhes de escadas (principalmente para os sistemas de corrimão) estão disponíveis nos catálogos e sites de fabricantes.

Para contextualizar melhor os estudos de caso desta seção, os croquis esquemáticos das Figuras S4–1A a S4–1G dão uma ideia geral das configurações básicas de construção que costumam ser usadas para sustentar as escadas. Novamente, é possível fazer inúmeras variações.

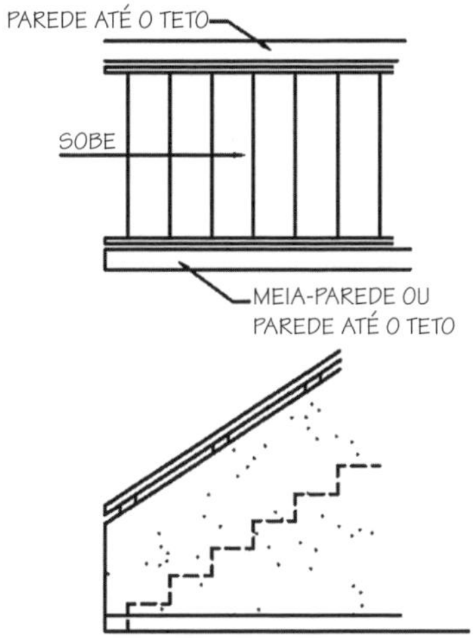

Paredes ou gradis em ambos os lados da escada.

Conforme a ilustração, há uma parede até o teto em uma das laterais e, na outra, uma parede que se estende desde a altura do corrimão até o pavimento abaixo, criando um armário sob a escada. Quando o armário é desnecessário ou indesejado, o fechamento pode ser feito por um gradil, fazendo com que a parte debaixo da escada fique à vista ou que seja revestida por painéis de gesso cartonado ou MDF. Outra solução de projeto é o uso de escadas com espelhos vazados.

(A) ESCADA COM PAREDES EM AMBOS OS LADOS
SEM ESCALA
FIGURA S4–1

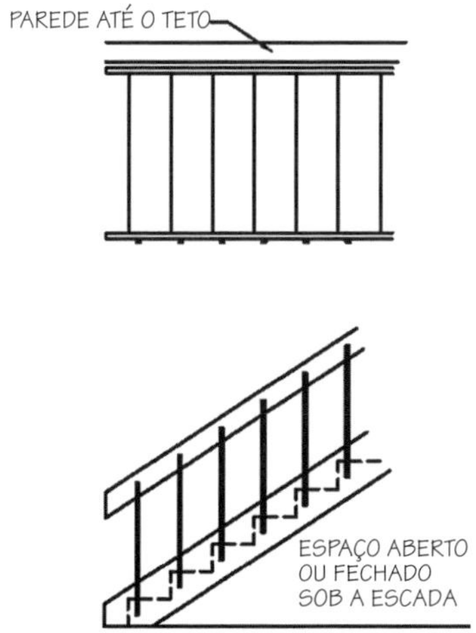

Parede em uma das laterais e banzo aparente na outra.

Conforme a ilustração, há uma parede até o teto em uma das laterais e, na outra, um banzo aparente que sustenta uma balaustrada de barras de aço com corrimão de madeira. É possível colocar o banzo exposto sobre uma parede que chegue até o pavimento abaixo, ou deixá-lo aberto com a face inferior da escada à vista. O uso de banzos aparentes, assim como de espelhos vazados, permite muitas outras soluções de projeto.

(B) ESCADA COM BANZOS APARENTES E PISOS OCULTOS
SEM ESCALA
FIGURA S4–1

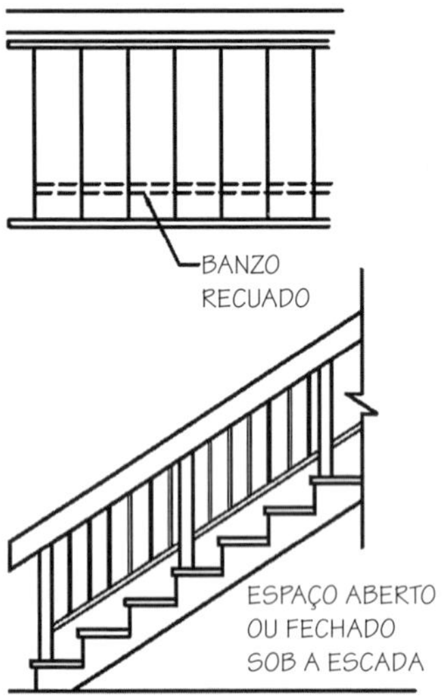

Parede em uma das laterais e banzo recortado na outra.

Conforme a ilustração, há uma parede até o teto em uma das laterais e, na outra, um banzo recortado que expõe e acompanha as extremidades dos degraus. O banzo pode ter um recuo mínimo em relação às extremidades dos degraus (apenas um ou dois centímetros); no entanto, para obter um impacto visual mais forte, o ideal é recuá-lo vários centímetros. Neste caso, há um gradil de aço fixado a montantes de madeira a cada quatro degraus.

(C) ESCADA COM BANZO RECORTADO APARENTE
SEM ESCALA
FIGURA S4–1

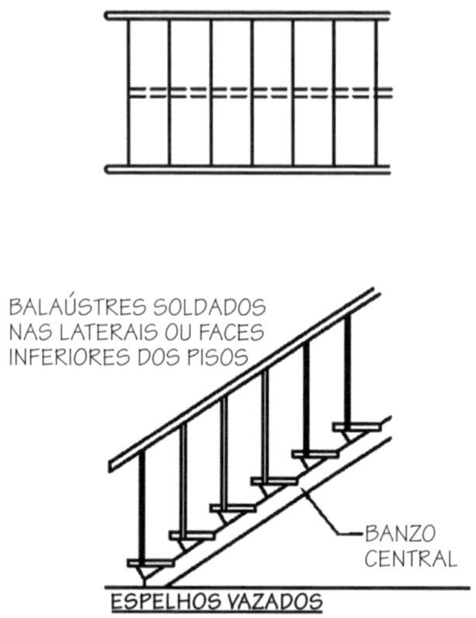

Escada solta sustentada por banzo central.

O banzo central, sustentado pelo sistema de piso em ambas as extremidades, pode ser uma viga diagonal de madeira laminada, aço ou concreto pré-moldado. Os degraus precisam ser muito bem conectados ao banzo para não girar caso uma pessoa muito pesada coloque todo o seu peso sobre uma das extremidades do piso. As conexões podem ser feitas com parafusos ou solda. Conforme mostramos na Figura S4–1F, os pisos são fabricados com chapas de aço e, a seguir, soldados ao banzo de aço pré-fabricado. O gradil é sustentado por balaústres de aço que são soldados à face inferior dos pisos de chapa de aço; o corrimão, por sua vez, é sustentado por mísulas de aço individuais soldadas aos balaústres.

(D) ESCADA COM BANZO CENTRAL
SEM ESCALA
FIGURA S4–1

Uma análise aprofundada

Os tipos de escadas mostrados nos croquis S4–1A, B, C e E incluem uma parede em uma das laterais da escada e uma lateral oposta aberta. Todas essas escadas podem se tornar escadas soltas desde que as duas laterais fiquem abertas, o que é possível com o uso do mesmo tipo de balaustrada mostrada na lateral originalmente aberta.

Todas as escadas ilustradas aqui podem ser usadas em moradias e também em edificações de uso público. Grande parte das balaustradas mostradas não atende às normas do Código de Edificações dos Estados Unidos (IBC) para edificações de uso público, uma vez que suas aberturas são grandes demais; porém, é possível adaptá-las acrescentando-se elementos horizontais. Os materiais utilizados nas estruturas das escadas precisam estar de acordo com a edificação da qual elas fazem parte. Seria inadequado, por exemplo, inserir uma escada de concreto em uma habitação típica. Escadas de aço pré-fabricadas são adequadas para a maioria das edificações com estrutura de aço. As decisões relacionadas aos materiais que serão utilizados na construção da escada devem ser tomadas ainda no início do processo de projeto de escada.

Os materiais que serão usados na fabricação de balaustradas e corrimãos devem estar de acordo com a escada da qual fazem parte. Às vezes, a mistura de materiais é apropriada; as escadas de madeira não precisam ter balaustradas e corrimãos de madeira, e o mesmo se aplica às escadas de aço e concreto. Todavia, o tamanho, a proporção e o projeto da balaustrada e do corrimão devem combinar com o projeto da escada. Quando se trata de decisões de projeto, não há regras expeditas ou rígidas para se seguir; por essa razão, o projetista deve sempre apelar ao seu senso estético.

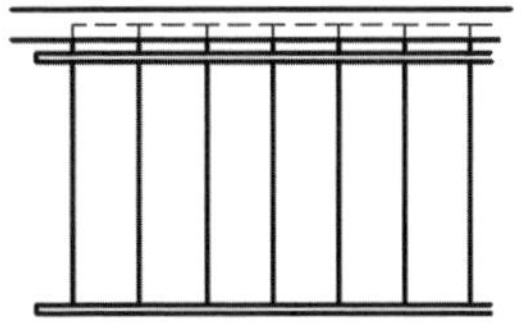

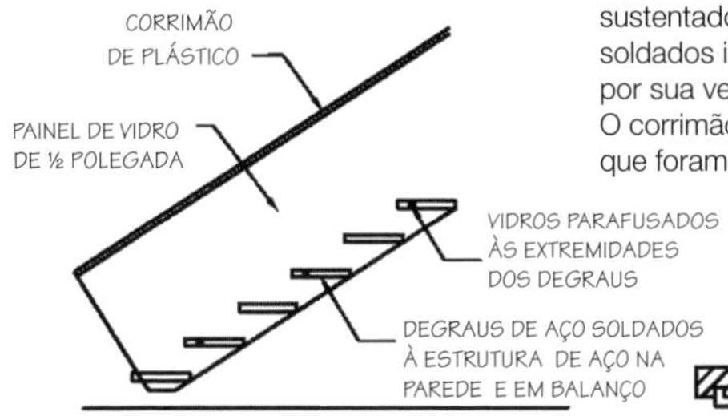

Parede em uma das laterais e degraus em balanço.

Conforme a ilustração, a parede que fica em uma das laterais sustenta os degraus em balanço, o que exige que sua estrutura seja capaz de tal sustentação. Em geral, isso é feito com degraus engastados e contrabalançados em uma parede de alvenaria de tijolo maciço, ou, alternativamente, com degraus de aço soldados a uma estrutura de aço no interior da parede. O gradil ilustrado aqui é sustentado por balaústres de aço que foram soldados individualmente à face inferior de aço que, por sua vez, sustenta os degraus de pedra artificial. O corrimão é sustentado por montantes de aço que foram soldados aos balaústres.

(E) ESCADA COM DEGRAUS EM BALANÇO
SEM ESCALA
FIGURA S4–1

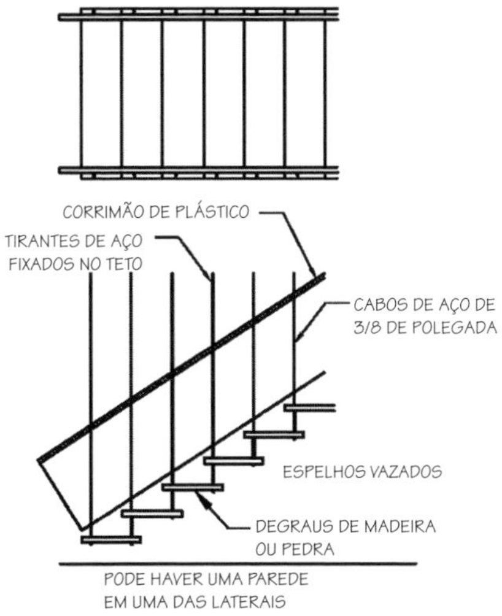

Parede em uma das laterais e degraus suspensos individualmente na outra.

Conforme a ilustração, há uma parede até o teto que sustenta os degraus em uma das laterais, sendo que, na outra, os degraus são suspensos individualmente por tirantes de aço fixados no teto, o que produz uma escada sem banzo de apoio. Evidentemente, esse tipo de escada suspensa requer uma conexão firme com o pavimento abaixo, de forma a evitar oscilações excessivas. Os degraus podem ser feitos com muitos materiais, como madeira, aço ou argamassa armada. O corrimão foi fixado aos cabos de aço por soldagem – exatamente como se tivesse sido fixado a uma superfície de parede – o que elimina a necessidade de utilizar um elemento de apoio linear.

(F) ESCADA COM DEGRAUS SUSPENSOS
SEM ESCALA
FIGURA S4–1

Escada solta, de concreto.

O concreto, seja moldado *in loco* ou pré-fabricado, possibilita a criação de escadas muito escultóricas. Os dois perfis de escada mostrados nestes esboços são característicos de escadas de concreto. Os gradis podem ser soldados ou parafusados às chapas de aço ou porcas embutidas no concreto, resultando no uso de balaústres de aço, mas também é possível utilizar um guarda-corpo de vidro laminado parafusado com corrimão de plástico ou madeira (Figura S4–1G). Devido à plasticidade típica do concreto, as possibilidades são infinitas.

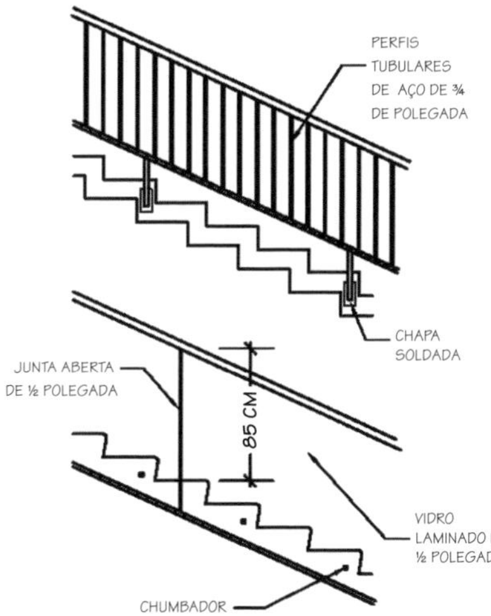

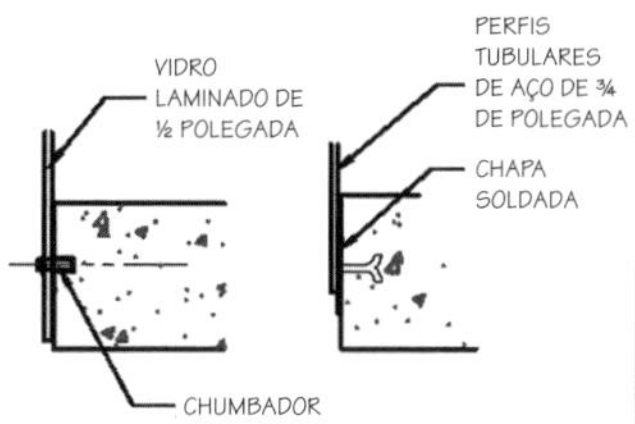

(G) ESCADA DE CONCRETO
SEM ESCALA
FIGURA S4–1

5 ESTUDO DE CASO

FIGURA S4-2

As escadas que foram desenvolvidas no Estudo de Caso 1 (Seção 3) não passaram da fase de planejamento e, por essa razão, seus detalhes permaneceram indefinidos. Os desenhos detalhados da Figura S4–2 concluem o processo de projeto. Conforme mostramos aqui, os banzos fechados e o perfil tradicional de pisos e espelhos são típicos das escadas de madeira pré-fabricadas, que são transportadas já montadas para o canteiro de obras e, a seguir, fixadas nas lajes inferior e superior. Até mesmo o patamar retangular, que fica na base da escada que leva do pavimento térreo ao segundo pavimento, costuma ser pré-fabricado. O guarda-corpo fechado que protege a lateral aberta da escada evita as possíveis complicações associadas à pré-fabricação e à conexão de balaústres. O guarda-corpo foi construído como uma típica parede de montantes de aço e gesso cartonado e rematado com uma tábua de 1 x 6 in. O corrimão de madeira é uma peça de carpintaria típica (comercializada por fornecedores de madeira), que é cortada sob medida e conectada por suportes também fabricados sob encomenda, cujo comprimento fica entre 12,5 e 15 cm e cuja altura é de 4,0 cm, sobre uma ripa de 3,2 cm (2,8 cm se acabado). Os suportes são pregados no remate de madeira, deixando espaço suficiente (no mínimo 4,0 cm) para a mão que se apoia alcançar a parte de baixo do corrimão. A seguir, o corrimão é escareado e pregado nas peças de apoio de 4,0 cm, cujo comprimento fica entre 12,5 e 15 cm e cuja altura é de 4,0 cm. Em geral, o acabamento dos pisos e espelhos de madeira é feito com uma tinta de poliuretano bastante durável ou com uma demão de tinta de poliuretano sobre uma base densa e durável. Só então o carpete é instalado sobre a madeira. Para fazer o acabamento do banzo, dos remates e do corrimão de madeira aparentes, basta usar um acabamento "natural" durável capaz de manter os veios da madeira exposta, ou ainda uma tinta semibrilho ou brilhante. A iluminação fica a cargo das luminárias embutidas descendentes; duas pendem do teto do segundo pavimento e uma se encontra diretamente sobre seu patamar; outras duas são instaladas no forro sobre a escada que leva ao porão.

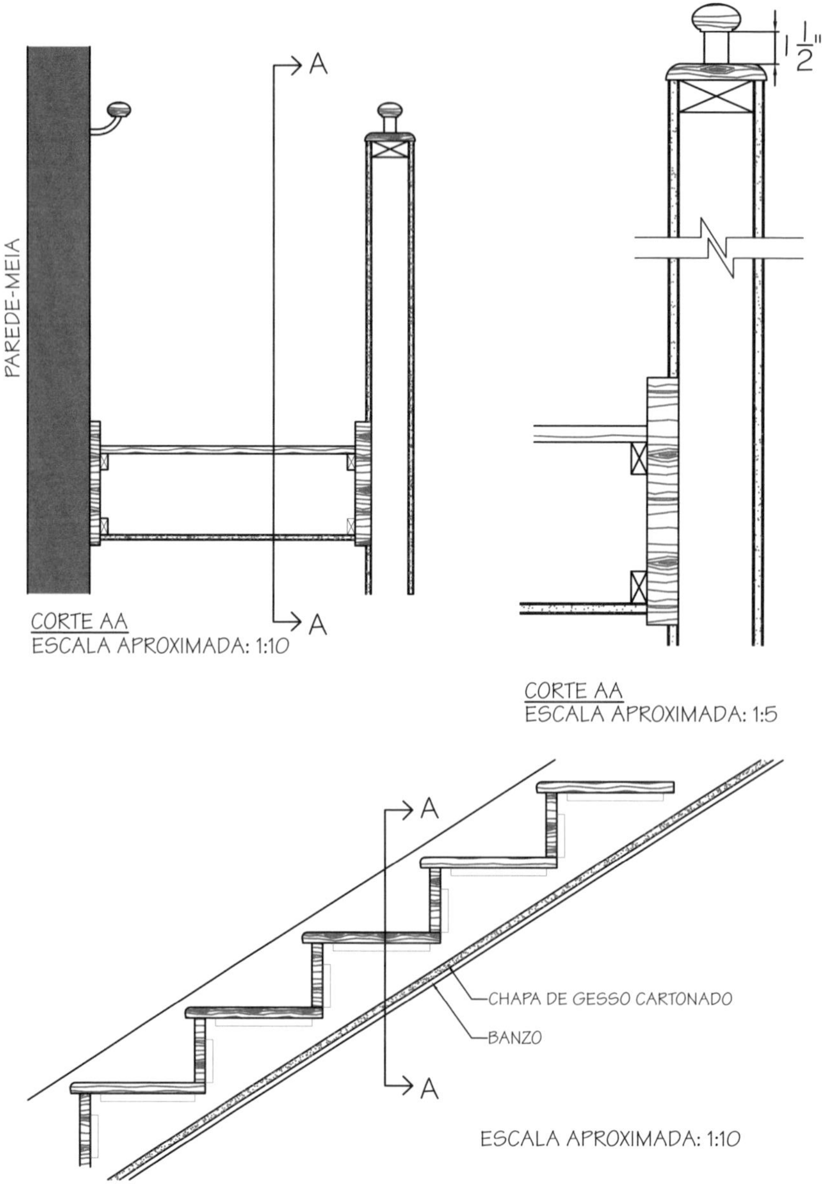

> Para mais exemplos com detalhes de escadas de uso habitacional, veja o Estudo de Caso 5A no suplemento online deste livro (www.bookman.com.br) (Figura CW–9).

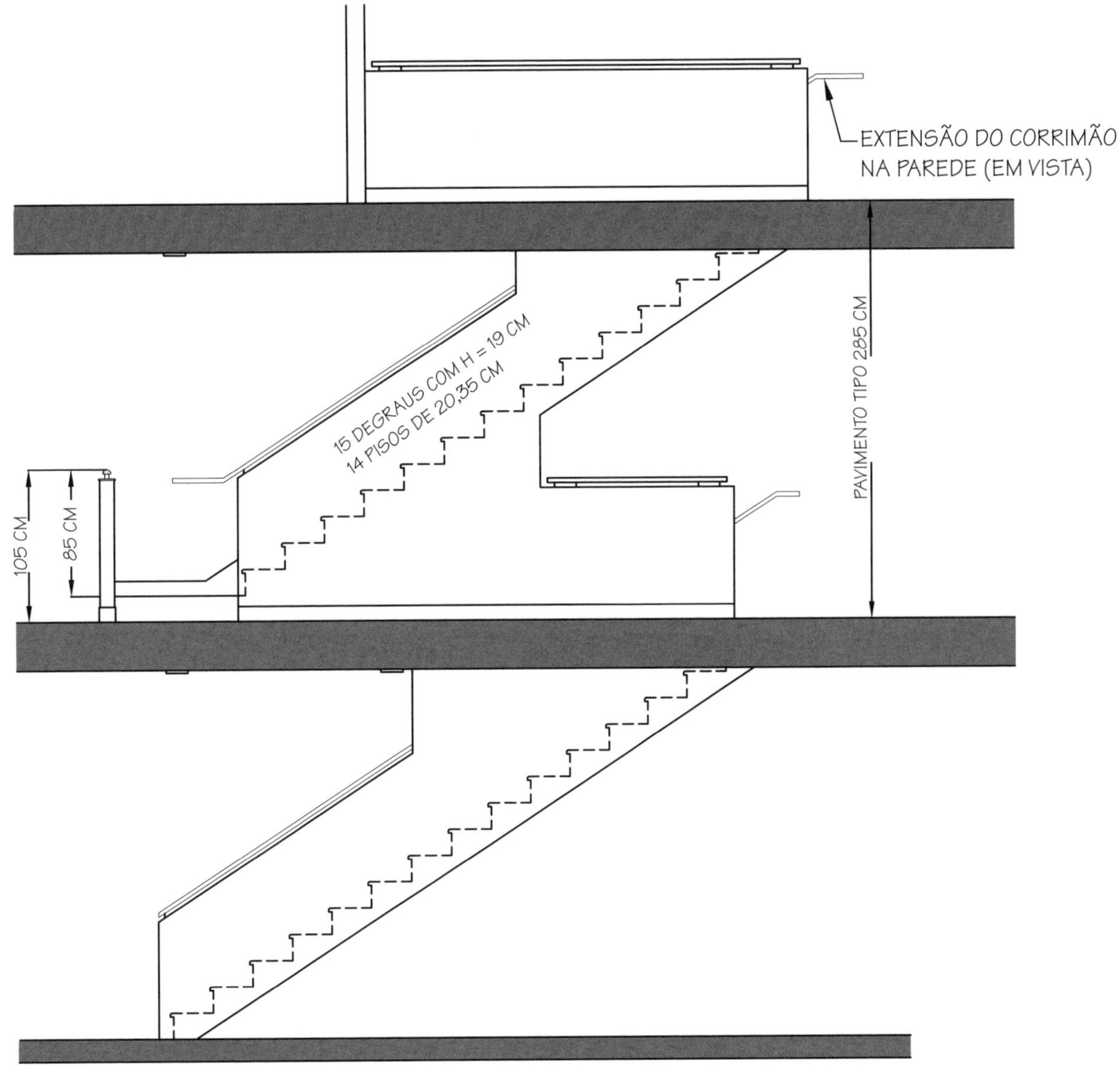

CORTE AMPLIADO DA ESCADA
ESCALA: 1:50

FIGURA S4-2

6 ESTUDO DE CASO

FIGURA S4-3

A escada desenvolvida no Estudo de Caso 2 (Seção 3) serve como base para este estudo de caso. Os desenhos detalhados da Figura S4–3 completam o processo de projeto. Os detalhes desta escada são extremamente rudimentares, o que reflete sua natureza de "escada de incêndio". Os banzos de perfil U de aço sustentam diretamente os elementos verticais do gradil de perfis tubulares de alumínio, utilizando, para tanto, chumbadores com buchas. Alguns painéis feitos de chapa perfurada de alumínio ficam suspensos entre os perfis tubulares verticais; isso só é possível devido ao uso de cabos também de alumínio que atravessam os perfis verticais, atendendo ao código de edificações, que exige aberturas de no máximo 10 cm. Os pisos são painéis de concreto com forma de aço incorporada; ademais, faixas antiderrapantes com 7,5 cm de largura são colocadas sobre o concreto. Esses sistemas simples de gradil permitem inúmeras variações; consulte os catálogos dos diferentes fabricantes de guarda-corpos e descubra a grande quantidade de elementos padronizados disponíveis. As superfícies das paredes são de alvenaria de tijolo à vista ou rebocado e pintado. A iluminação é fornecida por luminárias com lâmpadas fluorescentes de parede de 1,20 m, dotadas de quebra-luz e instaladas a 2,0 m de altura em relação a cada patamar intermediário e ao piso principal. O resultado: condições seguras de iluminação.

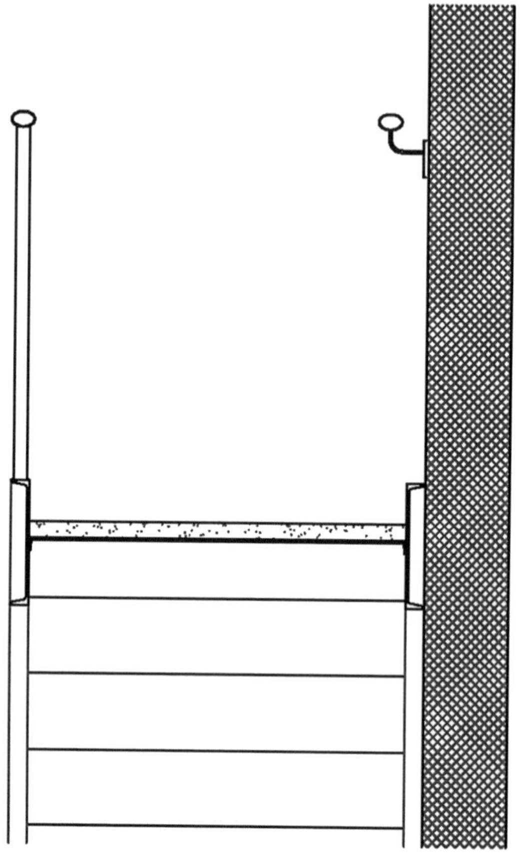

CORTE DA ESCADA
ESCALA APROXIMADA: 1:10

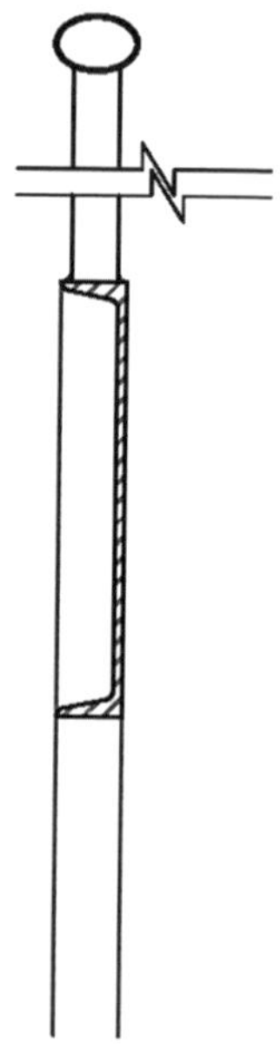

DETALHE DO CORRIMÃO
ESCALA APROXIMADA: 1:5

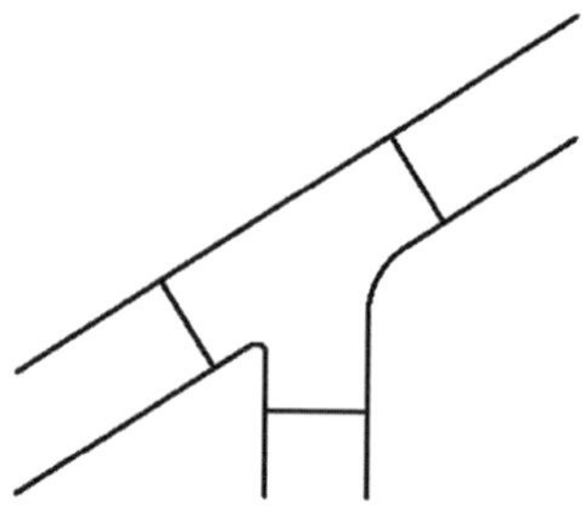

CONECTOR TÍPICO

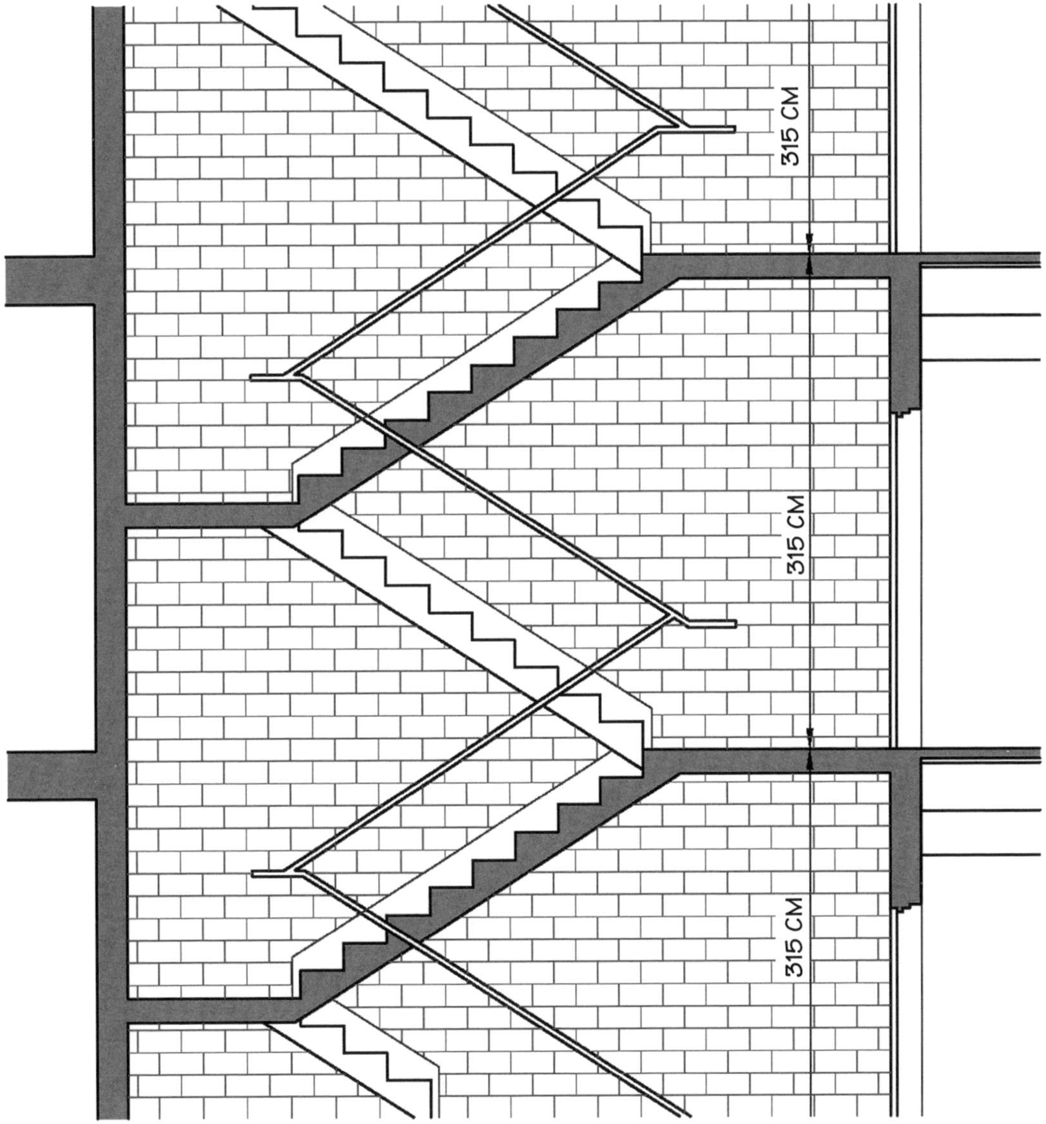

CORTE DA ESCADA
ESCALA: 1:50

FIGURA S4-3

6 ESTUDO DE CASO

7 ESTUDO DE CASO

FIGURA S4-4

A escada desenvolvida para o Estudo de Caso 3 será detalhada neste estudo de caso e ilustrada na Figura S4–4. Esta escada é uma estrutura monolítica independente de concreto, que pode ser moldada *in loco* ou pré-fabricada, transportada para a obra, manuseada por uma grua e parafusada ou soldada aos conectores pré-instalados. Devido à sua plasticidade, o concreto é adequado para o formato curvilíneo da escada em questão. Os degraus da escada recebem um agregado fino e abrasivo antes da cura do concreto, o que cria uma superfície antiderrapante. Buchas são inseridas na forma de concreto para receber os chumbadores que fixam o guarda-corpo de painéis de vidro temperado de ½ polegada ao concreto. Evidentemente, o vidro foi feito sob encomenda para se encaixar com perfeição na curva da escada. Anéis de silicone são usados para fixar o vidro ao concreto da maneira ideal. O corrimão é um perfil de alumínio calandrado e anodizado pré-fabricado, que acompanha a curva da escada; o perfil tem uma fenda que recebe uma gaxeta, que, por sua vez, se conecta aos painéis de vidro do guarda-corpo. É preciso escolher a cor do concreto, do vidro e do corrimão de alumínio para combinar com o projeto geral do saguão do hotel. A iluminação da escada faz parte da iluminação geral do ambiente, e deve ser integrada à solução de iluminação do projeto como um todo.

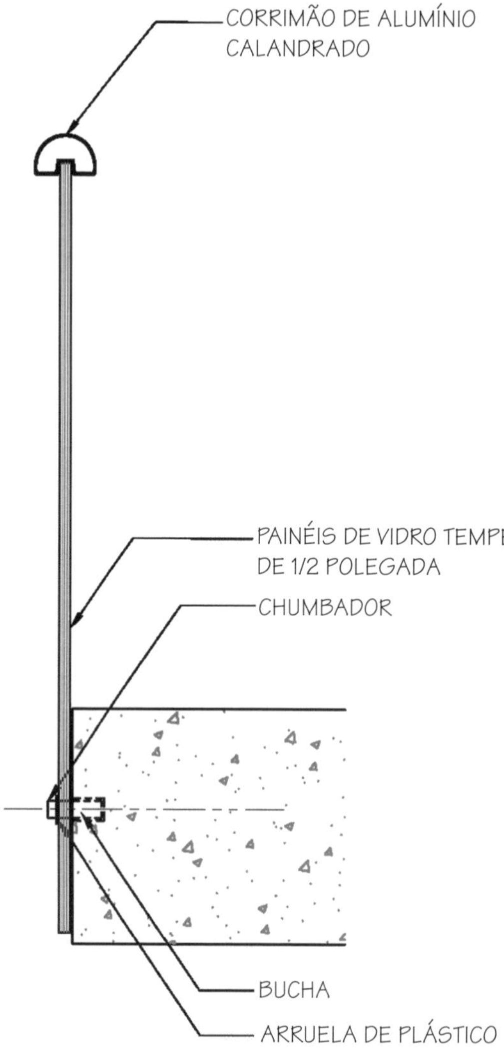

CORTE DO CORRIMÃO

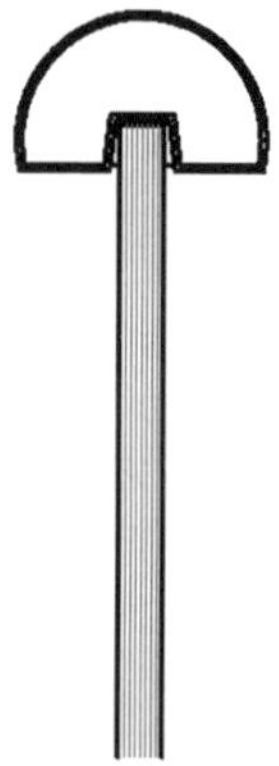

DETALHE DO CORRIMÃO
ESCALA APROXIMADA: 1:5

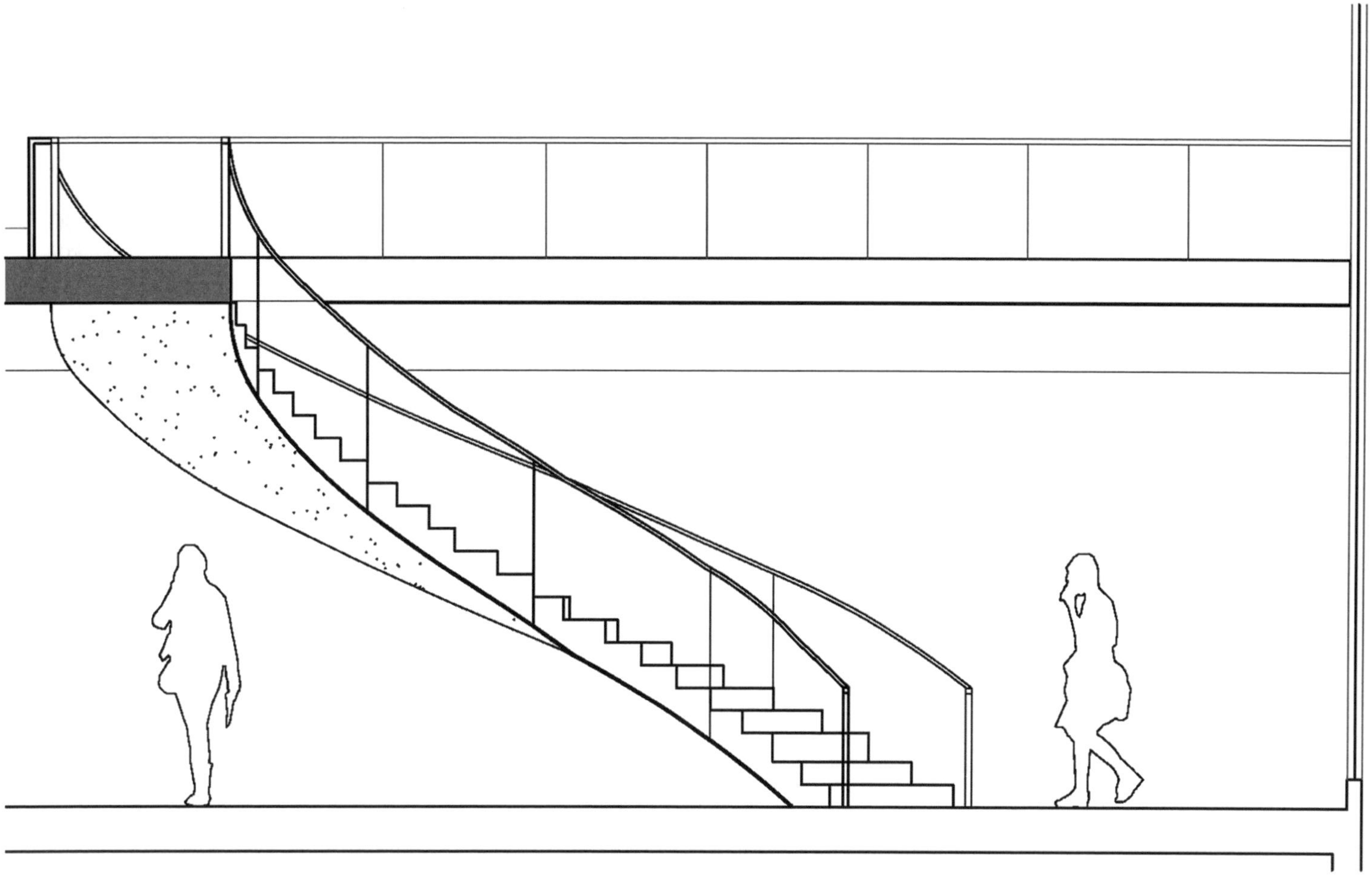

ELEVAÇÃO DA ESCADA
ESCALA: 1:50

FIGURA S4-4

ESTUDO DE CASO

7

Apêndice

PROGRAMAS DE NECESSIDADES e ESPAÇOS DE INTERVENÇÃO

PROGRAMAS DE NECESSIDADES

1A, 1B, 1C: 150 m^2

2A, 2B, 2C, 2S: 250 m^2

3A, 3B, 3C: 400 m^2

- Os Programas de Necessidades 1A, 1B e 1C devem ser utilizados com os Espaços de Intervenção 1A, 1B e 1C, que têm cerca de 150 m^2; mas eles podem ser usados em qualquer combinação (trocados entre si), o que nos oferece nove exercícios de projeto com espaços de tamanho similar.

- Os Programas de Necessidades 2A, 2B, 2C e 2S devem ser utilizados com os Espaços de Intervenção 2A, 2B, 2C e 2S, cada um com cerca de 250 m^2. Estes também podem ser usados em qualquer combinação, possibilitando 16 exercícios de projeto com área similar. O "S" se refere à *sample*, amostra em inglês, pois o programa de necessidades 2S e o espaço de intervenção 2S são as amostras ou demonstrações mencionadas ao longo do texto.

- Os Programas de Necessidades 3A, 3B e 3C devem ser utilizados com os Espaços de Intervenção 3A, 3B, 3C e 3S que, por sua vez, têm cerca de 400 m^2. Estes também podem ser usados em qualquer combinação, oferecendo nove exercícios de projeto com área similar.

PROGRAMA DE NECESSIDADES 1A
Consultório para dois pediatras

Uma sociedade de dois pediatras precisa de um novo consultório. Os médicos atendem ao bairro, prestando uma ampla variedade de serviços pediátricos. Ainda que a atmosfera deva ser séria e profissional, a preocupação principal, em termos de ambiência, é criar um local tranquilo de forma a minimizar a ansiedade que a maioria das pessoas, pais e crianças, sente ao entrar em um consultório médico. O consultório conta com uma recepcionista ou secretária, um técnico em medicina e um contador em meio expediente, que é responsável pelas cobranças e outras funções administrativas. O fabricante de equipamentos médicos já foi selecionado; seu representante determinou o tamanho e o formato da sala de exames e da área das enfermeiras.

AS NECESSIDADES ESPECIAIS

1. A recepcionista observa o movimento dos pacientes; consequentemente, seu posto de trabalho deve ocupar uma posição central que permita o bom desempenho da função.
2. As salas de exames e os consultórios dos médicos requerem privacidade acústica.
3. As funções de administração e de apoio podem ser integradas em um único espaço, pressupondo-se que todas as exigências sejam atendidas; se não houver a integração, ambas as áreas devem ser adjacentes.
4. Caso a configuração da edificação o permita, os pediatras gostariam de dispor de uma "saída alternativa", para que possam deixar o consultório sem passar pela área de recepção e espera.
5. Embora sejam desejáveis, as vistas para o exterior e a iluminação natural não são fundamentais – é preciso priorizar a área de espera e recepção, deixando os consultórios dos médicos em segundo plano.
6. Todas as áreas utilizadas pelos pacientes precisam ter acessibilidade universal, tanto nos conceitos como nas dimensões.

O PROGRAMA DE NECESSIDADES

A. Recepção/administração

1. A recepção é o centro das atividades, onde todos os pacientes se apresentam logo na chegada e efetuam o pagamento, ou tomam outras providências, antes de partir.
2. Bancada principal de, no mínimo, 1,1 m²; bancada secundária de, no mínimo, 0,75 m²; balcão de recepção alto para os pacientes, com 1,20 a 1,80 m de comprimento; armário fixo com gaveteiro, monitor de tela plana, suporte retrátil para o teclado e impressora padrão pequena.
3. Prateleiras totalizando 18 m de arquivos, que possam ser alcançados facilmente pela recepcionista.
4. O posto de trabalho do contador em meio expediente terá uma bancada entre 0,9 e 1,1 m², além de um pequeno balcão de apoio para um monitor de tela plana e uma impressora idênticos aos da recepcionista, e um armário fixo com gaveteiro.
5. Duas cadeiras de escritório com rodízios.
6. É desejável o contato visual entre os dois postos de trabalho.

B. Sala de apoio

1. Fotocopiadora (66 cm de largura x 51 cm de profundidade x 36 cm de altura) sobre uma superfície de 76 cm de largura por 61 cm de profundidade.
2. Armários de, no mínimo, 5,5 m de prateleiras de 30 cm de profundidade, e 5,5 m de prateleiras de 45 cm.
3. Armário para casacos com 0,9 m de comprimento.
4. Bancada entre 0,9 e 1,1 m².

C. Área de espera

1. Assentos para cinco adultos e três crianças.
2. Porta-revistas ou mesa de apoio.
3. Reserve aproximadamente 5,5 m² para uma área de recreação.
4. Esta área apresenta um grande desafio em termos de promover o conforto psicológico dos pacientes, devido, principalmente, à faixa etária das crianças, que vai da infância à puberdade.

D. Área das enfermeiras

1. Espaço de formato regular entre 6,5 e 7,5 m², com lados de, no mínimo, 2,15 m.
2. A área precisa de um balcão de recepção para os pacientes que devem ficar na linha de visão após sair da área de espera; além disso, ela deve atender às três salas de exame de maneira conveniente.
3. A área demanda uma pia de laboratório em uma de suas paredes longas; sua localização não é restringida pela distância em relação às instalações hidrossanitárias.

E. Salas de exames (três)

1. Espaços de formato regular entre 8,0 e 9,0 m², com lado mínimo de 2,45 m.
2. As salas podem ser distribuídas de maneira regular ou irregular; priorize o acesso confortável tanto para os pacientes como para os funcionários.
3. As exigências de conexão não são determinadas pela distância em relação às instalações hidrossanitárias, ainda que deva haver um lavatório em cada sala.

F. Consultórios (dois)

1. Espaços confortáveis para conversar com os pacientes e seus pais, com bancada privativa; a atmosfera deve ser informal, ou até habitacional, em termos de ambiência.
2. Escrivaninha com bancada de 1,1 a 1,4 m²; mesa ou balcão de apoio com bancada de 0,5 a 0,75 m²; e dois armários fixos com gaveteiros. Inclua um monitor de tela plana, uma superfície retrátil para o teclado e uma impressora padrão pequena.
3. Cadeira de escritório com rodízios, assento giratório e encosto reclinável (para o médico), além de três cadeiras de escritório (para os pacientes).
4. Prateleiras totalizando 11 m de extensão, com 30 cm de profundidade, para livros e objetos.

G. Toaletes (dois)

1. Lavatório e bacia sanitária (apenas um deve ter acessibilidade universal) para pacientes e funcionários.

H. Depósito

1. Com aproximadamente 4,5 m² e acesso fácil para a área de apoio e a área das enfermeiras.

PROGRAMA DE NECESSIDADES 1B
Grêmio estudantil de um distrito

Um distrito decidiu fundar e patrocinar um grêmio estudantil para sua população, que se encontra em constante crescimento. O objetivo desta organização, essencialmente, é servir como ponto de encontro para várias agremiações e programas de pequeno porte já estabelecidos. Além disso, ela coordenará programas junto às escolas do distrito e atenderá às necessidades que possam existir. A organização busca atender à faixa etária de oito a 16 anos, funcionando principalmente à tarde e à noite durante a semana e ao longo do dia nos finais de semana; uma programação completa para os sete dias da semana será mantida durante as férias de verão. A variedade de atividades é imensa, incluindo um clube de xadrez, um clube de campismo e caminhadas, torneios esportivos internos, um grupo de discussões, concursos de dança, um periódico comunitário, produções teatrais, aulas de artes marciais e algumas atividades noturnas supervisionadas. Espaços e equipamentos flexíveis são fundamentais, assim como uma atmosfera informal; o ideal é facilitar a manutenção, para garantir o sucesso das operações.

AS NECESSIDADES ESPECIAIS

1. O escritório da diretoria deve ser colocado em posição estratégica para que fique perto da porta de entrada e para que uma divisória de vidro permita a supervisão do salão multifuncional. Quando a porta estiver fechada, deve haver privacidade acústica.
2. Com exceção da cozinha, toda a edificação deve ter acessibilidade universal em termos de conceitos e dimensões.
3. A armazenagem de mesas, cadeiras e equipamentos é um aspecto importante do planejamento. O acesso, o transporte e a substituição de itens armazenados devem ser fáceis e eficientes. A localização dos armários ou depósitos não pode ser remota; é preciso minimizar a necessidade de se manobrar os itens armazenados.

O PROGRAMA DE NECESSIDADES

A. Salão multifuncional

1. Um compartimento com o máximo de flexibilidade e diversidade de uso, com pelo menos 30 assentos em leiaute de sala de aula, pelo menos 24 assentos em poucas ou várias mesas moduladas (para jogos, refeições ou utilização por pequenos grupos) ou pelo menos 20 assentos a uma mesa central em leiaute típico de conferência.
2. Um balcão de recepção de 60 x 120 cm, com roleta ou outro meio de controle de acesso, perto da porta de entrada, que será usado para monitorar a entrada ou cobrar ingresso.
3. Dois vestiários dotados de armários com chave (um masculino e outro feminino), cada um com 20 armários em fileiras sobrepostas, de 30 cm de largura, 30 cm de profundidade e 90 cm de altura.

B. Toaletes

1. Masculino: dois lavatórios, um mictório e uma bacia sanitária compartimentada.
2. Feminino: dois lavatórios e duas bacias sanitárias compartimentadas.

C. Cozinha

1. Similar a uma cozinha de uso doméstico e capaz de atender a uma ampla variedade de funções, desde servir lanches durante a tarde até o preparo de refeições.
2. No mínimo 1,3 m^2 de balcão com todo o tipo necessário de armários aéreos e de piso.
3. Pia de 76 cm com duas cubas, fogão de seis bocas (76 cm) com forno, refrigerador duplo (81 cm de largura) e máquina lava-louças embutida em armário (60 cm de largura).

D. Escritório da diretoria

1. Escrivaninha com bancada de 1,1 a 1,4 m^2, mesa ou balcão de apoio de 0,45 a 0,75 m^2, e dois armários fixos com gaveteiros.
2. Monitor de tela plana, superfície retrátil para o teclado e impressora padrão pequena.
3. Cadeira de escritório com rodízios, assento giratório e encosto reclinável, além de duas cadeiras de escritório.
4. Estantes, totalizando 10,0 metros de prateleiras com 30 cm de profundidade para livros e objetos.
5. Roupeiro de 1,5 m de largura e 0,60 m de profundidade; metade servirá como cabideiro, enquanto a outra metade terá prateleiras.
6. Toalete particular com acessibilidade universal, compacto e confortável, com lavatório, bacia sanitária e boxe (ducha).

E. Armazenagem

Os itens a seguir devem ser guardados em armários comuns ou embutidos; ainda que não possam estar à vista, é preciso que estejam disponíveis para uso imediato.

1. Suporte com rodízios de 60 x 60 cm, capaz de acomodar 30 cadeiras de empilhar.
2. Mesas dobráveis capazes de acomodar 20 pessoas (o tamanho das mesas depende da planta baixa do salão multifuncional).
3. 12 sacos de dormir em latas de 46 x 46 x 61 cm.
4. Equipamento audiovisual em 3,6 m de prateleiras de 46 cm de profundidade (uma prateleira tem 46 cm de altura, e duas, 30 cm de altura).
5. Jogos e equipamentos em 3,6 m de prateleiras de 30 cm de profundidade e 30 cm de altura, e também em 2,4 m de prateleiras de 45 cm de profundidade e 37,5 cm de altura.
6. Suprimentos em 2,4 m de prateleiras de 30 cm de profundidade e 30 cm de altura, e também em 3,6 m de prateleiras de 45 cm de profundidade e 37,5 cm de altura.

PROGRAMA DE NECESSIDADES 1C
Firma de contabilidade pequena

Uma firma de contabilidade pequena, porém bem estabelecida, precisa se mudar. O escritório é essencialmente convencional, e a maior parte do relacionamento com o cliente ocorre nas áreas administrativa e empresarial. Os dois sócios contam com dois funcionários: uma secretária/recepcionista e um contador diarista. Eles desejam uma ambiência formal e confortável, que reflita seu sucesso sem ser esnobe. Ainda que visitas sejam frequentes, eles raramente recebem mais de dois ou três visitantes por vez – exceto em caso de reuniões com cinco ou seis pessoas.

AS NECESSIDADES ESPECIAIS

1. As questões de privacidade e confidencialidade são fundamentais. Os escritórios dos sócios e a sala de reunião devem ter privacidade tanto acústica como visual.
2. O ideal é que os quatro postos de trabalho tenham vistas para o exterior e iluminação natural.
3. O posto de trabalho do contador diarista deve ser um pouco privativo, não apenas por causa da confidencialidade dos documentos, mas também porque suas atividades costumam exigir muitas horas seguidas de trabalho com concentração.
4. Um dos sócios é cadeirante. Todas as salas devem ter acessibilidade universal em termos de conceitos e dimensões.
5. Se possível, os sócios gostariam de ter uma "saída alternativa", para que possam sair da edificação sem passar pela área de recepção.

O PROGRAMA DE NECESSIDADES

A. Recepcionista/secretária
1. Bancada principal de, no mínimo, 1,4 m², com, no mínimo, 0,9 m² de superfície de apoio lateral, dois armários com gaveteiro, um telefone, um monitor de tela plana, uma superfície retrátil para o teclado, e uma impressora padrão pequena. É necessário um balcão de recepção alto para manter o trabalho em privacidade e ocultar a bagunça da mesa.
2. Cadeira de escritório.
3. No mínimo sete metros de arquivos.

B. Área de espera
1. Assentos para quatro visitantes.
2. Cabideiro para seis casacos, seja em armário embutido ou armário comum.
3. Superfície(s) conveniente(s), isto é, uma mesa de canto para revistas e artigos dos visitantes.

C. Escritórios dos sócios (dois)
1. Bancada de, no mínimo, 1,7 m², mais balcão ou mesa de apoio com espaço para as pernas capaz de receber um monitor de tela plana, uma superfície retrátil para o teclado, e uma impressora padrão pequena; pelo menos dois armários com gaveteiro.
2. Cadeira de escritório com rodízios, assento giratório e encosto reclinável, além de duas cadeiras de escritório para os visitantes.
3. No mínimo 3,5 m de arquivos.
4. Pelo menos 12 m de estantes de 30 cm de profundidade para livros e objetos.
5. O sócio A prefere uma área de reunião informal e aconchegante, com poltronas ou sofás para quatro pessoas.
6. O sócio B prefere uma mesa de reunião pequena, ou um tampo em gota na bancada principal, capaz de acomodar quatro pessoas.
7. Cada escritório deve ter um armário embutido pequeno para itens de vestuário individuais.

D. Contador diarista
1. Posto de trabalho com bancada principal com pelo menos 1,4 m², mais bancada secundária de, no mínimo, 0,9 m², um monitor de tela plana, uma superfície retrátil para o teclado, uma impressora padrão pequena, no mínimo dois armários com gaveteiro, e pelo menos 3,5 m de prateleiras nas paredes acima dos planos de trabalho.
2. Cadeira de escritório funcional e uma cadeira para visitantes.
3. No mínimo 3,5 m de arquivos.

E. Biblioteca/sala de reunião
1. Mesa de reunião e cadeiras capazes de acomodar confortavelmente seis pessoas.
2. Balcão para bebidas e armário para papéis e lápis.
3. Estantes para livros de direito e contabilidade cobrindo a maior parte das superfícies das paredes; no mínimo, 23 m de prateleiras com 30 cm de altura e 30 cm de profundidade.

F. Sala de fotocópias/armazenamento/apoio
1. Fotocopiadora independente (107 cm de largura, 63 cm de profundidade e 97 cm de altura) que ocupa um espaço de 140 cm de largura.
2. Superfícies de trabalho contínuas (no mínimo 0,9 m²) com armários na parte debaixo.
3. Pelo menos nove metros de arquivos.
4. Armários com chave (embutidos e/ou normais) com pelo menos 5,5 m de prateleiras de 30 cm de profundidade e, no mínimo, 5,4 m de prateleiras de 45 cm de profundidade.
5. Cozinha conjugada pré-fabricada para refrigerar e servir bebidas (107 cm de largura, 63 cm de profundidade e 91 cm de altura). A pia deve ter uma conexão padrão com o sistema hidrossanitário.

G. Toalete
1. Lavatório
2. Bacia sanitária

PROGRAMA DE NECESSIDADES 2A
Escritório regional

O escritório regional de uma firma nacional de prestação de serviços financeiros precisa se mudar. Este escritório regional desempenha três funções: (1) a gestão das atividades executivas da região, (2) a central de marketing para possíveis clientes e (3) a base dos gerentes de conta que passam a maior parte do tempo viajando. Devido às atividades executivas e de marketing, deseja-se uma atmosfera relativamente luxuosa, capaz de refletir o sucesso da firma e fazer com que os clientes se sintam confortáveis. O tráfego de visitantes geralmente se limita à área de recepção, aos três escritórios privados e à sala de reunião, sendo que o restante das instalações serve principalmente para uso interno. Além de ser responsável pelas atividades internas cotidianas, o gerente regional faz a interface entre as funções públicas e executivas e as referidas funções internas. O ideal é que todas as áreas de uso prolongado tenham vistas para o exterior e iluminação natural; isso exclui a área ocupada pelos gerentes de conta, já que, em geral, eles passam poucas horas por semana em seus postos de trabalho compartilhados. Os funcionários da contabilidade precisam ser separados das demais funções, ao passo que o pessoal de apoio deve ser o mais acessível e precisa ser supervisionado diretamente pelo gerente regional. Os toaletes devem ocupar um ponto estratégico para que possam atender tanto aos funcionários como aos visitantes. A cafeteria deve atender às necessidades diárias dos funcionários e também dos visitantes, na sala de reunião.

AS NECESSIDADES ESPECIAIS

1. A privacidade acústica é fundamental nos três escritórios particulares, na sala de reunião e no escritório do gerente.
2. Todos os ambientes devem ter acessibilidade universal em termos de conceitos e dimensões.

O PROGRAMA DE NECESSIDADES

A. Área de recepção/espera

1. A recepcionista precisa receber os visitantes, supervisionar a circulação dos visitantes e também fazer serviços de secretária.
2. A escrivaninha deve ter um plano de trabalho principal de 1,1 a 1,6 m^2 e um balcão de apoio de 0,65 a 0,95 m^2, além de dois armários com gaveteiro.
3. Um monitor de tela plana, uma superfície retrátil para o teclado e uma impressora padrão pequena.
4. 3,6 m de arquivos de fácil alcance.
5. Cadeira de escritório para a secretária.
6. Assentos para cinco visitantes, além de superfícies convenientes.
7. Armário embutido ou comum com cabideiro para os visitantes (1,2 m).
8. Pelo menos uma grande parede contínua com painéis para anunciar os serviços da empresa (no mínimo 1,5 m).

B. Escritório do gerente regional

1. Bancada de 1,7 a 1,9 m^2 e dois armários com gaveteiro.
2. Balcão com espaço para as pernas, com plano de trabalho de 0,95 a 1,10 m^2, além de capacidade máxima de armazenamento acima e abaixo do plano de trabalho.
3. Um monitor de tela plana, uma superfície retrátil para o teclado e uma impressora padrão pequena.
4. Cadeira de escritório do tipo executivo e duas cadeiras de aproximação para os visitantes.
5. Sofás para quatro pessoas e superfícies convenientes, criando uma área de reunião informal.
6. Armário embutido para roupas pessoais, com pelo menos 0,9 m de cabideiro.

C. Escritórios particulares (dois)

As necessidades de escritório para o gerente de marketing e o gerente de contabilidade são as mesmas:

1. Bancada principal de 1,9 a 2,2 m^2 com tampo em gota para acomodar três visitantes, além de um balcão de apoio de 0,75 a 1,10 m^2 e um armário com gaveteiro.
2. No mínimo 2,4 metros de prateleiras abertas ou fechadas para livros e/ou manuais, instaladas acima e/ou ao lado do balcão de apoio.
3. Um monitor de tela plana, uma superfície retrátil para o teclado, e uma impressora padrão pequena.
4. Cadeira de escritório para o gerente e três cadeiras de aproximação para os visitantes.
5. 3,6 m de arquivos.

D. Sala de reunião

1. Mesa central capaz de acomodar 10 pessoas.
2. Balcão de apoio para bebidas, armazenamento de lápis e papel e painel de controle para o sistema de vídeo. (Um projetor digital instalado no teto e direcionado para a tela de projeção é o único sistema audiovisual necessário.)
3. Tela de projeção automática retrátil (1,2 x 1,8 m).
4. Uma parede com quadro branco de pelo menos 2,4 m de comprimento, em local que não conflita com a tela de projeção.

E. Administração do escritório

1. Bancada de 1,1 a 1,4 m^2, balcão de apoio de 0,65 a 0,95 m^2, dois armários com gaveteiro, 2,4 m de prateleiras para livros e/ou manuais, 3,6 m de arquivos e monitor de tela plana, superfície retrátil para o teclado, e impressora padrão pequena.
2. Cadeira de escritório para o gerente e três cadeiras de aproximação para os visitantes.
3. Divisórias de vidro para supervisionar o pessoal de apoio.

F. Pessoal de apoio (três)

Estas quatro pessoas trabalham em equipe; seus postos de trabalho devem ser dispostos de maneira a facilitar o relacionamento entre elas. Pressupõe-se a utilização de móveis modulados, com divisórias de, no máximo, 1,5 m de altura.

1. Postos de trabalho convencionais: 4,0 a 5,5 m², com bancada de, no mínimo, 1,5 m², armário com gaveteiro, 1,8 m de arquivos, 1,2 m de armários aéreos para arquivos, monitor de tela plana, superfície retrátil para o teclado, impressora padrão pequena.
2. Cadeira de escritório funcional.

G. Funcionários da contabilidade (dois)

1. Dois postos de trabalho idênticos dispostos como um grupo de trabalho com arquivo comum, totalizando 11 m de arquivos.
2. Posto de trabalho convencional: 6,0 a 7,5 m², bancada com, no mínimo, 1,7 m², armário com gaveteiro, 1,8 m de arquivos, 2,4 m de armários aéreos para arquivos, monitor de tela plana, superfície retrátil para o teclado, impressora padrão pequena. Cadeira de escritório para gerente e cadeira para visitante.

H. Gerentes de conta (três)

1. Três postos de trabalho para uso ocasional por seis gerentes de conta que viajam muito; os períodos passados por eles no escritório não coincidem.
2. Posto de trabalho convencional: 3,7 a 4,7 m², bancada com, no mínimo, 1,3 m², dois armários com gaveteiro, 1,2 m de armários aéreos para arquivos, monitor de tela plana, superfície retrátil para o teclado, impressora padrão pequena. Cadeira de escritório funcional.
3. Esta área também deve conter um espaço para reuniões informais: um espaço de reunião pequeno e aberto capaz de acomodar quatro pessoas a uma mesa, para a realização de reuniões informais e/ou improvisadas. Este espaço de reunião poderá ser utilizado por todos os funcionários.

I. Sala de apoio

Localizada na parte central para fácil acesso de todos os funcionários.

1. Fotocopiadora independente (117 cm de largura, 65 cm de profundidade e 89 cm de altura); é necessário um espaço livre de 138 cm para fins de manutenção.
2. Prateleiras fechadas para materiais, no mínimo 5,5 m de prateleiras com 30 cm de profundidade ou 5,5 m de prateleiras com 45 cm de profundidade.
3. Bancada (150 cm de largura, 60 cm de profundidade e 90 cm de altura) para análise e classificação de documentos, etc.
4. Armário embutido para os casacos dos funcionários, com pelo menos 1,5 m de cabideiro.
5. 13,5 m de estantes para arquivos.

J. Cafeteria

1. Pelo menos 1,7 m² de bancada desobstruída, com todo tipo necessário de armários aéreos e de piso.
2. Pia com cuba simples de 43 cm de largura, fogão pequeno com forno de 51 cm de largura, refrigerador vertical de 61 cm de largura, cafeteira sobre armário.

K. Toaletes (unissex)

1. Um lavatório e um compartimento com bacia sanitária.

L. Armário para material de limpeza – 2,3 m²

M. Depósito – 3,7 m²

PROGRAMA DE NECESSIDADES 2B
Instituto de cultura popular

Uma grande universidade, com um campus localizado na periferia da cidade, pretende construir um novo Instituto de Cultura Popular. Com uma boa reputação em ciências sociais e vários professores de renome envolvidos com a cultura popular e o futurismo, a universidade deseja se tornar parte de uma rede internacional de institutos semelhantes que lida com a troca de exposições e programas. Além de exposições itinerantes regulares, o instituto promoverá muitas conferências e seminários. Como as exposições incluirão muitos formatos e mídias, é necessário que o espaço ofereça o máximo de flexibilidade.

A atmosfera geral resultante do planejamento e do projeto de interiores deve ser dinâmica e atual, evitando características institucionais ou o "ranço dos museus". A circulação, em sua maior parte, ocorrerá entre o espaço de entrada/recepção e a área de exposição principal e o saguão; a circulação secundária levará aos escritórios do curador e de seu assistente. As entregas para as exposições são tão infrequentes que não exigem uma entrada de serviços exclusiva, mas, caso seja possível criar uma, recomenda-se o acesso direto entre ela e o escritório.

AS NECESSIDADES ESPECIAIS

1. A sala de reunião e o escritório do curador requerem privacidade acústica.
2. O curador e o assistente administrativo trabalham próximos, e seus escritórios devem ser dispostos de maneira a acomodar essa relação.
3. O assistente administrativo supervisionará o envio e o recebimento de obras de arte, bem como os funcionários de meio-expediente envolvidos na construção das exposições no ateliê.
4. A iluminação natural e as vistas para o exterior são recomendadas para todos os espaços e funções, embora a fenestração do espaço de exposição deva ser planejada cuidadosamente para não condicionar o potencial do projeto e do planejamento do local; todas as janelas precisam ser dotadas de proteção solar.
5. O Código de Edificações dos Estados Unidos exige que todos os compartimentos e espaços com mais de 30 assentos tenham saídas de emergência distantes entre si.
6. Toda a edificação deve ter acessibilidade universal em termos de conceitos e dimensões.

O PROGRAMA DE NECESSIDADES

A. Entrada/recepção

1. Um balcão de recepção com, no mínimo, 1,40 m de largura, atendido por estagiários, funciona como ponto de informações logo na entrada; o balcão deve ter armários com gaveteiro para a armazenagem de folhetos e brochuras.
2. O banco (ou bancos) para três ou quatro pessoas não deve encorajar a ocupação prolongada.
3. *Racks* de parede para folhetos com aproximadamente 1,4 a 1,9 m² e 10 cm de profundidade.
4. Painel de informações para eventos e atividades futuras, de 1,9 a 2,25 m².

B. Sala de reunião

1. Auditório flexível com 24 assentos em fileiras ou 14 assentos ao redor de uma mesa em posição central.
2. O compartimento será separado por uma divisória móvel de grande potencial acústico para acomodar pequenas reuniões de seis pessoas em cada parte.
3. Armário de apoio para bebidas e armazenagem de lápis e papéis; o armário de apoio deve estar disponível quando o compartimento for usado como um espaço grande ou como dois espaços pequenos.
4. Tela de projeção retrátil e embutida no forro, com 180 cm de largura, instalada para uso em sala de aula quando o cômodo for ocupado por 24 assentos, além de um projetor digital instalado no teto.
5. Uma parede com quadro branco de, no mínimo, 3,2 m², deve ser instalada para uso em sala de aula; ela não pode ser obscurecida pela tela de projeção.

C. Área de exposição principal – 60 m²

1. Um espaço aberto e flexível para uma ampla variedade de formatos de exposição. A grade do teto deve ser projetada de maneira a aceitar os elementos verticais de um sistema de exposição modular. Luminárias em trilhos são o sistema de iluminação principal.
2. Em ocasiões especiais, o espaço será utilizado para palestras ou apresentações, com assentos para até 45 pessoas.
3. Uma tela de projeção retrátil e instalada no forro, com 240 cm de largura, para uso em palestras e apresentações, além de projetor digital instalado no teto.

D. Escritório do curador

1. Bancada principal de, no mínimo, 1,7 m², com balcão secundário de pelo menos 0,9 m², monitor de tela plana, superfície de apoio para teclado, impressora padrão pequena, além de pelo menos um armário com gaveteiro.
2. 5,5 m de arquivos.
3. 9 m de estantes de 30 cm de profundidade.
4. Cadeira de escritório para o gerente e três cadeiras para os visitantes.
5. Dê preferência a um leiaute de assentos/reunião casual (o curador não precisa sentar-se atrás da mesa).

E. Assistente administrativo

1. Posto de trabalho funcional com bancada de 1,85 a 2,30 m², monitor de tela plana, superfície de apoio para teclado, impressora padrão pequena, além de dois armários com gaveteiro.
2. 7,30 m de arquivos.

3. Estantes para livros e/ou artefatos com 3,65 m de extensão e 30 cm de profundidade.
4. Cadeira de escritório funcional e uma cadeira para visitante.

F. Sala de apoio

1. Bancada (1,8 m de largura, 90 cm de profundidade e 90 cm de altura) com 90 cm de prateleiras de 20 cm de profundidade.
2. Estantes de aço moduladas, duas unidades de 90 cm de largura, 30 cm de profundidade e 200 cm de altura, e duas unidades de 90 cm de largura x 45 cm de profundidade x 200 cm de altura.
3. Área de armazenagem para móveis modulados (140 cm de largura, 70 cm de profundidade e altura até o teto); esta área precisa ser separada das demais áreas de apoio por uma divisória ou painel permanente.
4. Área de armazenagem para suportes de cadeiras de empilhar de 60 x 60 cm, além de seis mesas dobráveis com superfície de 180 x 90 cm.
5. Mesa de apoio central (200 cm de comprimento, 105 cm de largura e 90 cm de altura).
6. Quatro bancos para bancadas de trabalho.
7. Dois armários divididos, para engradados e madeira, cada um de 120 cm de largura, 76 cm de profundidade e altura até o teto; estas áreas devem ser separadas das demais por uma divisória ou painel permanente.
8. Dois cabideiros portáteis (150 cm de largura, 45 cm de profundidade e 145 cm de altura).

G. Copa

1. Balcão de pelo menos 1,1 m², com todo tipo de armário aéreo e de piso.
2. Pia com uma cuba de 65 cm; chapa para bule de café do tipo comercial, com dois queimadores; forno de micro-ondas de embutir; forno elétrico de embutir de 76 cm; refrigerador vertical de 81 cm.

H. Toaletes

1. Masculino: dois lavatórios, um mictório, um compartimento com bacia sanitária.
2. Feminino: dois lavatórios e dois compartimentos com bacias sanitárias.

PROGRAMA DE NECESSIDADES 2C
Centro de reuniões e marketing

Uma firma de publicidade e propaganda de sucesso deseja criar seu próprio centro de reuniões e marketing. As novas instalações devem atender a uma ampla variedade de funções, desde sessões de treinamento para seus funcionários até apresentações de vendas e marketing para possíveis clientes. O centro precisa transmitir uma forte imagem profissional e, ao mesmo tempo, refletir o sucesso da firma, impressionando os visitantes com a qualidade do projeto.

De uma perspectiva funcional, a questão de planejamento e projeto mais importante é a criação de espaços de apresentação, sala de aula e reunião ideais. Os únicos funcionários permanentes do centro são os encarregados da recepção, ambos treinados para operar equipamentos audiovisuais. Os apresentadores, instrutores, organizadores de evento, etc., virão de seus próprios escritórios para utilizar o centro de reuniões. É preciso considerar os corredores e espaços de circulação, já que inúmeras pessoas estarão entrando ou saindo dos espaços ao mesmo tempo, e também se deslocando de um espaço para outro em grupos.

AS NECESSIDADES ESPECIAIS

1. O isolamento acústico é de importância fundamental; cada espaço de reunião ou auditório deve oferecer privacidade acústica.
2. Todo o centro deve ter acessibilidade universal em termos de conceitos e dimensões.
3. Todos os equipamentos audiovisuais têm base em vídeo. Cada espaço de apresentação, sala de aula ou reunião deve ter um equipamento de projeção instalado no teto em direção a uma tela de projeção.
4. Embora não seja obrigatório, o ideal é que as salas de reunião grandes e pequenas fiquem uma ao lado da outra; a parede em comum será uma divisória móvel com alto isolamento acústico, criando uma área de reunião conjunta capaz de acomodar 18 pessoas ao redor de uma mesa central.

O PROGRAMA DE NECESSIDADES

A. Recepção

1. Em localização especial para supervisionar a circulação dos visitantes; o ideal é que a recepção seja vista desde a entrada do centro. Os funcionários da recepção sempre devem estar nas proximidades para fins informativos.
2. Um balcão de recepção para duas pessoas com bancada de 0,95 a 1,1 m^2, além de um armário com gaveteiro, um monitor de tela plana, uma superfície retrátil para teclado, uma impressora padrão pequena para cada funcionário.
3. Balcão de recepção alto para os visitantes em frente a cada balcão.
4. Parede para armazenagem adjacente, de 240 a 300 cm de extensão por 195 a 215 cm de altura e 50 cm de profundidade, contendo 365 cm de prateleiras e armários fechados para o armazenamento de suprimentos e folhetos.

B. Área de espera

1. Ambiente de estar confortável em contato visual com a recepção.
2. Assentos para sete ou oito visitantes.
3. Cabideiro para 70 casacos.
4. Mesas ou superfícies convenientes para revistas, canecas, etc.
5. *Racks* de parede para impressos da empresa, de 90 cm de largura x 120 cm de altura x 120 cm de profundidade.

C. Sala de equipamentos

1. Sala para controle central e armazenagem de equipamentos para todos os espaços de apresentação, sala de aula e reunião, localizada imediatamente ao lado (ou muito perto) da recepção.
2. Compartimento de 8,5 a 9,5 m^2 com porta trancada à chave (e, de preferência, sem janelas), com dimensões mínimas de 230 cm, que acomodará permanentemente o painel de controle, as estantes de equipamentos, o depósito de fitas e quatro carrinhos de equipamentos de 56 x 86 cm, que serão usados nas áreas de apresentação, sala de aula e reunião.

D. Sala de apresentação

1. Espaço convencional para palestras e apresentações, com assentos fixos confortáveis para 24 pessoas.
2. Um púlpito para o palestrante ou mesas e cadeiras para (quatro) apresentadores na frente da sala.
3. Uma tela de projeção automática, retrátil e instalada no teto, com 180 cm de largura, na frente da sala, além de um projetor digital também instalado no teto.
4. Um quadro branco que ocupe toda a frente da sala.
5. Um armário embutido para quatro cadeiras de empilhar e para a mesa dobrável dos palestrantes.

E. Sala de treinamento

1. Assentos para 16 pessoas em oito mesas de treinamento, de 180 cm x 60 cm.
2. Cada mesa deve conter um monitor de tela plana, uma superfície retrátil para teclado e uma impressora padrão pequena.
3. Um púlpito para o palestrante na frente da sala.
4. Uma tela de projeção automática, retrátil e instalada no teto, com 150 cm de largura, na frente da sala, além de um projetor digital também instalado no teto.
5. Um quadro branco que ocupe toda a frente da sala.

F. Sala de reunião grande

1. Mesa de reunião modulada para 12 pessoas em posição central. (O projeto da mesa modulada aceitará o acréscimo de uma mesa de reunião pequena, caso o leiaute permita.)
2. Um balcão de apoio de pelo menos 240 cm de extensão, para bebidas e armazenagem de lápis e papéis.
3. Uma tela de projeção automática, retrátil e instalada no teto, com 150 cm de largura, na frente da sala, além de um projetor digital também instalado no teto.
4. Um quadro branco de pelo menos 300 cm, em uma das laterais do compartimento.

G. Sala de reunião pequena

1. Mesa de reunião modulada para seis pessoas, em posição central.
2. Um balcão de apoio de, pelo menos, 150 cm de extensão, para bebidas e armazenagem de lápis e papéis.
3. Uma tela de projeção automática, retrátil e instalada no teto, com 120 cm de largura, em local que facilite a visualização, além de um projetor digital também instalado no teto.
4. Um quadro branco de, pelo menos, 240 cm de largura, em uma lateral da sala que não a ocupada pela tela de projeção.

H. Cafeteria/área social

1. Espaço social em localização central para intervalos nos programas de apresentação, sala de aula ou reunião.
2. Um espaço essencialmente aberto para se ficar de pé ou sentado, com bancos, bancadas ou superfícies com encosto para 12 a 18 pessoas; o ideal é que os assentos não sejam confortáveis.
3. Superfícies de bufê ou balcão (uma ou duas, totalizando 240 a 300 cm de comprimento) para servir bebidas e aperitivos.
4. Parede adequada para quadros, pôsteres ou outros materiais visuais. Uma vista para o exterior também é importante neste espaço.
5. O ideal é que este espaço seja adjacente à sala de espera e leve a ela, permitindo que a combinação dos espaços atenda a funções sociais e/ou de recepção mais amplas.

I. Cozinha

1. Somente uma copa (sem preparo de alimentos) em localização central para atender às salas de apresentação e reunião, e também à cafeteria/área social.
2. Pelo menos 1,1 m^2 de superfície de trabalho, com todo o tipo necessário de balcões aéreos e de piso.
3. Pia com cuba simples (65 cm), chapa para bule de café do tipo comercial, com dois queimadores (25 x 53 cm), fogão de quatro bocas com forno (51 a 61 cm) e refrigerador vertical de 70 cm.
4. Vestíbulo ou área de transição para conter os ruídos e odores.

J. Toaletes

1. Masculino: dois lavatórios, um mictório e um compartimento com bacia sanitária.
2. Feminino: dois lavatórios, dois compartimentos com bacias sanitárias e um balcão para retoque de maquiagem.

PROGRAMA DE NECESSIDADES 2S
Centro universitário de aconselhamento profissional

O Centro Universitário de Aconselhamento Profissional passará a fazer parte desta universidade pública de médio porte, oferecendo aconselhamento curricular e profissional para todos os tipos de estudantes. Seminários serão oferecidos a educadores de colégios e escolas de ensino médio, que, por sua vez, também serão consultores. Além disso, o diretor e seus funcionários são considerados os principais recursos da universidade em termos de informações profissionais e oportunidades de emprego para os alunos, desempenhando funções muito importantes junto a cada departamento de educação profissional da instituição. O centro não atende apenas ao campus adjacente, mas também a mais três campi, localizados em outras partes do estado. Por ser estadual, a atividade costuma trazer hóspedes para o centro, o que exige um apartamento de hóspedes que, em geral, é utilizado por uma ou duas noites.

A maior parte da circulação se deve ao fluxo quase constante de alunos e de recém formados que, em sua maioria, têm reuniões marcadas para horários específicos. Várias vezes por semana, grupos de seis a 30 pessoas chegam para reuniões, seminários, palestras e aconselhamento coletivo. O diretor e o vice-diretor recebem diversos visitantes por dia, seja individualmente ou em duplas.

AS NECESSIDADES ESPECIAIS

1. A atmosfera geral do centro deve, essencialmente, refletir sua relação com o mundo comercial e empresarial, em vez de suas relações institucionais e educacionais. A experiência de cada visitante, desde a recepção até a entrevista ou programa, deve seguir o modelo de uma experiência real ou profissional. Não é aconselhado o uso de calças jeans e camisetas pelos visitantes.
2. Sempre que possível, tire proveito das vistas externas e da iluminação natural nas áreas em que os funcionários ou visitantes passam períodos consideráveis.
3. Com exceção da cozinha e do banheiro do apartamento de hóspedes, todos os espaços e funções devem ter acesso para cadeirantes.
4. O escritório do diretor, o auditório e o apartamento para hóspedes requerem privacidade acústica.
5. Espera-se que o apartamento para hóspedes tenha uma ambiência residencial adequada, evitando o estilo típico dos hotéis. A entrada do apartamento não deve ficar em local público ou de destaque.
6. O diretor, o vice-diretor e a secretária trabalham como uma equipe administrativa, o que exige que seus espaços de trabalho fiquem agrupados. A recepção é o ponto de boas-vindas e também de supervisão da circulação no interior do centro. A localização dos postos de entrevista precisa ser conveniente somente para os visitantes; suas conexões internas não são frequentes nem importantes.

O PROGRAMA DE NECESSIDADES

A. Recepção

1. A recepção deve incluir uma bancada ininterrupta de pelo menos 1,1 m^2; um balcão de recepção alto para os visitantes no mínimo a 100 cm em relação ao piso; um monitor de tela plana, uma superfície retrátil para o teclado e uma impressora padrão pequena; dois armários com gaveteiro; um telefone com console pequeno; e uma cadeira de escritório.
2. É preciso acomodar 4,0 m de prateleiras para arquivos e um aparelho de fax (46 cm de largura x 41 cm de profundidade x 23 cm de altura) ao lado do posto de trabalho.
3. Assentos para cinco ou seis visitantes.
4. Cabideiro com capacidade para 30 pessoas.
5. *Rack* de parede para folhetos (102 cm de largura x 152 cm de altura x 12,5 cm de profundidade), com acesso fácil para os visitantes.

B. Postos de entrevista (quatro)

1. Os postos serão criados com mesas moduladas, divisórias acústicas e armários; a altura das divisórias não deve ultrapassar 165 cm.
2. Juntas, a bancada principal e a de apoio devem gerar uma superfície de 1,65 a 1,85 m^2 por posto de entrevista.
3. Inclua dois armários com gaveteiro; pelo menos 1,20 m de armários aéreos para arquivos; e um monitor de tela plana, uma superfície retrátil para o teclado, uma impressora padrão pequena por posto de entrevista.
4. Uma cadeira de escritório funcional e uma cadeira de aproximação para os visitantes por posto de entrevista.
5. No mínimo 14,5 m de prateleiras para arquivos com acesso para os quatro postos de entrevista.
6. Sem criar "escritórios", cada posto deve ser separado dos demais por meio de divisórias acústicas.

C. Diretor

1. Um escritório executivo confortável e sem frivolidades, consistente com os padrões da instituição.
2. Escrivaninha executiva com dois gaveteiros e balcão de apoio compatível com espaço para as pernas, no qual será colocado o monitor de tela plana, a superfície retrátil para o teclado e a impressora padrão pequena.
3. Uma cadeira de escritório com rodízios para o diretor e duas cadeiras de aproximação para os visitantes.
4. Pelo menos 6,0 m de prateleiras para livros e objetos, com 30 cm de profundidade.

D. Vice-diretor

1. Um posto de trabalho administrativo com móveis modulados; as divisórias acústicas não devem ter mais que 165 cm de altura.
2. Bancada principal de 1,1 a 1,4 m^2, mais balcão ou superfície de apoio (no mínimo 0,75 m^2) e dois ou três armários com pedestais.
3. Pelo menos 1,2 m de armários aéreos para arquivos.
4. Um monitor de tela plana, uma superfície retrátil para o teclado e uma impressora padrão pequena.
5. Uma cadeira de escritório para o vice-diretor e duas cadeiras de aproximação para os visitantes.

E. Secretária

1. Relaciona-se principalmente com o diretor e o vice-diretor. Seu posto de trabalho controla o acesso ao escritório do diretor.
2. Um posto de trabalho funcional com móveis modulados; o posto de trabalho deve ter um alto grau de acessibilidade visual.
3. Bancada de pelo menos 1,1 m^2; plano de apoio de 0,55 m^2; dois armários com gaveteiro; no mínimo 1,2 m de armários ou prateleiras aéreos para arquivos; um monitor de tela plana, uma superfície retrátil para o teclado e uma impressora padrão pequena.
4. Uma cadeira de escritório funcional e uma cadeira de aproximação para visitante.
5. No mínimo 1,8 m de arquivos.

F. Área de Apoio

1. Fotocopiadora independente (112 cm de largura x 69 cm de profundidade x 96,5 cm de altura) que ocupa um espaço com 137 cm de largura.
2. Armário de 91,5 cm de largura x 45,5 cm de profundidade x 198 cm de altura.
3. No mínimo, 1,8 m de prateleiras para arquivos.

G. Auditório

1. Diversas atividades de apresentação, reunião e encontro, com leiaute possivelmente flexível. Forneça assentos do tipo sala de aula para 20 pessoas, assentos do tipo reunião ou seminário para 12 pessoas ao redor de uma mesa central, ou (por meio de uma divisória móvel) duas salas de reunião pequenas, com assentos para seis pessoas ao redor de uma mesa central.
2. Balcão para bebidas e armazenagem de lápis e papéis; deve estar presente quando o compartimento for arrumado como um grande espaço ou como dois espaços pequenos.
3. Armário para as mesas e cadeiras que não estão sendo utilizadas.
4. Tela de projeção instalada no teto com 1,8 m de largura (de operação elétrica) e um projetor também instalado no teto.
5. Painel de 122 cm de largura x 122 cm de altura x 12,5 cm de profundidade (244 cm de largura quando aberto) para ser utilizado somente quando o compartimento estiver organizado como um espaço único; não pode ser obscurecido pela tela de projeção.
6. Parede com revestimento acústico (no mínimo 2,4 m) para ser usada somente quando o compartimento estiver organizado como um espaço único.

H. Banheiros públicos

1. Masculino: dois lavatórios, um mictório e um compartimento com bacia sanitária.
2. Feminino: dois lavatórios e dois compartimentos com bacias sanitárias.

I. Cafeteria

Para ser usada pelos funcionários do dia e também nas atividades do auditório.

1. Bancada de pelo menos 0,75 m^2 (não incluindo a pia), além de armários aéreos e de piso.
2. Chapa para bule de café do tipo comercial, com dois queimadores; forno de micro-ondas de embutir; refrigerador vertical de 61 cm de largura.

J. Apartamento para Hóspedes

1. Área de estar: sofás confortáveis com assentos para quatro ou cinco pessoas, mesa de centro para refeições informais e centro de entretenimento (televisor, aparelho de vídeo, música) com estantes para livros e objetos.
2. Área de jantar: dimensões mínimas; pode fazer parte da área de estar ou da cozinha; a mesa também será usada como escrivaninha/plano de trabalho.
3. Cozinha: pequena, mas funcional, para o preparo ocasional de comida, com pia, fogão de quatro bocas com forno (50 a 60 cm de largura), e balcão e armários adequados.
4. O dormitório pode ser do tipo alcova, em vez de um compartimento separado; deve incluir cama de casal, mesa de cabeceira e abajur, roupeiro de 0,9 a 1,2 m de largura, armário com gavetas e espaço para guardar as malas.
5. Toalete: banheiro de apartamento simples, mas confortável, com lavatório, bacia sanitária e banheira ou boxe com chuveiro, além de armário embutido ou normal pequeno para roupas de cama e banho.

PROGRAMA DE NECESSIDADES 3A
Grupo de pesquisa de mercado

Um grupo de pesquisa de mercado pequeno, porém próspero, pretende se mudar para uma sede maior, uma vez que a capacidade de suas instalações atuais foi excedida. O novo programa de necessidades, que foi pesquisado e elaborado por um consultor em planejamento espacial, incorpora o crescimento previsto para os próximos cinco anos. Já que a firma oferece uma ampla variedade de serviços, suas instalações precisam acomodar uma variedade de tarefas igualmente ampla, ainda que para preocupações comerciais relativamente pequenas. Dentre todas as funções, as pesquisas feitas por telefone são as únicas que não ocorrem dentro do escritório.

O conforto e a produtividade tanto para funcionários como para visitantes são os principais fatores de planejamento; o objetivo não é priorizar a aparência. Em geral, os visitantes têm acesso apenas à recepção, às salas de pesquisa em grupo, à sala de reunião e aos três escritórios privativos. O diretor de operações supervisiona as atividades diárias e deve ocupar uma posição adequada. A sala de apoio deve ficar em um local razoavelmente conveniente, enquanto a biblioteca, cuja utilização é limitada, pode ficar em um ponto relativamente afastado. A copa deve ocupar uma posição estratégica a fim de atender às necessidades dos funcionários e visitantes nas salas de pesquisa e reunião; é possível integrar a copa e o refeitório/área de estar em um mesmo espaço.

AS NECESSIDADES ESPECIAIS

1. A sala de reunião, as salas de pesquisa em grupo, os três escritórios privativos e o refeitório/área de estar requerem privacidade acústica.
2. As salas de pesquisa em grupo demandam o máximo de absorção acústica disponível.
3. Os três escritórios privativos devem ser dispostos de maneira a facilitar a interação entre os três indivíduos em questão.
4. O acesso à iluminação natural e às vistas externas é recomendado para todos os escritórios e postos de trabalho.
5. Todas as áreas devem ter acessibilidade universal em termos de conceitos e dimensões.

O PROGRAMA DE NECESSIDADES

A. Recepção/área de espera

1. A recepcionista dá as boas-vindas aos visitantes e controla sua circulação; além disso, presta alguns serviços de secretaria.
2. A bancada total deve ter, no mínimo, 1,85 m² para acomodar um monitor de tela plana, uma superfície retrátil para o teclado e uma impressora padrão pequena, além de oferecer pelo menos um armário com gaveteiro.
3. Deve haver um balcão de recepção alto para os visitantes.
4. Os arquivos, em 5,5 m de prateleiras, devem estar ao alcance do funcionário.
5. A área de espera deve incluir assentos para 12 pessoas, armário embutido ou normal com cabideiro (1,5 m) e um *rack* ou superfície para revistas. Ocasionalmente, os períodos de espera serão longos; portanto, forneça assentos com encostos confortáveis.

B. Salas de pesquisa em grupo (duas)

1. A Sala de Pesquisa A deve ter assentos para 12 pessoas em leiaute convencional de reunião. Os assentos precisam ser adequados para sessões que podem ter até três horas de duração.
2. A Sala de Pesquisa B terá espaço para 10 pessoas dispostas em um círculo confortável, sendo que parte do círculo ficará aberta para visualizar o quadro branco ou a tela do monitor.
3. Cada sala deve conter um quadro branco (de pelo menos 2,4 m de largura), uma tela de projeção automática instalada no teto (1,8 m), que possa descer em frente ao quadro branco, e um balcão de apoio (de pelo menos 1,8 m) para bebidas, controles de vídeo e armazenagem de suprimentos. Um projetor digital será instalado no teto e direcionado para a tela.

C. Sala de reunião

1. Mesa central com assentos para 10 pessoas.
2. Balcão de apoio para bebidas e armazenagem de lápis e papéis.
3. Uma parede vazia, ou uma tela de projeção instalada no teto, e um projetor digital instalado no teto.
4. Quadro branco de 2,4 a 3,0 m de largura.
5. Armário embutido de, no mínimo, 0,95 m², com espaço para o carrinho que leva o monitor de vídeo, cavalete com *flip chart* e outros itens comumente utilizados em reuniões.

D. Escritório do presidente

1. Escrivaninha executiva de 1,6 a 2,05 m², balcão de apoio com espaço para as pernas e capaz de acomodar um monitor de tela plana, uma superfície retrátil (para o teclado) e uma impressora padrão pequena, dois armários com gaveteiro e prateleiras (aéreas) para livros e objetos de 4,8 a 6,0 m.
2. Cadeira de escritório para o presidente e duas cadeiras de aproximação para os visitantes.
3. Área para reuniões informais com sofás para quatro pessoas, além de espaço adequado a fim de que as cadeiras de aproximação sejam integradas ao grupo quando necessário.
4. Estantes para livros e objetos com pelo menos 15 m.

E. Escritórios privativos (dois)

Com exceção das estantes, as necessidades do diretor executivo e do diretor de operações em termos de escritório são as mesmas:

1. Bancada de 1,85 a 2,4 m^2, com tampo em gota capaz de acomodar três visitantes, mais balcão ou superfície de apoio de 0,65 a 0,95 m^2, um monitor de tela plana, uma superfície retrátil para o teclado, uma impressora padrão pequena e um armário com gaveteiro.
2. Cadeira de escritório para o diretor e três cadeiras de aproximação para os visitantes.
3. 3,5 m de prateleiras para arquivos.
4. Estantes:
   - Para o diretor executivo – 18,5 m de prateleiras para livros e objetos.
   - Para o diretor de operações – 5,0 m de prateleiras para livros.

F. Gerentes de conta (dois)

1. Posto de trabalho com bancada de pelo menos 1,85 m^2, um monitor de tela plana, uma superfície retrátil para o teclado, uma impressora padrão pequena e dois armários com gaveteiro.
2. Cadeira de escritório para o gerente e duas cadeiras de aproximação para os visitantes.
3. 2,7 m de prateleiras de arquivos.

G. Assistentes administrativos (quatro)

1. Posto de trabalho com bancada de pelo menos 1,5 m^2, um monitor de tela plana, uma superfície retrátil para o teclado, uma impressora padrão pequena e dois armários com gaveteiro.
2. Cadeira de escritório funcional e uma cadeira para visitantes.
3. 1,8 m de arquivos.

H. Sala de apoio

1. Fotocopiadora independente (120 cm de largura x 68,5 cm de profundidade x 96,5 cm de altura), que exige uma área de 142 cm de largura para a manutenção.
2. Mesa para a distribuição da correspondência (152,5 cm de largura x 61 cm de profundidade x 91,5 cm de altura), com armário para a armazenagem da correspondência (123 cm de largura x 66 cm de altura x 96,5 cm de profundidade) instalado na parede.
3. Armários embutidos ou normais com chave para os suprimentos, contendo 11 m de prateleiras de 30 cm de profundidade, e 11 m de prateleiras de 45 cm de profundidade.
4. Armário embutido com 1,8 m de cabideiro para os casacos dos funcionários.
5. Armário embutido para suprimentos em geral, 2,8 m^2.

I. Copa

1. Plano aberto de pelo menos 0,95 m^2, mais todo tipo necessário de armários aéreos e de piso.
2. Pia com cuba simples de 48 cm; fogão pequeno com forno de 51 cm de largura; refrigerador vertical de 71 cm de largura.
3. Máquina lava-louças embutida, chapa para bule de café com dois queimadores e forno de micro-ondas instalado na parede.

J. Refeitório/área de estar

1. Mesa com leiaute flexível para oito a 10 pessoas, capaz de acomodar grupos de duas a seis pessoas.
2. Armário para suprimentos, condimentos, etc., mais lixeira na parte debaixo.

K. Toaletes

1. Masculino: dois lavatórios, um mictório e um compartimento com bacia sanitária.
2. Feminino: dois lavatórios e dois compartimentos com bacias sanitárias.

PROGRAMA DE NECESSIDADES 3B
A confraria cosmopolita

Seguindo o exemplo de outras filiais de cidades grandes, esta filial de uma organização comercial e profissional de âmbito nacional decidiu inaugurar sua própria confraria gastronômica. A confraria tem por objetivo oferecer um ponto de encontro para seus membros, um local para entreter amigos e parceiros profissionais não associados, e refeições com preços conhecidos e uma atmosfera familiar. O programa de necessidades foi elaborado após conversas com os gerentes de outras confrarias que fazem parte da rede nacional, e um consultor de serviços alimentícios local.

A ambiência geral deve ser amigável, comercial e mais formal do que informal. O almoço será a principal refeição do dia, embora também se sirva o jantar. A experiência indica que homens e mulheres frequentarão o local na mesma proporção. Acredita-se que as atividades do bar e do salão de estar serão limitadas; novamente, a experiência indica que os membros têm um horário de almoço limitado, pois dispõem de pouco tempo para a refeição. Uma vez que as mensalidades variam bastante, a gastronomia e a decoração não podem seguir um tema específico. Os padrões de circulação gerais são óbvios, mas, caso uma entrada de serviços separada não seja possível (como ocorre em torres de escritório), as entregas de mercadorias e a retirada de lixo devem invadir os espaços de uso público ao mínimo e, obrigatoriamente, fora do horário de funcionamento. O escritório do gerente deve ficar relativamente perto da entrada; o ideal é que ele tenha acesso às áreas de preparo de alimentos sem que seja preciso passar pelo salão principal.

AS NECESSIDADES ESPECIAIS

1. As salas de jantar privativas e o escritório do gerente devem receber isolamento acústico.
2. O bar oferece, principalmente, serviços de bar; 1,5 m de sua extensão será utilizado pelos garçons.
3. As áreas de refeição têm prioridade em termos de iluminação natural e vistas externas; o mesmo é recomendado, mas não obrigatório, para o bar/salão de estar e o escritório do gerente.
4. Todas as áreas de uso público devem ter acessibilidade universal.

O PROGRAMA DE NECESSIDADES

A. Entrada

1. Assentos para quatro a cinco pessoas; o nível de conforto não precisa ser muito alto.
2. O balcão do *maître*, de aproximadamente 0,3 m², deve ocupar uma posição estratégica que o permita visualizar o bar/salão de estar e o salão principal.
3. Mesa decorativa pequena, de 0,55 a 0,95 m², para exibir os folhetos da confraria.
4. Chapelaria com atendente ou de autosserviço, com cabideiro de pelo menos 6,0 m, mais suporte para guarda-chuvas, chapéus e galochas.

B. Bar/salão de estar

1. Bar tradicional com pelo menos 2,4 m de área sob o balcão, estante na parte de trás para armazenagem e exibição de garrafas e espaço para seis bancos, além de espaço com 1,5 m de extensão para uso dos garçons.
2. Área flexível com mesas para oito a 10 pessoas, capazes de acomodar grupos de dois e quatro indivíduos.

C. Salão principal

1. Acomoda 40 clientes em mesas para duas e quatro pessoas, permitindo leiautes ocasionais para até seis pessoas.
2. Posto de serviço com 1,8 m de superfície desobstruída, mais bandejas para cutelaria e prateleiras para louças, copos, toalhas de mesa, etc.; o posto ocupará 4,5 m².

D. Salas de jantar privativas (duas)

1. Uma sala com uma mesa de seis assentos e outra, com 12.
2. Cada sala terá um bufê de, no mínimo, 1,5 a 2,1 m de extensão, respectivamente, com espaço para armazenagem na parte de baixo.

E. Escritório do gerente

1. Bancada de 1,1 a 1,4 m², balcão de apoio de 0,65 a 0,95 m², dois armários com gaveteiro, 2,4 m de prateleiras para livros e objetos, monitor de tela plana, superfície retrátil para o teclado e impressora padrão pequena.
2. 9,0 m de arquivos.
3. Cadeira de escritório para o gerente e duas cadeiras de aproximação para os visitantes.

F. Toaletes

1. Masculino: dois lavatórios, um mictório e um compartimento com bacia sanitária.
2. Feminino: dois lavatórios, dois compartimentos com bacias sanitárias e duas penteadeiras.

G. Equipamentos de alimentação

Preveja cerca de 90 m^2 para a área total de alimentação, incluindo a recepção, os vestiários com armários e toaletes para funcionários, despensa, câmara fria (incluindo uma câmara fria para guarda de lixo), cozinha de preparo de alimentos, área de lavagem e balcão para os garçons. A vista da cozinha tem de ser protegida dos clientes, e o barulho oriundo da cozinha também precisa ficar restrito às áreas de trabalho; deve haver, no mínimo, uma grande parede adjacente ao *shaft* preexistente.

PROGRAMA DE NECESSIDADES 3C
Centro de aconselhamento vocacional comunitário

O Centro de Aconselhamento Vocacional Comunitário (CAVC) decidiu transferir seus escritórios e salas de reunião para outro local. O espaço precisa acomodar os escritórios administrativos e de aconselhamento do CAVC, um auditório e sala de reunião para uso comunitário, e uma Central de Atendimento por Telefone (CAT).

O CAVC é uma organização comunitária sem fins lucrativos, que oferece aconselhamento para famílias e indivíduos em crise – aqueles que precisam lidar com a perda ou a doença terminal de um membro da família; vítimas da dependência de drogas ou álcool, bem como o abuso físico ou sexual; aqueles que precisam enfrentar o abandono e o desemprego, etc. Na maior parte do tempo, o aconselhamento está direcionado a famílias ou indivíduos que lidam com doenças terminais. O CAVC oferece cursos na área da saúde, apoio para doentes terminais e seus familiares e seminários com terapia de grupo para atender às necessidades tanto emocionais como físicas dos clientes. Além disso, ele funciona como um centro de orientação para pessoas que estão lidando com outras situações de crise, seja mediante o aconselhamento direto ou encaminhando-as para a agência de prestação de serviços específica. O CAVC tem uma biblioteca com empréstimo do acervo (livros, CDs e DVDs), que está disponível para indivíduos, famílias e agências comunitárias de prestação de serviços. Ele também apresenta um auditório de tamanho razoável, no qual são realizados programas de conscientização comunitária e sessões de terapia de grupo.

A Central de Atendimento por Telefone é uma agência independente, que foi fundada, em parte, pelo CAVC. A central fará parte das novas instalações do CAVC, oferecendo atendimento telefônico 24 horas para indivíduos com necessidades urgentes. Além do escritório, a central inclui um apartamento para o supervisor – um cargo que, em geral, é ocupado por alunos universitários da área de ciências sociais durante um estágio comunitário com duração de três a seis meses.

AS NECESSIDADES ESPECIAIS

1. O CAVC deseja que suas instalações tenham uma atmosfera pessoal e não institucional. Os interiores devem ser funcionais, mas também aconchegantes e relaxantes.
2. Deve-se prestar mais atenção à recepção e às salas de aconselhamento, pois eles funcionam como cartões de visita aos olhos dos indivíduos que precisam de ajuda.
3. As áreas de janela, bem como a iluminação natural que entra por elas, são elementos muito importantes do ambiente interno, e devem ser aproveitadas ao máximo.
4. Como muitos clientes apresentam deficiências físicas, todos os espaços de uso público precisam ter acessibilidade universal. (A CAT, o escritório e o apartamento foram criados somente para uso interno e não precisam ter acessibilidade universal.)
5. O escritório e o apartamento da CAT devem ocupar um espaço separado, acessado imediatamente a partir da área de recepção e, se possível (ou seja, se a configuração da edificação o permitir), com uma porta de entrada exclusiva.
6. Os escritórios de aconselhamento privativo devem oferecer privacidade tanto visual como acústica.
7. Apesar de sua aparência pessoal ou habitacional, os materiais e acabamentos dos móveis devem ser duráveis e práticos, seguindo os padrões comerciais.

O PROGRAMA DE NECESSIDADES

A. Recepção

1. Recepção com balcão de registro de clientes com bancada desobstruída de 0,95 m², um monitor de tela plana, uma superfície retrátil para o teclado, uma impressora padrão pequena, um armário com dois gaveteiros e um arquivo, um telefone e uma cadeira de escritório.
2. 5,5 m de prateleiras para arquivos.
3. *Rack* suspenso para folhetos informativos e educacionais. Este *rack* deve ser visível a partir da recepção, estando ao alcance do público.
4. Armário com chave para suprimentos de escritório em geral (7,3 m de prateleiras com 30 cm de profundidade) e materiais visuais disponíveis para empréstimo pelo público, isto é, livros, CDs, DVDs, etc. (7,3 m de prateleiras com 45 cm de profundidade).
5. Fotocopiadora independente (76 cm de largura x 66 cm de profundidade x 96 cm de altura) com acesso pela recepção, mas não exposta para o público.
6. Assentos para quatro a seis visitantes.
7. Cabideiro com espaço para 10 casacos.

B. Salas de aconselhamento (três)

1. Três salas privativas. Cada sala deve ter uma área capaz de acomodar uma bancada de 1,1 m², 2,7 m de arquivos, 1,8 m de prateleiras para livros e objetos, um monitor de tela plana, uma superfície retrátil para o teclado, uma impressora padrão pequena. Deve haver uma separação, mas não necessariamente uma divisória, entre a área de trabalho e a área de aconselhamento propriamente dita. Cada espaço exige uma cadeira de escritório com rodízios.
2. O Assistente Social A prefere uma área de reunião casual – com mesa arredondada e quatro cadeiras.
3. Os Assistentes Sociais B e C preferem um leiaute mais informal – assentos em sofás e/ou cadeiras para, no mínimo, quatro pessoas.

C. Escritório do diretor da central de atendimento por telefone

1. Escritório privativo com áreas de trabalho e de reunião.
2. Escrivaninha dupla (1,65 m²) com armário com gaveteiro, um monitor de tela plana, uma superfície retrátil para o teclado, uma impressora padrão pequena.
3. Balcão de apoio com pelo menos 1,8 m de prateleiras para arquivos.
4. Cadeira de escritório executiva com rodízios.
5. Duas cadeiras de aproximação para os visitantes.
6. Estante aberta com 5,5 m de prateleiras para livros e objetos.
7. Área de reunião separada com poltronas para quatro pessoas em torno de uma mesa de centro redonda (38 cm de altura).

D. Sala de reunião de uso comunitário

1. Sala multifuncional. Opte por um leiaute de assentos variado e flexível – leiaute em estilo auditório (isto é, assentos do tipo sala de aula) para 40 pessoas ou em estilo conferência (isto é, mesas e cadeiras) para 20 pessoas.
2. Armário para mesas dobráveis, cadeiras de empilhar e cabideiros para 40 visitantes.
3. Cafeteria com refrigerador embutido (150 cm de largura x 60 cm de profundidade x 90 cm de altura).
4. Uma parede com revestimento acústico de, no mínimo, 2,4 m.
5. Um painel (120 cm de largura x 120 cm de altura x 12,5 cm de profundidade, quando fechado, mas com 240 cm de largura, quando aberto). Inclui superfície para escrita, quadro e tela de projeção retrátil.
6. Tela de projeção instalada no teto e projetor digital também instalado no teto.

E. Banheiros públicos

1. Masculino: dois lavatórios, um mictório e um compartimento com bacia sanitária.
2. Feminino: dois lavatórios e dois compartimentos com bacias sanitárias.

F. Cozinha/saguão

Usada tanto por clientes como por funcionários para refeições, descanso e relaxamento.

1. Mesas e cadeiras com leiaute flexível e capacidade para pelo menos 16 pessoas.
2. Área de trabalho: balcão de pelo menos 1,1 m², pia com duas cubas, máquina lava-louças embutida, fogão de quatro bocas com forno (76 cm de largura), forno de micro-ondas, refrigerador padrão com máquina de gelo (81 cm de largura) e todo tipo necessário de armários aéreos e de piso.

G. Central de atendimento por telefone: escritório

1. Entrada exclusiva (a partir do exterior, se possível).
2. Dois postos de trabalho semiprivativos e capazes de acomodar uma bancada de 0,95 m², um telefone, um monitor de tela plana, uma superfície retrátil para o teclado, uma impressora padrão pequena, dois armários com gaveteiro e uma cadeira de escritório.
3. 3,65 m de prateleiras para arquivos ao alcance dos dois funcionários.
4. Armário normal ou embutido (90 cm de largura x 45 cm de profundidade x 200 cm de altura) para formulários, manuais, materiais, etc.

H. Central de atendimento por telefone: apartamento

1. Adjacente ao escritório do CAVC.
2. Área de estar: assentos informais para quatro pessoas, poltrona para leitura e estante para televisor, aparelho de som e livros, com 4,6 m de prateleiras.
3. Área de jantar: mesa e cadeiras para quatro pessoas; a mesa também será usada para fins de escrita e trabalhos em geral.
4. Cozinha pequena: pia, refrigerador, fogão, forno de micro-ondas, balcão e armários; área de aproximadamente 4,65 m².
5. Dormitório (não precisa ocupar um compartimento separado): cama de casal, mesa de cabeceira, armário com gavetas e roupeiro com 1,2 m de cabideiro.
6. Toalete: lavatório, bacia sanitária, chuveiro e armário para roupas de cama e banho.

ESPAÇOS DE INTERVENÇÃO

1A, 1B, 1C: 150 m^2

2A, 2A-RC, 2B, 2C, 2C-RC, 2S: 250 m^2

3A, 3B, 3C, 3C-RC: 400 m^2

- Os Espaços de Intervenção 1A, 1B e 1C têm cerca de 150 m^2 e devem ser utilizados com os Programas de Necessidades 1A, 1B e 1C; mas eles podem ser usados em qualquer combinação (trocados entre si), o que nos oferece nove exercícios de projeto com espaços de tamanho similar.

- Os Espaços de Intervenção 2A, 2B, 2C e 2S, cada um com cerca de 250 m^2, devem ser utilizados com os Programas de Necessidades 2A, 2B, 2C e 2S. Estes também podem ser usados em qualquer combinação, possibilitando 16 exercícios de projeto com área similar. Observe que "S" se refere à *sample*, amostra em inglês, pois o programa de necessidades 2S e o espaço de intervenção 2S são as amostras ou demonstrações mencionadas ao longo do texto.

- Os Espaços de Intervenção 3A, 3B e 3C, por sua vez, têm cerca de 400 m^2, e devem ser utilizados com os Programas de Necessidades 3A, 3B, 3C e 3S. Estes também podem ser usados em qualquer combinação, oferecendo nove exercícios de projeto com área similar.

DESCRIÇÃO DA EDIFICAÇÃO

Localizada em uma rua com muito tráfego, esta "cabana" de madeira típica da década de 1950 fica dentro de um terreno muito grande, com um quintal comprido e bem ajardinado – o que favorece o uso não habitacional. As paredes externas têm estrutura de enxaimel e 40 cm de espessura; a edificação possui painéis de isolamento térmico e um revestimento de madeira pintada aplicado à sua fachada, bem como painéis de gesso cartonado aplicados no interior. O telhado apresenta tesouras biapoiadas a cada 60 cm entre eixos, e a cobertura é de chapas de compensado com telhas asfálticas. As portas externas têm 2,10 m de altura; as janelas são de guilhotina, com peitoril a 90 cm de altura e verga a 210 cm de altura (em relação ao piso acabado).

O piso do térreo é um tablado de barrotes de madeira com contrapiso de compensado, revestimento de tabuão de madeira de carvalho com encaixes do tipo macho e fêmea. O forro é de chapas de gesso cartonado, com 2,40 m. As paredes que fecham a escada do porão são feitas de montantes de madeira e chapas de gesso cartonado; todas elas têm rodapé de madeira de 15 cm. A porta da escada é de madeira pintada e lisa, com 2,10 m de altura. O sistema de calefação conta com elementos de radiação inseridos nos rodapés de 15 cm de altura, o que confere continuidade a todas as paredes externas. Devido à localização da tubulação de esgoto preexistente no porão, todos os aparelhos hidrossanitários devem ser instalados no máximo a 3 m das paredes norte e oeste da edificação. Todas as conexões às redes de utilidades públicas, bem como seus medidores, ficam no porão.

Uma vez que essa edificação não tem grande valor arquitetônico nem importância histórica, é possível fazer pequenas alterações na fachada. As normas básicas dos códigos de edificações locais – incluindo aquelas que tratam da acessibilidade universal – precisam ser respeitadas.

IMPLANTAÇÃO

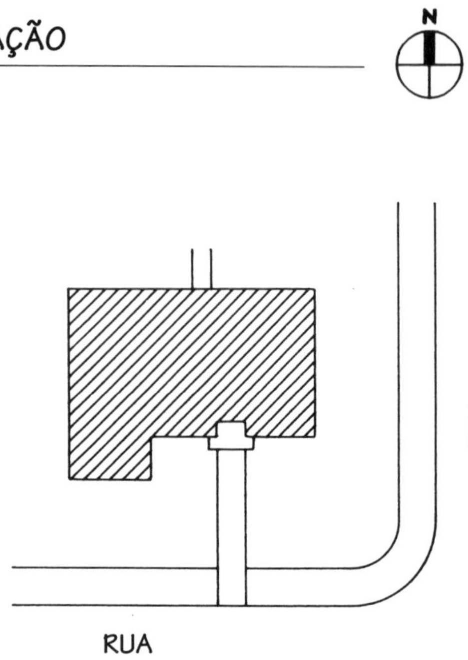

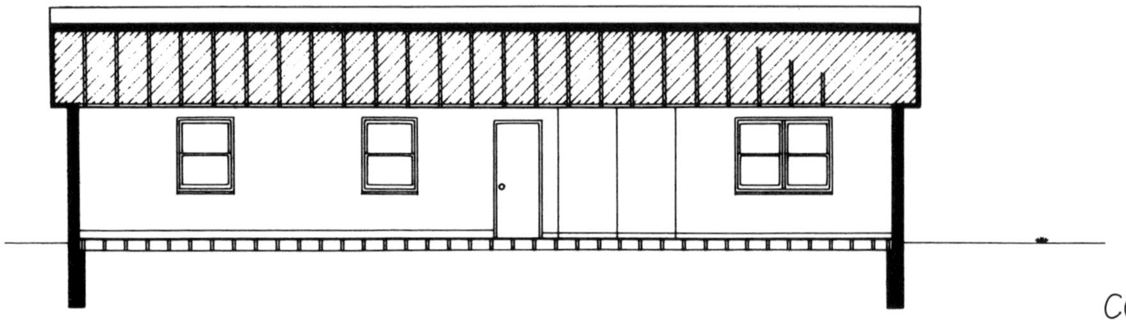

CORTE DA EDIFICAÇÃO

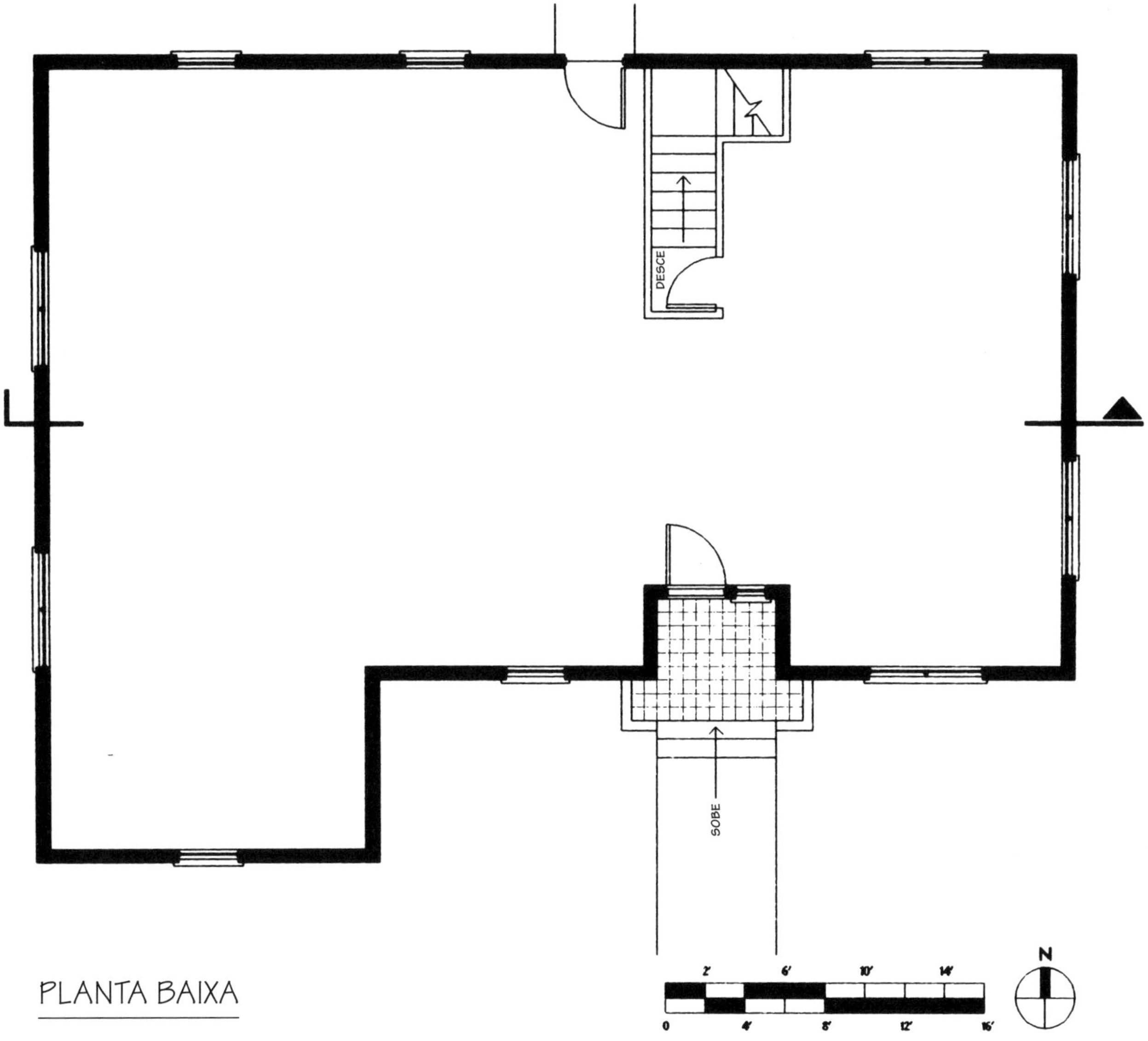

PLANTA BAIXA

ESPAÇO DE INTERVENÇÃO

1A

DESCRIÇÃO DA EDIFICAÇÃO

Este corpo de bombeiros, datado da virada do século XIX para o século XX, foi desativado depois de muitos anos de uso. Ele faz parte de um pequeno agrupamento de edificações comerciais que são separadas por paredes corta-fogo de alvenaria portante, típicas das casas em fita. As paredes da frente e dos fundos são feitas de alvenaria não portante. O segundo pavimento e os telhados são feitos com tesouras padrão de madeira. As portas da garagem, que ficam na parede sul, apresentam vergas com arcos abatidos, cuja altura é de 3,65 m no ponto intermediário. As portas laterais, também na parede sul, têm bandeiras de vidro sobre a folha de abertura, a 2,10 m, além de vergas com arcos abatidos, cuja altura é de 2,75 m no ponto intermediário. A porta de serviços, que fica nos fundos, tem 210 cm; já as janelas que ficam nas paredes norte e oeste têm peitoris com 90 cm de altura e vergas com 2,75 m. Para os fins deste problema de projeto, o segundo pavimento será usado apenas em uma ampliação futura, fazendo com que o acesso à escada preexistente seja uma consideração fundamental do planejamento.

O piso do térreo é uma laje de concreto armado, que se encontra no nível do solo. A face interior das paredes externas, assim como todas as paredes-meias, é de tijolo à vista. As colunas internas são perfis tubulares de aço de seis polegadas, preenchidas com concreto. O forro do pavimento térreo é de estuque (gesso aplicado a uma trama de madeira), e sustentado pelos barrotes do segundo pavimento; o pé-direito é de 4,25 m. Um novo sistema de climatização será instalado na cobertura, com dutos de insuflamento e retorno descendo paralelamente à parede-meia ao leste; as alterações internas no pavimento térreo podem deixar à vista os novos dutos, embora seja possível construir um novo teto falso para escondê-los. Todos os aparelhos hidrossanitários devem ser instalados a uma distância máxima de 10 m das paredes leste e oeste, para que possam se conectar às principais tubulações de esgoto, que passam dentro de valas sob o piso acabado.

Não é possível alterar a parede sul da edificação devido ao seu valor histórico. No entanto, pode-se projetar janelas (bandeiras) nas aberturas das portas de garagem para adaptar a casa e atender às necessidades dos novos usos internos. As normas básicas dos códigos de edificações regionais – incluindo aquelas que tratam da acessibilidade universal – precisam ser respeitadas.

IMPLANTAÇÃO

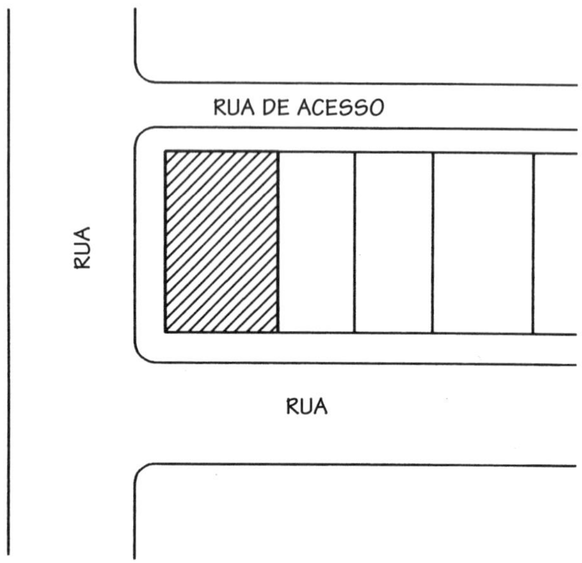

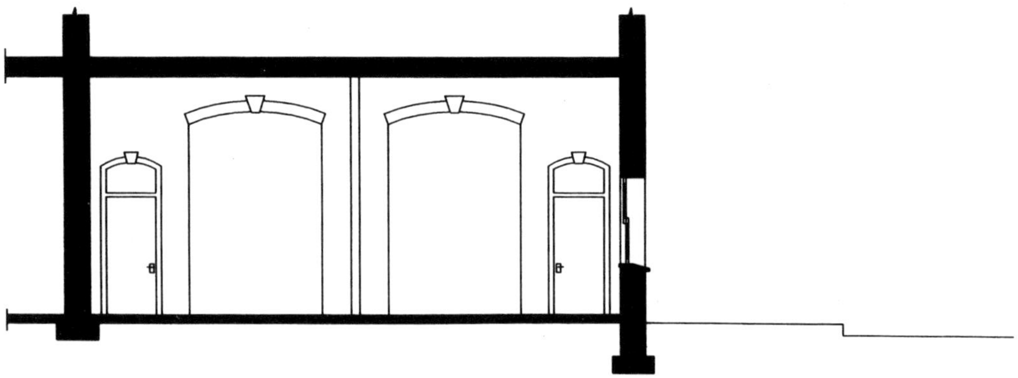

CORTE DA EDIFICAÇÃO

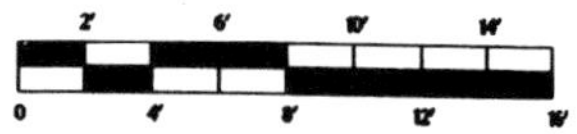

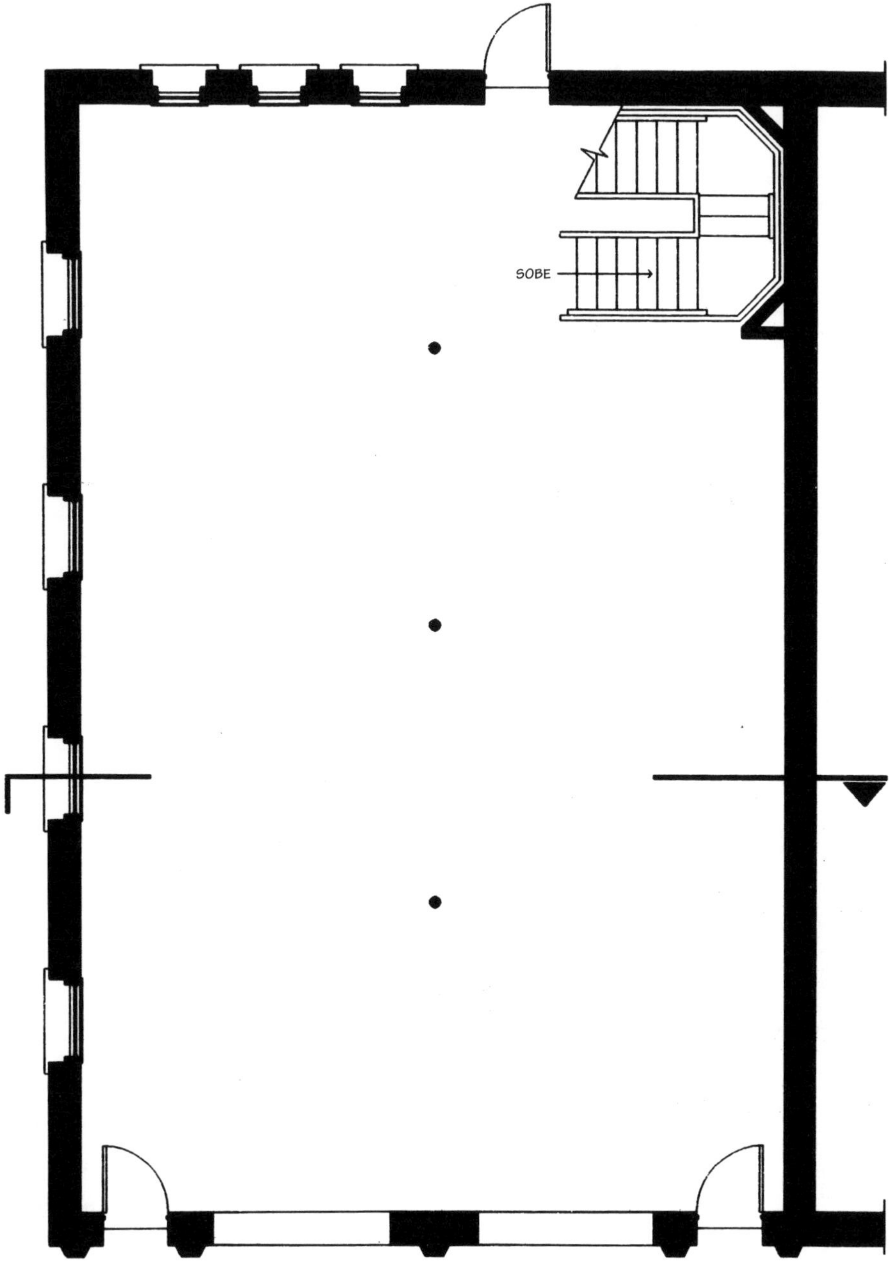

PLANTA BAIXA

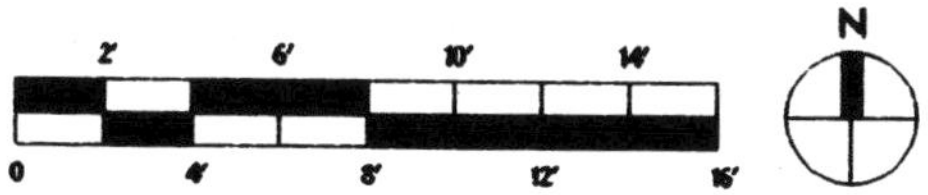

ESPAÇO DE INTERVENÇÃO

1B

DESCRIÇÃO DA EDIFICAÇÃO

Construído na década de 1920, este antigo prédio de escritórios da prefeitura – que foi projetado com detalhes clássicos e se encontra em uma área muito arborizada – pode ser alugado, seja por escritórios profissionais ou para o uso de órgãos públicos. O espaço específico que descrevemos aqui está em uma das extremidades do pavimento térreo desta edificação que, ao todo, tem três pavimentos e um porão. A estrutura básica inclui paredes portantes de alvenaria e pisos de concreto armado. As paredes externas são de tijolo rebocado, assim como as paredes internas portantes. As janelas são de guilhotina com dois caixilhos; seus peitoris estão a 90 cm de altura, e suas vergas, a 2,40 m. A luz das janelas é de 1,80 m.

O piso existente é de granitina parelha, mas muito gasta. As paredes internas apresentam superfícies rebocadas e rodapés de 20 cm de altura, tripartidos. A parede portante interna pode ser perfurada para fazer uma abertura adicional de até 1,80 m de largura, mas é importante que a superfície restante tenha pelo menos 1,05 m de extensão em ambas as laterais da abertura. A entrada do espaço precisa ser fechada por uma porta. O forro de gesso está logo abaixo das vigas de concreto do pavimento superior; o pé-direito é de 3,05 m. Um novo sistema de climatização foi instalado para acomodar os dutos de insuflamento de ar. Deve-se colocar um pleno de, no mínimo, 30 cm de altura e 60 cm de largura ao longo das paredes externas. Os aparelhos hidrossanitários devem ser instalados no máximo a 3,60 m dos *shafts* designados.

Não é permitido alterar a fachada da edificação. As normas básicas dos códigos de edificações regionais – incluindo aquelas que tratam da acessibilidade universal – precisam ser respeitadas.

IMPLANTAÇÃO

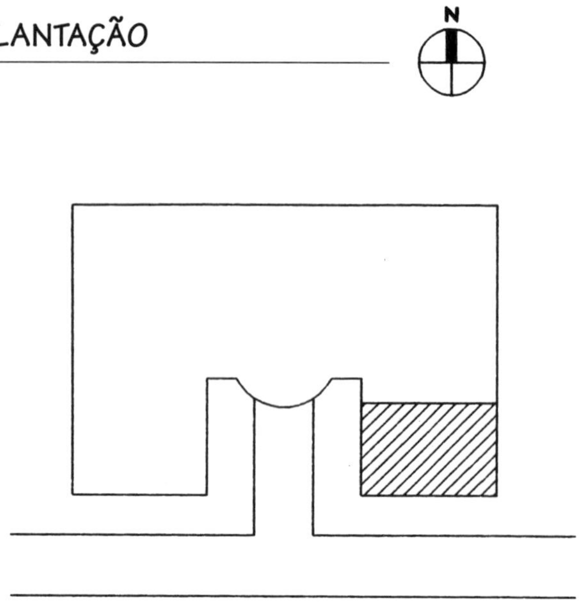

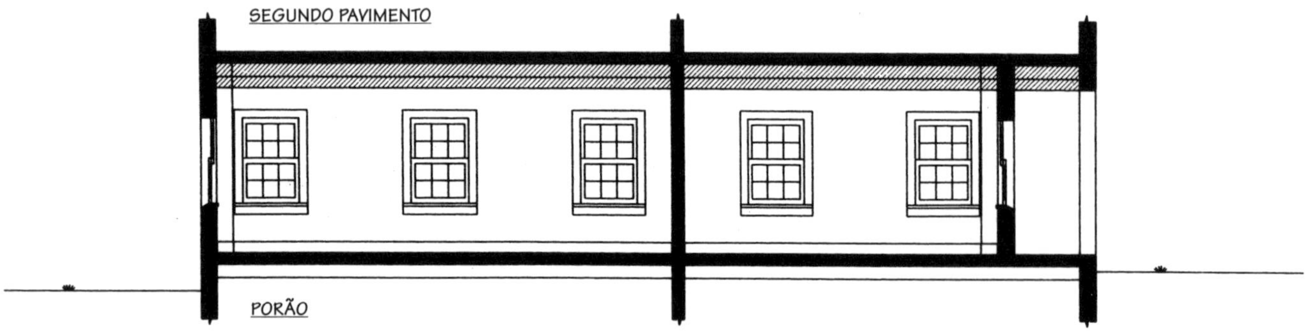

CORTE DA EDIFICAÇÃO

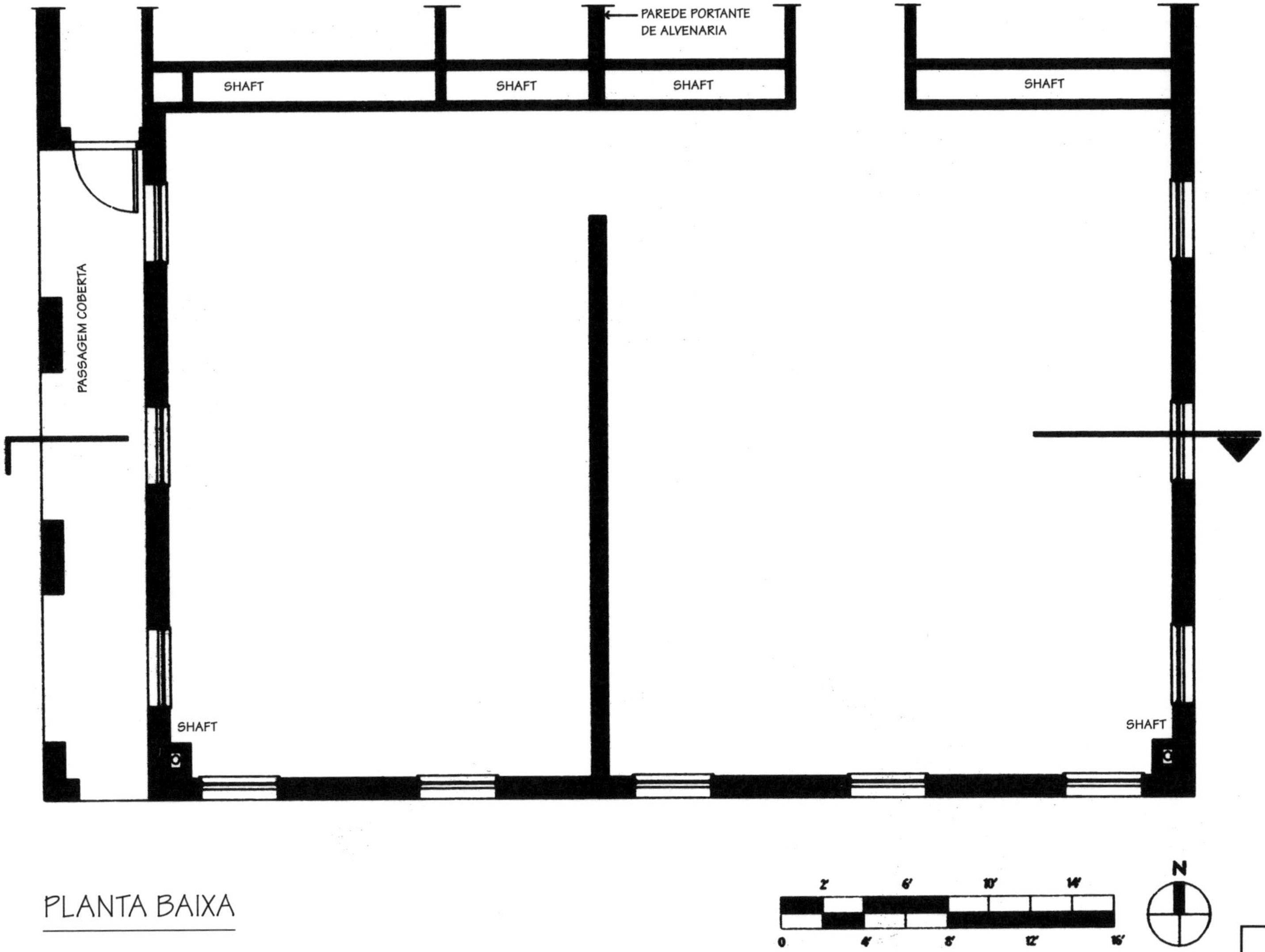

PLANTA BAIXA

ESPAÇO DE INTERVENÇÃO

1C

DESCRIÇÃO DA EDIFICAÇÃO

Esta casa de barcos, datada da virada do século XIX para o século XX, foi implantada em uma pequena rua junto ao rio; o ambiente se assemelha a um parque. Seu sistema construtivo é convencional. O pavimento inferior continuará sendo utilizado para a prática de remo, e o acesso pelo exterior ocorrerá somente pelo lado do rio (no leste). O telhado de duas águas é revestido de telhas chatas de ardósia. As janelas têm peitoris a 90 cm de altura; além disso, todas as portas e janelas têm vergas a 3,05 m de altura em relação ao piso interno acabado (as portas originais, assim como as portas de correr recém instaladas, apresentam travessas a 2,10 m de altura). Todas as janelas de correr são de guilhotina; as duas janelas salientes possuem peças centrais de vidro.

O piso é de parquê de carvalho original. As superfícies das paredes são rebocadas e seus rodapés de madeira têm 18 cm de altura. O forro de gesso parcial fica a 3,65 m de altura; examine a planta de teto projetado para visualizar as variações de pé-direito no vão central. O novo sistema de climatização fará a calefação e a refrigeração por meio de dutos de insuflamento de ar que foram instalados acima do forro. As tubulações hidrossanitárias estão embutidas nos *shafts* designados junto à parede sul da edificação, logo abaixo dos barrotes do pavimento térreo. Os aparelhos hidrossanitários (como bacias sanitárias e mictórios) devem ser instalados no máximo a 3,20 m de um *shaft* ou da parede sul da edificação. Todos os demais aparelhos devem ser instalados no máximo a 3,80 m de um *shaft* ou da parede sul da edificação.

Não é permitido alterar a fachada da edificação. As normas básicas dos códigos de edificações regionais – incluindo aquelas que tratam da acessibilidade universal – precisam ser respeitadas.

IMPLANTAÇÃO

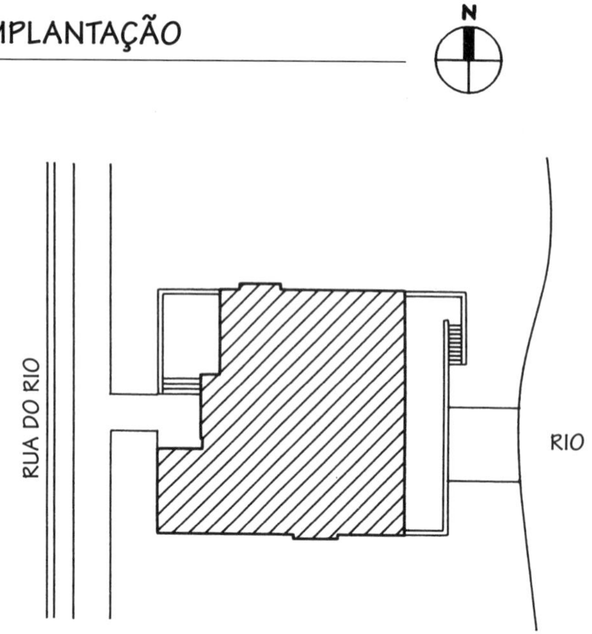

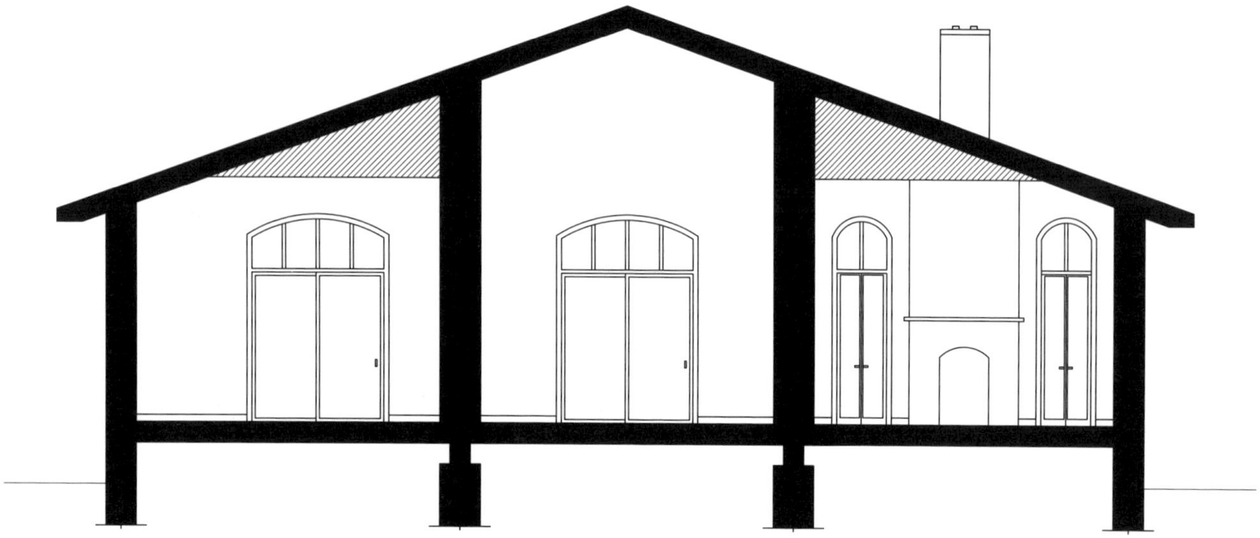

CORTE DA EDIFICAÇÃO

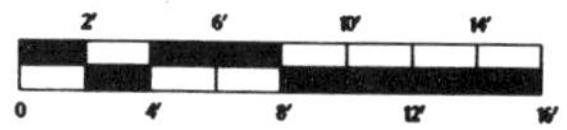

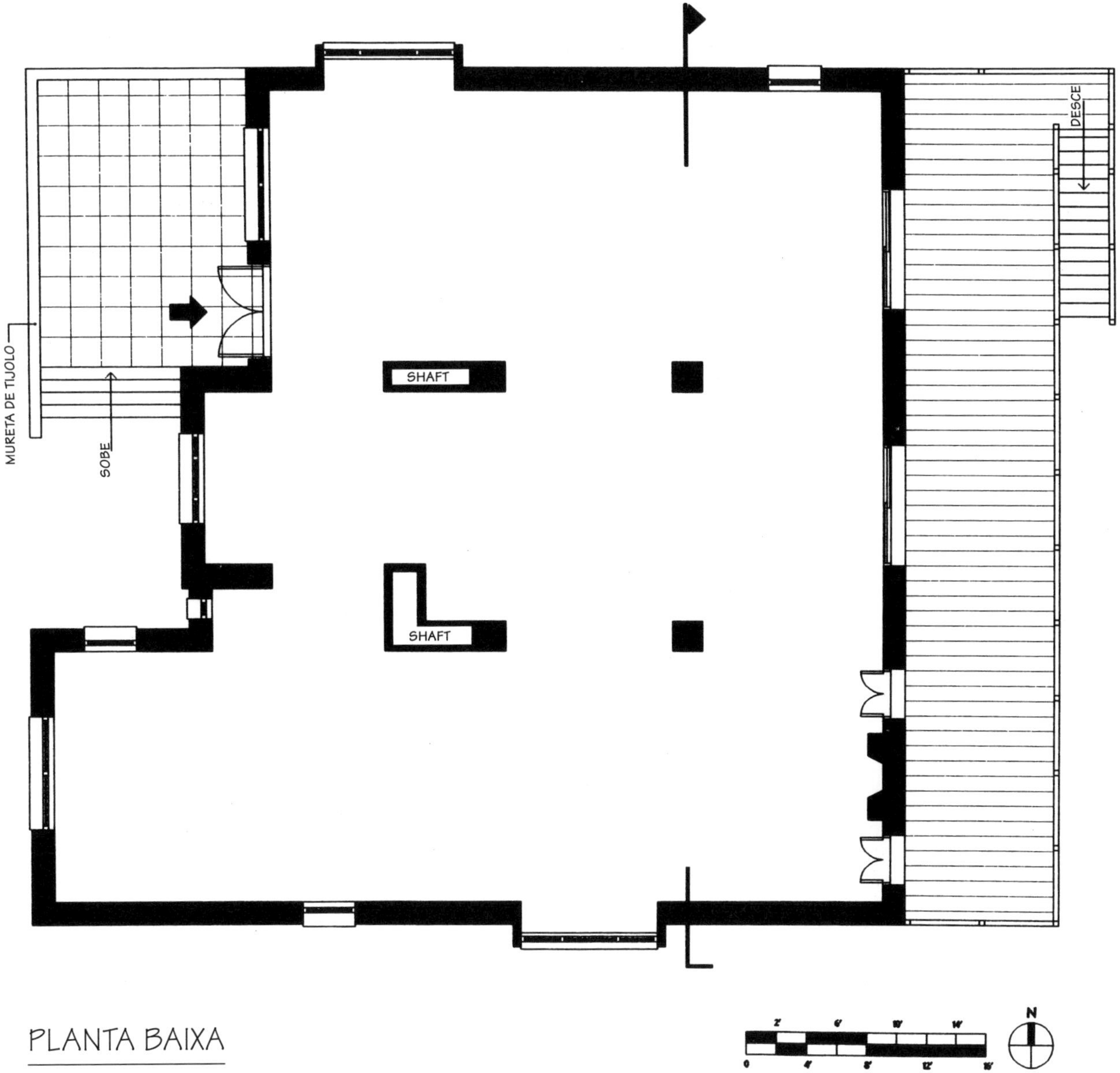

PLANTA BAIXA

ESPAÇO DE INTERVENÇÃO

2A

PLANTA DE TETO PROJETADO

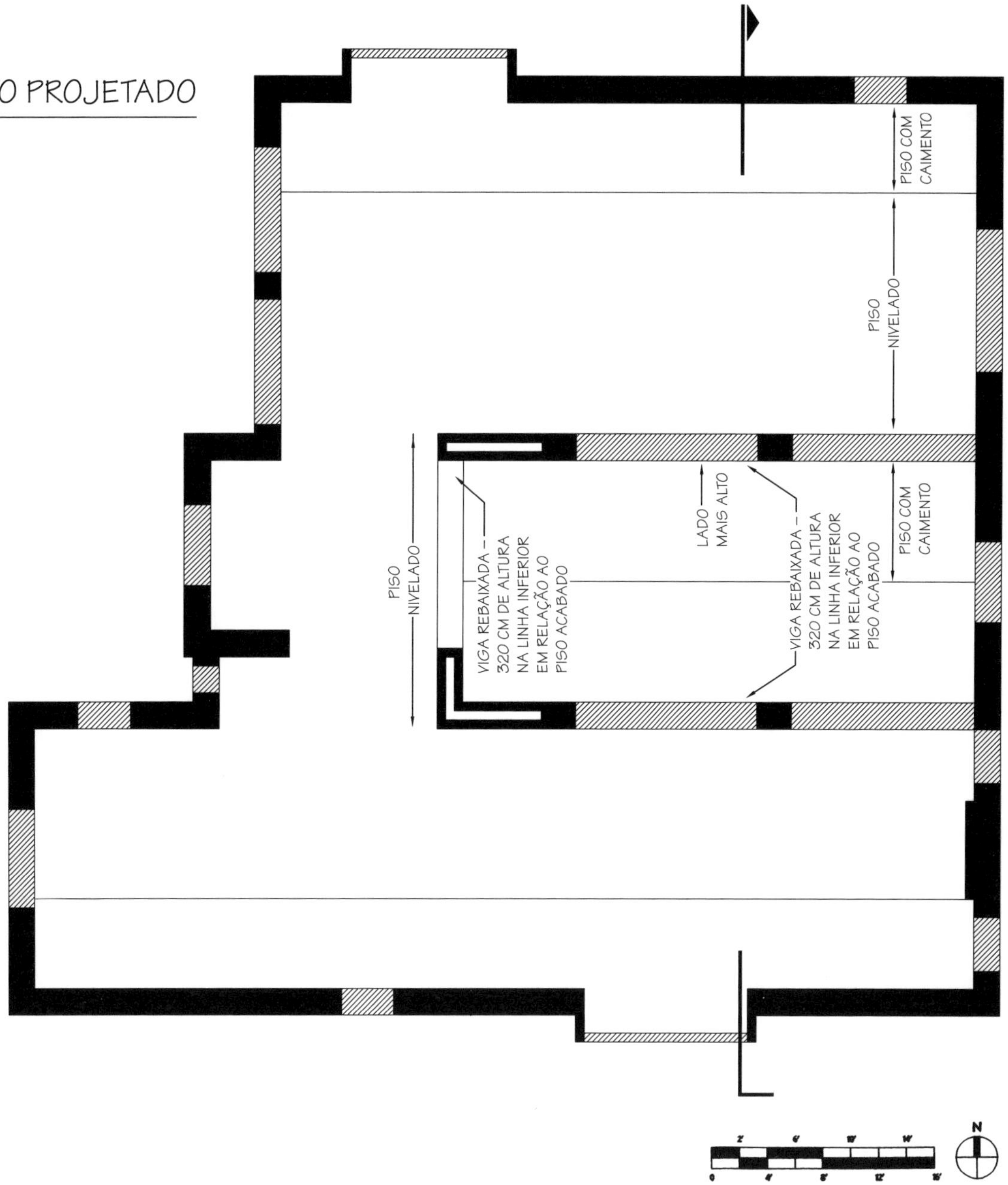

ESPAÇO DE INTERVENÇÃO

2A RC

DESCRIÇÃO DA EDIFICAÇÃO

Esta edificação construída na década de 1980 faz parte de um loteamento de escritórios suburbano, composto por várias edificações pequenas e medianas de um ou dois pavimentos, e localizado em uma área verde. Os edifícios têm paredes portantes com montantes de aço e telhado convencional com terças de madeira; o piso do térreo é um radier de concreto aparente e as paredes externas têm isolamento térmico e são revestidas de tijolo aparente. Esta edificação específica é um prédio de um pavimento com telhado de duas águas e cumeeira centralizada, além de forro acústico com placas de 60 x 60 cm; seu pé-direito é de 2,60 m. As janelas com largura de 1,20 m (fixas) e 1,80 m (de correr) têm peitoris a 76 cm de altura em relação ao piso acabado. A porta de vidro de correr (1,80 m de largura), as portas de dobradiça e todas as janelas têm vergas com 2,40 m de altura.

As superfícies das paredes internas são feitas de placas de gesso cartonado pintadas, e apresentam rodapés lisos de vinil com 10 cm de altura. Os equipamentos de climatização e os dutos estão embutidos no teto falso. As tubulações hidrossanitárias foram inseridas em dois *shafts* distintos e em dois grupos de tubos aparentes, localizados na parte oeste da edificação (tais grupos devem ser fechados por um *shaft* ou inseridos em uma parede dupla). Os aparelhos hidrossanitários devem ficar no máximo a 3,65 m dos tubos de queda sanitários existentes.

Desde que se consulte o arquiteto da construtora, é possível fazer alterações muito discretas na fachada, relacionadas, por exemplo, à localização das portas e janelas. As normas básicas dos códigos de edificações regionais – incluindo aquelas que tratam da acessibilidade universal – devem ser respeitadas.

IMPLANTAÇÃO

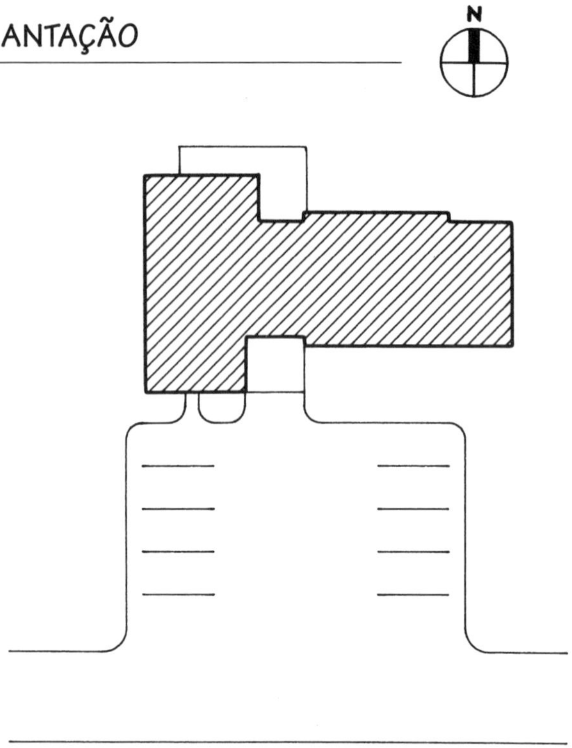

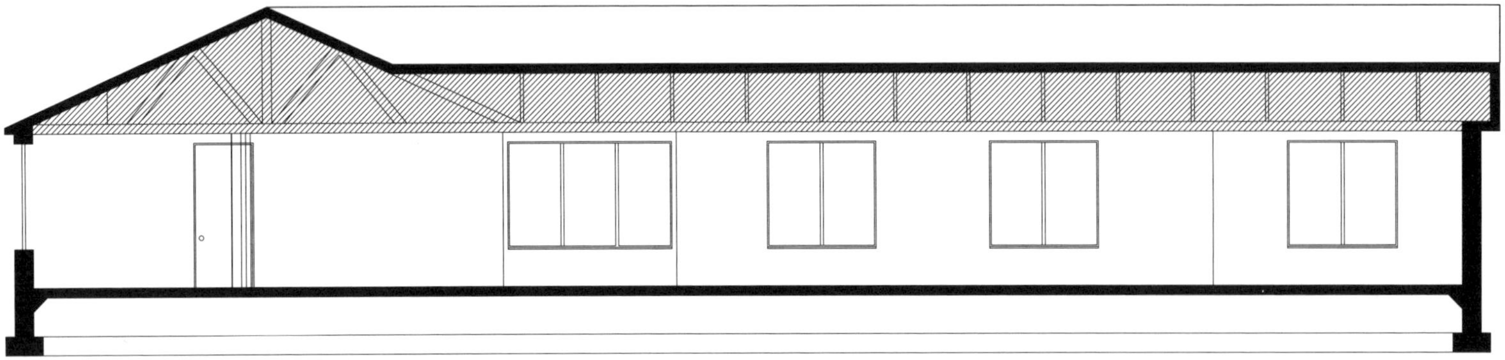

CORTE DA EDIFICAÇÃO

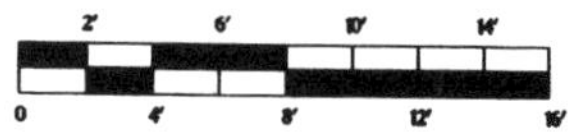

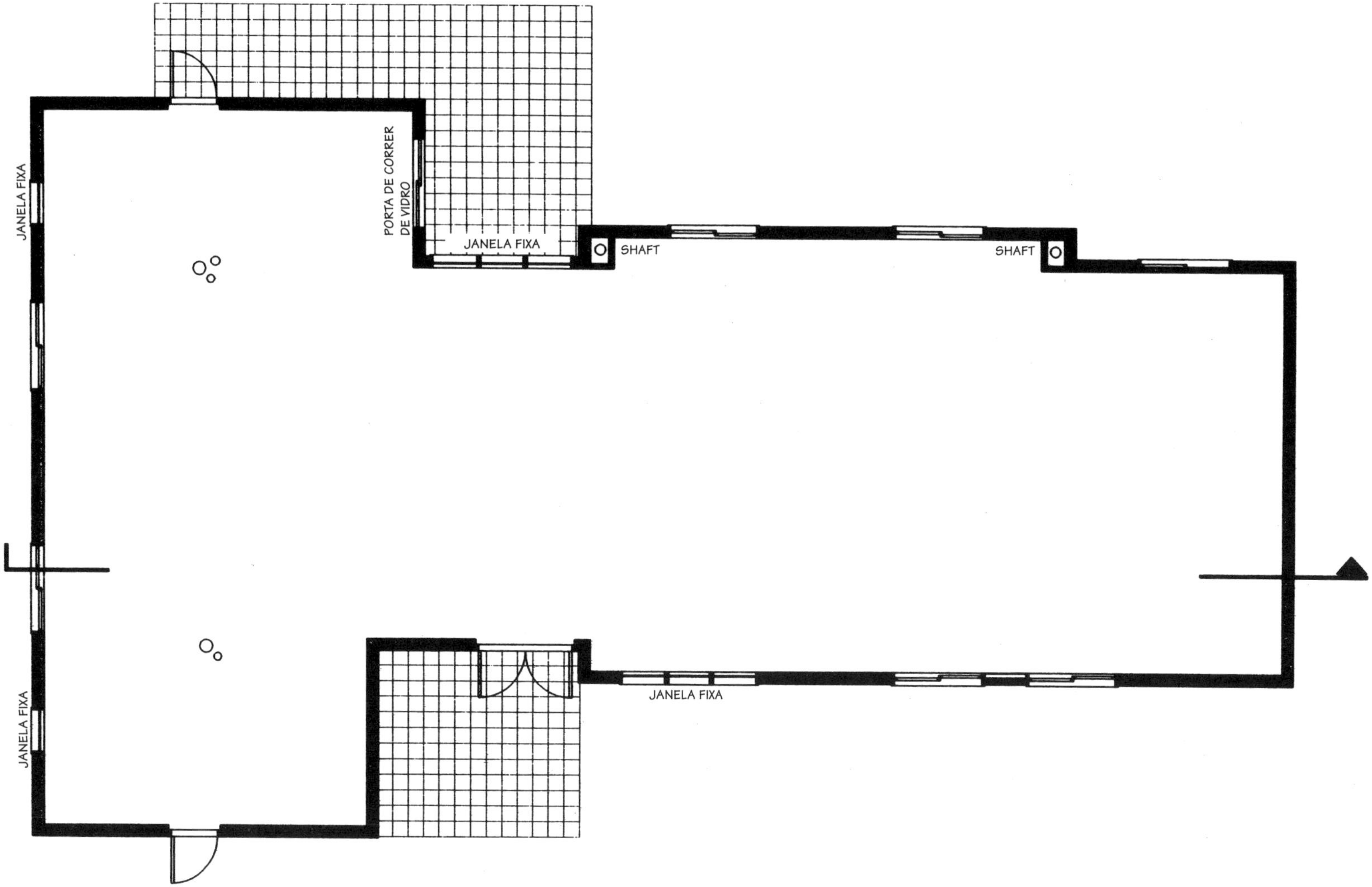

PLANTA BAIXA

ESPAÇO DE INTERVENÇÃO

2B

DESCRIÇÃO DA EDIFICAÇÃO

Este espaço fica na extremidade de uma ala do pavimento tipo de um edifício de escritórios central, que foi construído durante a primeira década do século passado de acordo com o pomposo estilo Beaux Arts. Como um bom representante do período, ele apresenta estrutura de aço independente e lajes de concreto armado, além de paredes de alvenaria extremamente espessas, que foram revestidas com placas de pedra calcária. As janelas são de guilhotina, com peitoris de 75 cm de altura e vergas com 290 cm de altura.

Os pisos preexistentes são de concreto aparente. As paredes internas são rebocadas e têm rodapés de madeira de 23 cm de altura. O forro original foi removido para que um novo forro suspenso de placas acústicas seja instalado a 3,0 m de altura. Os dutos com pouco uso e o sistema central de climatização serão embutidos no forro suspenso – com exceção do grande duto principal (mostrado na planta de teto projetada), que restringirá o pé-direito a 2,67 m. As paredes internas e a configuração do forro precisam acomodar o duto mais baixo do que o normal. Todos os aparelhos hidrossanitários devem ficar no máximo a 3,60 m dos dois *shafts* adjacentes aos pilares centrais; dos três grandes *shafts* localizados entre a parede interna leste e a escada de incêndio; ou da parede externa ao norte. A parede sem tom que fica na extremidade leste do espaço mostra onde termina a área adquirida; é preciso instalar uma parede no local, sendo que a porta de acesso pode ser inserida nela da maneira desejada.

Não é permitido alterar a fachada da edificação. As normas básicas dos códigos de edificações regionais – incluindo aquelas que tratam da acessibilidade universal – precisam ser respeitadas.

Para mais informações, veja a planta de teto projetado.

IMPLANTAÇÃO

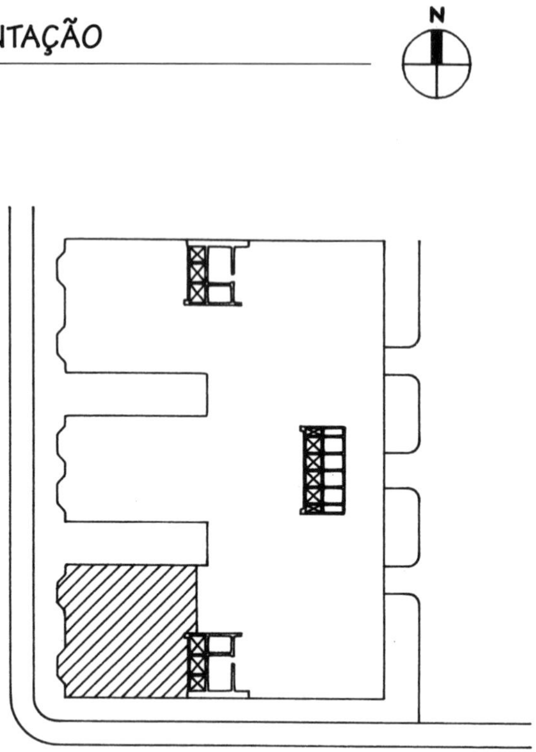

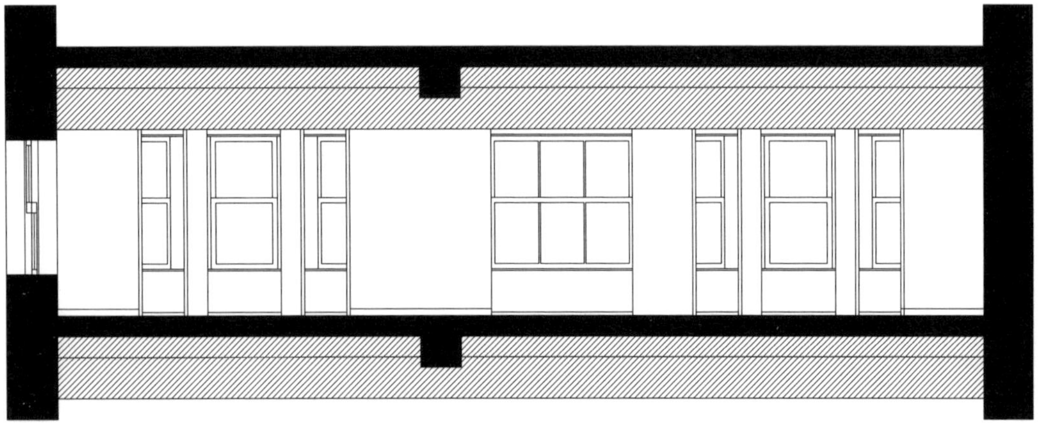

CORTE DA EDIFICAÇÃO

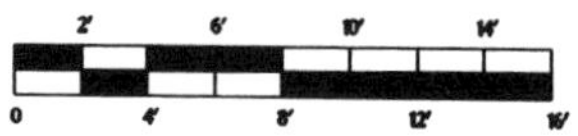

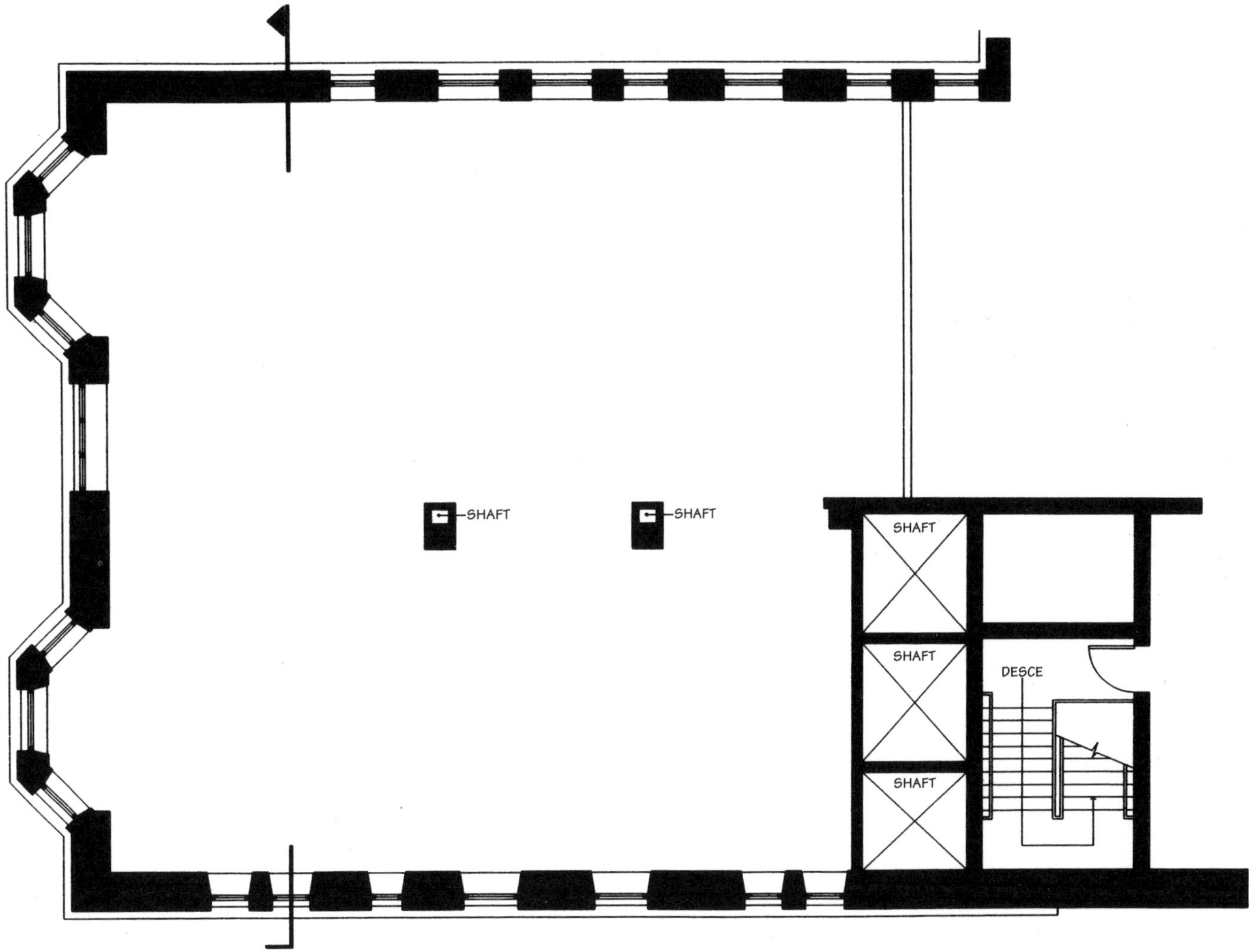

PLANTA BAIXA

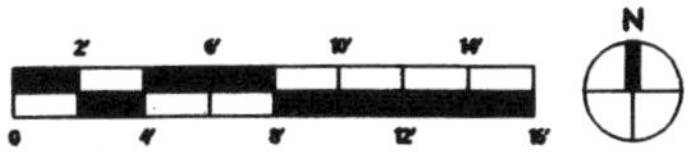

ESPAÇO DE INTERVENÇÃO

2C

PLANTA DE TETO PROJETADO

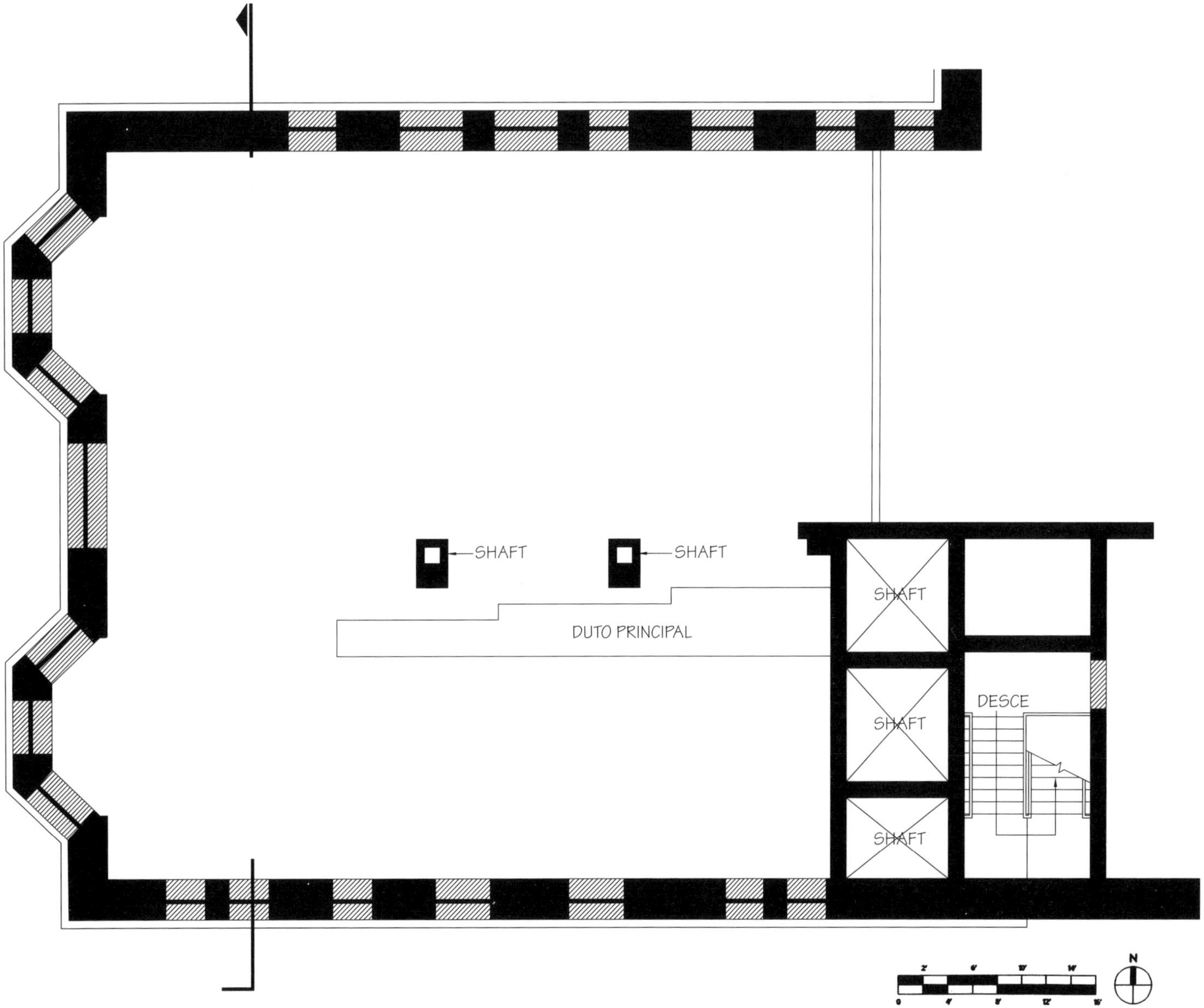

ESPAÇO DE INTERVENÇÃO

2C RC

DESCRIÇÃO DA EDIFICAÇÃO

Esta antiga agência bancária tem estrutura de aço leve e paredes portantes de montantes, que foram revestidas de alvenaria de tijolo à vista com 10 cm de espessura nominal; elas se projetam acima da cobertura praticamente plana, criando uma platibanda. Os pilares quadrados revestidos modulam as fachadas com vidraças contínuas, tendo sido distribuídos a cada 3,05 m entre eixos. Esta edificação de construção recente é adequada para fins comerciais e tem valor estético, embora esteja destituída de importância arquitetônica. Foram removidas a caixa-forte e as paredes internas da agência bancária, com exceção da casa de máquinas, que deve permanecer. O guichê de *drive-in*, situado na parede norte, foi substituído por uma janela saliente, que é semelhante a outras janelas de alumínio de uso comercial. Os peitoris das janelas têm 75 cm de altura em relação ao piso acabado, e suas vergas, 2,60 m.

O piso é um radier de concreto aparente. As paredes internas e as superfícies dos pilares foram revestidas de gesso cartonado pintado, e apresentam rodapé de vinil liso de 10 cm de altura. O forro de placas acústicas original foi removido e será substituído por um sistema suspenso com placas acústicas e/ou de gesso cartonado; o tamanho e o estilo das placas ficam ao gosto do projetista. O pé-direito máximo é de 2,70 m. É necessário embutir todos os dutos de climatização no forro. Os aparelhos hidrossanitários devem ser instalados no máximo a 3,60 m da parede norte do prédio, ou a 3,60 m de um ou ambos os pilares internos. As colunas de ventilação, que são adjacentes aos pilares, precisam ser fechadas. O vestíbulo preexistente deve permanecer intacto.

Não é permitido alterar a fachada da edificação. As normas básicas dos códigos de edificações regionais – incluindo aquelas que tratam da acessibilidade universal – precisam ser respeitadas.

IMPLANTAÇÃO

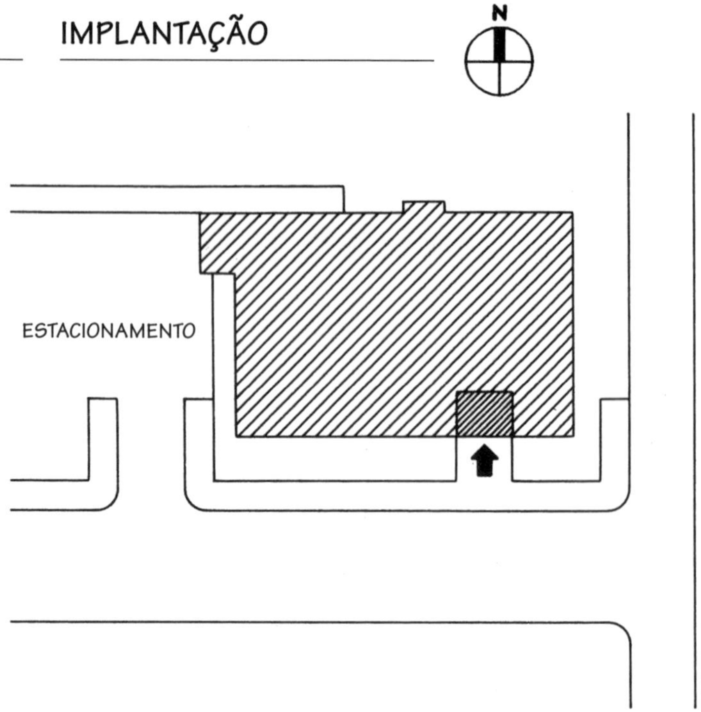

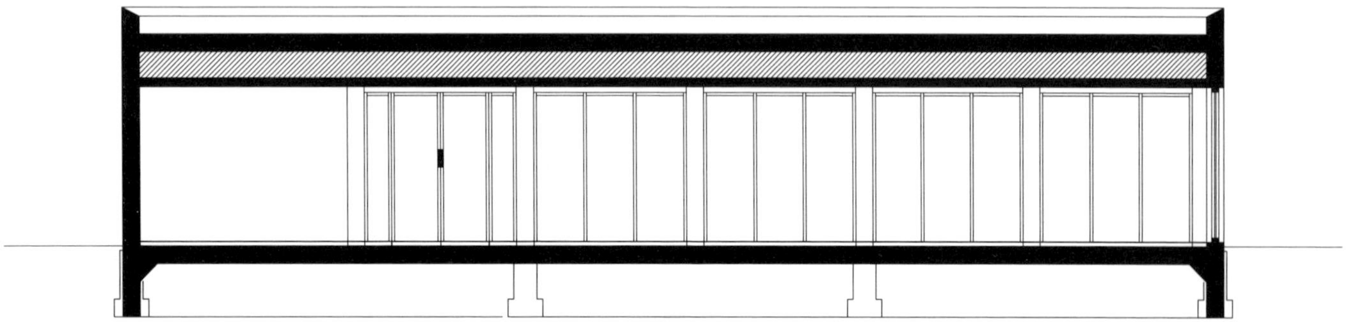

CORTE DA EDIFICAÇÃO

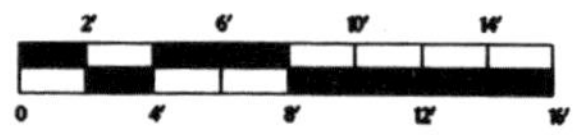

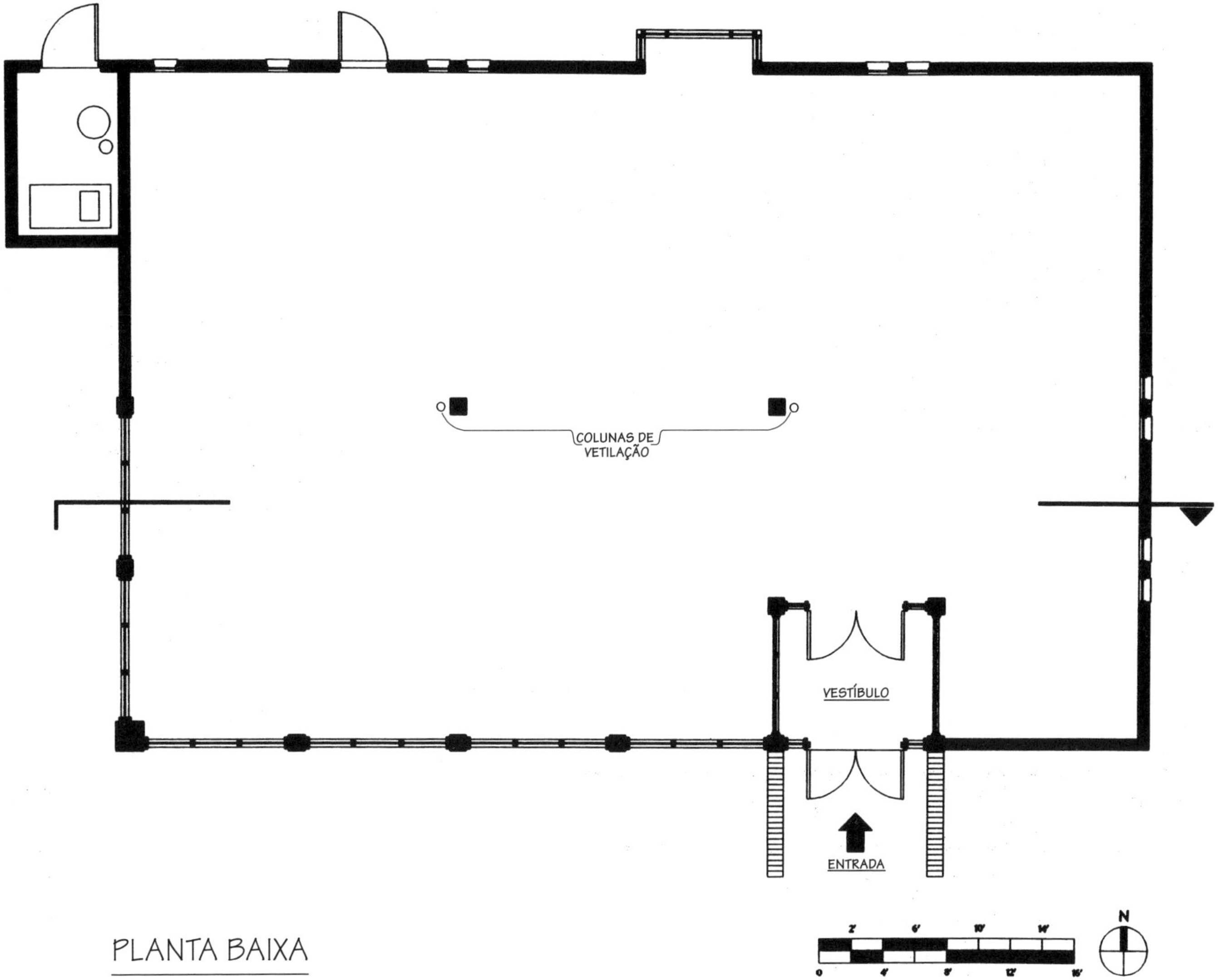

PLANTA BAIXA

ESPAÇO DE INTERVENÇÃO

2S

DESCRIÇÃO DA EDIFICAÇÃO

Esta edificação de um pavimento e estilo moderno abrigava uma caixa econômica em um contexto residencial urbano da década de 1960. Suas paredes externas portantes têm montantes de aço e são revestidas de tijolo à vista; sua cobertura, sem apoios intermediários, é sustentada por treliças planas de aço. A laje é um radier de concreto. O corte mostra o perfil do telhado esconso que cobre o prédio. As janelas laterais adjacentes à porta de entrada principal, bem como as janelas que ficam na parede oeste do pátio, têm peitoris a 75 cm de altura; os demais peitoris têm 80 cm de altura. As vergas das portas e janelas têm 2,40 m.

As paredes internas são revestidas de gesso cartonado pintado e apresentam rodapés de vinil com 10 cm de altura. Está prevista a instalação de um novo forro suspenso com placas acústicas a 2,90 m de altura (pé-direito máximo); o tamanho e o tipo específicos do material do forro ainda não foram selecionados. O equipamento de climatização está instalado na pequena casa de máquinas que é acessada, a partir do exterior, pela parede norte; todos os dutos devem estar embutidos no teto falso. As tubulações hidrossanitárias ficam aparentes em três prumadas situadas no centro da edificação (é necessário inserir as prumadas em *shafts* ou paredes). Os aparelhos hidrossanitários precisam ser instalados no máximo a 4,60 m dos tubos de queda sanitária preexistentes. O vestíbulo preexistente deve permanecer intacto.

Alterações à fachada da edificação são permitidas somente na parede norte, embora a localização da porta de acesso secundária e da casa de máquinas deva ser mantida. As normas básicas dos códigos de edificações regionais – incluindo aquelas que tratam da acessibilidade universal – precisam ser respeitadas.

IMPLANTAÇÃO

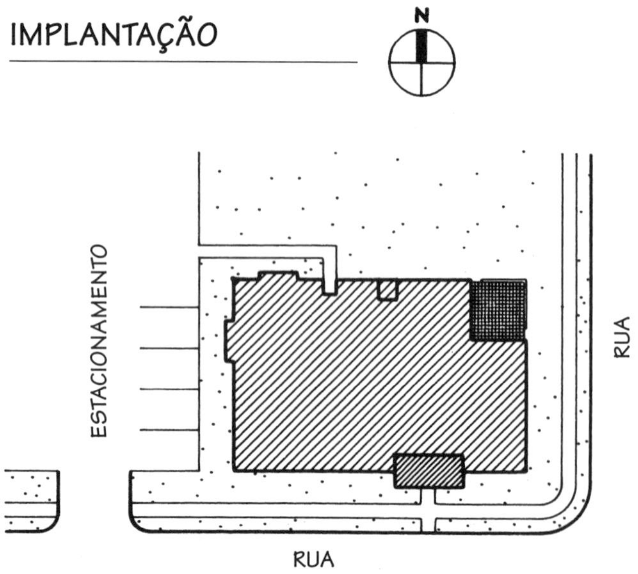

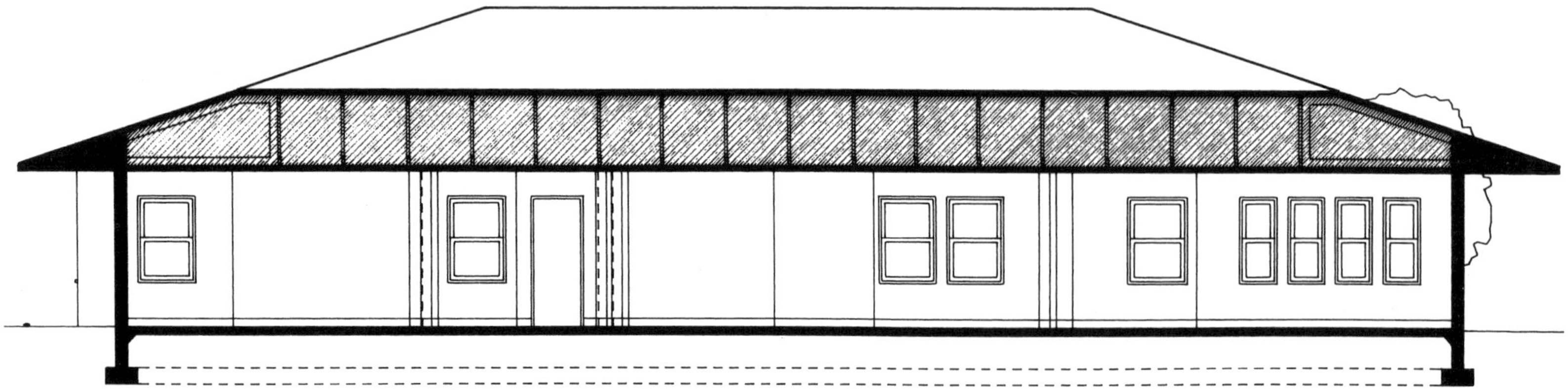

CORTE DA EDIFICAÇÃO

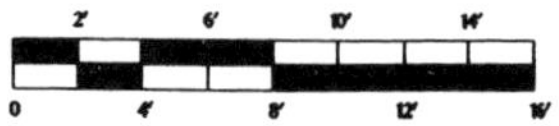

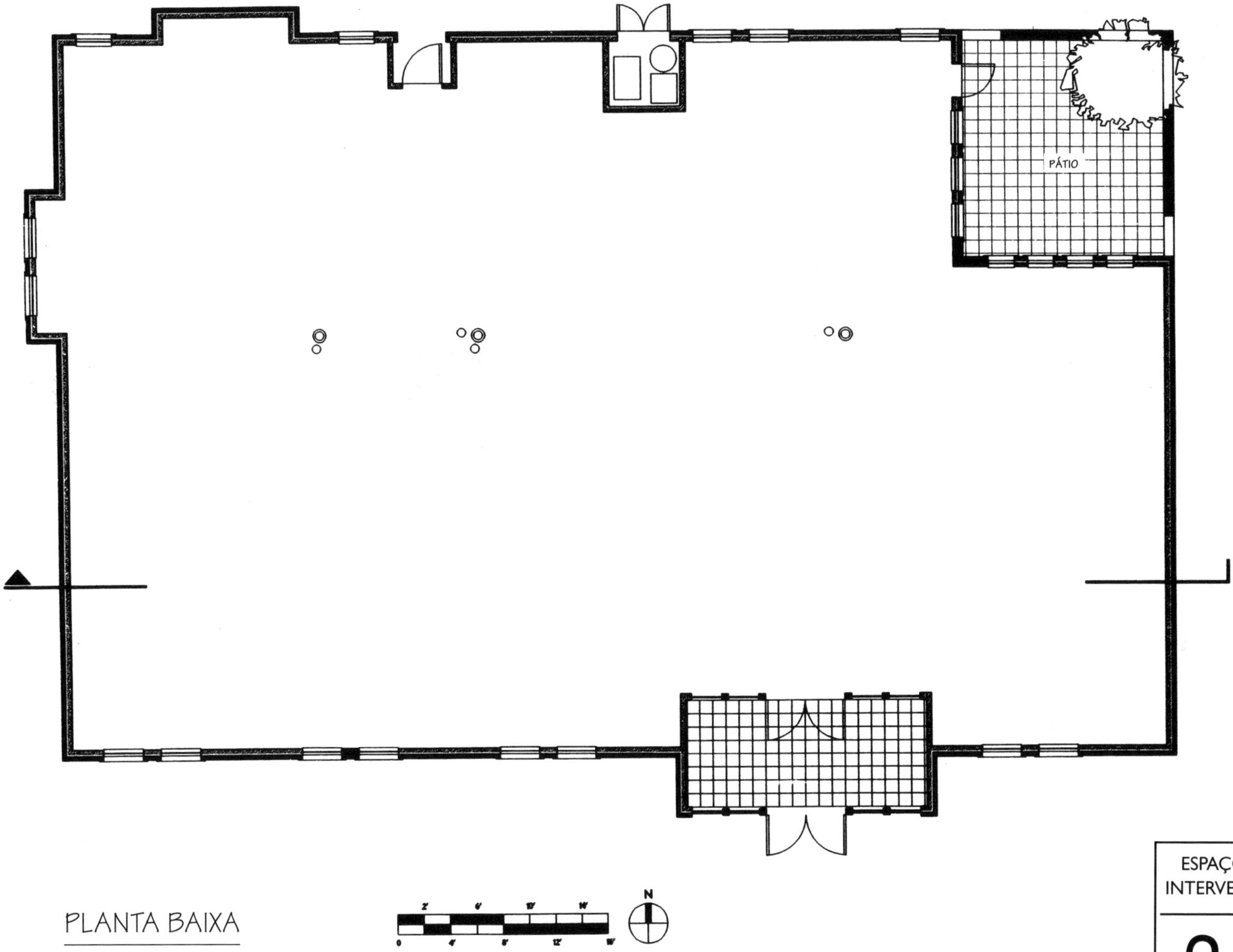

ESPAÇO DE INTERVENÇÃO

3A

DESCRIÇÃO DA EDIFICAÇÃO

Este celeiro de idade indeterminada foi construído em uma zona originalmente rural, mas, atualmente, suburbana, e está voltado para uma rua comercial com muito tráfego. A parede de pedra original dá para a rua; a parte de trás, que foi reconstruída com estrutura de madeira, está voltada para um pequeno bosque com córrego. As paredes de alvenaria de pedra ordinária nunca foram revestidas no interior. As paredes da parte de trás da edificação, por sua vez, têm revestimento externo de tábua e ripa, e receberam isolamento térmico e revestimento de madeira de lei no interior. A estrutura do telhado, os pilares internos e as estruturas dos pavimentos e do sótão são de madeira pesada, e nunca foram revestidos. O telhado original, que permanece intacto e cobre toda a estrutura, segue o modelo tradicional de duas águas. O pavimento de subsolo é acessado apenas pelo exterior (na parede norte) e será usado exclusivamente para armazenagem e fins utilitários. O sótão será reservado para uma futura expansão. As janelas da estrutura original são de guilhotina de madeira, com peitoril a 90 cm de altura em relação ao piso interno e verga a 2,70 m na fachada sul; nas fachadas leste e oeste, os peitoris estão a 1,50 m de altura, e as vergas, a 2,40 m.

Janelas de tamanho, estilo e distribuição adequados deverão ser instaladas nas paredes que têm estruturas de madeira. As aberturas de portas preexistentes precisam ser mantidas ou transformadas em aberturas de janelas. As duas aberturas preexistentes não trabalhadas, que fazem parte das paredes de alvenaria também preexistentes, se tornarão aberturas de janelas; as alturas de peitoril e verga serão determinadas pelos usos internos.

O piso preexistente é de tabuão rústico; não há forro. A altura da face inferior das vigas do telhado é de 3,60 m. Durante a primeira fase da reforma, todos os equipamentos e dutos de climatização serão instalados no subsolo. É necessário instalar os aparelhos hidrossanitários no máximo a 3,60 m das paredes leste e oeste principais.

Exceto pelas novas aberturas de janela descritas anteriormente, não é permitido alterar a fachada da edificação. As normas básicas dos códigos de edificações regionais – incluindo aquelas que tratam da acessibilidade universal – precisam ser respeitadas.

IMPLANTAÇÃO

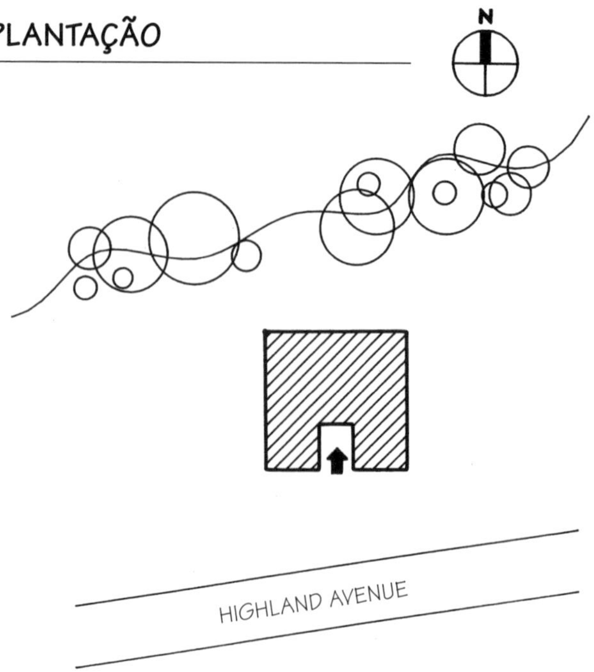

CORTE DA EDIFICAÇÃO

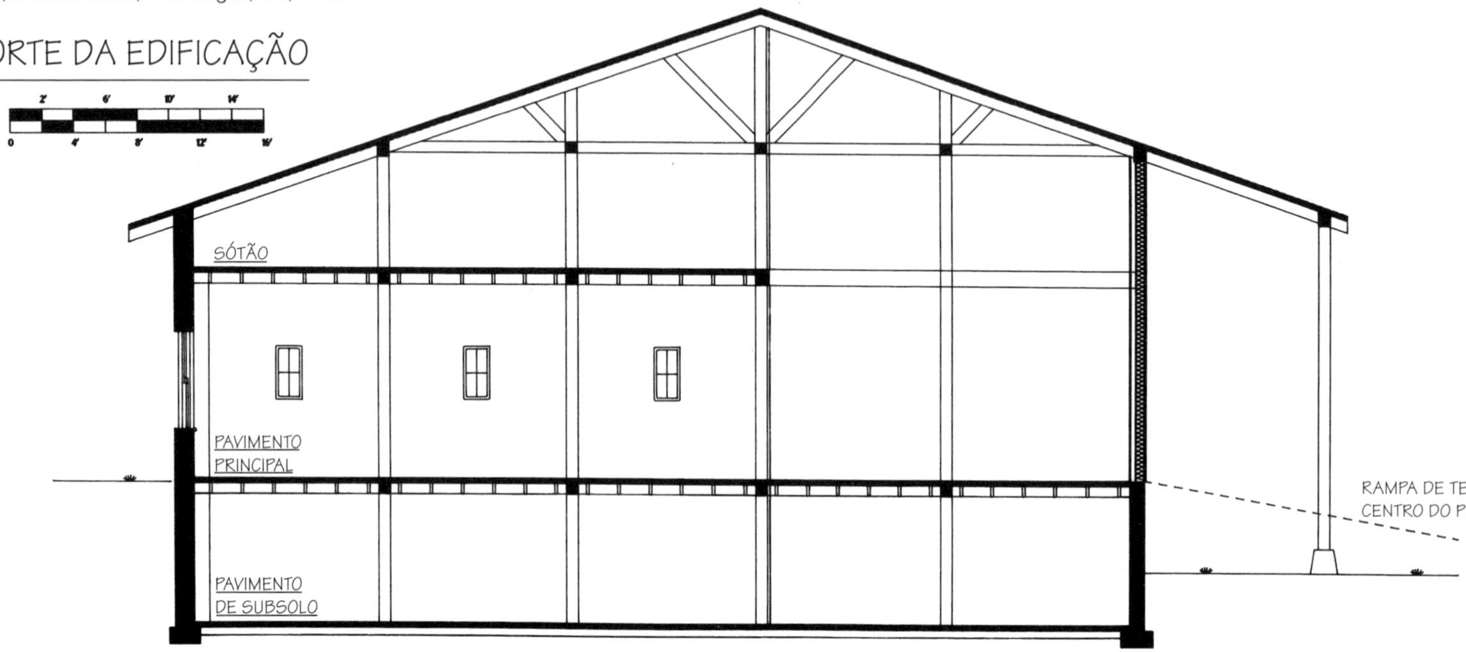

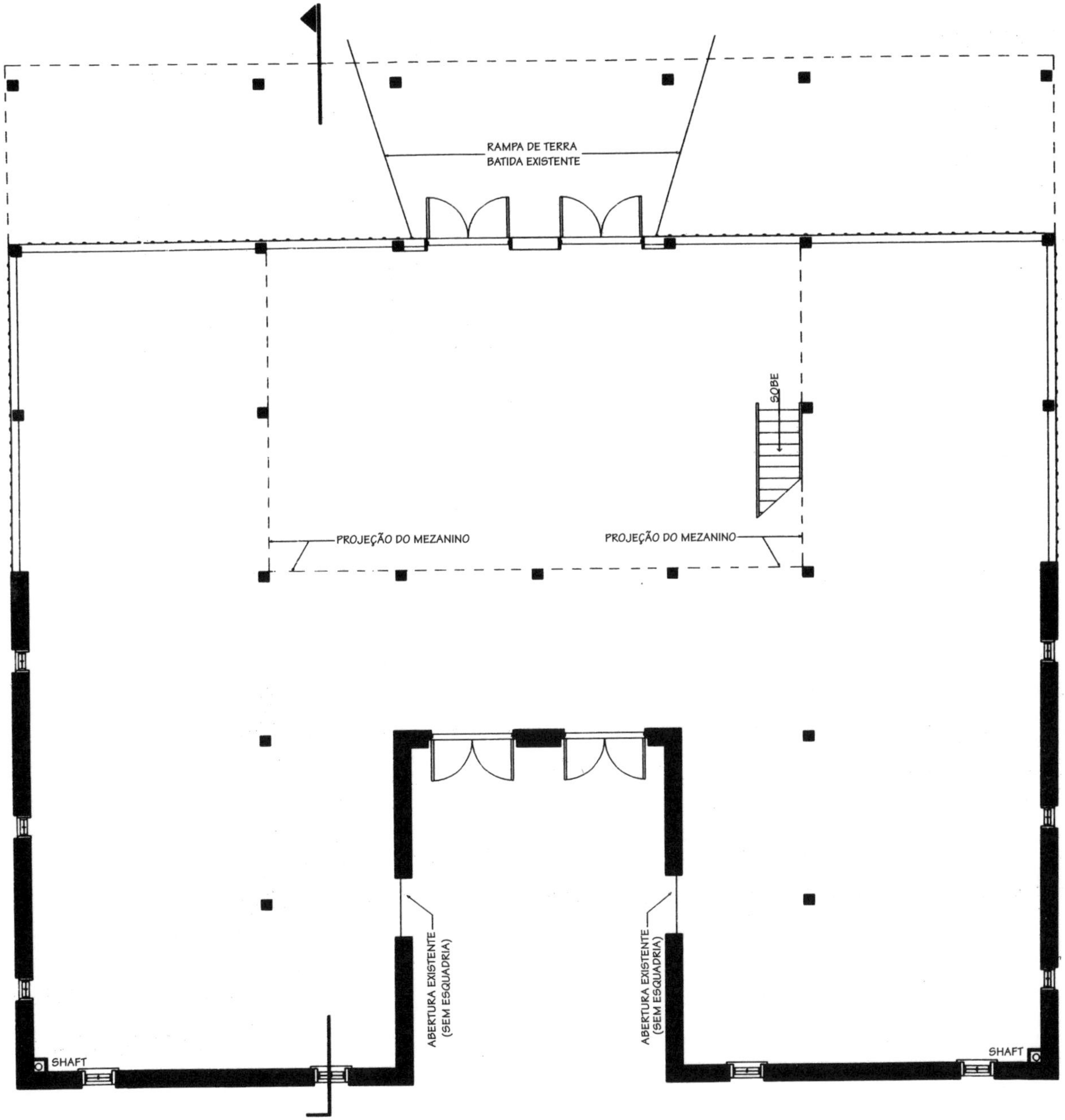

PLANTA BAIXA

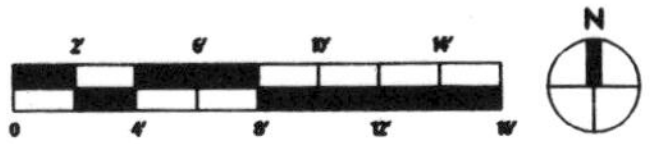

ESPAÇO DE INTERVENÇÃO

3B

DESCRIÇÃO DA EDIFICAÇÃO

Este espaço ocupa o pavimento térreo de uma torre de escritórios recém-construída em um bairro de subúrbio. Sua estrutura é de aço, com núcleo de serviço central e vedações externas de tijolo com janelas em fita fixas e de alumínio, interrompidas por painéis de tijolos nas quinas do prédio. Os peitoris das janelas estão a uma altura de 75 cm, e as vergas, a 2,40 m.

O piso preexistente é de concreto. As superfícies das paredes internas são de gesso cartonado pintado, com rodapé liso de vinil de 10 cm. É possível reconfigurar o forro de placas acústicas, assim como as luminárias com lâmpadas fluorescentes embutidas, para acomodar a nova planta baixa; a altura do forro é de 2,60 m. Todos os equipamentos e dutos de climatização são inseridos acima do forro. Os aparelhos hidrossanitários devem ser instalados no máximo a 4,5 m das colunas de água e esgoto ou, alternativamente, dos quatro grandes *shafts* adjacentes à parede a leste que separa a sala da unidade contígua.

Não é permitido alterar a fachada da edificação. As normas básicas dos códigos de edificações regionais – incluindo aquelas que tratam da acessibilidade universal – precisam ser respeitadas.

Para mais informações, veja a planta de teto projetada.

IMPLANTAÇÃO

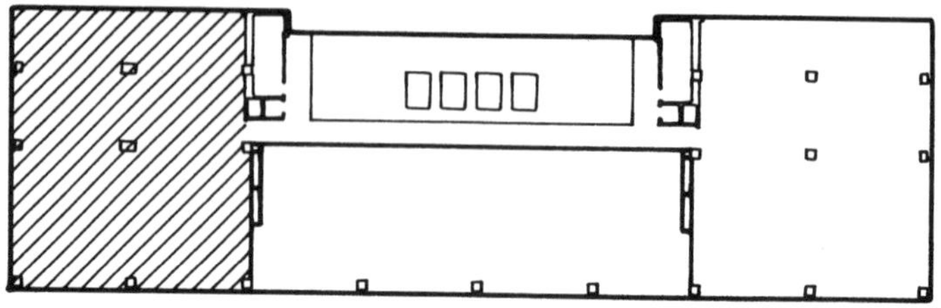

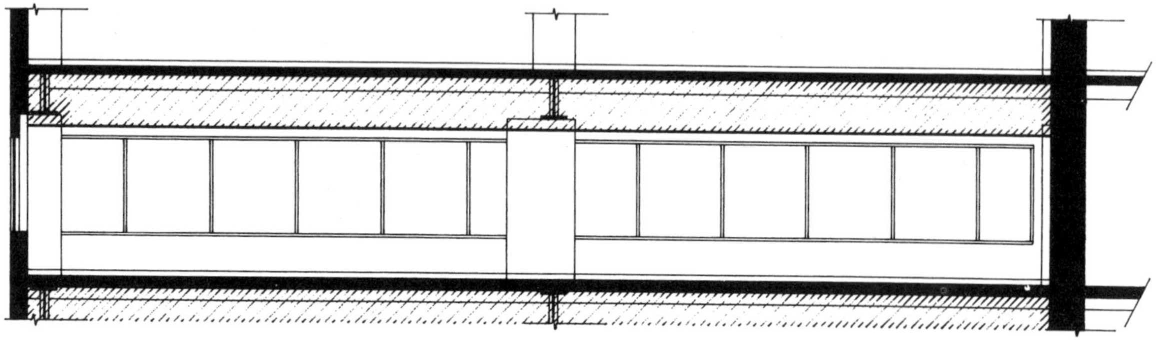

CORTE DA EDIFICAÇÃO

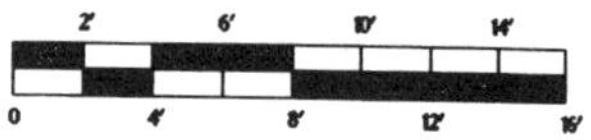

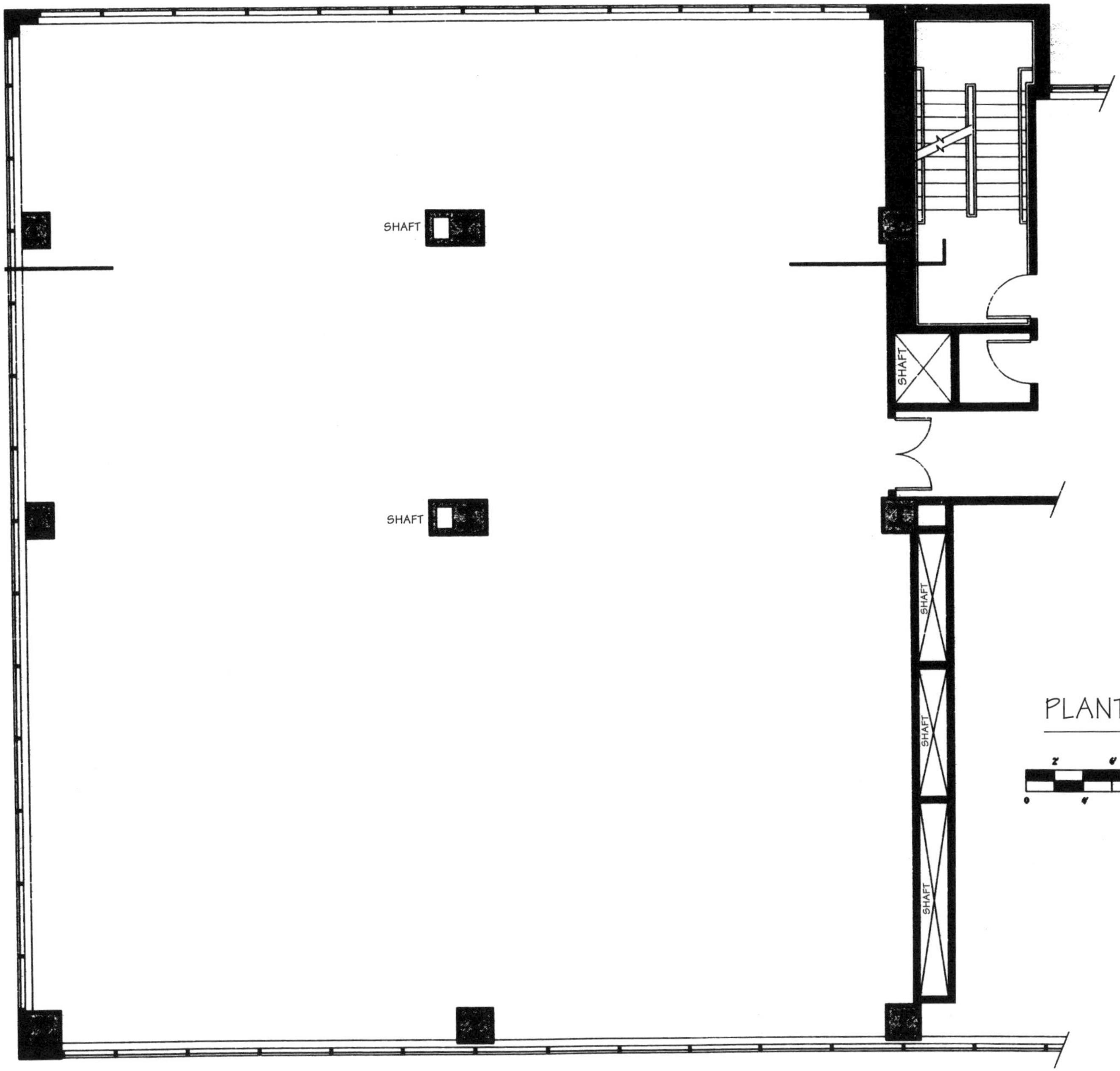

PLANTA BAIXA

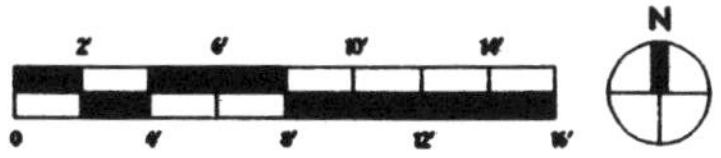

ESPAÇO DE INTERVENÇÃO

3C

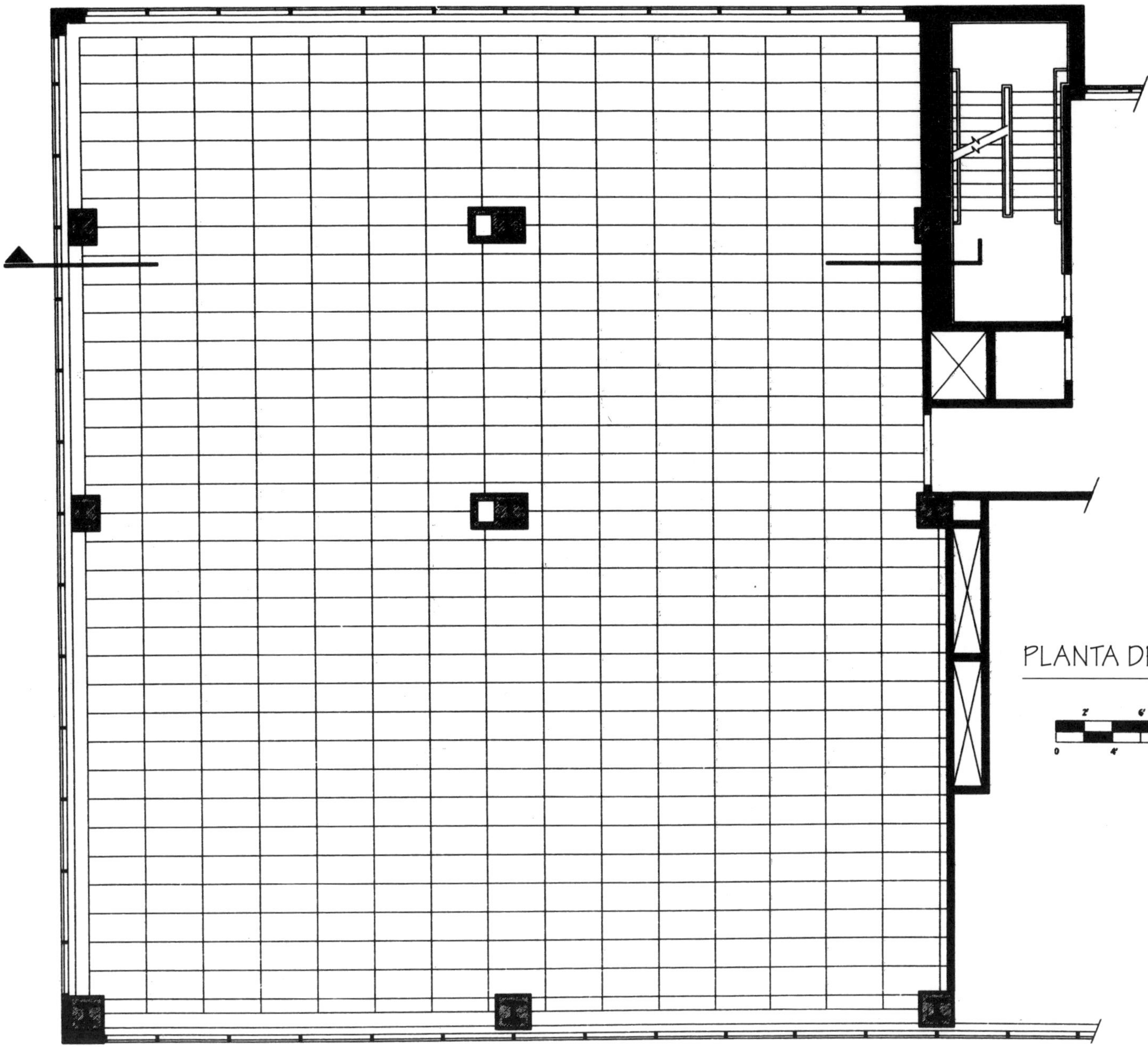

PLANTA DE TETO PROJETADA

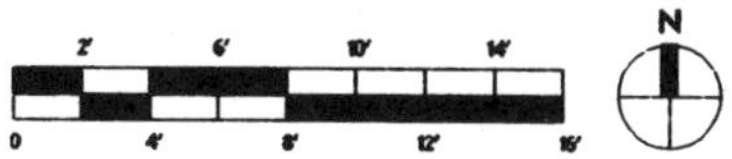

ESPAÇO DE INTERVENÇÃO

3C RC

GLOSSÁRIO

Há muitas palavras e frases diretamente relacionadas à descrição de escadas, partes e elementos adjacentes ou associados a escadas. Ainda que consistente de maneira geral, a terminologia usada por arquitetos, projetistas e empreiteiros não é universal, uma vez que várias palavras e termos podem ser sinônimos ou se mostram conflitantes entre si. O glossário a seguir é conciso e ajuda o leitor a compreender a utilização da terminologia referente a escadas no *Suplemento para o Projeto de Escadas*.

Abreviações:

ADA – Americans with Disabilities Act (Lei para os Norte-Americanos com Necessidades Especiais)
ANSI – American National Standards Institute (Instituto de Normas Técnicas dos Estados Unidos)
ASTM – American Society for Testing Materials (Sociedade Norte-Americana para a Testagem de Materiais)
IBC – International Building Code (Código de Edificações dos Estados Unidos)

Balaustrada: Corrimão que acompanha a inclinação ou a declividade de um lanço de escada ao longo de sua borda (ou bordas) aberta; ela é sustentada por balaústres ou outros elementos verticais.

Balaústre: Um dentre uma série de elementos verticais que sustenta um corrimão.

Banzo: Tábua ou painel inclinado em cada extremidade de um piso que sustenta os espelhos e os pisos da escada. Um "banzo fechado" reveste as extremidades dos pisos e espelhos; um "banzo aberto" revela as extremidades dos pisos.

Bocel: Borda dianteira ou principal de um degrau, que se projeta além da base do espelho. Também é chamado de focinho.

Caixa de escada: Volume espacial vertical ocupado por uma escada.

Corrimão: Barra de altura conveniente que pode ser segurada para apoio pelo indivíduo que sobe ou desce uma escada; ele fica preso a uma parede adjacente ou é sustentado por balaústres.

Degrau: Unidade da escada, composta por espelho e piso.

Degrau ingrauxido: Piso não retangular, geralmente em forma de fatia de pizza nas escadas de caracol; são triangulares ou em forma de cunha quando usados para mudança de direção da escada.

Escada: Estrutura que acomoda um lanço ou lanços de degraus, incluindo a estrutura de sustentação, os patamares, a balaustrada, o corrimão, etc., e cuja função é dar acesso de um nível para outro.

Escada circular: Escada curvilínea, geralmente em um dos dois formatos a seguir: (1) uma escada em espiral compacta na qual todos os degraus são ingrauxidos (em forma de fatias de pizza), ou (2) uma estrutura circular maior na qual o raio menor tem, no mínimo, o dobro da largura da escada (conforme as normas do Código de Edificações dos Estados Unidos – IBC).

Escada de caracol: Ver *Escada circular*.

Escada em L: Escada composta por duas partes conectadas por um patamar intermediário, criando uma escada em formato de L.

Escada em meia volta: Ver *Escada em U*.

Escada em U: Escada composta por dois banzos paralelos conectados por um patamar intermediário, criando uma escada em forma de U.

Espelho: Componente vertical de um degrau.

Focinho: Ver *Bocel*.

Guarda-corpo: Grade protetora projetada para impedir que pessoas e objetos grandes caiam em um poço de luz, poço de escada ou espaços semelhantes (também conhecido como travessa).

Inclinação: Grau de declividade da escada; uma escada com inclinação de 45° não é fácil de subir, enquanto uma inclinação menor que 27° a torna lenta e tediosa.

Lanço: Uma série de degraus entre patamares.

Mastro: Pilar de apoio central de uma escada circular.

Patamar: Plataforma entre lanços de escada que permite que o usuário descanse ou possibilita a mudança de direção da escada.

Patamar inferior da escada: Espaço em nível em frente ao degrau mais baixo de uma escada.

Patamar superior da escada: Espaço em nível no topo de uma escada.

Pilar de corrimão: Pilar que encerra o corrimão na base ou no topo de uma escada, ou mesmo em um patamar.

Piso: Superfície horizontal de um degrau.

Rampa: Plano inclinado que permite a transição entre superfícies que não se encontram no mesmo nível.

Travessa: Corrimão sustentado por uma série de balaústres e que se estende ao longo da borda aberta de um pavimento, impedindo que as pessoas caiam no pavimento abaixo. A travessa também é conhecida como guarda-corpo.

Vão: Distância horizontal entre o espelho do primeiro degrau e o espelho do último degrau da escada.

BIBLIOGRAFIA

Esta bibliografia é uma compilação das listas de leitura recomendada que acompanham cada Capítulo. Ela está dividida em *fontes de consulta* (marcadas com asterisco*) e *materiais para leitura*. As fontes de consulta oferecem mais informações sobre questões frequentes de planejamento e projeto. Os materiais para leitura buscam desenvolver os conhecimentos e a habilidade geral de planejamento e projeto, bem como algumas habilidades específicas. As escolhas pessoais nas áreas de leitura dependerão, em grande parte, dos conhecimentos e da experiência prévios.

Tentamos, ao máximo, restringir esta lista aos livros essenciais. Durante a leitura desta obra, o aluno deve priorizar seus esforços de leitura sobre o tema, ou seja, concentrar-se nas questões de planejamento espacial e deixar para depois os "fatores" menos importantes, como as instalações hidrossanitárias ou a acústica.

Há muitos outros textos bons sobre o planejamento de interiores e desenvolvimento das habilidades relacionadas. Nos Estados Unidos, uma fonte excelente para buscar leituras adicionais sobre o tema é a *Comprehensive Bibliography for Interior Design* do Interior Design Educators Council's (IDEC) disponível em muitas bibliotecas de lá. Esse catálogo também pode ser adquirido diretamente do IDEC, contatando-se a organização online em www.idec.org ou escrevendo-se para:

9202 North Meridian Street, Suite 200
Indianapolis, IN 46260-181
Estados Unidos

1. Allen, Edward. *How Buildings Work: The Natural Order of Architecture*, 2nd edition. New York: Oxford University Press, 1995.

***2.** American National Standards Institute. *Specifications for Making Buildings and Facilities Accessible to and Usable by Physically Handicapped People*. New York: American National Standards Institute, 1980. (Available from ANSI, 25 West 43rd St., New York, NY 10036.)

3. Binggeli, Corky. *Building Systems for Interior Designers*. Hoboken: John Wiley & Sons, 2003.

***4.** Ching, Francis D. K. *Building Codes Illustrated: A Guide to Understanding the International Building Code*. Hoboken: John Wiley & Sons, 2003.

***5.** ———. *Architectural Graphics*, 4th edition. Hoboken: John Wiley & Sons, 2002.

***6.** ———. *Interior Design Illustrated*, 2nd edition. Hoboken: John Wiley & Sons, 1987.

***7.** Ching, Francis D. K., and Cassandra Adams. *Building Construction Illustrated*, 3rd edition. Hoboken: John Wiley & Sons, 2000.

8. Deasy, C. M., and Thomas Laswell. *Designing Places for People*. New York: Whitney Library of Design, 1990.

***9.** DiChiara, Joseph, and John H. Callender, eds. *Time-Savers Standards for Building Types*, 4th edition. New York: McGraw Hill, 2001.

8. Egan, M. David. *Architectural Acoustics*. New York: McGraw-Hill, 1988.

10. ———. *Concepts in Architectural Lighting*. New York: McGraw-Hill, 1983.

*11. Groom, James N., and Sarah Harkness. *Building Without Barriers for the Disabled*. New York: Watson-Guptill Publications, 1976.

12. Hall, Edward I. *Hidden Dimension*. New York: Anchor, 1990.

13. Harmon, Sharon Koomen, and Katherine E. Kennon. *The Codes Guidebook for Interiors*. Hoboken: John Wiley & Sons, 2001.

*14. Illuminating Engineering Society. *IES Lighting Handbook: Student Volume*. New York: Illuminating Engineering Society, 1987.

15. Kilmer, Rosemary, and W. Otie Kilmer. *Designing Interiors*. Fort Worth: Harcourt Brace Jovanovich College, 1992.

16. Kira, Alexander. *The Bathroom*. New York: Viking, 1976.

17. Kirkpatrick, James M. *The AutoCAD Book*. Upper Saddle River: Prentice Hall, 2000.

18. Laseau, Paul. *Graphic Thinking for Architects and Designers*. New York: Van Nostrand Reinhold, 1988.

19. Lockard, William K. *Design Drawing*. New York: W. W. Norton, 2000.

20. McGowan, *Interior Graphics Standards*. Hoboken: John Wiley & Sons, 2003.

*21. Panero, Julius, and Martin Zelnik. *Human Dimension and Interior Space*. New York: Watson-Guptill, 1989.

22. Pena, William. *Problem Seeking*. Hoboken: John Wiley & Sons, 2001.

23. Pile, John F. *Interior Design*. New York: Harry N. Abrams, 2002.

*24. Ramsey, Charles G., and Harold R Sleeper. *Architectural Graphic Standards*. Hoboken: John Wiley & Sons, 2000.

*25. Reznikoff, S. C. *Specifications for Commercial Interiors*. New York: Whitney Library of Design, 1989.

*26. ———. *Interior Graphics and Design Standards*. New York: Whitney Library of Design, 1989.

27. Sommer, Robert. *Personal Space: The Behavioral Basis of Design*. New York: Prentice Hall, 1969.

28. White, Edward. *Space Adjacency Analysis*. Tucson: Architectural Media Ltd., 1995.

29. ———. *Introduction to Architectural Programming*. Tucson: Architectural Media Ltd., 1972.

30. Ziesel, Jon. *Inquiry by Design: Tools for Environment-Behavior Research*. Cambridge University Press, 1999.

*31. Códigos de edificações nacionais ou regionais (dos Estados Unidos):

- International Building Code 2000. International Conference of Building Officials. February, 2000.
- BOCA—Building Officials and Code Administrators International
- ICBO—International Conference of Building Officials
- Life Safety Code of the National Fire Protection Association
- National Building Code of Canada
- National Fire Code of Canada
- NBD—Basic/National Building Code
- SBC—Standard Building Code
- SBCCI—Southern Building Code Congress International
- UBC—Uniform Building Code

LEITURA RECOMENDADA

Baldon, Cleo. *Steps and Stairways,* New York, Rizzoli, 1989. Uma coletânea muito ampla e excelente de fotografias a cores de escadas do mundo inteiro, especialmente de edificações do século XX.

Blanc, Alan and Blanc, Sylvia. *Stairs, 2nd edition,* Oxford, Architectural Press, 2001. Seu diferencial são os vários pequenos detalhes de construção de escada (inclusive corrimãos); inclui fotografias.

Chueca, Pilar. *The Art of Staircases,* Barcelona, International Key Services, 2006. Uma excelente coletânea de fotografias a cores de escadas contemporâneas, acompanhado de diversos diagramas.

Falkenberg, Haike. *Staircases,* Te Neues Pub Group, 2002 [ISBN 3823855727]. Uma excelente coletânea de fotografias a cores de escadas contemporâneas.

Haberman, Karl J. *Staircases: Design and construction,* Basel, Birkhauser, 2003 [ISBN 3764364912]. Uma excelente série de estudos de escadas com fotografias e detalhes de construção.

Mannes, Willibald. *Designing Staircases,* New York, Van Nostrand Reinhold, 1982. Muitos desenhos e detalhes de construção de escadas de madeira.

Slessor, Catherine. *Contemporary Staircases,* London, Mitchell Beazley, 2000. Um bom resumo da história das escadas e muitas fotografias de qualidade de escadas contemporâneas.

Spens, Michael. *Staircases,* London, Academy Editions, 1995. Um bom resumo da história das escadas, algumas fotografias e muitos desenhos excelentes de escadas.

Staebler, Wendy. *Architectural Detailing in Contract Interiors,* New York, Watson Guptill Publications, 1988. Alguns projetos de escada, com fotografias e detalhes de construção.

Templer, John A. *The Staircase,* Cambridge, MIT Press, 1992, em dois volumes muito pequenos. Um excelente estudo erudito sobre a teoria e a história das escadas (Vol. 1) e uma análise dos tropeções e das quedas que ocorrem em escadas (Vol. 2).

ÍNDICE

A

F

G

H

I

Q

R

IMPRESSÃO:

GRÁFICA EDITORA
Pallotti
IMAGEM DE QUALIDADE

Santa Maria - RS - Fone/Fax: (55) 3220.4500
www.pallotti.com.br